Couvertures supérieure et inférieure
en couleur

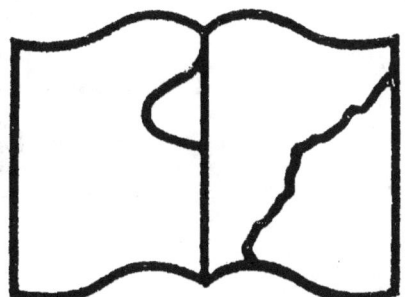

Texte détérioré
Marge(s) coupée(s)

SIR EDWARD BULWER LYTTON

LES DERNIERS JOURS DE POMPÉI

ROMAN ANGLAIS

TRADUIT AVEC L'AUTORISATION DE L'AUTEUR

SOUS LA DIRECTION DE P. LORAIN

PARIS

LIBRAIRIE HACHETTE ET Cie

79, BOULEVARD SAINT-GERMAIN, 79

Librairie HACHETTE et Cie, boulevard Saint-Germain, n° 79, à Paris.

ÉDITIONS A 1 FRANC 25 C. LE VOLUME
FORMAT IN-18 JÉSUS

BIBLIOTHÈQUE DES MEILLEURS ROMANS ÉTRANGERS

Ainsworth (W. Harrisson) : Abigail. 1 v. — Crichton. 2 v. — Jack Sheppard. 2 v.
Andersen : Livre d'images sans images. 1 v.
Anonymes : César Borgia. 2 v. — Les Pilleurs d'épaves. 2 v. — Paul Ferroll. 1 v. — Violette. 1 v. — Whitehall. 2 v. — Whitefriars. 1 v. — Miss Mortimer. 1 v.
Azeglio (Massimo d') : Nicolas de Lapi. 2 v.
Beecher-Stowe (Mme) : La Case de l'oncle Tom. 1 v. — La Fiancée du ministre. 1 v.
Bersezio (V.) : Nouvelles piémontaises. 1 v.
Braddon (miss) : Œuvres, 31 v. — Aurora Floyd. 2 v. — Henry Dunbar. 2 v. — Lady Lisle. 1 v. — La trace du Serpent. 2 v. — Le Cap du Vautour. 1 v. — Le Secret de lady Audley. 2 v. — Le Testament de John Marchmont. 2 v. — Le Triomphe d'Éléanor. 2 v. — Ralph l'intendant. 1 v. — La Femme du Docteur. 2 v. — Le Locataire de sir Gaspard. 2 v. — L'Allée des Dames. 2 v. — Rupert Godwin. 2 v. — Le Brasseur du Lieutenant. 2 v. — Les Oiseaux de proie. 2 v. — L'Héritage de Charlotte. 2 v. — La Chanteuse des rues. 2 v. — Un fruit de la mer Morte. 2 v.
Bulwer-Lytton : Œuvres, 26 v. — Devereux. 2 v. — Ernest Maltravers. 1 v. — Le Dernier des Barons. 2 v. — Le Désavoué. 2 v. — Les Derniers jours de Pompéi. 1 v. — Mémoires de Pisistrate Caxton. 2 v. — Mon roman. 2 v. — Paul Clifford. 2 v. — Qu'en fera-t-il? 2 v. — Rienzi. 2 v. — Zanoni. 1 v. — Eugène Aram. 2 v. — Alice ou les Mystères. 1 v. — Pelham. 2 v. — Jour et Nuit. 2 v.
Caballero (F.) : Nouvelles andalouses. 1 v.
Cervantes : Nouvelles. Trad. 1 v.
Cummins (miss) : L'Allumeur de réverbères. 1 v. — Mabel Vaughan. 1 v. — La Rose du Liban. 1 v.
Currer Bell (miss Brontë) : Jane Eyre. 2 v. — Le Professeur. 1 v. — Shirley. 2 v.
Dickens (Charles) : Œuvres, 27 v. — Aventures de M. Pickwick. 2 v. — Barnabé Rudge. 2 v. — Bleak-House. 2 v. — Contes de Noël. 1 v. — David Copperfield. 2 v. — Dombey et fils. 3 v. — La petite Dorrit. 2 v. — Le Magasin d'antiquités. 2 v. — Les Temps difficiles. 1 v. — Nicolas Nickleby. 2 — Olivier Twist. 1 v. — Paris et Londres en 1793. 1 v. — Vie et Aventures de Martin Chuzzlewit. 2 v. — Les grandes Espérances. 2 v. — L'Ami commun. 2 v.
Dickens et Collins : L'Abîme. 1 v.
Disraeli : Sybil. 2 v. — Lothair. 2 v.
Douglas Jerrold : Sous les rideaux. 1 v.
Freytag (G.) : Doit et Avoir. 3 v.
Fullerton (lady) : L'Oiseau du bon Dieu. 1 v. — Hélène Middleton. 1 v.
Gaskell (Mrs) : Œuvres, 6 v. — Autour du sofa. 1 v. — Marie Barton. 1 v. — Cranford. 1 v. — Marguerite Hall (Nord et Sud). 2 v. — Ruth. 1 v. — Les Amoureux de Sylvia. 1 v. — Cousine Phillis. 1 v.
Gerstaecker : Les deux Convicts. 1 v. — Les Pirates du Mississipi. 1 v. — Aventures d'une colonie d'émigrants en Amérique. 1 v.
Gœthe : Werther. 1 v.
Gogol (N.) : Tarass Boulba. 1 v.
Grenville Murray (E. C.) : Le jeune Brown. 2 v. — La Cabale de boudoir. 1 v.
Hackländer : Boutique et Comptoir. 1 v. — Le Moment du Bonheur. 1 v. — La Vie militaire en Prusse, 4 séries.
Chaque série se vend séparément.
Hall (Cap. Basil) : Scènes de la Vie maritime. 1 v. — Scènes du Bord et de la Terre ferme. 1 v.
Hauff (W) : Nouvelles. 1 vol. — Lichtenstein. 1 v.
Hawthorne (N.) : La Lettre rouge. 1 v. — La Maison aux sept pignons. 1 v.
Holberg (L.) : Nouvelles danoises. 1 v.
Hildreth : L'Esclave blanc. 1 v.
Immermann : Les Paysans de Westphalie. 1 v.
James : Léonora d'Orco. 1 v.
Jenkin (Mrs) : Qui casse paie. 1 v.
Kavanagh (J.) : Tuteur et Pupille. 2 v.
Kingsley : Il y a deux ans. 2 v.
Kompert : Nouvelles Juives. 1 v.
Lawrence : Maurice Dering. 1 v. — Guy Livingstone. 1 v. — Frontière et prison. 1 v. — L'épée et la robe. 1 v. — Honneur et Orlia. 2 v.
Lennep (J. Van) : Les Aventures de Ferdinand Huyck. 2 v.
Lever (Ch.) : Harry Lorrequer. 2 v. — L'Homme du jour. 1 v.
Longfellow : Drames et Poésies. 1 v.
Ludwig (O.) : Entre ciel et terre. 1 v.
Mayne-Reid : La Piste de guerre. 1 v. — Le Quarteronne. 1 v. — Le Doigt du Destin. 1 v. — Le Roi des Sémioles. 1 v.
Melville (G. J. Whyte) : Les Gladiateurs. 1 v. — Katerfelto. 1 v.
Mügge (Th.) : Afraja. 2 v.
Pouchkine : La Fille du Capitaine. 1 v.
Smith (J.-F.) : L'Héritage (Dick Tarleton). 3 v.
Stephens (miss A.-S.) : Opulence et Misère. 1 v.
Thackeray : Œuvres, 9 vol. — Henry Esmond. 2 v. — Histoire de Pendennis. 3 v. — La Foire aux vanités. 2 v. — Le Livre des Snobs. 1 v. — Mémoires de Barry Lyndon. 1 v.
Tourguéneff : Mém. d'un seigneur russe. 2 v.
Trollope (A.) : Le Domaine de Belton. 1 v.
Trollope (Mme) : La Pupille. 1 v.
Wilkie Collins : Le Secret. 1 v. — La Pierre de Lune. 2 v. — Mademoiselle ou Madame? 1 v. — Mari et Femme. 2 v. — La Morte vivante. 1 vol. — La Piste du crime. 1 v. — Pauvre Lucille! 2 v. — Cache-Cache. 2 v.
Wood (Mrs H.) : Les Filles de lord Oakburn. 2 v.
Zschokke : Addrich des Mousses. 1 v. — Le Château d'Aarau. 1 v.

LES DERNIERS JOURS
DE POMPÉI

OUVRAGES DU MÊME AUTEUR

PUBLIÉS DANS LA BIBLIOTHÈQUE DES ROMANS ÉTRANGERS

PAR LA LIBRAIRIE HACHETTE ET Cⁱᵉ

Œuvres de sir Edward Bulwer Lytton, traduites de l'anglais, sous la direction de P. Lorain, 27 vol.

Devereux. 2 vol.
Alice ou les Mystères. 1 vol.
Le dernier des Barons. 2 vol.
Le Désavoué. 2 vol.
Les derniers jours de Pompéi. 1 vol.
Mémoires de Pisistrate Caxton. 2 vol.
Mon Roman. 2 vol.
Paul Clifford. 2 vol.
Qu'en fera-t-il? 2 vol.
Rienzi. 2 vol.
Zanoni. 2 vol.
Eugène Aram. 2 vol.
Pelham ou Aventures d'un gentleman. 2 vol.
Jour et Nuit. 2 vol.

Coulommiers. — Imp. Paul BRODARD.

SIR EDWARD BULWER LYTTON

LES DERNIERS JOURS
DE POMPÉI

ROMAN ANGLAIS

TRADUIT AVEC L'AUTORISATION DE L'AUTEUR

SOUS LA DIRECTION DE P. LORAIN

PARIS
LIBRAIRIE HACHETTE ET Cie
79, BOULEVARD SAINT-GERMAIN, 79
—
1893

LES DERNIERS JOURS DE POMPÉI.

LIVRE PREMIER.

CHAPITRE PREMIER.

Les deux élégants de Pompéi.

« Hé ! Diomède, bonne rencontre ! Soupez-vous chez Glaucus, cette nuit ? »

Ainsi parlait un jeune homme de petite taille, vêtu d'une tunique aux plis lâches et efféminés, dont l'ampleur témoignait de sa noblesse non moins que de sa fatuité.

« Hélas ! non, cher Claudius : il ne m'a pas invité, répondit Diomède, homme d'une stature avantageuse et d'un âge déjà mûr. Par Pollux, c'est un mauvais tour qu'il me joue. On dit que ses soupers sont les meilleurs de Pompéi.

— Assurément, quoiqu'il n'y ait jamais assez de vin pour moi. Ce n'est pas le vieux sang grec qui coule dans ses veines car il prétend que le vin lui rend la tête lourde le lendemain matin.

— Il doit y avoir une autre raison à cette parcimonie, dit Diomède en relevant les sourcils ; avec toutes ses imaginations et toutes ses extravagances, il n'est pas aussi riche, je suppose, qu'il affecte de l'être ; et peut-être aime-t-il mieux épargner ses amphores que son esprit.

— Raison de plus pour souper chez lui pendant que les sesterces durent encore. L'année prochaine, nous trouverons un autre Glaucus.

— J'ai ouï dire qu'il était aussi fort ami des dés.

— Ami de tous les plaisirs ; et, puisqu'il se plaît à donner des soupers, nous sommes tous de ses amis.

— Ah ! ah ! Claudius, voilà qui est bien dit. Avez-vous jamais vu mes celliers, par hasard ?

— Je ne le pense pas, mon bon Diomède.

— Alors, vous souperez avec moi quelque soir. J'ai des murènes d'une certaine valeur dans mon réservoir, et je prierai l'édile Pansa de se joindre à vous.

— Oh ! pas de cérémonie avec moi : *Persicos odi apparatus*; je me contente de peu. Mais le jour décline ; je vais aux bains, et vous ?

— Je vais chez le questeur pour affaire d'État, ensuite au temple d'Isis. Adieu.

— Fastueux, importunt, mal élevé, murmura Claudius en voyant son compagnon s'éloigner, et en se promenant à pas lents. Il croit, en parlant de ses fêtes et de ses celliers, nous empêcher de nous souvenir qu'il est le fils d'un affranchi ; et nous l'oublierons, en effet, lorsque nous lui ferons l'honneur de lui gagner son argent au jeu : ces riches plébéiens sont une moisson pour nous autres nobles dépensiers. »

En s'entretenant ainsi avec lui-même, Claudius arriva à la voie Domitienne, qui était encombrée de passants et de chars de toute espèce, et qui déployait cette exubérance de vie et de mouvement qu'on rencontre encore de nos jours dans les rues de Naples.

Les clochettes des chars, à mesure qu'ils se croisaient avec rapidité, sonnaient joyeusement aux oreilles de Claudius, dont les sourires et les signes de tête manifestaient une intime connaissance avec les équipages les plus élégants et les plus singuliers : dans le fait, aucun oisif n'était plus connu à Pompéi.

« C'est vous, Claudius ! Comment avez-vous dormi sur votre bonne fortune ? cria d'une voix plaisante et bien timbrée un jeune homme qui roulait dans un char bizarrement et splendidement orné : les deux chevaux qui le traînaient étaient de race parthe et de la plus rare. Leur maître lui-même possédait ces belles et gracieuses lignes dont la symétrie servait de modèle aux sculpteurs d'Athènes ; son origine grecque se révélait dans ses cheveux dorés et retombant en boucles, ainsi que dans la parfaite harmonie de ses traits. Vous savez, continua-t-il, que vous soupez avec moi cette nuit ?

— Qui a jamais oublié une invitation de Glaucus ?
— Mais où allez-vous maintenant ?
— Moi ? j'avais le projet de visiter les bains, mais j'ai encore une heure devant moi.
— Alors, je vais renvoyer mon char, et marcher avec vous. Là, là, mon Phylias, ajouta-t-il, tandis que sa main caressait le cheval à côté duquel il descendait et qui, hennissant doucement et baissant les oreilles, reconnaissait joyeusement cette courtoisie ; mon Phylias, c'est un jour de fête pour toi ! N'est-ce pas un beau cheval, ami Claudius ?
— Digne de Phébus, répliqua le noble parasite, ou digne de Glaucus. »

CHAPITRE II.

La bouquetière aveugle, et la beauté à la mode. — La confession de l'Athénien. — Présentation au lecteur d'Arbacès d'Égypte.

Les deux jeunes gens, en parlant légèrement de mille choses, se promenèrent dans les rues ; ils se trouvaient dans le quartier rempli des plus attrayantes boutiques, dont l'intérieur ouvert laissait voir le luxe et les harmonieuses couleurs de peintures à fresque incroyablement variées de forme et de dessin. Les fontaines brillantes, qui de toutes parts lançaient leurs gracieux jets dans l'air pour rafraîchir les ardeurs de l'été ; la foule des passants, ou plutôt des promeneurs nonchalants vêtus de leurs robes pourprées : les joyeux groupes rassemblés autour des boutiques qui les séduisaient le plus ; les esclaves passant çà et là avec des seaux de bronze d'une forme agréable, et qu'ils portaient sur leur tête ; les filles de la campagne s'échelonnant à peu de distance les unes des autres, près de leurs corbeilles de fruits vermeils ou de fleurs plus appréciées des anciens Italiens que de leurs descendants ; les divers lieux du repos qui remplissaient, pour ce peuple paresseux, l'office de nos cafés et de nos clubs ; les vases de vin et d'huile rangés sur des tablettes de marbre, es entrées garnies de bancs et de tentures de pourpre qui offraient un abri contre le soleil, et invitaient la fatigue ou l'oisiveté à se reposer ou à s'étendre à son aise : tout cela formait une scène pleine d'animation et de gaieté, qui donnait à l'esprit athénien de Glaucus raison de se féliciter d'une si heureuse vie.

A l'endroit où les portiques d'un temple élégant et léger jetaient une ombre propice, se tenait une jeune fille; elle avait une corbeille de fleurs sur le bras droit, et dans la main gauche un petit instrument de musique à trois cordes, aux sons duquel elle joignait les modulations d'un air étrange et à moitié barbare; à chaque temps d'arrêt de la musique, elle agitait gracieusement sa corbeille; elle invitait les assistants à acheter ses fleurs: et plus d'un sesterce tombait dans la corbeille, soit rendre hommage à la musique, soit par compassion pour la chanteuse, car elle était aveugle.

C'est ma pauvre Thessalienne, dit Glaucus en s'arrêtant. Je ne l'ai pas vue depuis mon retour à Pompéi.

— Je veux prendre ce bouquet de violettes, douce Nydia, s'écria-t-il en fendant la foule et en jetant dans la corbeille une poignée de petites pièces. Ta voix est plus charmante que jamais. »

La jeune fille aveugle tressaillit aux accents de l'Athénien; elle se rendit presque aussitôt maîtresse de ce premier mouvement; mais une vive rougeur colora son cou, ses joues et ses tempes.

« Vous êtes donc de retour? » dit-elle à voix basse.

Et elle se répéta à elle-même : « Glaucus est de retour. »

« Oui, mon enfant; je ne suis revenu à Pompéi que depuis quelques jours. Mon jardin réclame tes soins, comme d'habitude; j'espère que tu le visiteras demain. Souviens-toi qu'aucune guirlande ne sera tressée chez moi, si ce n'est de la main de la jolie Nydia! »

Nydia sourit joyeusement, mais ne répondit pas; et Glaucus, mettant sur son sein les violettes qu'il avait choisies, s'éloigna de la foule avec autant de gaieté que d'insouciance.

« Ainsi cet enfant est une de vos clientes? dit Claudius.

— Oui. Ne chante-t-elle pas agréablement? Elle m'intéresse, la pauvre esclave. D'ailleurs elle est du pays de la montagne des dieux; l'Olympe a projeté son ombre sur son berceau; elle est Thessalienne.

— Le pays des magiciennes.

— C'est vrai. Mais, selon moi, toute femme est magicienne; et, par Vénus! l'air à Pompéi semble lui-même un philtre d'amour, tant chaque figure qui n'a pas de barbe a de charme pour mes yeux.

— Eh ! justement j'aperçois une des belles de Pompéi, la fille du vieux Diomède, la riche Julia, s'écria Claudius, pendant qu'une jeune dame, la figure couverte d'un voile et accompagnée de deux suivantes, s'approchait d'eux en se dirigeant vers les bains. Belle Julia, nous te saluons, » dit Claudius.

Julia leva en partie son voile de façon à montrer avec coquetterie un beau profil romain, un grand œil noir plein d'éclat, et une joue un peu brune, à laquelle l'art avait jeté une fine et douce couleur de rose.

« Glaucus est de retour ? » dit-elle en arrêtant son regard avec intention sur l'Athénien.

Puis elle ajouta à demi-voix :

« A-t-il oublié ses amis de l'année dernière ?

— Divine Julia, le Léthé lui-même, bien qu'il disparaisse dans un endroit de la terre, se remontre sur un autre point. Jupiter ne nous permet l'oubli que pour un moment ; mais Vénus, plus exigeante, ne nous accorde même pas ce moment-là.

— Glaucus ne manque jamais de belles paroles.

— Peuvent-elles manquer devant un objet si beau ?

— Nous vous verrons tous les deux à la maison de campagne de mon père, continua Julia en se tournant vers Claudius.

— Nous marquerons le jour de notre visite d'une pierre blanche, » répondit le joueur.

Julia abaissa son voile, mais lentement, en laissa se reposer son dernier regard sur l'Athénien avec une timidité affectée et une hardiesse réelle. Ce regard exprimait en même temps la tendresse et le reproche.

Les amis suivirent leur chemin.

« Julia est assurément belle, dit Glaucus.

— L'année dernière, vous auriez fait cet aveu avec plus de vivacité.

— J'en conviens. J'ai été ébloui au premier coup d'œil, et j'ai pris pour une pierre précieuse une imitation parfaitement réussie.

— Bah ! répondit Claudius, toutes les femmes sont les mêmes au fond. Heureux celui qui épouse un beau visage et un large douaire ; que peut-il désirer de plus ? »

Glaucus soupira.

Ils se trouvaient maintenant dans une rue moins fréquentée que les autres, à l'extrémité de laquelle ils pouvaient voir cette vaste mer toujours souriante, qui, sur ces côtes délicieuses, semble avoir renoncé à son privilége d'inspirer de la terreur, tant ont de douceur les vents qui courent sur sa surface, tant sont brillantes et variées les nuances qu'elle emprunte aux nuages de rose, tant les parfums que la terre apportent à ses profondeurs ont quelque chose de pénétrant et de suave. Vous n'avez aucune peine à croire que Vénus Aphrodite soit sortie d'une mer pareille pour s'emparer de l'empire de la terre.

« Ce n'est pas encore l'heure du bain, dit le Grec qui était un homme d'impulsion toute poétique ; éloignons-nous de la ville tumultueuse pour contempler à notre aise la mer, alors que le soleil de midi se plaît à sourire encore aux flots.

— Bien volontiers, répondit Claudius ; d'ailleurs la baie est la partie la plus animée de la côte. »

Pompéi était la miniature de la civilisation de cette époque. Cette ville renfermait, dans l'étroite enceinte de ses murs, un échantillon de tout ce que le luxe peut inventer au profit de la richesse. Dans ses étroites mais élégantes boutiques, dans ses palais de petite dimension, dans ses bains, dans son forum, dans son théâtre, dans son cirque, dans l'énergie et la corruption, dans le raffinement et les vices de sa population, on voyait un modèle de tout l'empire. C'était un jouet d'enfant, une lanterne magique, un microcosme, où les dieux semblaient prendre plaisir à refléter la grande représentation de la terre, et qu'ils s'amusèrent plus tard à soustraire au temps, pour livrer à l'étonnement de la postérité cette maxime et cette moralité : qu'il n'y a rien de nouveau sous le soleil.

Dans une baie unie comme une glace, se pressaient les vaisseaux de commerce et les galères resplendissantes d'or que les citoyens riches entretenaient pour leurs plaisirs ; les bateaux de pêcheurs glissaient rapidement de côté et d'autre, et de loin on apercevait les hauts mâts de la flotte dont Pline avait le commandement. Sur la grève, un Sicilien aux gestes animés, aux traits mobiles, racontait à un groupe de pêcheurs et de paysans les récits étranges de marins naufragés et de dauphins sauveurs, comme on peut en entendre encore de nos jours sur le môle de Naples.

Le Grec, attirant son compagnon loin de la foule, dirigea ses pas vers un endroit solitaire du rivage, et les deux amis, assis sur un petit rocher qui surmontait des cailloux polis par la mer, aspirèrent la brise voluptueuse et rafraîchissante dont les pieds invisibles, en se jouant sur les flots, leur communiquaient un harmonieux murmure. Il y avait dans cette scène un charme qui invitait au repos et à la rêverie. Claudius, protégeant ses yeux contre les ardeurs du jour, calculait les gains de la semaine ; et le Grec, appuyé sur sa main et sans se défendre du soleil, divinité tutélaire de sa patrie, dont la pure lumière, inspiratrice de la poésie, de la joie et de l'amour, s'infiltrait dans ses veines, regardait avec ravissement la vaste étendue des eaux, en enviant peut-être chaque souffle qui prenait son vol vers les rivages de la Grèce.

« Dites-moi, Claudius, s'écria le Grec après un long silence, avez-vous jamais été amoureux?

— Oui, très-souvent.

— Celui qui a souvent aimé, répondit le Grec, n'a jamais aimé : il n'y a qu'un Éros, quoiqu'il y ait beaucoup de contrefaçons de ce dieu.

— Les contrefaçons ont bien, après tout, leur mérite de petits dieux, répliqua Claudius.

— Je l'accorde, répondit le Grec, j'adore jusqu'à l'ombre de l'Amour ; mais, lui, je l'adore bien davantage.

— Êtes-vous donc sérieusement et véritablement amoureux? Éprouvez-vous ce sentiment que les poëtes décrivent, un sentiment qui vous fait négliger vos repas, fuir le théâtre, et écrire des élégies? Je ne l'aurais jamais soupçonné! Vous savez bien dissimuler.

— Je ne suis pas si avancé que cela, reprit Glaucus en souriant ; je dis plutôt avec Tibulle :

> Celui qui prend l'Amour pour guide et pour appui,
> Marche tranquille et sûr. Les dieux veillent sur lui.

En réalité, je ne suis pas amoureux, mais je le serais volontiers, si j'avais l'occasion de voir l'objet que je désire. Éros voudrait bien allumer sa torche ; mais les prêtres ne lui donnent pas d'huile.

— L'objet est aisé à deviner. N'est-ce pas la fille de Diomède? Elle vous adore, et n'affecte pas de le cacher. Par Hercule, je le dis de nouveau, elle est à la fois jeune et riche ; les jambages des portes de son époux seront attachés avec des cordons d'or.

— Non, je ne veux pas me vendre. La fille de Diomède est belle, je l'avoue ; et, dans un temps, si elle n'avait pas été la petite-fille d'un affranchi, j'aurais pu.... mais non, elle porte toute sa beauté sur son visage; ses manières n'ont rien d'une vierge, et son esprit n'est cultivé que dans la science du plaisir.

— Vous êtes un ingrat. Dites-moi alors quelle est la vierge fortunée.

— Écoutez donc, Claudius. Il y a quelques mois, je séjournais à Néapolis[1], une ville selon mon cœur, car elle conserve encore les mœurs et l'empreinte de son origine grecque, et elle mérite le nom de Parthénope par l'air délicieux qu'on y respire et par ses magnifiques rivages. Un jour, j'entrai dans le temple de Minerve pour offrir mes vœux à la déesse, moins pour moi-même que pour la cité à laquelle Pallas ne sourit plus. Le temple était vide et désert. Les souvenirs d'Athènes revenaient en foule et avec douceur à ma mémoire; m'imaginant être seul encore dans le temple, et absorbé par mon zèle religieux, je laissai échapper de mon cœur les sentiments qui le remplissaient, et des larmes s'échappèrent de mes yeux en même temps que des paroles de mes lèvres. Un profond soupir interrompit ma prière; je me retournai aussitôt, et je vis derrière moi une femme. Elle avait relevé son voile et elle priait aussi. Nos yeux se rencontrèrent, et il me sembla qu'un regard céleste s'élançait de ces astres brillants et pénétrait jusqu'au fond de mon cœur. Jamais, mon cher Claudius, je n'avais vu une figure de forme plus exquise; une certaine mélancolie adoucissait et ennoblissait en même temps l'expression de ses traits. Ce je ne sais quoi qu'on ne peut décrire et qui vient de l'âme, et que nos sculpteurs ont réservé pour idéaliser Psyché, donnait à sa beauté un noble et divin attrait; des pleurs tombaient de ses yeux. Je devinai sur-le-champ qu'elle était comme moi d'origine athénienne, et que les vœux que j'avais faits pour Athènes avaient trouvé un écho dans son cœur. Je lui parlai d'une voix émue : « N'êtes-vous pas aussi Athénienne, lui dis-je, ô vierge charmante? » Aux accents de ma voix, elle rougit et ramena son voile sur son visage. « Les cendres de mes aïeux, dit-elle, reposent sur les bords de l'Ilyssus; je suis née à Néapolis, mais ma famille est d'Athènes et mon âme est tout athénienne. — Prions donc ensemble, » repris-je. Et, comme le prêtre survint en ce moment, nous mêlâmes nos prières aux siennes, en restant ainsi l'un près de l'autre; ensemble nous touchâmes les genoux de la déesse, ensemble nous déposâmes nos guir-

[1] Naples.

landes d'olivier sur l'autel. J'éprouvai une étrange émotion de tendresse sacrée et de confraternité. Tous deux étrangers, nés sur une terre lointaine et déchue, nous étions seuls dans ce temple dédié à une divinité de notre pays : n'était-il pas naturel que mon cœur s'élançât vers ma compatriote, car je pouvais l'appeler ainsi. Il me parut que je la connaissais depuis longtemps; on eût dit que ces simples rites, comme par miracle, serraient entre nous les liens de la sympathie et du temps. Nous quittâmes le temple en silence, et j'allais lui demander où elle demeurait et s'il me serait permis de la visiter, lorsqu'un jeune homme, dont les traits avaient quelque ressemblance avec les siens, et qui se tenait sur les degrés du temple, vint la prendre par la main. Elle se retourna et m'adressa un adieu. La foule nous sépara. Je ne la revis plus. En revenant chez moi, je trouvai des lettres qui m'obligeaient à partir pour Athènes, où des parents m'intentaient un procès au sujet de mon héritage. Le procès gagné, je m'empressai de retourner à Néapolis ; je fis des recherches dans toute la ville, sans pouvoir découvrir aucune trace de ma compatriote ; et, dans l'espérance de perdre au milieu d'une vie joyeuse le souvenir de cette brillante apparition, je me plongeai avidement dans les voluptés de Pompéi. Telle est mon histoire. Je n'aime pas; mais je me souviens et je regrette. »

Claudius se disposait à répondre, lorsque des pas lents et graves se firent entendre, et, au bruit des cailloux remués sur la grève, chacun des interlocuteurs se retourna et reconnut le nouvel arrivant.

C'était un homme qui avait à peine atteint sa quarantième année, de haute taille, peu chargé d'embonpoint, mais dont les membres étaient nerveux et saillants. Son teint sombre et basané révélait son origine orientale, et ses traits possédaient quelque chose de grec dans leurs contours (surtout le menton, les lèvres, le front), à l'exception du nez un peu prononcé et aquilin; les os de son visage, durs et fortement accusés, le privaient de ces gracieuses et harmonieuses lignes qui, sur les physionomies grecques, conservent les apparences de la jeunesse jusque dans l'âge mûr ; ses yeux, larges et noirs comme la plus sombre nuit, brillaient d'un éclat qui n'avait rien de changeant ni d'incertain. Un calme profond, rêveur et à moitié mélancolique, semblait s'être fixé dans leur regard imposant et majestueux. Sa démarche et son maintien avaient surtout de la gravité et de la mesure; et quelque chose d'étranger dans la mode et dans les couleurs foncées de ses longs vêtements ajoutait à ce qu'il y avait de frappant dans son air plein de tranquillité et dans sa vigoureuse organisation. Chacun des jeunes gens, en saluant le nouveau venu, fit machinalement et en se cachant de lui avec soin, un léger geste ou signe avec les doigts ; car Arbacès l'Égyptien était censé avoir le don fatal du mauvais œil.

« Il faut que le point de vue soit magnifique, dit Arbacès avec un froid mais courtois sourire, pour attirer le gai Claudius et Glaucus, si admiré, loin des rues populeuses de la cité.

— La nature manque-t-elle donc de puissants attraits? demanda le Grec.

— Pour les gens dissipés, oui.

— Austère réponse, mais peu sage. Le plaisir aime les contrastes. C'est en sortant de la dissipation que la solitude nous plaît, et de la solitude il est doux de s'élancer vers la dissipation.

— Ainsi pensent les jeunes philosophes de l'Académie, répliqua l'Égyptien ; ils confondent la lassitude avec la méditation, et s'imaginent, parce qu'ils sont fatigués des autres, connaître le charme des heures solitaires. Mais ce n'est pas dans ces cœurs blasés que la nature peut éveiller l'enthousiasme, qui seul dévoile le mystères de son inexprimable beauté! Elles vous demande, non l'épuisement de la passion, mais cette ferveur unique pour laquelle vous ne cherchez, en l'adorant, qu'un temps de repos. O jeune Athénien! lorsque la lune se révélait, dans une vision lumineuse, à Endymion, ce n'était pas après un jour passé dans les fiévreuses agitations des demeures humaines, mais sur les hautes montagnes et dans les vallons solitaires consacrés à la chasse.

— Belle comparaison! s'écria Glaucus, mais application injuste. Épuisement, ce mot est fait pour la vieillesse, non pour la jeunesse. Quant à moi, je n'ai jamais connu un moment de satiété. »

L'Égyptien sourit encore, mais son sourire fut sec et glacé, et Claudius lui-même, qui ne se laissait pas entraîner par son imagination, ressentit une impression désagréable. L'Égyptien ne répondit pas néanmoins à l'exclamation passionnée de Glaucus ; mais, après un moment de silence, il dit d'une voix douce et mélancolique :

« Après tout, vous faites bien de profiter du temps pendant qu'il vous sourit; la rose se flétrit vite, le parfum s'évapore bientôt; et d'ailleurs, ô Glaucus! à nous étrangers dans cette contrée et loin des cendres de nos pères, que nous reste-t-il, si ce n'est le plaisir ou le regret? L'un, le plaisir, pour vous; l'autre, le regret, pour moi ! »

Les yeux brillants du Grec se remplirent soudain de larmes.

« Ah! ne parlez pas ainsi, Arbacès, s'écria-t-il, ne parlez pas de vos ancêtres; oublions qu'il y a eu d'autres villes libres que Rome. Et la gloire !... Oh! nous voudrions vainement évoquer son fantôme des champs de Marathon et des Thermopyles.

— Ton cœur n'est pas d'accord avec tes paroles, dit l'Egyptien; et, dans la gaieté de la nuit que tu vas passer, tu te souviendras plus de Lœna¹ que de Laïs. *Vale !* »

Il dit et, s'enveloppant dans sa robe, s'éloigna lentement.

« Je respire plus à mon aise, reprit Claudius. A l'imitation des Égyptiens, nous introduisons quelquefois un squelette dans nos festins. En vérité, la présence d'un tel personnage, semblable à celle d'un spectre, suffirait pour faire aigrir la plus belle grappe du raisin de Falerne.

— Homme étrange ! murmura Glaucus d'un air pensif; quoiqu'il semble mort au plaisir et froid pour tous les objets de ce monde, si ce n'est pas un bruit calomnieux, sa maison et son cœur démentent ses discours.

— Ah! oui, l'on dit que sa sombre maison est vouée à d'autres orgies que celles d'Osiris. Il est riche aussi, assure-t-on. Ne pourrions-nous l'entraîner dans nos fêtes et lui faire connaître les charmes du dé, le plaisir des plaisirs? Fièvre d'espérance et de crainte, passion qui ne lasse jamais, et dont on ne peut exprimer les délices! que tu es beau et terrible, ô Jeu!

— Il est inspiré, vraiment inspiré, s'écria Glaucus en riant. L'oracle fait de Claudius un poëte. Il n'y a plus de miracle possible après celui-là ! »

---

1. Lœna, l'héroïque maîtresse d'Aristogiton, mise à la torture, se coupa la langue avec les dents, de crainte que la douleur ne lui fît trahir la conspiration contre les fils de Pisistrate. Au temps de Pausanias, on voyait la statue d'une lionne, élevée en son honneur à Athènes.

CHAPITRE III

La parenté de Glaucus. — Description des maisons de Pompéi. — Une fête classique.

Le ciel avait prodigué à Glaucus tous ses biens, un seul excepté : il lui avait donné la beauté, la santé, la richesse, le talent, une illustre origine, un cœur de feu, une âme poétique; mais il lui avait refusé l'héritage de la liberté. Il était né à Athènes, sujet de Rome. De bonne heure, maître d'une fortune considérable, Glaucus avait cédé au goût des voyages, si naturel à sa jeunesse, et s'était enivré à la coupe des plaisirs, au milieu du luxe et des pompes de la cour impériale.

C'était un Alcibiade sans ambition. Il était devenu ce que devient aisément un homme doué d'imagination, ayant de la fortune et des talents, lorsqu'il est privé de l'inspiration de la gloire. Sa maison était à Rome le rendez-vous des voluptueux, mais aussi de tous les amis des arts; et les sculpteurs de la Grèce prenaient plaisir à montrer leur science en décorant les portiques et l'*Exedra* d'un Athénien. Sa demeure à Pompéi.... Hélas! les couleurs en sont fanées maintenant, les murailles ont perdu leurs peintures; sa beauté, la grâce et le fini de ses ornements, tout cela n'est plus. Cependant, lorsqu'elle reparut au jour, quels éloges et quelle admiration excitèrent ses décorations délicates et brillantes, ses tableaux, ses mosaïques! Passionné pour la poésie et pour le drame, qui rappelaient à Glaucus le génie et l'héroïsme de sa race, il avait fait orner sa maison des principales scènes d'Eschyle et d'Homère.

On y entrait par un long et étroit vestibule dont le pavé en mosaïque porte encore empreinte, l'image d'un chien avec cette inscription : *Cave canem*, ou : « Prends garde au chien. » De chaque côté on trouve une chambre de proportions raisonnables; puis en avançant un peu dans le vestibule on rencontre l'*atrium* ou salon principal, lequel, lors de sa découverte, se montra riche de peintures qui, sous le rapport de l'expression, n'auraient pas fait déshonneur à Raphaël. Elles sont maintenant au musée napolitain, où elles font l'admiration des connaisseurs. Elles retracent la séparation d'Achille et de Briséis. Qui pourrait s'empêcher de reconnaître la force, la vigueur, la beauté, employées dans le dessin des formes et de la figure d'Achille et de son immortelle esclave?

Sur un des côtés de l'atrium, un petit escalier conduisait aux appartements des esclaves, à l'étage supérieur. On rencontrait ensuite le *tablinum*, pièce plus riche et moins vaste que l'atrium, et dans laquelle n'entraient que les visiteurs distingués. Les peintures des murs offraient un poëte lisant des vers à ses amis, et le pavé renfermait une petite et exquise mosaïque, représentant un directeur de théâtre qui donnait des instructions à ses comédiens.

A chacune des sept colonnes qui décoraient la cour, s'enlaçaient des festons de guirlandes; le centre, qui suppléait au jardin, était garni des fleurs les plus rares, placées dans des vases de marbre blanc supportés par des piédestaux. A gauche de ce simple jardin s'élevait un tout petit temple pareil à ces humbles chapelles qu'on rencontre au bord des routes, dans les contrées catholiques : il était dédié aux dieux pénates; devant ce temple se dressait un trépied de bronze; à gauche de la colonnade, deux petits *cubicula* ou chambres à coucher; à droite, la salle de festin, le *triclinium*, où les convives et amis se trouvaient en ce moment rassemblés.

Ce délicieux appartement donnait sur le jardin embaumé. Autour d'une table en bois de citronnier polie avec soin et artistement décorée d'arabesques d'argent, étaient placés les trois lits, plus communs à Pompéi que le siége demi-circulaire devenu de mode à Rome depuis quelque temps; sur les lits de bronze incrustés des plus riches métaux, s'étendaient d'épais coussins, couverts de broderies d'un grand travail, et qui cédaient voluptueusement à la pression.

« J'avouerai, dit l'édile Pansa, que votre maison, quoiqu'elle ne soit pas beaucoup plus large qu'un étui d'agrafe, est un joyau véritable. Que cette séparation d'Achille et de Briséis est admirablement peinte!... quel style, quelle expression dans les têtes! quel.... ah!... »

En cet instant parurent les esclaves, apportant sur un plateau tout ce qui devait servir de préparation au festin. Parmi de délicieuses figures, de fines herbes couvertes de neige, des anchois et des œufs, étaient rangées de petites coupes remplies d'un vin mélangé de miel. A mesure qu'on plaçait ces choses sur la table, de jeunes esclaves présentaient à chacun des cinq convives (car ils n'étaient pas davantage) des bassins d'argent pleins d'une eau parfumée, et des serviettes brodées de franges de pourpre.

« Que Bacchus nous soit propice! » dit Glaucus en s'inclinant avec respect devant une magnifique image du dieu placée au centre de la table, au coin de laquelle on avait placé les dieux lares et des salières. Les hôtes répétèrent la prière, et répandant ensuite du vin sur la table, ils firent les libations accoutumées.

Après cela, les convives se penchèrent sur leurs lits, et le repas commença.

« Que cette coupe soit la dernière que je porte à mes lèvres, s'écria le jeune Salluste, pendant que la table, débarrassée de ses premiers stimulants, était garnie de mets plus substantiels, et que les esclaves remplissaient jusqu'au bord le cyathus qu'il tenait à la main, que cette coupe soit la dernière, si ce n'est pas le meilleur vin que j'aie bu à Pompéi!

— Qu'on apporte l'amphore, dit Glaucus; et qu'on lise la date et la provenance de ce vin. »

Un esclave s'empressa d'informer la société que, d'après l'étiquette attachée au bouchon, le vin était originaire de Chio, et qu'il comptait cinquante années d'âge.

« Comme la neige l'a rafraîchi délicieusement! dit Pansa; il a juste le degré qu'il lui faut.

— Cette neige, reprit Salluste, est pour le vin comme pour l'homme l'expérience, qui, en modérant la fougue de ses plaisirs, les rend deux fois plus agréables.

— Elle produit l'effet d'un *non* dans la bouche d'une femme, ajouta Glaucus; froideur d'un moment qui ne fait que nous enflammer davantage.

— Quand aurons-nous le prochain combat des bêtes féroces? demanda Claudius à Pansa.

— Vers le huit des ides d'août, répondit Pansa, le lendemain des fêtes de Vulcain. Nous réservons un jeune lion, charmante bête, pour cette occasion.

— Qui lui donnera-t-on à dévorer? continua Claudius; hélas! il y a une bien grande disette de criminels. Il vous faudra positivement condamner un innocent au lion, mon pauvre Pansa.

— J'y pense en effet depuis quelque temps, répondit sérieusement l'édile. C'est une infâme loi que celle qui nous défend de livrer nos propres esclaves aux bêtes. N'avons-nous pas le droit de faire ce que nous voulons de nos biens? c'est ce que j'appelle une véritable atteinte à la propriété.

— Il n'en était pas ainsi dans le bon vieux temps de la république, ajouta Salluste en soupirant.

— Et même cette prétendue générosité envers les esclaves est une privation pour le pauvre peuple. Comme il aime à voir une belle rencontre entre un homme et un lion ! Cet innocent plaisir (si les dieux ne nous envoient bientôt quelque bon criminel) sera perdu pour le peuple, grâce à cette fatale loi.

— Quelle mauvaise politique, dit Claudius d'une façon sentencieuse, que de contrecarrer les amusements virils du peuple !

— Remercions Jupiter et le destin, s'écria Salluste, de ne plus avoir Néron.

— C'était un tyran, en effet ; il a tenu notre théâtre fermé pendant dix ans.

— Je m'étonne qu'il n'y ait pas eu de révolte, dit Salluste.

— Il s'en est fallu de peu, » répliqua Pansa la bouche pleine d'un morceau de sanglier.

La conversation fut interrompue en ce moment par un concert de flûtes, et deux esclaves entrèrent en portant un plat.

« Quel mets délicat nous gardez-vous là, mon cher Glaucus ? » s'écria le jeune Salluste avec des yeux de convoitise.

Salluste n'avait que vingt-quatre ans, et il ne connaissait rien de plus agréable dans la vie que de manger.... peut-être avait-il déjà épuisé tous les autres plaisirs.... Cependant il avait du talent et un excellent cœur, autant que faire se pouvait.

« Je reconnais sa figure, par Pollux ! s'écria Pansa ; c'est un chevreau ambracien. Ho ! ajouta-t-il en faisant claquer ses doigts pour appeler les esclaves, nous devons une libation au nouveau venu.

— J'avais espéré, dit Glaucus avec mélancolie, vous offrir des huîtres de Bretagne ; mais les vents qui furent si cruels pour César, n'ont pas permis l'arrivée de mes huîtres.

— Sont-elles donc si délicieuses ? demanda Lépidus, en relâchant sa tunique dont la ceinture était déjà dénouée, pour se mettre plus à son aise.

— Je crois que c'est la distance qui leur donne du prix ; elles n'ont pas le goût exquis des huîtres de Brindes. Mais à Rome, pas de souper complet sans ces huîtres.

— Ces pauvres Bretons, il y a du bon chez eux, dit Salluste, il y a des huîtres.

— Ils devraient bien produire un gladiateur, dit l'édile dont l'esprit s'occupait des besoins de son amphithéâtre.

— Par Pallas ! s'écria Glaucus pendant que son esclave favori posait sur son front une nouvelle couronne de fraîches fleurs; j'aime assez ces spectacles sauvages, lorsque bêtes contre bêtes combattent : mais quand un homme, de chair et d'os comme nous, est poussé dans l'arène pour être en quelque sorte dépecé membre par membre, l'intérêt se change en horreur. Le cœur me manque; je suffoque; j'ai envie de me précipiter à son secours. Les cris de la populace me semblent aussi épouvantables que les voix des furies qui poursuivent Oreste. Je me réjouis à l'idée que nos prochains jeux nous épargneront peut-être ce sanglant spectacle. »

L'édile haussa les épaules; le jeune Salluste, connu à Pompéi pour son excellent naturel, tressaillit de surprise; le gracieux Lépidus, qui parlait rarement, de peur de contracter ses traits, s'écria : *Par Hercule!* le parasite Claudius murmura : *Par Pollux!* et le sixième convive, qui n'était qu'une ombre de Claudius, et qui se faisait un devoir de répéter les paroles de son ami plus opulent que lui lorsqu'il ne pouvait pas le louer, véritable parasite du parasite murmura aussi : *Par Pollux!*

« Vous autres, Italiens, vous vous plaisez à ces spectacles; nous autres Grecs nous avons plus de compassion. Ombre de Pindare! Ah! n'est-ce pas un ravissement que les jeux de la Grèce, l'émulation de l'homme contre l'homme, la lutte généreuse, le triomphe qui ne coûte que des regrets pour le vaincu, l'orgueil de combattre un noble adversaire, et de contempler sa défaite. Mais vous ne me comprenez pas.

— Excellent chevreau, » dit Salluste.

L'esclave chargé de découper s'était occupé de son emploi qui le rendait tout glorieux, au son de la musique, en marquant la mesure avec son couteau, si bien que l'air commencé par des notes légères, s'élevant de plus en plus, avait fini dans un magnifique diapason.

« Votre cuisinier est sans doute de Sicile ? dit Pansa.

— Oui, de Syracuse.

— Je veux vous le jouer, dit Claudius; faisons une partie entre les services.

— Je préférerais certainement ce combat à celui du Cirque, dit Glaucus; mais je ne veux pas me défaire de mon cuisinier. Vous n'avez rien d'aussi précieux à m'offrir en enjeu.

— Ma Phyllide, ma belle danseuse.

— Je n'achète jamais les femmes, » dit le Grec en arrangeant sa guirlande avec nonchalance.

Le troisième service, consistant dans une infinité de fruits.

de pistaches, de confitures, de tartes et de plats d'apparat, qui revêtaient mille formes singulières et aériennes, fut alors placé sur la table; et les *ministres*, les serviteurs, y mirent aussi le vin (qui, jusque-là, avait été offert à la ronde aux hôtes) dans de larges jarres de verre, lesquelles portaient toutes sur leurs étiquettes son âge et sa qualité.

« Goûtez de ce vin de Lesbos, Pansa, dit Salluste; il est excellent.

— Ce n'est pas qu'il soit très-vieux, dit Glaucus, mais le feu l'a avancé en âge. Nous aussi, ne vieillissons-nous pas avant le temps, grâce au feu? Ce sont les flammes de Vulcain pour lui; pour nous, ce sont les flammes de Vénus, en l'honneur de laquelle je vide cette coupe.

— Il est délicat, dit Pansa; mais, dans son parfum, on sent encore un peu de résine.

— La magnifique coupe! s'écria Claudius en montrant une coupe de cristal transparent, dont les anses étaient garnies de pierres précieuses entrelacées en forme de serpent (c'était le goût favori alors à Pompéi).

— Cet anneau, dit Glaucus en tirant un joyau de grand prix de la première phalange de son doigt et en le suspendant à l'anse de la coupe, lui donnera une plus riche apparence, et la rendra moins indigne d'être acceptée par mon ami Claudius, à qui veuillent les dieux accorder la santé et la fortune, afin qu'il la remplisse souvent et longtemps jusqu'au bord!

— Vous êtes trop généreux, Glaucus, dit le joueur en tendant la coupe à son esclave; mais votre amitié surtout double la valeur du présent.

— Je bois aux Grâces, dit Pansa, » et il remplit trois fois sa coupe.

Les convives suivirent son exemple.

« Nous n'avons pas nommé de directeur au festin, cria Salluste.

— Jetons les dés pour le désigner, dit Claudius en agitant le cornet.

— Non, dit Glaucus, point de froid directeur entre nous; point de dictateur du banquet, point de *rex convivii*. Les Romains n'ont-ils pas juré de ne jamais obéir à un roi? Vous montrerez-vous moins libres que vos ancêtres? Allons, musiciens, faites-nous entendre la musique que j'ai composée l'autre nuit pour le *Persicos odi* de mon vieil Horace. »

Les musiciens accordèrent leurs instruments sur le mode

Ionien, pendant que les plus jeunes d'entre eux chantaient les vers.

Les convives applaudirent avec enthousiasme.

« C'est du grec pur, dit Lépidus ; la hardiesse, la force et l'énergie de cette musique ne sauraient être imitées par nous autres Latins.

— Impossible de le contester, dit Claudius avec une intention ironique au fond, mais cachée en apparence. La mélodie est du goût ionien le plus pur. Ce mot me rappelle une santé que je veux porter. Compagnon, je bois à la belle Ione.

— Ione, le nom est grec, dit Glaucus d'une voix douce, j'accepte cette santé avec plaisir. Mais quelle est cette Ione?

— Ah! vous ne faites que d'arriver à Pompéi, sans quoi vous mériteriez l'ostracisme pour votre ignorance, dit Lépidus avec importance ; ne pas connaître Ione, c'est ignorer les plus charmants attraits de notre cité.

— Elle est de la plus rare beauté, ajouta Pansa ; et quelle voix !

— Elle ne doit se nourrir que de langues de rossignols, dit Claudius.

— De langues de rossignols.... parfait, parfait, s'écria l'ombre.

— Renseignez-moi davantage, je vous prie, dit Glaucus.

— Sachez donc, commença Lépidus....

— Laissez-moi parler, poursuivit Claudius ; vos paroles se traînent comme des tortues.

— Les vôtres nous assomment comme des pierres, murmura tout bas le jeune efféminé en se laissant retomber dédaigneusement sur son lit.

— Sachez donc, mon cher Glaucus, qu'Ione est une étrangère arrivée depuis peu à Pompéi. Elle chante comme Sapho, et ses chants sont de sa composition. Quant à la flûte, la cithare, la lyre, je ne sais vraiment sur lequel de ces instruments elle ne surpasse pas les Muses. Sa beauté est éblouissante ; sa maison est parfaite ; quel goût !... quels brillants !... quels bronzes !... Elle est riche, et aussi généreuse qu'elle est riche.

— Ses amants, sans doute, dit Glaucus, ne la laissent pas mourir de faim? l'argent gagné sans peine est légèrement dépensé.

— Ses amants ! Ah ! c'est là l'énigme ! Ione n'a qu'un défaut, elle est chaste. Tout Pompéi est à ses pieds, et elle n'a pas d'amants.... elle ne veut pas même se marier.

— Pas d'amants ! répéta Glaucus.
— Non, elle est l'âme de Vesta avec la ceinture de Vénus.
— Quelle délicatesse d'expression ! dit l'ombre.
— C'est un prodige, s'écria Glaucus. Ne peut-on la voir ?
— Je vous mènerai chez elle ce soir, reprit Claudius... En attendant, ajouta-t-il, et il fit de nouveau retentir les dés....
— A votre gré, répondit le complaisant Glaucus ; Pansa, retournez-vous. »

Lépidus et Salluste jouèrent à pair ou non, et le sixième convive, le parasite, regarda le jeu de Glaucus et de Claudius, qui se laissèrent bientôt absorber par les chances des dés.

« Par Pollux ! s'écria Glaucus, voilà la seconde fois que je tombe sur les petits chiens (le plus faible coup).
— A présent, que Vénus me protége ! dit Claudius, qui tint quelque temps le cornet suspendu et l'agita. O bonne Vénus !... C'est Vénus elle-même, ajouta-t-il en amenant le plus haut point, qu'on appelait ainsi d'après la déesse que le joueur heureux trouve d'ordinaire assez favorable.
— Vénus est une ingrate, dit Glaucus : car j'ai toujours sacrifié sur son autel.
— Celui qui joue avec Claudius, murmura Lépidus, pourra bien, comme le Curculio de Plaute, mettre au jeu son manteau.
— Pauvre Glaucus !... il est aveugle comme la Fortune elle-même, continua Salluste du même ton.
— Je ne veux plus jouer, dit Glaucus ; j'ai perdu trente sesterces.
— J'en suis désolé, répliqua Claudius.
— Homme aimable ! dit l'ombre.
— Après tout, s'écria Glaucus, le plaisir que je prends à votre gain compense la peine de ma perte. »

La conversation devint alors générale et animée ; le vin circula plus librement. Ione fut de nouveau l'objet des éloges des convives de Glaucus.

« Au lieu de veiller jusqu'à ce que les étoiles s'effacent, allons contempler celle dont l'éclat fait pâlir leur clarté, » dit Lépidus.

Claudius, qui ne voyait aucune chance de recommencer les parties de dés, appuya la proposition ; et Glaucus, quoiqu'il pressât honnêtement ses hôtes de ne pas se lever de table encore, ne put s'empêcher de leur laisser voir que sa curiosité avait été éveillée par les éloges qu'ils avaient faits d'Ione. Ils décidèrent donc qu'ils iraient de ce pas (à l'exception de Pansa et du parasite), à la maison de la belle Grecque. Ils burent à la santé de Glaucus et de Titus, ils accomplirent leur dernière libation, reprirent leurs pantoufles, descendirent les escaliers, traversèrent l'atrium brillamment éclairé, et passèrent sans craindre de morsures devant le terrible dogue dont la peinture défendait le seuil ; ils se trouvèrent alors, au moment où la lune se levait, dans les rues de Pompéi, joyeuses et encore remplies par la foule.

Ils parcoururent le quartier des orfèvres, tout étincelant de lumières que réfléchissaient les pierres précieuses étalées dans les boutiques, et arrivèrent enfin à la porte d'Ione. Le vestibule était illuminé par des rangées de lampes; des rideaux de pourpre brodés ouvraient l'entrée du tablinum, dont les murs et le pavé en mosaïque brillaient des plus vives couleurs que l'art avait pu y répandre, et sous le portique, qui entourait un odorant jardin, ils trouvèrent Ione, déjà environnée de visiteurs l'adorant et l'applaudissant.

« Ne m'avez-vous pas dit qu'elle était Athénienne? demanda Glaucus à voix basse en mettant les pieds dans le péristyle.

— Non, elle est de Néapolis.

— De Néapolis, » répéta Glaucus; et au même moment le groupe qui entourait Ione s'entr'ouvrit, et présenta à sa vue cette brillante apparition, cette beauté pareille aux nymphes, qui depuis quelques mois avait surnagé sur l'abîme de sa mémoire.

CHAPITRE IV.

Le temple d'Isis. — Le prêtre. — Le caractère d'Arbacès se développe lui-même.

Notre histoire veut que nous retournions à l'Égyptien. Nous avons laissé Arbacès, après qu'il eut quitté Glaucus et son compagnon près de la mer caressée par le soleil du midi. Dès qu'il fut près de la partie la plus fréquentée de la baie, il s'arrêta, et contempla cette scène animée, en croisant les bras, et avec un sourire amer sur ses sombres traits.

« Sots, dupes, fous que vous êtes ! se dit-il à lui-même: qu'il s'agisse de plaisirs ou d'affaires, de commerce ou de religion, vous êtes également gouvernés par les passions que vous devriez conduire. Comme je vous mépriserais si je ne vous haïssais pas! Oui, je vous hais, Grecs ou Romains. C'est à nous, c'est à notre pays, c'est à la science profonde de l'Égypte que vous avez dérobé le feu qui vous donne vos âmes. Vos connaissances, votre poésie, vos lois, vos arts, votre barbare supériorité dans la guerre (et combien encore cette copie mutilée d'un vaste modèle a dégénéré dans vos mains!); vous nous avez tout volé, comme les esclaves volent les restes d'un festin; oh! maintenant, vous autres mimes d'autres mimes, Romains, vils descendants d'une troupe de brigands, vous êtes nos maîtres. Les pyramides ne contemplent plus la race des Ramsès.... L'aigle plane sur le serpent du Nil. *Nos* maîtres, non pas les *miens*. Mon âme, par la supériorité de sa sagesse, vous domine et vous enchaîne, quoique ces liens ne vous soient pas nuisibles. Aussi longtemps que la science pourra dompter la force, aussi longtemps que la religion possédera une caverne du fond de laquelle sortiront des oracles pour tromper le genre humain, les sages tiendront l'empire de la terre.... De vos propres vices Arbacès distille ses plaisirs, plaisirs que ne profane pas l'œil du vulgaire, plaisirs vastes, riches, inépuisables, dont vos âmes énervées et émoussées dans leur sensualité grossière ne peuvent se faire une idée, même en rêve. Continuez votre vie, esclaves insensibles de l'ambition et de l'avarice, votre soif de faisceaux, de questorats et de toutes momeries d'un pouvoir servile, provoque mes rires et mon mépris. Mon pouvoir s'étend partout où règne quelque superstition. Je foule aux pieds les âmes que la pourpre couvre. Thèbes peut tomber; l'Égypte peut ne plus exister que de nom. L'univers entier fournit des sujets à Arbacès. »

En prononçant ces paroles, l'Égyptien marchait lentement. Lorsqu'il entra dans la ville, sa haute taille le fit remarquer au-dessus de la foule qui remplissait le forum, et il se dirigea vers le petit et gracieux temple consacré à Isis.

Cet édifice n'était alors élevé que depuis peu de temps. L'ancien temple avait été renversé par un tremblement de terre soixante ans auparavant, et le nouveau avait obtenu, parmi les inconstants Pompéiens, la vogue qu'une nouvelle église ou qu'un nouveau prédicateur obtiennent parmi nous. Les oracles de la déesse à Pompéi étaient en effet, non-seulement célèbres pour le mystérieux langage qui les enveloppait, mais encore pour le crédit qui s'attachait à leurs ordres et à leurs prédictions. S'ils n'étaient pas dictés par une divinité, ils étaient du moins inspirés par une profonde connaissance de l'humanité ; ils s'appliquaient exactement à la position de chaque individu, et contrastaient singulièrement avec les banalités des temples rivaux. Au moment où Arbacès arrivait près des grilles qui séparaient l'enceinte profane de l'enceinte sacrée, un des prêtres s'approcha de lui, et le salua avec toutes les marques d'une amicale familiarité.

La physionomie de ce prêtre était loin de prévenir en sa faveur : son crâne rasé était si déprimé et son front si étroit, que sa conformation se rapprochait beaucoup de celle d'un sauvage de l'Afrique, à l'exception des tempes, où l'on remarquait l'organe appelé acquisivité par les disciples d'une science dont le nom est moderne, mais dont les anciens (comme leurs sculptures l'indiquent) connaissaient mieux qu'eux la pratique ; on voyait sur cette tête deux protubérances larges et presque contre nature, qui la rendaient encore plus difforme. Le tour des sourcils était sillonné d'un véritable réseau de rides profondes ; les yeux, noirs et petits, roulaient dans des orbites d'un jaune sépulcral ; le nez, court mais gros, s'ouvrait avec de grandes narines pareilles à celles des satyres ; ses lèvres épaisses et pâles, ses joues aux pommettes saillantes, les couleurs livides et bigarrées qui perçaient à travers sa peau de parchemin, complétaient un ensemble que personne ne pouvait voir sans répugnance, et peu de gens sans terreur et sans méfiance.

Quelques projets que conçût l'âme, la forme du corps paraissait propre à les exécuter. Les muscles vigoureux du cou, la large poitrine, les mains nerveuses et les bras maigres et longs qui étaient nus jusqu'au-dessus du coude, témoignaient d'une nature capable d'agir avec énergie ou de souffrir avec patience.

« Calénus, dit l'Égyptien à ce flamine de bizarre apparence, pouvez-vous m'admettre dans quelque appartement moins sacré ?

— Assurément, » répondit le prêtre en le conduisant vers une des cellules qui entouraient la porte ouverte.

Là, ils s'assirent devant une petite table qui leur présentait des fruits, des œufs, plusieurs plats de viandes froides et des vases pleins d'excellents vins. Pendant que les deux compagnons faisaient cette collation, un rideau tiré sur l'entrée, du côté de la cour, les dérobait à la vue, mais les avertissait, par son peu d'épaisseur, qu'ils eussent à parler bas, ou à ne pas trahir leur secret. Ils prirent le premier parti.

« Vous savez, dit Arbacès d'une voix qui agitait à peine l'air, tant elle était douce et légère, vous savez que j'ai rencontré il y a quelque temps, à Néapolis, Ione et Apœcidès, frère et sœur, enfants d'Athéniens qui étaient venus demeure dans cette cité. La mort de leurs parents, qui me connaissaient et m'estimaient, me constitua leur tuteur ; je ne négligeai rien de ma charge. Le jeune homme, docile et d'un caractère plein de douceur, céda sans peine à l'impression que je voulus lui donner. Après les femmes, ce que j'aime ce sont les souvenirs de mon pays natal ; je me plais à conserver, à propager dans les contrées lointaines (que ses colonies peuplent peut-être encore), nos sombres et mystiques croyances. Je trouve, je crois autant de plaisir à tromper les hommes qu'à servir les dieux. J'appris à Apœcidès à adorer Isis. Je lui révélai quelques-unes des sublimes allégories que son culte voile ; j'excitai, dans une âme particulièrement disposée à la ferveur religieuse, cet enthousiasme dont la foi remplit l'imagination. Je l'ai placé parmi vous, chez un des vôtres.

— Il est à nous, dit Calénus ; mais, en stimulant sa foi, vous l'avez dépouillé de la sagesse. Il s'effraye de ne plus se sentir dupe. Nos honnêtes fraudes, nos statues qui parlent, nos escaliers dérobés le tourmentent et le révoltent. Il gémit, il se désole et converse avec lui-même ; il refuse de prendre part à nos cérémonies. On l'a vu fréquenter la compagnie d'hommes suspects d'attachement pour cette secte nouvelle et athée, qui renie tous nos dieux et appelle nos oracles des inspirations de l'esprit malfaisant dont parlent les traditions orientales. Nos oracles, hélas ! nous savons trop où ils puisent leurs inspirations.

— Voilà ce que je soupçonnais, dit Arbacès rêveur, d'après les reproches qu'il m'a adressés la dernière fois que je l'ai rencontré ; il m'évite depuis quelque temps. Je veux le chercher, je veux continuer mes leçons. Je l'introduirai dans le sanctuaire de la sagesse, je lui enseignerai qu'il y a deux degrés de sainteté : le premier, *la foi* ; le second, *la fraude* ; l'un pour le vulgaire, le second pour le sage.

— Je n'ai jamais passé par le premier, dit Calénus ; ni vous non plus, je pense, Arbacès.

— Vous êtes dans l'erreur, répliqua gravement l'Égyptien ; je crois encore aujourd'hui, non pas à ce que j'enseigne, mais à ce que je n'enseigne pas. La nature possède quelque chose de sacré que je ne puis ni ne veux contester. Je crois à ma science, et elle m'a révélé.... mais ce n'est pas la question; il s'agit de sujets plus terrestres et plus attrayants. Si je parvenais ainsi à mon but en ce qui concernait Apœcidès, quels étaient mes desseins sur Ione? Vous vous doutez déjà que je la destine à être ma reine, ma femme, l'Isis de mon cœur! Jusqu'au jour où je l'ai vue, j'ignorais tout l'amour dont ma nature est capable.

— J'ai entendu dire de tous côtés que c'était une nouvelle Hélène, » dit Calénus.

Et ses lèvres firent entendre un léger bruit de dégustation; mais était-ce en l'honneur de la beauté d'Ione, ou en l'honneur du vin qu'il venait de boire? Il serait difficile de le dire.

« Oui; sa beauté est telle, que la grâce n'en a jamais produit de plus parfaite, poursuivit Arbacès; et ce n'est pas tout: elle a une âme digne d'être associée à la mienne. Son génie surpasse le génie des femmes: vif, éblouissant, hardi.... La poésie seule coule spontanément de ses lèvres; exprimez une vérité, et, quelque compliquée et profonde qu'elle soit, son esprit la saisit et la domine. Son imagination et sa raison ne sont pas en guerre l'une avec l'autre: elles sont d'accord pour la diriger comme les vents et les flots pour conduire un vaisseau superbe. A cela elle joint une audacieuse indépendance de pensée. Elle peut marcher seule dans le monde; elle peut être brave autant qu'elle est gracieuse. C'est là le caractère que toute ma vie j'ai cherché dans une femme, et que je n'ai jamais trouvé. Ione doit être à moi; elle m'inspire une double passion. Je veux jouir de la beauté de l'âme non moins que de celle du corps.

— Elle n'est donc pas encore à vous? dit le prêtre.

— Non; elle m'aime, mais comme ami; elle m'aime avec son intelligence seule. Elle me suppose les vertus vulgaires que j'ai seulement la vertu plus élevée de dédaigner. Mais laissez-moi continuer mon histoire. Le frère et la sœur étaient jeunes et riches; Ione est orgueilleuse et ambitieuse.... orgueilleuse de son esprit, de la magie de sa poésie, du charme de sa conversation. Lorsque son frère me quitta et entra dans votre temple, elle vint aussi à Pompéi afin d'être plus près de lui. Ses talents n'ont pas tardé à s'y révéler. La foule qu'elle appelle se presse à ses fêtes. Sa voix enchante ses hôtes, sa poésie les subjugue. Il lui plaît de passer pour une seconde Erinna.

— Ou bien pour une Sapho.

— Mais une Sapho sans amour! Je l'ai encouragée dans

cette vie pleine de hardiesse, où la vanité se mêle au plaisir. J'aimais à la voir s'abandonner à la dissipation et au luxe de cette cité voluptueuse. Je désirais énerver son âme; oui, cher Calénus; mais jusqu'ici elle a été trop pure pour recevoir le souffle brûlant qui devait, selon mon espérance, non pas effleurer, mais ronger ce beau miroir. Je souhaitais qu'elle fût entourée d'adorateurs vides, vains, frivoles (adorateurs que sa nature ne peut que mépriser), afin qu'elle sentît le besoin d'aimer. Alors, dans ces doux intervalles qui succèdent à l'excitation du monde, je me flattais de faire agir mes prestiges, de lui inspirer de l'intérêt, d'éveiller ses passions, de posséder enfin son cœur: car ce n'est ni la jeunesse, ni la beauté, ni la gaieté, qui sont faites pour fasciner Ione; il faut conquérir son imagination, et la vie d'Arbacès n'a été qu'un long triomphe sur des imaginations de ce genre.

— Quoi! aucune crainte de vos rivaux? La galante Italie est cependant familiarisée avec l'art de plaire.

— Je ne crains personne. Son âme méprise la barbarie romaine, et se mépriserait elle-même si elle admettait une pensée d'amour pour un des enfants de cette race née d'hier.

— Mais vous êtes Égyptien, vous n'êtes pas Grec.

— L'Égypte, répondit Arbacès, est la mère d'Athènes; sa Minerve tutélaire est notre divinité, et son fondateur, Cécrops, était un fugitif de Saïs l'égyptienne. Je l'ai déjà appris à Ione, et dans mon sang elle vénère les plus anciennes dynasties de la terre. Cependant, j'avoue que depuis peu un soupçon inquiet a traversé mon esprit. Elle est plus silencieuse qu'elle n'avait coutume de l'être; la musique qu'elle préfère est celle qui peint le mieux la mélancolie et pénètre le plus profondément dans l'âme. Elle pleure sans raison de pleurer. Peut-être est-ce un commencement d'amour?... Peut-être n'est-ce que le désir d'aimer? Dans l'un ou l'autre cas, il est temps pour moi, d'opérer sur son imagination et sur son cœur: dans le premier cas, de ramener à moi cette source d'amour qui s'égare; dans l'autre, de la faire jaillir à mon bénéfice. C'est pour cela que j'ai songé à vous.

— En quoi puis-je vous être utile?

— Je me propose de l'inviter à une fête chez moi; je veux éblouir, étonner, enflammer ses sens. Nos arts, au moyen desquels l'Égypte dompte ses novices, doivent être employés dans cette circonstance, et, sous les mystères de la religion, je prétends lui découvrir les secrets de l'amour.

— Ah! je comprends : un de ces voluptueux banquets auxquels nous autres, prêtres d'Isis, en dépit de la rigueur de nos vœux de mortification, nous avons plus d'une fois assisté dans votre demeure.

— Non, non, pouvez-vous penser que ses chastes yeux soient disposés à voir de telles scènes? Non; mais nous devons d'abord séduire le frère.... tâche plus facile. Écoutez-moi, voici mes instructions. »

CHAPITRE V.

Encore la bouquetière. — Progrès de l'amour.

Le soleil pénétrait gaîment chez Glaucus et l'inondait de ses rayons naissants, quand une ombre se glissa sur le seuil de sa chambre : une jeune fille, à peine sortie de l'enfance, interrompit sa solitude. Elle était vêtue simplement d'une tunique blanche, qui retombait du cou jusqu'aux chevilles; elle portait sous son bras une corbeille de fleurs, et tenait dans l'autre main un vase de bronze rempli d'eau. Ses traits étaient plus formés qu'on n'aurait pu l'attendre de son âge, mais pourtant doux et féminins dans leurs contours, et, sans être précisément beaux en eux-mêmes, ils possédaient cette beauté que donne l'expression. Il y avait dans son air je ne sais quel attrait de douce patience, d'un caractère tout à fait ineffable; une physionomie empreinte de tristesse, un aspect résigné et tranquille, avaient banni le sourire, mais non la grâce de ses lèvres; la timidité de sa démarche, qu'accompagnait une sorte de prévoyance, l'éclat vague et incertain de ses yeux, faisaient soupçonner l'infirmité qu'elle endurait depuis sa naissance : elle était aveugle; mais ce défaut ne s'apercevait pas dans ses prunelles, dont la lumière douce et mélancolique paraissait pure et sans nuage.

« On m'a dit que Glaucus était ici? demanda-t-elle, puis-je entrer?

— Ah! ma Nydia, dit le Grec, c'est vous? Je savais bien que vous me feriez la grâce de venir me visiter.

— Glaucus, en y comptant, n'a fait que de rendre justice à lui-même, dit Nydia; il a toujours été si bon pour la pauvre aveugle!

— Qui pourrait agir autrement? » répondit tendrement Glaucus, avec l'accent d'un frère plein de compassion.

Nydia soupira, garda un moment le silence, et sans répondre à son observation, poursuivit ainsi :

Il n'y a pas longtemps que vous êtes de retour?

— C'est aujourd'hui le sixième soleil qui se lève pour moi à Pompéi.

— Êtes-vous en bonne santé?... Ah! je n'ai pas besoin de le demander : car celui-là qui voit la terre qu'on dit être si belle, ne peut mal se porter.

— Je me porte bien; et vous, Nydia?... Comme vous avez grandi!... l'année prochaine vous aurez à penser à la réponse que vous ferez à vos amoureux. »

Une nouvelle rougeur colora les joues de Nydia; mais, tout en rougissant, elle fronça le sourcil.

« Je vous ai apporté quelques fleurs, dit-elle, sans rien révéler de l'émotion qu'elle avait ressentie, et après avoir cherché autour d'elle une table qui était près de Glaucus, elle ajouta en y posant les fleurs de sa corbeille : Elles ont peu de prix, mais elles sont fraîchement cueillies.

— Vinssent-elles de Flore même, je ne les recevrais pas mieux, dit Glaucus avec bonté, et je renouvelle encore le vœu que j'ai fait aux Grâces, de ne point porter d'autres guirlandes tant que vos mains m'en tresseront comme celles-ci.

— Et comment trouvez-vous les fleurs de votre *viridarium*? Elles ont prospéré?

— Admirablement; les dieux lares eux mêmes ont dû veiller sur elles.

— Ah! vous me faites plaisir, dit Nydia, car je suis venue aussi souvent que je l'ai pu pour les arroser et les soigner pendant votre absence.

— Comment vous remercier, belle Nydia? dit le Grec. Glaucus ne songeait guère qu'il eût laissé à Pompéi une surveillante si fidèle de ses fleurs favorites. »

Les mains de la jeune fille tremblaient, et son sein s'émut doucement sous les plis de sa tunique. Elle se détourna avec embarras :

« Le soleil est bien chaud aujourd'hui pour les pauvres fleurs, dit-elle, et elles doivent croire que je les néglige; car j'ai été malade, et voilà neuf jours que je ne suis venue les arroser.

— Malade, ma Nydia! et pourtant vos joues ont plus d'éclat que l'année dernière.

— Je suis souvent souffrante, reprit la pauvre aveugle d'un ton touchant, et, à mesure que je grandis, je regrette davantage d'être privée de la vue. Mais pensons aux fleurs. »

Aussitôt elle fit un léger salut de la tête et, passant dans le viridarium, s'occupa d'arroser les fleurs.

« Pauvre Nydia, se dit Glaucus en la regardant; bien dur est ton destin; tu ne vois ni la terre, ni le soleil, ni la lune, ni les étoiles; bien plus, tu ne peux pas voir Ione. »

Ces derniers mots ramenèrent sa pensée à la soirée de la veille, lorsqu'il fut de nouveau interrompu dans ses rêveries par l'entrée de Claudius. Une preuve de la vivacité avec laquelle son amour s'était accru, et de la délicatesse de ses nouvelles impressions, c'est que, bien qu'il n'eût pas hésité à confier à Claudius le secret de sa première entrevue, et l'effet qu'Ione avait produit sur lui par sa beauté, il éprouva actuellement une invincible aversion à prononcer son nom. Il avait vu Ione, belle, pure, sans tache, au milieu de la jeunesse légère et dissipée de Pompéi, forçant les plus débauchés au respect par le charme de sa personne, et changeant les désirs les plus sensuels en une sorte de contemplation idéale, comme si, par son pouvoir intellectuel et moral, elle renversait la fable de Circé et transformait les animaux en hommes. Ceux qui ne pouvaient comprendre son âme, se spiritualisaient en quelque sorte, grâce à la magie de sa beauté; ceux qui n'avaient pas des cœurs capables d'apprécier sa poésie, avaient au moins des oreilles sensibles à la mélodie de sa voix. La trouvant aussi entourée, purifiant et éclairant tout par sa présence, Glaucus sentit lui-même pour la première fois la grandeur de sa propre nature : il sentit combien étaient peu dignes de la divinité et de ses songes, et les compagnons de ses plaisirs passés, et les occupations auxquelles il s'était abandonné. Un voile semblait tomber de ses yeux. Il vit entre lui et ses convives habituels une incommensurable distance, que lui avait cachée jusque-là la vapeur décevante des fêtes. Le courage qu'il lui fallait pour aspirer à Ione l'élevait à ses yeux; il comprit qu'il était désormais dans sa destinée de regarder en haut et de prendre un noble essor. Ce nom, qui paraissait à son ardente imagination comme un écho saint, il ne pouvait plus le prononcer devant des oreilles vulgaires. Ce n'était plus la belle jeune fille vue en passant, et dont le souvenir passionné était demeuré dans son cœur. Ione était déjà la divinité de son âme. Qui n'a pas éprouvé ce sentiment? O toi qui ne l'as pas connu, tu n'as jamais aimé.

Aussi lorsque Claudius lui parla avec des transports affectés de la beauté d'Ione, Glaucus ressentit de la colère et du dégoût que de telles lèvres osassent faire un tel éloge; il répondit froidement, et le Romain s'imagina que cette passion s'était éteinte au lieu de s'enflammer. Claudius le regretta à peine, car son désir était que Glaucus épousât une héritière beaucoup mieux avantagée du côté de la fortune, Julia, la fille du riche Diomède, dont le joueur espérait voir passer l'or dans ses coffres. Leur conversation ne suivait pas un cours aussi aisé que d'habitude, et, dès que Claudius l'eut quitté, Glaucus se disposa à se rendre chez Ione. En mettant le pied sur le seuil de sa maison, il rencontra de nouveau Nydia, qui venait d'accomplir sa gracieuse tâche. Elle reconnut son pas à l'instant.

« Vous sortez de bonne heure, dit-elle.

— Oui; car les Cieux de la Campanie ne pardonnent pas qu'on les néglige.

— Oh! que ne puis-je les voir! » murmura la jeune fille, mais si bas que Glaucus ne put entendre sa plainte.

La Thessalienne resta quelque temps sur le seuil, et guidant ensuite ses pas avec un long bâton, dont elle se servait avec une grande dextérité, elle reprit le chemin de sa demeure. Elle s'éloigna bientôt des rues brillantes de la cité, et entra dans un quartier que fréquentaient peu les personnes élégantes et graves. Mais son malheur lui dérobait le grossier spectacle des vices dont elle était entourée : à cette heure-là, les rues étaient silencieuses et tranquilles, et sa jeune oreille ne fut pas choquée par les sons qui se faisaient entendre trop souvent dans les repaires obscurs et obscènes qu'elle traversait patiemment et tristement.

Elle frappa à la porte de derrière d'une sorte de taverne. On ouvrit, et une voix rude lui ordonna de rendre compte des sesterces qu'elle avait pu recueillir. Avant qu'elle eût eu le temps de répondre, une autre voix, accentuée d'une façon un peu moins vulgaire, dit :

« Ne t'inquiète pas de ces petits profits, Burbo. La voix de la petite sera bientôt redemandée aux riches festins de notre ami et tu sais qu'il paye à un haut prix les langues de rossignols

— Oh! j'espère que non.... Je ne le pense pas, s'écria Nydia en tremblant. Je veux bien mendier depuis l'aurore jusqu'au coucher du soleil, mais ne m'envoyez plus chez lui.

— Et pourquoi cela? demanda la même voix.

— Parce que.... parce que je suis jeune, et délicatement

élevée, et que les femmes avec qui je me trouve là ne sont pas une société convenable pour une pauvre fille qui.... qui....

— Qui est une esclave dans la maison de Burbo, » reprit la voix ironiquement et avec un grossier éclat de rire.

La Thessalienne posa ses fleurs à terre et, appuyant sa figure sur ses mains, se mit à pleurer.

Pendant ce temps Glaucus se rendait à la demeure de la belle Napolitaine : il trouva Ione au milieu de ses esclaves qui travaillaient à ses côtés. La harpe était près d'elle, car Ione était ce jour-là plus oisive, peut-être plus pensive que d'habitude. Elle lui parut plus belle encore à la lumière du jour, et dans sa simple robe, qu'à l'éclat des lampes nocturnes et ornée des précieux joyaux qu'elle portait la veille ; une certaine pâleur répandue sur ses couleurs transparentes ne lui fit pas tort, à ses yeux, pas plus que la rougeur qui monta à son front lorsqu'il s'approcha. Accoutumé à flatter, il sentit la flatterie expirer sur ses lèvres en présence d'Ione. Il comprit que ses regards en diraient plus que ses paroles, et que ce serait amoindrir son hommage que de l'exprimer. Ils parlèrent de la Grèce : c'était un thème sur lequel Ione aimait mieux écouter que parler ; c'était un thème sur lequel l'éloquence du Grec ne tarissait jamais. Il lui dépeignit les bosquets d'oliviers aux teintes argentées qui environnaient encore les temples, déjà dépouillés d'une partie de leurs splendeurs, mais si beaux toujours, même dans leur décadence. Il jeta un regard sur la mélancolique cité d'Harmodius le Libre et de Périclès le Magnifique, du haut de ces souvenirs qui font une vaste lumière des plus sombres obscurités. Il avait vu la terre de la poésie justement à l'âge poétique de sa jeunesse ; et le sentiment patriotique s'associait dans son cœur à cette effusion du printemps de la vie. Ione l'écoutait, absorbée et muette ; ces accents et ces descriptions avaient plus de douceur pour elle que les adulations prodiguées par ses nombreux adorateurs. Était-ce une faute d'aimer un compatriote? Elle aimait Athènes en lui ; les dieux de sa race, la terre de ses songes, lui parlaient dans sa voix. A partir de ce moment, ils se virent chaque jour. Dans la fraîcheur de la soirée, ils allaient se promener sur une mer tranquille. Ils se retrouvaient encore sous les portiques ou dans les appartements d'Ione. Leur amour fut subit, mais puissant. Il remplit toutes les sources de leur vie : cœur, cerveau, sens, imagination, furent à la fois prêtres et ministres de cette passion. Si l'on enlève l'obstacle qui séparait deux objets disposés à une attraction naturelle, ils se joignent, ils se réunissent sur-le-champ. Ils ne s'étonnaient que d'une chose, c'était d'avoir vécu si longtemps loin l'un de l'autre. Et leur amour était bien naturel : même jeunesse, même beauté, même origine, même âme, quelle poésie dans leur union! Ils se figuraient que les cieux souriaient à leur tendresse. De même que ceux que l'on persécute cherchent un refuge aux pieds des autels, ainsi l'autel de leur amour leur semblait un asile contre les chagrins de la terre; ils le couvraient de fleurs; ils ne soupçonnaient pas que des serpents pussent se cacher sous ces fleurs.

Un soir, le cinquième à dater de leur première rencontre à Pompéi, Glaucus et Ione, avec une société peu nombreuse d'amis choisis, revenaient d'une excursion autour de la baie; leur barque glissait légèrement sur les eaux, dont le brillant miroir n'était brisé que par leurs rames ruisselantes : pendant que le reste de la compagnie s'entretenait gaiement, Glaucus, couché aux pieds d'Ione, n'osait la regarder. Elle rompit la première le silence :

« Mon pauvre frère! dit-elle en soupirant; comme il aurait savouré les délices de cette heure!

— Votre frère, dit Glaucus, je ne l'ai pas vu. Occupé de vous seule, je n'ai pensé à aucune autre chose. Sans cela, je vous aurais demandé si ce n'était pas votre frère, ce jeune homme pour lequel vous m'avez quitté en sortant du temple de Minerve, à Néapolis.

— C'était lui.

— Et il est ici?

— Il y est.

— A Pompéi, et sans être constamment avec vous? Impossible.

— Il a d'autres devoirs, répondit Ione avec tristesse; il est prêtre d'Isis.

— Si jeune encore, prêtre d'un culte si sévère au moins dans sa règle, dit le Grec, dont le cœur était ardent et généreux, et le ton de ses paroles marquait autant de surprise que de pitié. Qui a pu le conduire là?

— Il était enthousiaste et plein d'une ferveur toute religieuse; l'éloquence d'un Égyptien, notre ami et notre tuteur, éveilla en lui le pieux désir de consacrer sa vie à la plus mystérieuse de nos divinités. Peut-être, dans l'ardeur de son zèle, la sévérité même de ce culte eut-elle pour lui une attraction toute particulière.

— Et il ne se repent pas?... Je pense qu'il est heureux. »

Ione soupira profondément, et baissa son voile sur ses yeux.

« Je désire, dit-elle après un instant de silence, qu'il ne se soit pas trop hâté. Peut-être, comme ceux qui attendent beaucoup, n'a-t-il pas pu réaliser toutes ses espérances.

— Alors il n'est pas heureux dans sa nouvelle condition. Et cet Égyptien était-il prêtre lui-même? avait-il intérêt à recruter pour la troupe sacrée?

— Non. Son seul intérêt était notre bonheur. Il croyait faire celui de mon frère. Nous étions orphelins.

— Comme moi, » dit Glaucus avec une voix profondément émue.

Ione jeta les yeux sur lui en ajoutant :

« Arbacès a voulu remplacer notre père; vous le connaîtrez, il aime les gens de mérite.

— Arbacès! je le connais déjà. Nous nous parlons, du moins quand nous nous rencontrons. Mais, sans votre éloge, je ne souhaiterais pas de le connaître davantage. Mon cœur est porté vers ceux qui me ressemblent; mais ce sombre Égyptien, avec son front nuageux et son sourire glacé, me semble attrister le ciel même. On serait tenté de croire que, à l'instar du Crétois Épiménide, il a dormi quarante ans dans un caveau, et que la lumière du jour lui a paru étrange à son réveil.

— Cependant, comme Épiménide, il est bon, sage, et d'une humeur douce, répondit Ione.

— Qu'il est heureux d'être loué par vous! Il n'a pas besoin d'autres vertus pour m'être cher.

— Son calme, sa froideur, reprit Ione sans répondre directement, proviennent peut-être de l'épuisement de ses anciennes souffrances; de même que cette montagne voisine (elle montrait le Vésuve), qui aujourd'hui semble si tranquille, nourrissait autrefois des flammes éteintes pour toujours. »

Leurs yeux se dirigèrent vers la montagne au moment où Ione achevait de parler : le reste du ciel était baigné de couleurs tendres et rosées; mais sur le sommet gris du volcan, au milieu des bois et des vignes qui l'entouraient jusqu'à la moitié de sa hauteur, s'élevait un gros nuage noir et de mauvais augure, comme un trait sinistre dans ce beau paysage; une ombre soudaine et indescriptible obscurcit leurs regards; et, par suite de cette sympathie que l'amour leur avait déjà enseignée, et qui leur disait, à la plus légère émotion, au moindre pressentiment de malheur, de chercher un refuge l'un près de l'autre, leurs yeux abandonnèrent en même temps la montagne, et se rencontrèrent avec une inimaginable expression de tendresse. Qu'avaient-ils besoin de mots pour se dire qu'ils s'aimaient !

CHAPITRE VI.

L'oiseleur reprend dans ses rets l'oiseau qui voulait s'échapper, et essaye d'y prendre une autre victime.

Dans l'histoire que je raconte, les événements se pressent rapides comme les événements d'un drame. Je décris une époque dans laquelle il suffisait de quelques jours pour faire mûrir les fruits d'une année.

Arbacès avait peu fréquenté la maison d'Ione depuis quelque temps, et lorsqu'il y était allé, il n'avait pas rencontré Glaucus ; il ignorait l'amour qui s'était si soudainement interposé entre lui et ses projets. Particulièrement occupé du frère d'Ione, il avait été momentanément forcé de suspendre ses visites à la sœur et d'ajourner ses desseins. Son orgueil et son égoïsme s'étaient réveillés tout à coup. Il s'alarmait du changement survenu dans l'esprit du jeune homme. Il tremblait à l'idée qu'il pouvait perdre un élève docile, et Isis un serviteur enthousiaste. On trouvait rarement Apœcides ; il évitait les lieux où il aurait rencontré l'Égyptien ; il le fuyait même lorsqu'il l'apercevait de loin. Arbacès était un de ces hautains et puissants esprits accoutumés à dominer les autres ; il s'indignait qu'une créature qu'il avait regardée comme étant à lui pût secouer son joug. Il se promit qu'Apœcides ne lui échapperait pas.

Telle était sa pensée, pendant qu'il traversait un bosquet situé dans l'intérieur de la ville, entre sa maison et la maison d'Ione, où il se rendait ; il aperçut, appuyé contre un arbre, et regardant la foule, le jeune prêtre d'Isis, qui ne le vit pas venir.

« Apœcides ! » dit-il ; et il posa, d'un air tout amical, sa main sur l'épaule du jeune homme.

Le prêtre tressaillit ; son premier mouvement fut de s'enfuir.

« Mon fils, dit l'Égyptien, qu'est-il arrivé pour que vous paraissiez empressé d'éviter ma présence ? »

Apœcides demeura silencieux et morne, les yeux attachés à la terre et les lèvres tremblantes, la poitrine oppressée d'une vive émotion.

« Parle-moi, mon ami, continua l'Égyptien, parle ; quelque fardeau pèse sur ton esprit ; qu'as-tu à me révéler ?

— A vous ? Rien.

— Et pourquoi m'exclure ainsi de tes confidences ?

— Parce que je vois en vous un ennemi.

— Expliquons-nous, » dit Arbacès à voix basse ; et, prenant le bras du prêtre sous le sien, malgré quelque résistance, il conduisit le jeune homme vers un des bancs qui garnissaient le bosquet. Ils s'assirent ; et leur contenance morne s'accordait bien avec l'ombre et la solitude du lieu.

Apœcides était dans le printemps de son âge ; cependant il paraissait avoir plus vécu que l'Égyptien. Ses traits délicats et réguliers étaient fatigués et décolorés, ses yeux creux ne brillaient que d'un éclat pareil à celui que donne la fièvre ; son corps se courbait prématurément, et, sur ses mains, délicates comme celles d'une femme, de petites veines bleuâtres et tuméfiées indiquaient la lassitude et les faiblesses du relâchement de ses fibres. Sa figure avait une frappante ressemblance avec celle d'Ione ! mais l'expression différait beaucoup de ce calme majestueux et spirituel qui donnait à la beauté de sa sœur un repos divin, et que maintenant nous appellerions classique. Chez elle l'enthousiasme était visible, quoique toujours modeste et contenu ; c'était là le charme et le sentiment de sa physionomie ; on éprouvait ce désir qu'excitait un esprit qui paraissait tranquille, mais qui ne sommeillait pas. Chez Apœcides, tout révélait la ferveur et la passion de son tempérament ; et la portion intellectuelle de sa nature, par les larges flammes de ses yeux, par la largeur de ses tempes comparée à la hauteur de ses sourcils, par le frémissement de ses lèvres, semblait être sous l'empire d'une rêverie idéale et profonde. L'imagination de la sœur s'était arrêtée au seuil sacré de la poésie ; celle de son frère, moins heureuse et moins retenue, s'était égarée dans le champ des visions impalpables et sans formes ; les facultés qui avaient paré l'une des dons du génie menaçaient d'apporter la folie à l'autre.

Vous prétendez que j'ai été votre ennemi, dit Arbacès ; je connais la cause de cette injuste accusation. Je vous ai placé parmi les prêtres d'Isis ; vous vous révoltez de leurs supercheries et de leurs impostures. Vous pensez que je vous ai trompé aussi ;

la pureté de votre cœur s'en offense; vous vous imaginez que je suis aussi un imposteur.

— Vous connaissiez les jongleries de ce culte impie, répondit Apœcides; pourquoi me les avoir cachées? Lorsque vous me pressiez si vivement de me dévouer à cette profession dont je porte le costume, vous ne cessiez de me parler de la sainte vie de ces hommes consacrés à la science; vous m'avez jeté dans la compagnie d'un ignorant et sensuel troupeau, qui n'a d'autres connaissances que celles des fraudes les plus grossières; vous me parliez d'hommes sacrifiant les plaisirs mondains à le sublime étude de la vertu, et vous m'avez mis au milieu d'hommes souillés de tous les vices; vous me parliez d'amis, de guides flamboyants du genre humain; je ne vois que des trompeurs et des traîtres. Oh! vous avez eu tort. Vous m'avez enlevé la gloire de ma jeunesse, ma foi sincère à la vertu, ma soif sanctifiante de sagesse. Jeune comme j'étais, riche, plein de ferveur, ayant devant moi tous les brillants plaisirs de la terre, je me résignai sans soupirer, avec bonheur, avec exaltation, dans la pensée que j'allais pénétrer les mystères de la sagesse suprême, jouir de la société des dieux, des révélations du ciel, et maintenant.... maintenant!... »

Un sanglot convulsif étouffa la voix du prêtre. Il se couvrit le visage de ses mains, et de grosses larmes se firent passage à travers ses doigts et inondèrent ses vêtements.

« Ce que je t'ai promis je te le donnerai, mon ami, mon élève. les choses dont tu te plains n'ont été que des épreuves pour ta vertu; ton noviciat n'a fait qu'en rehausser l'éclat.... Ne pense plus à toutes ces fourberies de bas étage.... Il est temps que tu ne sois plus confondu avec ces esclaves de la déesse, serviteurs subalternes de son temple. Tu es digne d'entrer dans l'enceinte sacrée. Je serai désormais ton prêtre, ton guide; et toi qui maudis en ce moment mon amitié, tu vivras pour la bénir. »

— Et qu'as-tu donc à m'apprendre encore, homme étrange et redoutable? de nouvelles tromperies, de nouveaux....

— Non. Je t'ai lancé dans l'abîme de l'incrédulité, je veux te ramener sur les hauteurs de la foi. Tu as vu les faux types, tu connaîtras maintenant les réalités qu'ils représentent. Il n'y a pas d'ombres, Apœcides, qui n'ait son corps. Viens me voir cette nuit. Ta main! »

Ému, excité, fasciné par le langage de l'Égyptien, Apœcides lui tendit la main, et le maître et le disciple se séparèrent

Il était vrai que pour Apœcides toute retraite était impossible. Il avait fait vœu de célibat ; il s'était consacré à une vie qui semblait maintenant lui offrir toutes les austérités du fanatisme sans les consolations de la foi. N'était-il pas naturel qu'il éprouvât le désir de se réconcilier avec son irrévocable carrière ? Le puissant et profond esprit de l'Égyptien reprenait son empire sur sa jeune imagination ; elle le poussait à de vagues conjectures, et l'entraînait à des alternatives de crainte et d'espérance.

Pendant ce temps, Arbacès se dirigeait d'un pas grave et lent vers la maison d'Ione. A son entrée dans le tablinum, il entendit, du portique du péristyle, une voix qui, tout harmonieuse qu'elle était, résonna mal à son oreille : c'était la voix du jeune et beau Glaucus, et, pour la première fois, un frisson involontaire de jalousie fit tressaillir son cœur. Il trouva dans le péristyle Glaucus assis à côté d'Ione. La fontaine, au milieu du jardin odorant, jetait dans l'air son écume d'argent, et répandait une délicieuse fraîcheur pendant les heures étouffantes du milieu du jour. Les femmes d'Ione qui restaient invariablement près d'elle, car dans la liberté de sa vie elle gardait la plus délicate retenue, se tenaient à peu de distance ; aux pieds de Glaucus était une lyre sur laquelle il venait de jouer pour Ione un air lesbien. La scène, le groupe placé devant Arbacès, étaient empreints de cet idéal poétique et plein de raffinement que nous regardons encore, et avec raison, comme le caractère particulier des anciens ; on voyait les colonnes de marbre, les vases de fleurs, la statue blanche et tranquille, au bout de chaque perspective ; et, par-dessus tout cela, les deux formes vivantes qui auraient fait l'inspiration ou le désespoir d'un sculpteur.

Arbacès, s'arrêtant aussitôt, regarda le beau couple avec un front d'où venait de fuir toute sa sérénité accoutumée. Il fit un effort sur lui-même, et s'approcha lentement, d'un pas léger et sans écho, tel qu'aucun serviteur ne l'entendit, bien moins encore Ione et son amant.

« Et pourtant, disait Glaucus, c'est seulement avant que nous aimions que nous trouvons que nos poëtes ont bien décrit cette passion. Au moment où le soleil se lève, tous les astres qui avaient brillé dans son absence s'évanouissent dans l'air, les poëtes n'existent non plus que pendant la nuit du cœur ; ils ne sont rien pour nous lorsque le dieu nous fait sentir la puissance de ses rayons.

— Aimable et brillante comparaison, noble Glaucus ! »

Tous deux tressaillirent en apercevant derrière le siége d'Ione la figure froide et sarcastique de l'Égyptien.

« Un hôte inattendu ! dit Glaucus en se levant avec un sourire forcé.

— Rien de plus simple lorsqu'on est sûr d'être bien reçu, répondit Arbacès en s'asseyant et en engageant Glaucus, par un signe, à en faire autant.

— Je suis bien aise, dit Ione, de vous voir ensemble à la fin, car vous êtes faits pour vous comprendre et pour devenir amis.

— Rendez-moi une quinzaine d'années, répliqua l'Égyptien, avant de me comparer à Glaucus. J'accepterais volontiers son amitié ; mais que lui offrirais-je en retour ? Aurions-nous même confidence à nous faire ? Lui parlerais-je de banquets et de guirlandes de fête, de coursiers parthes, des chances du jeu ? Ce sont là les plaisirs habituels à son âge, à sa nature, à ses goûts ; ce ne sont pas les miens. »

En parlant ainsi, l'astucieux Égyptien baissa les yeux et soupira ; mais du coin de l'œil il regarda Ione pour voir comment elle accueillerait ces insinuations sur les goûts de son visiteur ; et l'air d'Ione ne le satisfit pas. Glaucus, dont les joues se colorèrent légèrement, s'empressa de répondre avec gaieté. Il avait aussi sans doute le désir de déconcerter et d'humilier l'Égyptien.

« Vous avez raison, sage Arbacès, dit-il ; nous pouvons nous estimer l'un l'autre, mais nous ne saurions être amis ; mes banquets manquent de ce sel mystérieux qui, si l'on en croit la rumeur publique, assaisonne les vôtres. Et, par Hercule, lorsque j'aurai vos années, si, comme vous, je crois sage de rechercher les plaisirs de l'âge mûr, je lancerai aussi le sarcasme sur les galantes folies de la jeunesse. »

L'Égyptien jeta à Glaucus un regard rapide et perçant

« Je ne vous comprends pas, dit-il froidement ; mais les gens d'esprit ont souvent l'habitude de s'envelopper d'obscurité. »

Il détourna la tête à ces mots avec un sourire presque imperceptible, et, après un instant de silence, il s'adressa à Ione :

« Je n'ai pas été assez fortuné, belle Ione, pour vous rencontrer chez vous les deux ou trois dernières fois que je suis venu pour vous rendre visite.

— La douceur de la mer m'avait tentée de sortir, » reprit Ione avec un léger embarras.

Ce embarras n'échappa pas à Arbacès ; mais sans paraître le remarquer, il reprit en souriant :

« Vous savez que le vieux poëte a dit : « Les femmes doivent rester dans leur maison et y converser[1]. »

— Ce poëte était un cynique, dit Glaucus : il haïssait les femmes.

— Il parlait selon la coutume de son pays, et ce pays était votre Grèce si vantée.

— Autres temps, autres mœurs ; si nos ancêtres avaient connu Ione, ils auraient suivi une autre loi.

— Avez-vous appris ces manières galantes à Rome ? dit Arbacès avec une émotion mal déguisée.

— Ce n'est pas du moins en Égypte que je serais allé apprendre la galanterie, répondit Glaucus en jouant nonchalamment avec sa chaîne.

— Allons, dit Ione en s'empressant d'interrompre une conversation dont le commencement ne répondait pas au désir qu'elle avait de cimenter une amitié réelle entre Glaucus et l'Égyptien ; allons, allons, il ne faut pas qu'Arbacès soit si sévère pour sa pauvre pupille. Orpheline élevée sans les soins d'une mère, je puis être blâmée de l'indépendance de ma vie, plus convenable pour un homme que pour une femme ; cependant, c'est celle à laquelle les femmes romaines sont accoutumées, et que les Grecques auraient raison d'adopter. Hélas ! est-ce donc seulement chez les hommes qu'on peut voir la liberté et la vertu réunies ? L'esclavage, votre perte, serait-il donc considéré comme notre salut ? Ah ! croyez-moi, ç'a été une grande erreur des hommes, une erreur qui a tristement influé sur leurs destinées, d'imaginer que la nature des femmes est (je ne dis pas inférieure à la leur, cela peut être), mais si différente, qu'ils se soient crus obligés de faire des lois peu favorables au développement de notre esprit ! N'ont-ils pas, en agissant ainsi, fait des lois contre leurs propres enfants, que les femmes doivent élever, contre les maris eux-mêmes, dont les femmes devraient être les amies toujours, et quelquefois les conseillères ? »

Ione se tut soudain ; une rougeur ravissante se répandit sur sa figure. Elle craignit que cet enthousiasme ne fût allé trop loin. Cependant elle redoutait moins l'austère Arbacès que le tendre Glaucus : car elle aimait le dernier, et ce n'était pas l'usage des Grecs de permettre aux femmes (à celles du moins qu'ils honoraient) la liberté dont jouissaient celles de l'Italie.

---

1. Euripide.

Ce fut avec un vif sentiment de joie qu'elle entendit Glaucus s'écrier :

« Puissiez-vous toujours penser ainsi, Ione ! puisse votre cœur innocent être toujours votre guide ! Heureuse eût été la Grèce, si elle avait jamais permis aux femmes chastes les priviléges de l'esprit, si célèbres chez les moins respectables de ses beautés ! Aucune décadence ne provient de la liberté ni de la science, lorsque votre sexe sourit à l'homme libre et sait apprécier et encourager l'homme sage. »

Arbacès gardait le silence, car il ne lui convenait ni d'approuver l'opinion de Glaucus ni de condamner celle d'Ione ; après une conversation brève et embarrassée, Glaucus se retira.

Lorsqu'il fut parti, Arbacès, rapprochant son siége de celui de la belle Napolitaine, dit d'une voix adoucie et pénétrante, sous laquelle il savait si bien dissimuler l'artifice et l'opiniâtreté de son caractère :

« Ne croyez pas, ma douce pupille, s'il m'est permis de vous appeler ainsi, que je veuille gêner cette liberté dont vous savez vous faire un honneur ; mais quoique, ainsi que vous l'avez observé avec justesse, elle ne surpasse pas celle des dames romaines, il est bon qu'une personne qui n'est pas encore mariée n'en use qu'avec discrétion. Continuez à attirer à vos pieds tout ce qu'il y a de gai, de brillant, de sage même, autour de vous ; continuez à charmer cette foule d'adorateurs avec la conversation d'une Aspasie, les accords d'une Érinna ; mais considérez, néanmoins, que des langues promptes à la censure peuvent aisément ternir la réputation d'une jeune fille ; et lorsque vous provoquez l'admiration, je vous en conjure, ne donnez pas prise à l'envie.

— Que voulez-vous dire, Arbacès ? s'écria Ione d'une voix tremblante et alarmée ; je sais que vous êtes mon ami, que vous ne désirez que ma gloire et mon bonheur. Expliquez-vous.

— Votre ami, oh ! oui, je le suis sincèrement. Puis-je donc parler en qualité d'ami, sans réserve et sans crainte de vous offenser ?

— Je vous en prie.

— Ce jeune débauché, ce Glaucus, depuis combien de temps le connaissez-vous ? L'avez-vous vu souvent ? »

Arbacès, en prononçant ces paroles, attacha son regard sur Ione, comme s'il voulait pénétrer au fond de son cœur.

Se rejetant en arrière, sous la fixité de ce regard, avec une étrange peur dont elle ne pouvait se rendre compte, la belle Napolitaine répondit avec une confuse hésitation :

« Il a été conduit chez moi par un des compatriotes de mon père, et je puis dire, par un des miens. Je ne le connais que depuis une semaine ; mais pourquoi ces questions?

— Pardonnez-moi, dit Arbacès ; je croyais que vous le connaissiez depuis plus longtemps, ce vil calomniateur!

— Comment! que signifie cela? quels termes!...

— N'importe. Je ne veux pas soulever votre indignation contre un homme qui ne mérite pas un tel honneur.

— Je vous supplie de parler. Que peut avoir dit Glaucus? ou plutôt, en quoi supposez-vous qu'il ait pu m'offenser? »

Retenant le dépit que lui causèrent les dernières paroles d'Ione, Arbacès continua :

« Vous connaissez ses mœurs, ses compagnons, ses habitudes ; la table et le jeu, voilà ses seules occupations ; et dans la société du vice comment pourrait-il apprécier la vertu?

— Vous parlez toujours par énigmes. Au nom des dieux, je vous adjure, dites tout ce que vous savez.

— Eh bien! qu'il en soit ainsi. Apprenez, Ione, que ce Glaucus lui-même se vantait ouvertement, oui, dans les bains publics, de votre amour pour lui. Il s'amusait, disait-il, des progrès qu'il faisait sur votre cœur. Je dois lui rendre justice, il louait votre beauté : qui pourrait la nier? Mais il riait dédaigneusement lorsque son Claudius ou son Lépidus lui demandait s'il vous aimait assez pour songer à vous épouser, et si l'on suspendrait bientôt des guirlandes à sa porte.

— C'est impossible. Où avez-vous recueilli cette calomnie infâme?

— Voudriez-vous que je vous rapportasse tous les commentaires des fats insolents qui ont répandu cette histoire dans la ville? Soyez assurée qu'au premier abord je n'y ai pas ajouté foi, et qu'il m'a fallu me convaincre, par le grand nombre des témoins, de la vérité de ce que je ne vous apprends qu'à regret. »

Ione s'affaissa sur son siége et sa figure était plus blanche que le pilier contre lequel elle s'appuya pour ne pas tomber à la renverse.

« J'avoue, poursuivit Arbacès, que j'éprouvai une vive irritation, un profond dépit de voir que votre nom courait aussi légèrement de lèvre en lèvre, comme celui de quelque danseuse. J'attendais avec impatience cette matinée pour venir vous trouver et vous avertir. J'ai rencontré Glaucus ici, et j'ai perdu tout empire sur moi-même. J'avais peine à cacher mes sentiments. Oui, j'ai manqué de politesse en sa présence. Pardonnez-vous à votre ami, Ione? »

Ione mit sa main dans la sienne sans dire un mot.

« Ne parlons plus de cela, dit-il ; mais que ma voix soit entendue et qu'elle vous fasse réfléchir à la prudence commandée par votre position. Vous n'en souffrirez qu'un moment, Ione, car un être aussi frivole que Glaucus ne saurait avoir obtenu de vous une pensée sérieuse. Ces insultes ne blessent que lorsqu'elles viennent d'une personne que nous aimons ; bien différent est celui que la superbe Ione daignera aimer.

— Aimer, murmura Ione avec un rire convulsif ; ah ! oui, aimer ! »

Il n'est pas sans intérêt d'observer que, dans ces temps lointains et dans un système social si différent du nôtre, les mêmes petites causes troublaient et interrompaient « le cours de la passion. » C'étaient la même jalousie inventive, les mêmes calomnies artificieuses, les mêmes commérages fabriqués par l'oisiveté ou la méchanceté, qui viennent encore de nos jours briser quelquefois les liens d'un tendre amour, et contrecarrer les circonstances en apparence les plus favorables. Lorsqu'une barque s'élance sur les plus douces eaux, la fable nous assure qu'un poisson de la plus petite espèce peut s'attacher à sa quille et l'arrêter dans sa marche : il en a toujours été ainsi avec les grandes passions du cœur humain ; et nous ne reproduirions que bien imparfaitement la vie, si, même dans les temps qui se prêtent le plus au roman, au roman dont nous usons si largement nous-mêmes, nous ne décrivions pas aussi le mécanisme de ces ressorts domestiques que nous voyons tous les jours à l'œuvre dans nos maisons et dans nos âmes. C'est à l'aide de ces petites intrigues de la vie que nous nous reconnaissons dans le passé.

L'Égyptien avait attaqué avec beaucoup d'adresse le côté faible d'Ione ; il avait habilement dirigé son dard empoisonné contre son orgueil ; il crut qu'il avait porté une mortelle atteinte à ce qu'il regardait, d'après le peu de temps que Glaucus et Ione se connaissaient, comme une fantaisie naissante ; et, se hâtant de changer de sujet, il mit la conversation sur le chapitre du frère d'Ione. L'entretien ne fut pas long. Il la quitta, bien résolu à ne plus se fier autant à l'absence, mais à la visiter et à la surveiller chaque jour.

A peine l'ombre d'Arbacès eut-elle disparu de cette demeure, que tout orgueil, toute dissimulation de femme abandonna la victime de ses desseins; la superbe Ione versa un torrent de larmes passionnées.

CHAPITRE VII.

La vie oisive à Pompéi.—Tableau en miniature des bains de Rome.

Lorsque Glaucus quitta Ione, il lui sembla qu'il avait des ailes. Dans l'entrevue dont elle l'avait favorisé, il avait compris distinctement, pour la première fois, que son amour n'était pas mal accueilli, et qu'il pourrait en obtenir la douce récompense. Cette espérance le remplissait d'un ravissement tel, que la terre et le ciel lui paraissaient trop étroits pour qu'il respirât à son aise. Sans se douter qu'il venait de laisser un ennemi derrière lui, et oubliant non-seulement les insultes, mais même la propre existence d'Arbacès, Glaucus traversa de joyeuses rues en fredonnant, dans l'ivresse de son âme, la musique de l'air qu'Ione avait écouté avec tant d'intérêt. Il entra dans la rue de la Fortune, qui était garnie d'un haut trottoir, et dont les maisons, peintes au dehors et au dedans, laissaient voir de tous côtés leurs fresques éclatantes; au bout de chaque rue s'élevait un arc de triomphe. Au moment où Glaucus arrivait devant le temple de la Fortune, le portique avancé de ce magnifique temple (qu'on suppose avoir été bâti par un des membres de la famille de Cicéron, peut-être par l'orateur lui-même) prêtait un caractère vénérable et imposant à une scène plus brillante d'ailleurs que majestueuse. Ce temple était un des plus gracieux modèles de l'architecture romaine. Il était élevé sur un *podium* assez considérable, et l'on voyait l'autel de la déesse entre deux escaliers conduisant à une plate-forme. De cette plate-forme un autre escalier allait joindre le portique aux colonnes cannelées, auquel étaient suspendues des guirlandes de fleurs. Aux deux extrémités du temple on voyait deux statues dues à l'art de la Grèce; et à peu de distance du temple l'arc de triomphe se dressait avec une statue équestre de Caligula, flanquée de trophées en bronze. Une foule animée était rassemblée dans l'espace qui précédait le temple : les uns assis sur des bancs, et discutant la politique de l'empire ; les autres s'entretenant du prochain spectacle de l'amphitéâtre. Un groupe de jeunes gens faisaient l'éloge d'une beauté nouvelle ; un autre s'occupait des mérites de la dernière pièce de théâtre ; un troisième groupe, d'un âge plus respectable, calculait les chances du commerce d'Alexandrie ; celui-là était particulièrement composé de marchands en costume oriental, aux robes flottantes, avec pantoufles ornées de pierreries. Leur maintien sérieux formait un frappant contraste avec les tuniques serrées et les gestes expressifs des Italiens : car ce peuple, impatient et aimable, avait alors, comme à présent, un langage distinct de la parole, langage de signes et de mouvements des plus vifs et des plus sigificatifs ; ses descendants l'ont conservé, et le savant Jorio a composé un très-intéressant ouvrage sur cette espèce de gesticulation hiéroglyphique.

Glaucus, en pénétrant d'un pas léger dans cette foule, se trouva bientôt au milieu de ses amis les plus gais et les plus dissipés.

« Ah ! dit Salluste, il y a un lustre que je ne vous ai vu.

— Et comment avez-vous passé ce lustre ? quels nouveaux mets avez-vous découverts ?

— J'ai donné mon temps à la science, répondit Salluste, et j'ai fait des expériences sur la manière de nourrir les lamproies. J'avoue que je désespère de les amener au point de perfection que nos ancêtres romains avaient obtenu.

— Malheureux Salluste ! Et pourquoi ?

— Parce que, reprit-il en soupirant, il n'est plus permis de leur donner quelque esclave à manger. J'ai été souvent tenté, malgré cela, de jeter dans mon réservoir un gros maître d'hôtel que je possède ; je suis sûr que sa chair donnerait au poisson la plus exquise saveur. Mais les esclaves ne sont plus des esclaves aujourd'hui, et n'ont plus de sympathies pour les intérêts de leurs maîtres ; sans quoi Davus se livrerait lui-même aux lamproies pour m'obliger.

— Allons aux bains, dit Glaucus ; c'est le moment où tout le monde y va, et Fulvius, que vous admirez tous, vous y lira sa dernière ode. »

Les jeunes gens accédèrent à cette proposition et se dirigèrent vers les bains.

Quoique les thermes, ou bains publics, fussent établis plutôt pour les pauvres que pour les riches (car ceux-là avaient des bains dans leurs propres maisons), c'était néanmoins pour les personnes de tout rang un lieu favori de conversation, et le rendez-vous le plus cher de ce peuple indolent et joyeux. Les bains de Pompéi différaient naturellement, dans le plan et dans la construction, des thermes vastes et compliqués de Rome; et il paraît, en effet, que dans chaque ville de l'empire il y avait toujours quelque légère modification dans l'arrangement de l'architecture générale des bains publics. Ceci étonne singulièrement les savants, comme si les architectes et la mode n'avaient pas eu leurs caprices avant le dix-neuvième siècle.

Les amis entrèrent par le porche principal de la rue de la Fortune. A l'aile du portique était assis le gardien du bain, ayant devant lui deux boîtes, l'une pour l'argent qu'il recevait, l'autre pour les billets qu'il distribuait. Des personnes de toutes classes se reposaient sur des siéges, tandis que d'autres, selon l'ordonnance prescrite par les médecins, se promenaient d'un bout à l'autre du portique, et s'arrêtaient çà et là pour regarder les innombrables affiches de jeux, de ventes ou d'expositions, qui étaient peintes ou inscrites sur les murs. Le spectacle annoncé dans l'amphithéâtre faisait le principal sujet de la conversation; et chacun des survenants était questionné vivement par quelque groupe empressé de savoir si Pompéi avait eu aussi la chance de rencontrer quelque monstrueux criminel, convaincu de sacrilége ou de meurtre, qui permettrait enfin aux édiles de jeter un homme à dévorer au lion; tous les autres divertissements paraissaient pâles et fastidieux, comparés à la probabilité de cette bonne fortune.

« Pour ma part, dit un orfévre à l'air enjoué, je pense que l'empereur, s'il est aussi généreux qu'on le prétend, ferait bien de nous envoyer un juif.

— Pourquoi ne pas prendre un des nouveaux adeptes de la secte des nazaréens? dit un philosophe; je ne suis pas cruel; mais un athée, qui nie Jupiter lui-même, ne mérite pas de pitié.

— Je ne m'inquiète pas du nombre de dieux que peut adorer un homme, reprit l'orfévre; mais les renier tous, voilà qui est monstrueux.

— Cependant, dit Glaucus, j'imagine que ces gens ne sont pas absolument athées : on m'a assuré qu'ils croyaient à un dieu et à un autre monde.

— C'est une erreur, mon cher Glaucus, répondit le philosophe ; j'ai conféré avec eux : ils m'ont ri au nez lorsque j'ai parlé de Pluton et du Tartare.

— Dieux tout-puissants ! s'écria l'orfévre avec horreur ; y a-t-il quelques-uns de ces misérables à Pompéi ?

— Il y en a, mais peu. Ils se rassemblent dans des lieux si secrets qu'il est impossible de les découvrir. »

Glaucus s'éloigna de quelques pas. Un sculpteur, enthousiaste de son art, le contempla avec admiration.

« Ah ! s'écria-t-il, si nous pouvions mettre celui-là dans l'arène ! quel beau modèle cela ferait ! Quels membres ! quelle tête ! Il aurait dû être gladiateur ! C'est un sujet.... un vrai sujet digne de notre art. Pourquoi ne le donne-t-on pas au lion ? »

Pendant cette exclamation du sculpteur, Fulvius, poëte romain que ses compatriotes déclaraient immortel, et dont le nom sans cette histoire, ne serait pas parvenu jusqu'à notre siècle négligent, Fulvius s'approcha vivement de Glaucus.

« O mon Athénien, mon Glaucus, dit-il, vous êtes venu pour entendre mon ode. C'est un honneur que vous me faites, vous, un Grec, qui rendez poétique le langage ordinaire de la vie. Combien je vous remercie ! Ce n'est qu'une bagatelle ; mais si j'obtiens votre approbation, je pourrai peut-être arriver jusqu'à Titus. O Glaucus ! un poëte sans patron est une amphore sans étiquette : le vin peut être bon, mais personne ne lui rend hommage ; et que dit Pythagore ? « L'encens est pour les dieux, la louange pour l'homme ; » un patron est donc le prêtre du poëte : il lui procure l'encens et lui gagne des croyants.

— Mais tout Pompéi est votre patron, tout portique est un autel élevé en votre honneur.

— Ah ! oui, les pauvres Pompéiens sont très-honnêtes.... ils aiment à honorer le mérite ; mais ce ne sont que les habitants d'une petite ville.... *Spero meliora*.... Entrerons-nous ?

— Certainement ; nous perdons le temps que nous passons à ne pas écouter votre poëme. »

En ce moment, une vingtaine de personnes se précipitèrent des bains dans le portique, et un esclave de garde à la porte d'un petit corridor admit dans ce passage le poëte, Glaucus, Claudius et un groupe des autres amis du poëte.

« Pauvre salle, comparée aux thermes de Rome ! dit Lépidus avec mépris.

— Ceci est pourtant d'un assez bon goût, » dit Glaucus, disposé à trouver toute chose charmante, en désignant les étoiles qui décoraient le plafond.

Lépidus haussa les épaules, mais il était trop indolent pour répondre.

Ils entrèrent alors dans une chambre un peu plus spacieuse, qui servrait d'*apodyterium* (lieu où les baigneurs se préparaient à leurs voluptueuses ablutions) ; le plafond cintré s'élevait au-dessus d'une corniche que décoraient brillamment des peintures grotesques et bigarrées ; il était lui-même divisé en blancs compartiments bordés de cramoisi d'une très-riche façon ; le pavé net et brillant était composé de blanches mosaïques ; autour des murs se trouvaient des bancs pour la commodité des paresseux. Cette salle ne possédait pas les nombreuses et spacieuses fenêtres que Vitruve attribue à son plus magnifique *frigidarium*. Les Pompéiens, comme les Italiens du midi, aimaient à se soustraire au lumineux éclat de leurs cieux enflammés, et associaient volontiers l'ombre et la volupté. Deux fenêtres de verre [1] admettaient seules des rayons doux et voilés, et la façade dans laquelle l'une de ces fenêtres était placée, s'embellissait d'un large bas-relief qui représentait la destruction des Titans.

Fulvius s'assit dans cet appartement d'un air magistral, et ses auditeurs rassemblés autour de lui l'engagèrent à commencer sa lecture.

Le poëte ne demandait pas des sollicitations très-vives. Il tira de sa ceinture un rouleau de papyrus, et après avoir toussé deux ou trois fois, tant pour imposer silence que pour éclaircir sa voix, il déclama cette ode merveilleuse, dont, à son grand regret, l'auteur de cette histoire n'a pu retrouver un seul vers.

Aux applaudissements qu'elle reçut, on peut croire qu'elle était digne de la réputation du poëte. Glaucus fut le seul des auditeurs à ne pas reconnaître qu'elle surpassait les meilleures odes d'Horace.

Le poëme achevé, ceux qui prenaient seulement un bain froid commencèrent à se déshabiller ; ils suspendirent leurs vêtements à des crochets posés dans le mur, et, après avoir reçu, selon leur condition, de la main de leurs esclaves, ou de celle des esclaves appartenant aux thermes, des robes

---

1. Les fouilles faites à Pompéi ont démontré l'erreur longtemps en crédit chez les antiquaires, à savoir que les vitrages étaient inconnus aux Romains. L'usage, il est vrai, n'en était pas commun parmi les classes moyennes et inférieures dans leurs habitations.

flottantes, ils passeront dans cette gracieuse enceinte, qui existe encore, comme pour faire rougir leur postérité méridionale qu'on ne voit jamais se baigner.

Les plus voluptueux se rendaient, par une autre porte, dans le *tepidarium*, salle qui était élevée à une douce chaleur, en partie au moyen d'un foyer mobile, mais surtout par un pavé suspendu au-dessous duquel était conduit le calorique du *laconicum*.

Les baigneurs de cette classe, après avoir quitté leurs vêtements, demeuraient quelque temps à jouir de la chaleur artificielle d'une atmosphère délicieuse; et cette pièce, à cause de son rang important dans la longue série des ablutions, était encore plus richement et plus soigneusement décorée que les autres; le plafond cintré était magnifiquement sculpté et peint; les fenêtres placées en haut, en verre dépoli, n'admettaient que des rayons vagues et incertains; au-dessous des massives corniches, se suivaient des figures en bas-relief vigoureusement accusées; les murs étaient d'un rouge cramoisi; le pavé, carrelé avec art, se composait de mosaïque blanche. Là, les habitués, qui se baignaient sept fois par jour, demeuraient dans un état de lassitude énervée et silencieuse, soit avant, soit après le bain; quelques-unes des victimes de cette poursuite acharnée de la santé tournaient des yeux languissants vers les nouveaux venus, et ne faisaient qu'un signe de tête à leurs connaissances, par crainte de la fatigue de la conversation.

De ce lieu, la compagnie se dispersait de nouveau, et chacun écoutait son caprice: les uns allaient au *sudatorium*, qui faisaient l'office de nos bains de vapeur, et de là au bain chaud lui-même; les autres, plus accoutumés à l'exercice, et voulant s'épargner de la fatigue, se rendaient immédiatement au *calidarium* au bain d'eau.

Afin de compliquer cette esquisse et de donner au lecteur une notion de cette volupté si chérie des anciens Romains, nous accompagnerons Lépidus, qui passait régulièrement par tous les degrés de la cérémonie, à l'exception du bain froid, hors de mode depuis quelque temps. Après s'être imprégné peu à peu de la douce chaleur du tepidarium, l'*élégant* de Pompéi se fit conduire lentement dans le sudatorium. Que le lecteur ici se dépeigne à lui-même toutes les phases d'un bain de vapeur, accompagné de parfums. Dès que notre baigneur eut subi cette opération, il se remit dans la main de ses esclaves, qui l'accompagnaient toujours au bain, et les gouttes de sueur furent enlevées avec une espèce de grattoir, qu'un moderne voyageur a prétendu n'être bon que pour ôter les malpropretés de la peau, quoiqu'il ne dût guère en exister chez un baigneur d'habitude. De là, un peu refroidi, il passa dans le bain d'eau, où l'on répandit à profusion sur lui de frais parfums, et, quand il en sortit par la porte opposée de la pièce, une pluie rafraîchissante inonda sa tête et son corps. Alors, se revêtant d'une robe légère, il retourna au tepidarium, où il trouva Glaucus, qui n'était pas allé jusqu'au sudatorium ; et le véritable plaisir, ou plutôt l'extravagance du bain commença. Les esclaves, ayant à la main des fioles d'or, d'albâtre ou de cristal, ornées de pierres précieuses, en distillaient les onguents les plus rares pour frotter les baigneurs. Le nombre de ces smegmata dont se servaient les personnes riches remplirait un volume, surtout si le volume était publié par un de nos éditeurs à la mode. C'était l'*amoracinum*, le *megalium*, le *nardum*.... *omne quod exit in um*. Pendant ce temps, une douce musique se faisait entendre dans une chambre voisine, et ceux qui usaient des bains avec modération, rafraîchis et ranimés par cette gracieuse cérémonie, causaient avec toute la vivacité et toute la fraîcheur d'une existence rajeunie.

« Béni soit celui qui a inventé les bains ! dit Glaucus en s'étendant sur un des siéges de bronze (recouverts alors de moelleux coussins) que le visiteur de Pompéi trouve encore dans ce même tepidarium. Que ce soit Hercule ou Bacchus, il mérite l'apothéose !

— Mais dites-moi, demanda un citoyen chargé d'embonpoint, lequel soupirait et soufflait pendant que le grattoir s'exerçait sur sa peau ; dites-moi, ô Glaucus !... Maudites soient tes mains, esclave, tu m'écorches !... Dites-moi.... aïe ! aïe !... les bains de Rome sont-ils aussi magnifiques qu'on le dit ? »

Glaucus se retourna et reconnut Diomède, non pas sans difficulté, tant les joues du brave homme étaient enflammées par la transpiration et par l'opération qu'il subissait. « Je me figure qu'ils sont bien plus beaux que ceux-ci, n'est-ce pas ? »

Glaucus, retenant un sourire, répondit :

« Imaginez tout Pompéi converti en bains, et vous vous formerez alors une idée de la grandeur des thermes impériaux de Rome, mais seulement de la grandeur ; imaginez tous les amusements de l'esprit et du corps ; énumérez tous les jeux gymnastiques que nos ancêtres ont inventés; rappelez-vous tous les livres que l'Italie et la Grèce ont produits; supposez des salles pour ces jeux, des admirateurs pour tous ces ouvrages, ajoutez à cela des bains de la plus grande dimension et de la construction la plus compliquée; mêlez-y partout des jardins, des théâtres, des portiques, des écoles; figurez-vous, en un mot, une cité de dieux, composée uniquement de palais et d'édifices publics, et vous aurez une image assez faible encore de la magnificence des grands bains de Rome.

— Par Hercule! dit Diomède en ouvrant les yeux, il y a de quoi employer toute la vie d'un homme rien qu'à se baigner.

— Cela se voit souvent à Rome, reprit gravement Glaucus. Il y a bien des gens qui passent leur vie aux bains. Ils y arrivent au moment où les portes s'ouvrent, et n'en sortent qu'à l'heure où elles se ferment. Ils semblent ne connaître rien de Rome, ou mépriser tout ce qui peut y exister d'ailleurs.

— Par Pollux! vous m'étonnez.

— Ceux-là mêmes qui ne se baignent que trois fois le jour s'efforcent de consumer leur vie dans cette occupation; ils prennent quelque exercice dans le jeu de paume ou dans les portiques pour se préparer à leur premier bain, et se rendent au théâtre pour se rafraîchir ensuite. Ils prennent leur dîner sous les arbres en songeant à leur second bain. Pendant qu'on le prépare, leur digestion s'achève. Après le second bain, ils se retirent dans quelque péristyle pour entendre un nouveau poëte réciter ses vers; ou ils entrent dans la bibliothèque, afin de s'endormir, le front sur quelque vieil auteur. L'heure du souper est venue; le souper est regardé comme faisant partie du bain; ils se baignent ensuite une troisième fois, et restent encore, ce beau lieu leur paraissant le plus agréable du monde pour converser avec leurs amis.

— Par Hercule! n'avons nous pas leurs imitateurs à Pompéi?

— Oui, et sans avoir leur excuse; les superbes voluptueux de Rome sont heureux; ils ne voient autour d'eux que la puissance et la splendeur; ils ne visitent pas les quartiers infimes de la ville; ils ne savent pas que la pauvreté existe sur la terre. Toute la nature leur sourit, et la seule grimace qu'ils puissent lui reprocher, c'est lorsqu'elle les envoie au bord du Cocyte. Croyez-moi, ce sont là les vrais philosophes! »

Pendant que Glaucus causait ainsi, Lépidus, les yeux fermés et ne respirant qu'à moitié, subissait toutes les opérations mystiques dont il ne permettait à ses esclaves d'omettre aucune. Après les parfums et les onguents, ils répandirent sur sa personne une poudre voluptueuse qui empêchait la chaleur de revenir, et cette poudre enlevée au moyen de la pierre ponce, il commença à revêtir, non pas les habillements qu'il avait en entrant, mais de plus riches qu'on appelait « la synthèse, » et qui marquaient tout le respect qu'on portait au prochain souper, repas qu'il serait plus convenable d'appeler dîner, d'après la manière que nous avons de mesurer le temps, puisqu'on le prenait vers trois heures de l'après-midi. Cela fait, il ouvrit les yeux et donna un signe de retour à la vie.

Au même instant, Salluste, par un bâillement prolongé, témoigna aussi de son existence.

« C'est l'heure du souper, dit l'épicurien ; Glaucus et Lépidus, venez souper avec moi.

— Rappelez-vous que vous êtes tous engagés chez moi pour la semaine prochaine, dit Diomède, qui se montrait tout fier de jouir de la connaissance d'hommes à la mode.

— Ah ! nous n'aurons garde d'oublier, s'écria Salluste ; le siége de la mémoire, cher Diomède, est assurément dans l'estomac. »

Passant alors dans un coin plus frais et de là dans la rue, nos élégants mirent fin à la cérémonie d'un bain pompéien.

CHAPITRE VIII.

Arbacès pipe ses dés avec le plaisir et gagne la partie.

L'obscurité descendait dans la cité bruyante, quand Apœcides se dirigea vers la maison de l'Égyptien. Il évita les rues les plus éclairées et les plus populeuses ; et pendant qu'il marchait la tête appuyée sur sa poitrine, et les bras croisés sous sa robe, il y avait un étrange contraste entre son maintien solennel, ses membres amaigris, et les fronts insouciants, l'air animé de ceux dont les pas rencontraient les siens.

Cependant un homme d'une démarche plus importante et plus tranquille, et qui avait passé deux fois devant lui avec un regard curieux et incertain, lui toucha l'épaule.

« Apœcides, dit-il, et il fit un signe rapide avec la main ; c'était le signe de la croix.

— Ah! Nazaréen, répondit le prêtre, qui devint pâle; que veux-tu?

— Certes, je ne voudrais pas interrompre ta méditation, continua l'étranger; mais la dernière fois que je t'ai vu, je reçus de toi, ce me semble, meilleur accueil.

— Sois le bienvenu, Olynthus; mais tu me vois triste et fatigué, et je ne suis pas capable de discuter ce soir sur les sujets les plus intéressants pour toi.

— O cœur lâche! dit Olynthus : tu es triste et fatigué! et tu veux t'éloigner des sources qui peuvent te rafraîchir et te guérir.

— O terre! cria le jeune prêtre en se frappant le sein avec passion; de quelle région mes yeux apercevront-ils enfin le véritable Olympe habité réellement par les dieux? Faut-il croire, avec cet homme, que tous ceux que depuis tant de siècles mes ancêtres ont adorés n'ont été qu'un nom? Faut-il donc briser, comme sacriléges et profanes, les autels mêmes que je considérais comme sacrés, ou bien dois-je penser avec Arbacès.... quoi? »

Il se tut, et s'éloigna rapidement, avec l'impatience d'un homme qui essaye de se fuir lui-même.

Mais le Nazaréen était, de son côté, un de ces hommes hardis, vigoureux, enthousiastes, au moyen desquels Dieu, dans tous les temps, a opéré les révolutions de la terre, un de ceux surtout qu'il emploie dans l'établissement ou la réforme de son culte, de ces hommes faits pour convertir, parce qu'ils sont prêts à tout souffrir. Les gens de cette trempe, rien ne les décourage, rien ne les arrête; ils inspirent la ferveur dont ils sont inspirés : leur raison allume d'abord leur passion, mais leur passion est l'instrument dont ils se servent; ils pénètrent par force dans le cœur des hommes, en ayant l'air de ne faire appel qu'à leur jugement. Rien de si contagieux que l'enthousiasme. C'est l'enthousiasme qui est l'allégorie réelle de la fable d'Orphée; il fait mouvoir les pierres, il charme les bêtes sauvages : l'enthousiasme est le génie de la sincérité, et la vérité n'obtient aucune victoire sans lui.

Olynthus ne laissa pas Apœcides s'échapper si subitement; il le rejoignit, et s'adressa ainsi à lui :

« Je ne m'étonne pas, Apœcides, si je vous importune, si j'ébranle tous les éléments de votre esprit, si vous vous perdez dans le doute, si vous errez dans le vaste océan d'une rêverie ténébreuse. Je ne m'étonne pas de cela; mais écoutez moi avec un peu de patience ; veillez en paix : l'obscurité se dissipera, la tempête s'apaisera, et Dieu lui-même, comme on l'a vu marcher sur les mers du Samarie, s'avancera sur les vagues tumultueuses de votre esprit pour délivrer votre âme. Notre religion est jalouse dans ses exigences, mais infiniment prodigue dans ses bienfaits : elle vous trouble une heure ; elle vous donne en revanche l'immortalité.

— De telles promesses, répondit Apœcides avec humeur, sont des leurres avec lesquels on ne cesse de tromper les hommes. C'est avec des paroles semblables qu'on m'a fait tomber aux pieds de la statue d'Isis.

— Mais, poursuivit le Nazaréen, consultez votre raison ; une religion qui outrage toute moralité peut-elle être vraie ? On vous dit d'adorer vos dieux. Que sont vos dieux, même d'après vous ? Quelles sont leurs actions ? quels sont leurs attributs ? Ne vous sont-ils pas représentés comme les plus noirs des criminels ? Cependant on vous demande de les servir comme les plus saintes divinités. Jupiter lui-même est parricide et adultère. Vos dieux inférieurs ne sont que les imitateurs de ses vices ! On vous défend d'assassiner ; vous adorez des assassins. On vous engage à ne pas commettre d'adultère, et vous adressez vos prières à un adultère. N'est-ce pas là une moquerie de la plus sainte partie de la nature de l'homme, de la foi ? Tournez maintenant vos regards vers Dieu, le seul, le vrai Dieu, à l'autel duquel je veux vous conduire. Venez, laissez-moi vous guider. Vous êtes triste, vous êtes las. Écoutez les paroles mêmes de Dieu : « Venez à moi, dit-il, vous « tous qui êtes chargés d'un fardeau, et je vous donnerai le « repos. »

— Je ne puis vous suivre maintenant, dit Apœcides ; une autre fois....

— Maintenant, maintenant ! » s'écria Olynthus avec chaleur et en lui prenant le bras.

Mais Apœcides, qui n'était pas encore préparé à renoncer à une croyance pour laquelle il avait déjà tant sacrifié, et qui se trouvait d'ailleurs sous l'empire des promesses de l'Égyptien, se dégagea avec force des mains d'Olynthus ; sentant de plus qu'il fallait un effort pour vaincre l'irrésolution que l'éloquence du chrétien commençait à produire dans son âme facilement émue, il releva vivement sa robe, et s'éloigna d'un pas rapide qui défiait toute poursuite.

Épuisé et presque sans haleine, il arriva enfin à un endroit écarté et solitaire de la ville, et ne s'arrêta que devant la maison isolée de l'Égyptien. Pendant qu'il se remettait un peu de sa course, la lune s'élança d'un nuage d'argent, et jeta une pleine lumière sur les murs de cette mystérieuse habitation. Il n'y avait aucune maison voisine : des vignes épaisses en entouraient le devant; derrière s'élevaient de grands arbres, comme endormis sous les rayons mélancoliques de la lune; au loin on apercevait les lignes vagues des montagnes à l'horizon, et parmi ces montagnes, la crête tranquille du Vésuve, moins élevée qu'elle ne paraît à présent aux yeux du voyageur.

Apœcides traversa les vignes courbées en berceau, et s'approcha du large et spacieux portique au devant duquel, des deux côtés des marches, reposait le sphinx égyptien. La lueur de la lune ajoutait encore un calme solennel à ces larges, harmonieuses, impassibles images, où les sculpteurs de ce symbole de la sagesse s'étudiaient à unir l'amabilité et la grandeur. A la moitié de la hauteur, et à l'extrémité du perron, s'étendait le vert et massif feuillage d'un aloès, et l'ombre du palmier oriental tombait des longues et immobiles branches de ce bel arbre sur le marbre de l'escalier.

La tranquillité du lieu et l'aspect étrange des sphinx avaient quelque chose d'effrayant, qui remplit l'âme du jeune prêtre d'une terreur superstitieuse et sans nom; il eut plaisir à entendre le bruit de ses pas en montant sur le seuil.

Il frappa à la porte, au-dessus de laquelle était sculptée une inscription dont les caractères ne lui étaient pas familiers; la porte s'ouvrit sans bruit, et un esclave égyptien de haute taille, sans le questionner et sans le saluer, lui fit signe d'avancer.

La vaste salle où il entrait était éclairée par de majestueux candélabres de bronze travaillé avec art; les murs en étaient couverts d'hiéroglyphes en couleurs sombres et sévères, qui contrastaient étrangement avec les brillantes nuances et les formes gracieuses en usage chez les habitants de l'Italie. Du bout de la salle, un esclave dont le teint, quoique ce ne fût pas un Africain, était beaucoup plus noir que celui des personnes du Midi, s'avança à sa rencontre.

« Je cherche Arbacès, » dit le prêtre, et sa voix tremblait, même pour ses propres oreilles. L'esclave inclina la tête en silence, et conduisant Apœcides vers une aile extérieure de l'appartement, il le fit passer par un étroit escalier et traverser ensuite plusieurs chambres dont la morne et immobile beauté du sphinx formait encore le principal et le plus frappant objet. Apœcides se trouva enfin dans une salle à demi éclairée, en présence de l'Égyptien.

Arbacès était assis devant une petite table sur laquelle se déployaient quelques rouleaux de papyrus chargés de caractères semblables à ceux qu'il avait vus à l'entrée de la maison. A peu de distance s'élevait un petit trépied où brûlait l'encens ; la fumée s'en échappait légèrement ; à côté on voyait un large globe où tous les signes du ciel étaient peints, et, sur une autre table, plusieurs instruments d'une forme curieuse et bizarre, dont l'usage était inconnu à Apœcides. L'extrémité opposée de la salle était cachée par un rideau, et la fenêtre oblongue du toit laissait pénétrer les rayons de la lune, tristement mêlés à lumière de la lampe qui éclairait l'appartement.

« Asseyez-vous, Apœcides, » dit l'Égyptien sans se lever. Le jeune homme obéit.

« Vous me demandez, reprit Aabacès, après un léger intervalle pendant lequel il parut absorbé dans sa pensée, vous me demandez, ou vous avez dessein de me demander, la connaissance des plus grands secrets que l'âme humaine puisse jamais contenir ; c'est l'énigme de la vie elle-même que vous désirez résoudre. Placés comme les enfants dans l'obscurité, et pour un court espace de temps dans l'existence obscure et limitée, nous nous créons à nous-mêmes des fantômes ; nos pensées retombent tantôt sur nous, et nous remplissent de terreur ; et tantôt se plongent dans la sombre région qui nous entoure, en cherchant à deviner ce qu'elle peut renfermer : nous étendons çà et là nos mains désespérées, de peur de rencontrer quelque danger imprévu. Ignorant les limites de notre prison, nous croyons parfois les sentir se raprocher et nous suffoquer, et parfois nous nous imaginons qu'elles s'étendent jusqu'à l'infini. En cet état, toute sagesse consiste nécessairement dans la solution de deux questions. Que devons-nous croire ? Que devons-nous rejeter ? Ces questions, vous souhaitez que je les décide. »

Apœcides baissa la tête en signe d'assentiment.

« Il *faut* une croyance à l'homme, continua l'Égyptien d'un ton grave ; il doit attacher ses espérances à quelque chose : c'est notre commune nature qui parle en vous, lorsque, effrayé de voir tomber tout ce qui servait d'appui à votre foi, vous vous trouvez flottant sur la mer profonde et sans rivages de l'incertitude ; vous appelez au secours, vous cherchez une planche où vous puissiez vous cramponner, afin d'aborder à quelque terre, si ténébreuse et si éloignée qu'elle soit : vous n'avez pas oublié notre conversation d'aujourd'hui ?

— L'oublier !

— Je vous ai avoué que ces déités en l'honneur desquelles n fait fumer tant d'encens n'étaient que des inventions. Je vous ai avoué que nos rites et nos cérémonies n'étaient que des momeries, imaginées pour abuser le troupeau des hommes dans son propre intérêt. Je vous ai expliqué comment ces artifices formaient les liens de la société, l'harmonie du monde, le pouvoir du sage, pouvoir fondé sur l'obéissance du vulgaire. Conservons donc ces supercheries salutaires ; puisqu'il faut une croyance à l'homme, qu'il garde celle que ses pères lui ont rendue chère, celle que l'usage sanctifie et fortifie. En cherchant une foi plus subtile pour nous, dont les sens plus délicats ne sauraient s'accommoder à celle-là, ne privons pas les autres de l'appui qui nous manque. Cela est sage, cela est bienfaisant.

— Continuez.

— Ainsi donc, poursuivit l'Égyptien, les anciennes limites demeurant intactes pour ceux que nous allons abandonner, nous ceignons nos reins, et nous partons pour les nouveaux climats de la foi. Bannissez de vos souvenirs, de vos pensées tout ce que vous avez cru jusqu'à ce jour. Supposez que votre esprit est une table rase, un papyrus sur lequel on n'a rien écrit encore, préparé pour recevoir une première impression. Jetez les yeux sur le monde ; observez-en l'ordre, la régularité le dessein : il a été créé indubitablement. L'œuvre proclame un créateur ; nous touchons terre ici. Mais quel est le créateur ? un dieu, vous écriez-vous ? Arrêtez, pas de confusions, pas d'applications incertaines : de l'Être qui créa le monde nous ne connaissons, nous ne pouvons connaître rien que ses attributs, sa puissance et sa régularité invariable : régularité sévère, écrasante, impitoyable, qui ne se préoccupe pas des cas individuels, qui va roulant, balayant, embrasant tout, sans prendre garde aux cœurs séparés de la masse générale broyés entre des serres terribles ! Le mélange du bien et du mal, l'existence de la douleur et du crime, ont de tout temps embarrassé les sages. En créant un Dieu, ils le supposèrent bienveillant : d'où vient donc le mal ? Nous pouvons mieux parler du grand principe de l'être ; son évidence nous entoure : il se nomme la *Nature*. L'erreur des sages a été de rechercher les attributs de la *Nécessité*, dans laquelle tout est obscurité impénétrable. S'ils s'étaient bornés à interroger la Nature, quelles connaissances n'aurions-nous pas déjà acquises ? là la patience et l'examen obtiennent la récompense de leurs peines. Nous voyons ce que nous explorons, notre esprit monte par une échelle palpable de causes et d'effets : la Nature est le grand agent de l'univers extérieur, et la Nécessité lui impose les lois par lesquelles elle agit, et nous accorde à nous les pouvoirs de l'examen. Ces pouvoirs consistent dans la curiosité et dans la mémoire, dont l'union est la raison, et dont la perfection et la sagesse. J'examine donc, grâce à ces pouvoirs, cette inépuisable Nature. J'examine la terre, l'air, l'océan, le ciel ; je trouve une mystérieuse sympathie entre les éléments : la lune dirige les marées ; l'air retient la terre, c'est le milieu où tout vit, où tout sent ; la connaissance des astres nous donne la mesure des limites de la terre, la division du temps ; leur pâle lumière nous guide dans les abîmes du passé ; leur science solennelle nous enseigne les mystères de l'avenir. De cette façon si nous ignorons ce qu'est la Nécessité, nous apprenons du moins ses secrets. Maintenant, quelle moralité faut-il tirer de cette religion ? Car c'est une religion. Je crois à deux divinités, la *Nature* et la *Nécessité*. Le respect me courbe aux pieds de la dernière, l'étude me fait adorer la première. Quelle est la moralité que ma religion m'enseigne ? Celle-ci : toutes les choses ne sont soumises qu'à des règles générales ; le soleil luit pour la joie du plus grand nombre, mais il peut apporter de la peine à quelqu'un ; la nuit répand le sommeil sur la multitude, mais elle protége le crime aussi bien que le repos ; les forêts décorent la terre, mais elles abritent le serpent et le lion ; l'océan supporte mille barques, en engloutit une ; la Nature n'agit donc que pour le bien général et non pour le bien universel, et la Nécessité hâte sa course terrible. Telle est la moralité de ces redoutables agents du monde ; c'est la mienne, à moi qui suis leur créature. Je veux conserver les artifices des prêtres, parce que ces artifices sont utiles à la multitude ; mais pour moi-même je réclame l'exception individuelle, je la réclame pour le sage, assuré que mes propres actions ne sont rien dans la grande balance du bien et du mal. Je donne au monde la sagesse, je garde pour moi la liberté. J'éclaire l'existence des autres et je jouis de la mienne. Oui, notre sagesse est éternelle, mais notre vie est courte ;

sachons-en profiter pendant que nous la possédons. Livre ta jeunesse au plaisir, et tes sens à la volupté. Elle vient assez tôt, l'heure où la coupe est brisée, où les guirlandes cessent de fleurir pour nous ; jouis alors que tu peux jouir, sois toujours Apœcides, mon pupille et mon adepte. Je t'enseignerai le mécanisme de la nature, ses plus profonds et ses plus sombres secrets, la science que les fous appellent magie, et les puissants mystères des étoiles. Ainsi tu rempliras tes devoirs envers les hommes ; ainsi tu éclaireras ta race. Mais je t'initierai à des plaisirs que le vulgaire des hommes ne connaît pas : les jours que tu sacrifieras aux mortels seront suivis de douces nuits où tu ne sacrifieras qu'à toi-même. »

Au moment où l'Égyptien cessa de parler, il s'éleva de tous côtés la plus enivrante musique que la Lydie ait jamais pu enseigner, ou l'Ionie perfectionner. On eût dit comme des vagues d'harmonie qui venaient baigner les sens à l'improviste, les énervant, les subjuguant avec délices. On aurait cru entendre les mélodies des esprits invisibles, que les bergers ont entendus dans l'âge d'or, courant, flottant dans les vallées de la Thessalie, ou dans les bosquets de Paphos. Les paroles qu'Apœcides allait proférer, en réponse aux sophismes de l'Égyptien, s'évanouirent sur ses lèvres. Rompre cet enchantement lui eût semblé une profanation. La susceptibilité de sa nature si prompte à s'émouvoir, la mollesse toute grecque et l'ardeur secrète de son âme, furent saisies et captivées par surprise. Il s'inclina sur son siége, les lèvres entr'ouvertes et les oreilles attentives ; un chœur de voix, douces et pénétrantes comme celles qui réveillèrent Psyché dans le palais de l'Amour, chantait l'hymne que voici :

L'HYMNE D'ÉROS.

Non loin des bords si frais que le Céphise arrose,
S'éleva dans les airs un chant délicieux.
Téos d'un vif éclat vit s'empourprer sa rose :
Des colombes soudain descendirent des cieux.

Laissant tomber des fleurs, les Heures, pour l'entendre,
Arrêtèrent leur vol d'avance si réglé.
La terre murmura le soupir le plus tendre
De l'antre du dieu Pan à la grotte d'Églé.

« Aimez, aimez, mortels soumis à mon empire,
Je suis le dieu d'amour, le plus ancien des dieux.

L'Olympe tout entier s'éclaire à mon sourire ;
Du matin mon baiser entr'ouvre les beaux yeux.

« Les astres sont à moi : mon regard en eux brille ;
Vous y reconnaîtrez mon prestige charmant.
Si Phœbé sur les monts triste et pâle scintille,
C'est un dernier rayon jeté sur son amant.

« A moi toutes les fleurs : violette, anémone ;
La plus humble retient le zéphyr amoureux.
A moi les jours de mai comme les jours d'automne ;
Dans les bois dépouillés les rêves sont nombreux.

« Aimez, aimez, mortels ; aimer c'est être sage.
Regardez en tout lieu, le monde est plein de moi.
Les vents ont pour les flots, les flots pour le rivage,
Des baisers caressants ; ainsi le veut ma loi.

« Tout enseigne l'amour. » Cette voix comme un songe
S'évanouit au sein des bosquets embaumés ;
Mais le son qui dans l'air quelque temps se prolonge
A la brise du soir semble redire : *Aimez !*

Quand le chant eut cessé, l'Égyptien saisit la main d'Apœcides et le conduisit, éperdu et chancelant, quoique malgré lui, vers le rideau qui était au fond de l'appartement. Mille étoiles étincelaient derrière ce rideau ; le voile lui-même, sombre jusque-là, se trouva éclairé par mille feux cachés, et brilla de la couleur bleue des cieux. Il représentait les cieux mêmes, tels que, dans les nuits de juin, on les voit briller sur les sources de Castalie. Çà et là se déployaient des nuages roses et légers, du sein desquels souriaient, peintes avec un art charmant, des figures d'une beauté divine, des corps dont la forme aurait pu être rêvée par Phidias ou par Apelles ; et les étoiles qui resplendissaient dans l'azur transparent roulaient rapidement, tandis que la musique, qui recommença sur un ton plus vif et plus gai, semblait imiter la joyeuse mélodie des sphères.

« Oh ! quel est ce prodige, Arbacès ? dit Apœcides d'une voix émue. Après avoir nié qu'il est des dieux, voulez-vous me révéler....

— Leurs plaisirs, » interrompit Arbacès d'un ton si différent de sa froide et habituelle tranquillité, qu'Apœcides tressaillit et pensa que l'Égyptien lui-même éprouvait une transformation. Au moment où ils s'approchaient du rideau, une mélodie étrange, puissante, exaltée, se fit entendre derrière, et le rideau se déchira en deux, et s'évanouit pour ainsi dire dans les airs. Une scène dont la séduction n'a jamais été surpassée chez aucun sybarite se montra alors aux yeux éblouis du jeune prêtre : une vaste salle de banquet s'étendait au loin, avec d'innombrables lumières qui remplissaient l'air d'une douce chaleur, et des parfums d'encens, de jasmin, de violette et de myrrhe, tout ce que les fleurs les plus odorantes et les plus précieux aromates pouvaient distiller de suave, paraissaient se confondre dans une essence ineffable qui donnait l'idée de l'ambroisie ; aux légères colonnes élancées vers le plafond aérien étaient suspendues des draperies blanches parsemées d'étoiles d'or ; vers les extrémités de la chambre, deux fontaines lançaient leurs jets dont les gouttes, pénétrées par les reflets roses de la lumière, semblaient autant de diamants. Autour de la salle où ils entraient s'éleva lentement à leurs pieds, au son d'une musique invisible, une table couverte des mets les plus délicats que la fantaisie ait jamais pu rechercher pour flatter les sens, et sur laquelle des vases de cette fabrique myrrhine dont le secret est perdu, et dont les couleurs étaient si vives et la matière si transparente, se dressaient, chargés des produits exotiques de l'Orient. Les lits dont cette table formait le centre étaient recouverts de tapisseries d'azur et d'or ; d'une foule de tuyaux invisibles dans le plafond cintré, coulait une eau parfumée qui rafraîchissait l'air délicieux, et rivalisait avec les lampes, comme si les esprits des eaux et du feu se disputaient à qui répandrait les plus agréables senteurs. Alors, écartant de blanches draperies, s'avancèrent de jeunes beautés pareilles à celles que voyait Adonis lorsqu'il était couché sur le sein de Vénus. Les unes portaient des guirlandes, les autres des lyres. Elles entourèrent le jeune homme, elles le conduisirent au banquet en l'enchaînant dans leurs fleurs. Toute pensée de la terre s'effaça de son âme ; il se crut le jouet d'un songe, et retint son haleine, de peur de se réveiller trop tôt. Le plaisir des sens, qu'il n'avait jamais encore goûté, fit battre son pouls brûlant et voila sa vue ; un frisson parcourut tout son être.

Un groupe de très-jeunes filles, enlacées d'une chaîne de fleurs étoilées, et qui surpassaient les Grâces en les imitant, s'avança vers lui en dansant des pas ioniens, semblables aux pas des Néréides lorsqu'elles jouaient au clair de la lune sur les sables de la mer Égée, ou à ceux que Cythérée enseignait à ses nymphes au mariage de Psyché et de son fils.

Tantôt en s'approchant, elles couronnaient son front de leur guirlandes; tantôt la plus jeune des trois, s'agenouillant, lu présentait la coupe où étincelait et bouillonnait le vin de Lesbos. Le jeune homme ne résista plus; il saisit le breuvage enchanté. Le sang coulait impétueusement dans ses veines. Il laissa tomber son front sur le sein de la nymphe auprès de laquelle il était assis; et tournant ses yeux humides vers Arbacès qu'il cherchait, et auquel il n'avait plus songé dans l'exès de ses émotions, il l'aperçut assis sous un dais au bout de la table; Arbacès le regardait avec un air souriant, qui l'invitait à s'abandonner au plaisir. Il l'aperçut, non pas comme il avait coutume de le voir, vêtu d'une robe noire, le front soucieux et austère : une robe qui éblouissait la vue, blanche et toute étincelante de pierreries et d'or, enveloppait sa taille majestueuse; des roses blanches aussi, et entremêlées d'émeraudes et de rubis, formaient une espèce de tiare qui surmontait ses cheveux noirs. Il semblait, comme Ulysse, avoir obtenu la faveur d'une seconde jeunesse. Ses traits paraissaient avoir échangé la méditation contre la beauté. Il possédait, au milieu de tout le charme dont il était entouré, la douceur suprême et rayonnante du maître de l'Olympe.

« Bois, prends part au banquet, aime, ô mon disciple, dit-il, ne rougis pas d'être jeune et passionné. Ce que tu es, l'ardeur de ton sang te le dit. Ce que tu seras, ceci te le dira. »

Eu même temps il montra du doigt une niche, Apœcides, suivant son geste, vit, sur un piédestal placé entre la statue de Bacchus et celle d'Idalie.... la forme d'un squelette.

« Ne t'effraye pas, reprit l'Égyptien. Cet hôte ami nous avertit de la brièveté de notre existence. De sa mâchoire je crois entendre sortir une voix qui nous crie : *Jouissez !* »

LIVRE II.

CHAPITRE PREMIER.

Une maison mal famée à Pompéi, et les héros de l'arène classique.

Transportons-nous maintenant dans un de ces quartiers de Pompéi, qui n'étaient pas habités par les maîtres du plaisir, mais par ses élus et par ses victimes, dans l'antre des gladiateurs et des lutteurs à gages, des vicieux et des misérables, des vagabonds et des débauchés, dans l'*Alsace* d'une ville antique.

C'était une vaste salle qui s'ouvrait sur une allée étroite et populeuse. Devant le seuil se tenait un groupe d'hommes, dont les muscles de fer bien formés, les cous herculéens et courts, les physionomies audacieuses et impudentes, indiquaient les champions de l'arène. Sur une tablette, en dehors de la boutique, on voyait rangées des cruches de vin et d'huile, et au-dessus, sur le mur, une grossière peinture représentait des gladiateurs buvant, tant est ancienne la mode des enseignes. Des espèces de petites loges, comme on en voit de nos jours, formées de tables séparées, occupaient l'intérieur de la salle. Autour de ces tables étaient assis des groupes d'hommes dont les uns buvaient, les autres jouaient aux dés, et d'autres à un jeu plus savant appelé *scriptæ duodecim*, que quelques-uns de nos savants mal renseignés ont commis l'erreur de prendre pour le jeu d'échecs, quoiqu'il ressemblât bien davantage au tric-trac, et qu'on s'y servît de dés quelquefois, mais non pas toujours.

Le jeu n'était pas encore très-avancé, et rien ne faisait mieux connaître l'indolence de ces habitués de tavernes, que cette heure matinale ; cependant, malgré la situation de la maison et le caractère de ses habitants, elle n'était point souillée de cette odieuse malpropreté qu'on rencontre dans les lieux semblables de nos cités modernes. Les dispositions joyeuses des Pompéiens, qui cherchaient du moins à flatter les sens, lorsqu'ils négligeaient l'esprit, se révélaient dans les couleurs tranchées qui s'étalaient sur les murs et dans les formes bizarres, mais non pas sans élégance, des lampes, des coupes et des ustensiles de ménage les plus communs.

« Par Pollux! s'écria un des gladiateurs en s'appuyant contre le mur d'entrée et en frappant sur l'épaule d'un gros personnage, le vin que tu nous vends, vieux Silène, suffirait pour rendre clair comme de l'eau le meilleur sang de nos veines. »

L'homme à qui s'adressait ce propos, et que ses bras nus, son tablier blanc, ses clefs et sa serviette négligemment placés à sa ceinture, désignaient clairement comme l'hôtelier de la taverne, était déjà entré dans l'automne de la vie ; mais ses membres étaient encore si robustes et si athlétiques qu'ils auraient pu faire honte aux nerfs des plus vigoureux assistants, si ce n'est qu'un peu trop de chair recouvrait ses muscles, que ses joues étaient bouffies à l'excès, et que son ventre puissant effaçait presque la vaste et massive poitrine qui s'élevait au-dessus.

« Ne plaisantons pas, dit le gigantesque aubergiste avec l'aimable rugissement d'un tigre offensé ; mon vin est assez bon pour une carcasse qui ramassera avant peu la poussière du *spoliarium*[1].

— Est-ce ainsi que tu croasses, vieux corbeau? reprit le gladiateur d'un air dédaigneux ; tu vivras assez pour te pendre de dépit quand tu me verras obtenir la couronne de palmier ; et dès que j'aurai gagné la bourse à l'amphithéâtre, mon premier vœu sera certainement de renier à jamais toi et ton détestable vin.

— Écoutez, écoutez donc ce modeste Pyrgopolinices ! il a ervi assurément sous Bombochidès, Cluninstaridysarchidès, 'écria l'aubergiste ; Sporus, Niger, Tetraidès, il déclare qu'il gagnera la bourse sur vous. Par les dieux, chacun de vos muscles est assez fort pour l'étouffer tout entier, ou *moi*, je ne connais plus rien à l'arène.

1. L'endroit où l'on traînait ceux qui étaient tombés morts ou mortellement blessés dans l'arène.

— A...! dit le gladiateur, dont la fureur commençait à colorer le visage, notre *lanista* parlerait d'une façon bien différente.

« — Que pourrait-il dire contre moi, orgueilleux Lydon? répliqua Tetraidès en fronçant le sourcil.

— Ou contre moi, qui ai triomphé dans quinze combats? s'écria le gigantesque Niger en s'approchant du gladiateur.

— Ou contre moi? se mit à rugir Sporus les yeux en feu.

— Paix! répliqua Lydon en se croisant les bras et en regardant ses rivaux d'un air de défi; l'heure de l'épreuve ne tardera pas. Gardez votre valeur jusque-là.

— Soit, dit l'hôte avec aigreur, et, si j'abaisse le pouce pour te sauver, je veux que le destin coupe le fil de mes jours.

— Parlez de corde et non de fil, dit Lydon avec un ton railleur; tenez, voilà un sesterce pour en acheter une. »

Le titan marchand de vin saisit la main qu'on lui tendait et la serra si violemment que le sang jaillit du bout des doigts sur les vêtements des assistants.

Ils poussèrent un éclat de rire sauvage.

« Voilà pour t'apprendre, jeune présomptueux, à faire le Macédonien avec moi! Je ne suis pas un Perse sans vigueur, je te le garantis. N'ai-je pas vingt fois combattu dans l'arène sans avoir baissé les bras une seule? N'ai-je pas reçu la verge de la propre main de l'éditeur, comme un signe de victoire, et une permission de me retirer sur mes lauriers? Faut-il maintenant que je subisse la leçon d'un enfant? »

En parlant ainsi, il lui lâcha la main avec mépris.

Sans qu'un de ses muscles bougeât, et en conservant la physionomie souriante avec laquelle il avait raillé l'hôte, le gladiateur supporta cette étreinte douloureuse. Mais à peine eut-il repris la liberté de ses mouvements, que, rampant pour un instant comme un chat sauvage, et ses cheveux et sa barbe se hérissant, il poussa un cri aigu et féroce et s'élança à la gorge du géant avec tant d'impétuosité, qu'il lui fit perdre l'équilibre, malgré sa corpulence et sa vigueur. L'aubergiste tomba avec le fracas d'un rocher qui s'écroule, et son furieux adversaire roula sur lui.

Notre hôte n'aurait pas eu besoin de la corde que lui offrait si généreusement Lydon, s'il était resté trois minutes de plus dans cette position; mais le bruit de sa chute fit accourir à son aide sur le champ de bataille une femme qui s'était tenue jusqu'alors dans une chambre de derrière. Cette nouvelle alliée aurait pu toute seule lutter contre le gladiateur. Elle était de haute taille, maigre, et elle avait des bras qui pouvaient donner autre chose que de doux embrassements. En effet, la gracieuse compagne de Burbo le marchand de vin avait comme lui combattu dans le cirque, et même sous les yeux de l'empereur. Burbo l'invincible, Burbo, dit-on, cédait quelquefois la palme à sa douce Stratonice. Cette aimable créature ne vit pas plutôt l'imminent péril où se trouvait son époux, que, sans autres armes que celles que la nature lui avait accordées, elle se précipita sur le gladiateur et, le saisissant par le milieu du corps de ses bras longs et pareils à deux serpents, elle le souleva au-dessus de l'aubergiste, ne lui laissant que les mains encore attachées au cou de son ennemi. C'est ainsi que nous voyons parfois un chien enlevé par les pattes de derrière, par quelque domestique envieux, dans une lutte où il a terrassé son adversaire ; une moitié de l'animal demeure suspendue dans les airs, passive et inoffensive, tandis que l'autre moitié, tête, dents, yeux et griffes, semble ensevelie et engloutie dans les chairs palpitantes du vaincu. Pendant ce temps-là, les gladiateurs élevés et nourris dans le sang, qu'ils suçaient en quelque sorte avec plaisir, entourèrent joyeusement les combattants.... Leurs narines s'ouvrirent, leurs lèvres ricanèrent, leurs yeux se fixèrent avidement sur la gorge saignante de l'un et sur les griffes dentelées de l'autre.

« *Habet* (il a son compte), *habet*, s'écrièrent-ils avec une espèce de hurlement, et en frottant leurs mains nerveuses les unes contre les autres.

— *Non habeo*. menteurs (non, je ne l'ai pas, mon compte), cria l'hôte en se délivrant par un puissant effort des mains terribles de Lydon, et en se dressant sur ses pieds, respirant à peine, déchiré, sanglant, il grinça des dents et jeta un regard d'abord voilé, puis enflammé de courroux, sur son adversaire, qui se débattait (non pas sans mépris) entre les mains de la fière amazone.

— Beau jeu, s'écrièrent les gladiateurs, un contre un ! » et entourant Lydon et la femme, ils séparèrent l'hôte aimable de son gracieux habitué.

Mais Lydon, rougissant de sa position, et essayant en vain de se débarrasser de l'étreinte de la virago, mit la main à sa ceinture et en tira un petit couteau. Son regard était si menaçant, et la lame du couteau était si brillante, que Stratonice se recula avec effroi; car elle n'employait pas d'autre mode de combattre que celle que nous avons appelée pugilat.

« O dieux, s'écria-t-elle, le misérable! il a des armes cachées! Est-ce de bonne guerre? Est-ce là agir en galant homme et en gladiateur? Non, certes, et de tels compagnons ne sont pas faits pour moi. »

Elle tourna le dos au gladiateur avec dédain, et s'empressa d'examiner l'état de son mari.

Mais celui-ci, aussi accoutumé à cet exercice naturel qu'un bouledogue anglais à se battre avec un antagoniste inférieur, s'était déjà remis. La pourpre ajoutée au cramoisi de ses joues par la lutte s'éteignit un peu; les veines de son front se dégonflèrent et reprirent leur surface ordinaire. Il se secoua avec un grognement de satisfaction, heureux de se sentir encore vivant, et en regardant son adversaire de la tête aux pieds, avec un air plus approbatif qu'il ne l'avait encore fait:

« Par Castor! dit-il, tu es un gaillard plus vigoureux que je ne le croyais. Je vois que tu es un homme de mérite et de vertu; donne-moi la main, mon héros!

— Très-bien, vieux Burbo! s'écrièrent les gladiateurs en applaudissant; très-bien, solide compagnon! Donne-lui ta main, Lydon.

— Avec plaisir, dit le gladiateur; mais à présent que j'ai goûté de son sang, j'ai envie d'en boire encore.

— Par Hercule! répliqua l'hôte sans s'émouvoir, excellente idée de gladiateur. Pollux! ce que c'est qu'une bonne éducation! Une bête sauvage n'aurait pas plus de férocité.

— Une bête sauvage, idiot! est-ce que nous ne les battons pas, les bêtes sauvages? cria Tetraidès.

— C'est bien, c'est bien, dit Stratonice, qui était occupée à réparer le désordre de ses cheveux et de sa toilette; si vous êtes bons amis maintenant, je vous recommande de vous tenir en paix et convenablement: car quelques jeunes patriciens, vos patrons et parieurs, ont envoyé dire qu'ils viendraient vous faire visite; ils désirent vous voir plus à leur aise qu'ils ne vous voient aux écoles, avant de régler leur enjeu pour le grand combat de l'amphithéâtre. Ils recherchent toujours ma maison pour ces affaires-là. Ils savent bien que nous ne recevons que les meilleurs gladiateurs de Pompéi, société choisie, grâces aux dieux!

— Oui, continua Burbo en vidant une coupe ou plutôt un seau de vin; un homme qui a conquis autant de lauriers que moi ne peut encourager que les braves. Lydon, bois, mon enfant. Puisses-tu avoir une vieillesse honorable comme la mienne!

— Viens, dit Stratonice à son mari en lui tirant affectueusement les oreilles, caresse que Tibulle a décrite avec tant de charme; viens donc.

— Pas si fort, louve! tu es pire que le gladiateur, murmurèrent les larges mâchoires de Burbo.

— Chut! lui dit-elle à voix basse; Calénus vient de se glisser ici, déguisé, par la porte de derrière; il apporte les sesterces, j'espère.

— Oh! oh! je vais le trouver, dit Burbo; en attendant, ne perds pas les coupes de vue, et fais attention au compte de chacun. Ne te laisse pas tromper, femme; ce sont des héros, sans nul doute, mais ce sont aussi de vrais fripons. Cacus n'était rien à côté d'eux.

— Ne crains rien, sot; » telle fut la réponse conjugale.

Burbo, satisfait de cette tendre assurance, traversa l'appartement et passa dans les *penetralia*.

« Ainsi, ces doux patrons vont venir examiner nos muscles? dit Niger. Qui t'a fait avertir de cela, hôtesse?

— Lépidus. Il amène avec lui Claudius, le plus sûr parieur de Pompéi, et le jeune Grec Glaucus.

— Un pari à propos d'un pari, cria Tetraidès; vingt sesterces que Claudius pariera sur moi; qu'en dis-tu, Lydon?

— Je dis que ce sera sur moi.

— Non, sur moi, ajouta à son tour Sporus.

— Pauvres fous! croyez-vous qu'il puisse préférer quelqu'un à Niger? reprit l'athlétique Niger en se nommant ainsi modestement lui-même.

— Allons, bien! poursuivit Stratonice en perçant une grande amphore pour ses hôtes, qui venaient de s'asseoir autour de l'une des tables; hommes forts et braves comme vous pensez l'être, lequel de vous combattra le lion de Numidie, dans le cas où aucun criminel ne se présentera pour vous priver de cet honneur?

— Moi qui ai échappé à vos griffes, fière Stratonice, dit Lydon, je pourrais, je crois, affronter le lion.

— Mais dites-moi, demanda Tetraidès en s'adressant à l'hôtesse, où donc est votre jeune et jolie esclave, la pauvre aveugle dont les yeux sont si brillants? Il y a longtemps que je ne l'ai vue.

— Oh! elle est trop délicate pour vous, mes fils de Neptune, répondit l'hôtesse, et même pour nous. Nous l'envoyons vendre des fleurs en ville et chanter des chansons aux dames.

Elle nous gagne plus d'argent ainsi qu'elle ne ferait en demeurant à vous servir. En outre, elle a d'autres emplois qui restent sous la rose [1].

— D'autres emplois! dit Niger; mais elle est trop jeune pour d'autres emplois.

— Silence, brute! dit Stratonice. Vous ne croyez pas qu'il y ait d'autre jeu que celui de Corinthe. Quand Nydia aurait deux fois l'âge qu'elle a à présent, elle serait également digne de Vesta.... la pauvre enfant!

— Mais écoutez, Stratonice, dit Lydon. Comment vous est venue cette esclave si jeune et si gentille?... Il conviendrait mieux qu'elle fût la suivante d'une riche matrone de Rome que la vôtre.

— C'est vrai, répondit Stratonice, et quelque jour je compte faire ma fortune en la vendant. Vous me demandez comment Nydia nous est venue?

— Oui.

— Eh bien! tenez, mon esclave Staphyla.... vous vous rappelez Staphyla, Niger?

— Parfaitement. Une fille aux larges mains, avec une figure dans le genre d'un masque comique, comment l'oublierais-je? par Pluton, dont elle est probablement la servante à cette heure!

— Paix, butor! Staphyla mourut un jour, et ce fut une grande perte pour moi; et j'allai au marché pour acheter une autre esclave. Mais, par les dieux! elles étaient devenues si chères depuis que j'avais acheté Staphyla, et l'argent était si rare, que je me disposais à quitter la place avec un vrai désespoir, lorsqu'un marchand m'attira par la robe. « Maîtresse, dit-il, veux-tu acheter une esclave à bon marché? J'ai une enfant à vendre; un marché d'or! Elle est très-petite, toute jeune encore, c'est vrai; mais elle est vive et douce, docile et adroite; elle chante bien et elle est de bonne race, je t'assure. — De quelle contrée est-elle? dis-je. — De Thessalie. » Je savais que les Thessaliennes étaient avisées et gentilles; je lui demandai à voir la fille. Je la trouvai comme vous la voyez maintenant, à peine plus petite et plus jeune en apparence. Elle avait un air patient et résigné, les mains croisées sur sa poitrine, et les yeux baissés. Je m'informai du prix. Il était raisonnable, et je l'achetai sur-le-champ. Le marchand l'amen

---

1. *Sub rosa* (dans le mystère).

à la maison et disparut aussitôt. Songez, mes amis, à mon étonnement lorsque je m'aperçus qu'elle était aveugle. Ah! ah! un rusé coquin que ce marchand! Je courus porter plainte aux magistrats, mais le drôle avait déjà quitté Pompéi. Je fus forcée de revenir chez moi, et de fort mauvaise humeur, je vous l'avoue : la pauvre fille en ressentit les effets, mais ce n'était pas sa faute si elle était aveugle; elle l'était depuis sa naissance. Peu à peu, nous nous réconciliâmes avec notre marché. Elle n'avait pas, assurément, la force de Staphyla, et elle était de peu d'utilité dans la maison. Mais elle savait trouver son chemin dans la ville, comme si elle possédait les yeux d'Argus; et, lorsque nous vîmes un matin qu'elle nous rapportait une poignée de sesterces qu'elle avait gagnés à vendre des fleurs cueillies dans notre petit jardin, nous pensâmes que c'étaient les dieux qui nous l'avaient envoyée. Depuis ce temps-là, nous la laissons aller où elle veut, remplissant sa corbeille de fleurs, qu'elle tresse en guirlandes, selon la mode thessalienne, ce qui plaît aux jeunes gens : le grand monde a pris de l'affection pour elle, car on lui paye ses fleurs bien plus cher qu'aux autres bouquetières; et elle rapporte tout ce qu'elle gagne à la maison, ce qu'aucune autre esclave ne ferait. C'est pour cela que je travaille moi-même, mais ses profits me mettront bientôt en état d'acheter une autre Staphyla. Il est probable que quelque voleur thessalien aura enlevé la jeune aveugle à d'honnêtes parents. Outre son adresse à composer des guirlandes, elle a le talent de jouer de la cithare pour accompagner ses chants; c'est encore d'un bon rapport; et enfin, dernièrement.... mais ceci est un secret.

— Un secret! s'écria Lydon; êtes-vous devenue un sphinx?
— Sphinx, non. Pourquoi, sphinx?
— Cesse ton commérage, bonne maîtresse, et apporte-nous à manger. J'ai faim, dit Sporus.
— Et moi aussi, » ajouta le morose Niger en aiguisant son couteau sur la paume de sa main.

L'amazone se rendit à la cuisine, et revint quelques instants après avec un plateau surmonté de gros morceaux de viande à moitié crus : car, alors comme à présent, les héros de la lutte croyaient cette nourriture plus propre à entretenir leur hardiesse et leur férocité. Ils entourèrent la table comme des loups affamés aux yeux étincelants; les viandes disparurent, le vin coula. Mais laissons là ces importants et classiques personnages pour suivre les pas de Burbo.

CHAPITRE II.

Deux illustres personnages

Dans les premiers temps de Rome, la profession de prêtre n'était pas une profession de gain, mais d'honneur. Elle était embrassée par les citoyens les plus nobles, et interdite aux plébéiens. Plus tard, et longtemps avant l'époque dont il est question, elle était ouverte à tous les rangs. Ainsi, Calénus, prêtre d'Isis, était de la plus basse origine. Sa famille, à l'exception de son père et de sa mère, était une famille d'affranchis. Il n'avait plus qu'un seul parent vivant à Pompéi : c'était Burbo. Divers liens obscurs et honteux, plus forts que ceux du sang, unissaient leurs cœurs et leurs intérêts; et souvent le ministre d'Isis, déguisé, s'échappait furtivement du temple, où il était supposé en dévotion, et se glissant par la porte de derrière du gladiateur retiré, homme infâme à la fois par ses vices et par son métier, se réjouissait de jeter le masque de l'hypocrisie; masque qui, malgré son avarice, sa passion dominante, lui semblait trop lourd à porter. Une nature aussi brutale que la sienne s'accommodait mal de ces singeries de la vertu.

Enveloppé dans un de ces larges manteaux que les Romains adoptèrent, à mesure qu'ils abandonnèrent la toge, et dont les amples plis cachaient la taille, pendant qu'une sorte de capuchon qui y était attaché pouvait également cacher les traits, Calénus s'assit dans la petite chambre particulière du marchand de vin, laquelle communiquait par un petit passage avec l'entrée dérobée, habituelle à presque toutes les maisons de Pompéi.

En face de lui, le majestueux Burbo comptait avec soin, sur une table qui était placée entre eux, une petite pile de monnaie que le prêtre venait de tirer de sa bourse : car les bourses étaient aussi communes à cette époque qu'à la nôtre, avec cette différence qu'elles étaient ordinairement mieux garnies.

« Tu vois, dit Calénus, que nous te payons grandement, et tu devrais me remercier de t'avoir procuré un pareil profit.

— Ainsi fais-je, cher Calénus, ainsi fais-je, répondit Burbo d'une manière affectueuse en plaçant la monnaie dans une bourse de cuir, puis la bourse dans sa ceinture, dont il serra la boucle autour de sa vaste taille, plus soigneusement qu'il n'avait coutume de le faire lorsqu'il vaquait à ses occupations domestiques. Par Isis, Pisis et Nisis! ou toute autre divinité qui puisse exister en Égypte, ma petite Nydia est une véritable Hespéride, un jardin d'or pour moi.

— Elle chante bien et joue de la cithare comme une Muse, reprit Calénus; ce sont là des talents que celui qui m'emploie paye toujours généreusement.

— C'est un dieu! s'écria Burbo avec enthousiasme. Tout homme riche qui est généreux mérite des autels! Mais allons, mon vieil ami, une coupe de vin. Dis-moi un peu ce qui en est. Qu'a-t-elle fait? Elle est tout effrayée, elle parle de son serment et ne veut rien révéler.

— Je ne parlerai pas davantage; j'ai fait aussi le vœu terrible de garder le secret.

— Des serments! est-ce qu'il y a des serments pour nous autres?

— C'est bien pour les serments ordinaires; mais celui-ci.... »
Et le prêtre hardi frémit à ces paroles.

« Cependant, ajouta-t-il en remplissant une large coupe de vin pur, je t'avouerai que ce n'est pas tant le serment que je crains de rompre, mais c'est la vengeance de l'homme qui me l'a imposé que je crains. Par les dieux! c'est un puissant magicien, il saurait tirer ma confidence de la lune, si j'avais eu la faiblesse de la prendre pour confidente. N'en parlons plus. Par Pollux! quelque divins que soient les banquets auxquels j'assiste chez lui, je n'y suis jamais à mon aise. Je préfère une heure joyeusement passée avec toi et avec une de ces bonnes filles, simples et rieuses, que je rencontre dans cette chambre, tout enfumée qu'elle est; oui, je préfère une heure pareille à une nuit de ces magnifiques débauches.

— S'il en est ainsi, demain, plaise aux dieux, nous aurons une petite fête ici.

— A la bonne heure! » dit le prêtre en se frottant les mains e en se rapprochant de la table.

Dans ce moment, ils entendirent un léger bruit à la porte, comme si l'on cherchait à entrer. Le prêtre mit son capuchon sur sa tête.

« Inutile précaution, dit l'hôte; ce ne peut être que la jeune aveugle. »

Nydia ouvrit en effet la porte en entrant dans la chambre.

« Ah! fillette, comment te portes-tu? Tu es pâle, tu as veillé tard à ce banquet. N'importe; la jeunesse est toujours la jeunesse, » dit Burbo d'un ton encourageant.

La jeune fille ne répondit pas, mais elle se laissa tomber su un des sièges avec un air de lassitude. Son visage changea plusieurs fois de couleur. Elle frappait impatiemment le pavé avec ses petits pieds. Elle éleva subitement la tête, et dit d'une voix fermement accentuée :

— Maître, vous pouvez me laisser mourir de faim, si vous voulez; vous pouvez me battre, vous pouvez me menacer de la mort; mais je n'irai plus dans cette maison infâme.

— Qu'est-ce là, sotte? s'écria Burbo d'une voix sauvage, et ses épais sourcils se hérissèrent sur ses yeux courroucés et rouges. Tu te révoltes, je crois? prends garde.

— Je l'ai dit, reprit la jeune fille en croisant ses bras sur sa poitrine.

— Alors, ma douce, ma modeste vestale, si tu ne veux pas y aller, c'est bien, c'est très-bien; on t'y portera.

— Je remplirai la ville entière de mes cris, s'écria l'enfant d'un ton passionné, et une vive rougeur colora son front.

— Nous y veillerons; tu iras avec un bâillon.

— Que les dieux aient pitié de moi, alors! dit Nydia en se levant; je porterai plainte aux magistrats.

— *Souviens-toi de ton serment,* » répliqua une voix caverneuse, celle de Calénus, qui prenait part pour la première fois au dialogue.

A ces mots, un tremblement nerveux agita la jeune aveugle; elle joignit les mains comme si elle priait.

« Malheureuse que je suis! » s'écria-t-elle, et elle laissa éclater de violents sanglots.

Soit que le bruit de ce chagrin véhément eût attiré l'aimable Stratonice, soit qu'elle vînt par hasard, sa figure décharnée se montra en ce moment dans la chambre.

« Qu'est-ce donc? que faites-vous à mon esclave, brute? dit-elle avec aigreur à Burbo.

— Calme-toi, femme, répondit-il d'un ton moitié bourru, moitié timide. Tu veux des ceintures neuves et de beaux habits, n'est-ce pas? Eh bien! fais attention à tes esclaves, ou tu n'en auras pas de longtemps. *Væ capiti tuo!* Vengeance sur ta tête, misérable fille!

— Qu'y a-t-il donc? » reprit la sorcière en regardant tantôt l'un, tantôt l'autre.

Nydia, par un bond soudain, s'élança du mur près duque' elle s'appuyait, et se jeta aux pieds de Stratonice ; elle embrassa ses genoux, et, levant vers elle ses yeux si doux quoique sans regard :

« O ma maîtresse ! dit-elle en pleurant, vous êtes une femme, vous avez eu des sœurs, vous avez été jeune comme moi.... ayez pitié de moi.... sauvez-moi.... je ne veux plus aller à ces horribles festins...

— Paix ! dit la sorcière en secouant durement une des mains de la jeune fille, mains délicates, auxquelles on n'aurait pas dû imposer de tâche plus pénible que celle de tresser en guirlandes les fleurs qu'elle vendait ; paix ! Ces beaux scrupules ne sont pas faits pour des esclaves ! »

— Écoutez, dit Burbo, tirant sa bourse et montrant ce qu'elle contenait. Écoutez cette musique, femme ; par Pollux ! si vous ne savez pas brider comme il faut cette pouliche, vous ne l'entendrez plus.

— La jeune fille est fatiguée, dit Stratonice en s'adressant à Calénus. Elle sera plus docile la première fois que vous en aurez besoin.

— *Vous ! vous !* Qui est donc ici ? s'écria Nydia, roulant les yeux autour de l'appartement avec une expression si épouvantée et si désespérée que Calénus se leva de son siége.

— Il faut qu'elle voie avec ces yeux-là, murmura-t-il.

— Qui est ici ? parlez, au nom du ciel ! Ah ! si vous étiez aveugle comme moi, vous seriez moins cruel ! dit-elle ; et de nouveau elle versa des larmes.

— Emmenez-la, s'écria Burbo ; je hais les pleurnicheries.

— Viens, » dit Stratonice en poussant l'enfant dehors par les épaules.

— Nydia s'éloigna vivement d'elle avec un air auquel la résolution donnait de la dignité.

« Écoutez-moi, dit-elle ; je vous ai servie fidèlement. Moi qui avais été élevée.... oh ! ma mère.... ma pauvre mère, auriez-vous pu penser que j'en serais venue à ce degré de misère ? »

Elle essuya les larmes de ses yeux et continua :

« Commandez-moi toute autre chose et j'obéirai ; mais je vous le dis maintenant, ferme, résolue, inexorable comme vous ; je vous répète que je n'irai plus dans ce lieu, ou que, si j'y suis forcée, j'implorerai la protection du préteur lui-même.... Soyez en certains. Écoutez-moi, grands dieux, je le jure ! »

Les yeux de la sorcière étaient flamboyants : elle saisit l'enfant par les cheveux d'une main et leva l'autre sur elle; cette formidable main droite, dont le moindre coup était capable d'écraser la frêle et délicate créature qui tremblait sous son étreinte. Cette considération parut frapper Stratonice, car elle suspendit le coup. Changeant de dessein et attirant Nydia près du mur, elle détacha d'un crochet une corde, qui avait servi plusieurs fois à l'usage qu'elle en voulait faire. Les cris de la pauvre aveugle retentirent bientôt dans toute la maison.

CHAPITRE III.

Glaucus fit un marché qui plus tard lui coûte cher.

« Holà, mes braves compagnons, dit Lépidus en baissant la tête pour entrer par la porte basse de la maison de Burbo, nous sommes venus voir qui de vous fera plus d'honneur à notre lanista. »

Les gladiateurs se levèrent de la table avec respect en voyant entrer trois jeunes gens connus pour être des meilleurs vivants et des plus riches de Pompéi, et dont les voix dispensaient la réputation à l'amphithéâtre.

« Quels beaux animaux ! dit Claudius à Glaucus; ils sont vraiment dignes d'être gladiateurs !

— C'est une pitié qu'ils ne soient pas soldats, » dit Glaucus.

C'était une chose singulière, de voir l'efféminé et l'ennuyé Lépidus, que, dans un banquet, un rayon de lumière semblait aveugler, que, dans un bain, le moindre courant d'air semblait anéantir, en qui tout instinct naturel paraissait perverti, devenu en quelque sorte une créature équivoque et artificielle; c'était une singulière chose, disons-nous, de le voir à cette heure tout empressé, tout énergique, tout vivant, tâter les vastes épaules des gladiateurs, d'une main blanche, féminine, éprouver d'une touche légère leurs muscles de fer, en un mot, plein d'admiration pour cette force qu'il avait passé toute sa vie à détruire en lui.

« Ah! Niger, dit Lépidus, comment vous battez-vous, et avec qui?

— Sporus m'a défié, répondit le géant, et ce sera, j'espère, un combat à mort.

— Certainement, reprit Sporus en clignant ses petits yeux.

— Il prend l'épée, moi le nœud et le trident : ce sera un rare divertissement. J'espère que le survivant aura de quoi soutenir la dignité de la couronne.

— Ne crains rien, nous remplirons ta bourse, mon Hector, dit Claudius ; voyons, vous vous battez avec Niger. Glaucus, un pari ; je prends Niger.

— Je vous le disais, s'écria Niger d'un air triomphant ; le noble Claudius me connaît. Compte que tu es déjà mort, Sporus. »

Claudius tira ses tablettes. « Je parie dix sesterces ! Cela vous va-t-il ?

— Soit, dit Glaucus ; mais qui donc avons-nous ici ? Je n'ai jamais vu ce brave auparavant. »

Et il jeta un regard sur Lydon, dont les membres étaient plus élégants que ceux de ses compagnons ; un reste de grâce et de noblesse brillait encore dans ses traits ; sa nouvelle profession n'avait pas dépouillé sa personne de tout charme.

« C'est Lydon, le plus jeune d'entre nous, qui ne s'est encore servi que d'une épée de bois, dit Niger ; mais il a du bon sang dans les veines, il a déjà provoqué Tétraides.

— C'est lui qui m'a défié, dit Lydon ; j'ai accepté son défi.

— Et comment combattrez-vous ? demanda Lépidus. Cependant, mon enfant, attendez encore un peu, croyez-moi, avant de vous commettre avec Tétraides. »

Lydon sourit dédaigneusement.

« Est-il citoyen, ou esclave ? dit Claudius.

— Citoyen.... Nous sommes tous citoyens ici, répondit Niger.

— Étendez le bras, mon Lydon, » reprit Lépidus d'un air de connaisseur.

Le gladiateur, lançant un regard significatif à ses compagnons, étendit un bras qui, s'il n'était pas aussi énorme que les leurs dans sa circonférence, était pourvu de muscles si fermes et possédait tant de symétrie dans ses proportions, que les trois visiteurs poussèrent à la fois un cri d'admiration.

« Bien, jeune homme ; quelle est votre arme ? dit Claudius, ses tablettes à la main.

— Nous combattrons d'abord avec le ceste ; après, si tous deux survivent, avec l'épée, s'empressa de dire Tétraides, plein d'humeur et d'un ton jaloux.

— Avec le ceste ? cria Glaucus ; vous avez tort, Lydon. Le

ceste est en usage chez les Grecs. Je le connais bien. Vous auriez dû vous engraisser pour un pareil combat. Vous êtes trop maigre ; vraiment, évitez le ceste.

— Je ne le puis, répondit Lydon.

— Et pourquoi ?

— Je vous l'ai dit, parce qu'il m'a défié.

— Mais il ne vous forcera pas à prendre une arme désignée.

— Mon honneur m'y force, répondit Lydon avec orgueil.

— Je mets sur Tétraides deux contre un au ceste, reprit Claudius, et au pair à l'épée ; est-ce dit, Lépidus ?

— Quand vous m'offririez trois contre un, je n'accepterais pas, répliqua Lépidus. Lydon n'en viendra jamais à l'épée. Vous êtes mille fois trop bon.

— Et vous, Glaucus, qu'en pensez-vous ? dit Claudius.

— J'accepte trois contre un.... dix *sestertii* contre trente [1].

— Oui. »

Claudius écrivit le pari sur ses tablettes.

« Pardonnez-moi, noble patron, dit Lydon à voix basse à Glaucus ; combien pensez-vous que le vainqueur gagnera ?

— Combien ? peut-être sept *sestertia*.

— Autant que cela ! en êtes-vous sûr ?

— Au moins. Mais honte à toi ! Un Grec aurait songé à l'honneur, non à l'argent. O Italiens, vous serez toujours Italiens ! »

Une rougeur couvrit la joue bronzée du gladiateur.

« Ne me jugez pas mal, noble Glaucus, je songe aux deux ; mais je ne me serais jamais fait gladiateur si je n'avais manqué d'argent.

— Puisses-tu tomber dans l'arène ! Un avare ne sera jamais un héros.

— Je ne suis pas un avare, dit Lydon avec fierté, et il se retira dans un coin de l'appartement.

— Mais je ne vois pas Burbo : où est Burbo ? s'écria Claudius ; je veux parler à Burbo.

— Il est là, dit Niger en montrant la chambre qui se trouvait à l'extrémité de la salle.

— Et Stratonice, la toute gracieuse Stratonice, où est-elle ? demanda Lépidus.

— Elle était ici quelques instants avant votre arrivée ; mais elle a entendu je ne sais quel bruit qui lui déplaisait, et elle a disparu. Pollux ! le vieux Burbo avait peut-être caché une jeune

1. Le lecteur ne confondra pas les *sestertii* avec les sestertia, qui valaient cent fois plus.

fille dans sa chambre. J'ai entendu, ce me semble, une voix de femme qui exhalait une plainte. La vieille dame est jalouse comme Junon. »

En ce moment, un grand cri d'angoisse et de terreur fit tressaillir toute la compagnie.

« Excellent! s'écria Lépidus en riant; venez, Claudius, partageons avec Jupiter, il a peut-être rencontré une Léda.

— Oh! épargnez-moi! épargnez-moi! je ne suis qu'une enfant, je suis aveugle!... N'est-ce pas assez de ce châtiment pour moi?

— Par Pallas! je reconnais cette voix, c'est la voix de ma pauvre bouquetière, » s'écria Glaucus, et il s'élança aussitôt vers l'endroit d'où partaient ces cris.

Il ouvrit vivement la porte; il vit Nydia se tordant sous l'étreinte de la vieille irritée; la corde, déjà teinte de sang, tournoyait en l'air. Il s'en empara d'une main.

« Furie! dit Glaucus, et, de son autre main, il arracha Nydia à la vieille. Comment osez-vous maltraiter ainsi une jeune fille, une personne de votre sexe, une enfant?... Ma Nydia, ma pauvre enfant!

— Oh! est-ce vous? est-ce Glaucus? » s'écria la bouquetière avec un indicible transport. Les larmes s'arrêtèrent sur ses joues; elle sourit, se pressa sur son sein, et baisa sa robe en s'y attachant.

« Et comment osez-vous, insolent étranger, vous interposer entre une femme libre et son esclave? Par les dieux! en dépit de votre belle tunique et de vos affreux parfums, je doute que vous soyez un citoyen romain, mon petit homme!

— Parlons mieux, maîtresse, parlons mieux, dit Claudius, qui entra avec Lépidus. C'est mon ami et mon frère juré, il doit être à l'abri de votre langue, ma colombe; il pleut des pierres.

— Rendez-moi mon esclave! s'écria la virago en mettant sa forte main sur la poitrine du Grec.

— Non pas; quand toutes les furies vos sœurs vous assisteraient, répondit Glaucus. Ne crains rien, ma douce Nydia; un Athénien n'a jamais abandonné les malheureux.

— Holà! dit Burbo en se levant, quoique à regret. Pourquoi tout ce bruit à propos d'une esclave? Laissez tranquille ce jeune patricien, femme; qu'il s'en aille. A cause de lui, faites grâce pour cette fois à cette impertinente. »

En parlant ainsi, il éloigna ou plutôt il entraîna sa féroce compagne.

« Il me semble que, lorsque nous sommes entrés, il y avait un autre homme ici, dit Claudius.

— Il est parti. »

Car le prêtre d'Isis avait pensé qu'il était pour lui grand temps de disparaître.

« Oh ! un de mes amis, un camarade, un chien tranquille, qui n'aime pas les querelles, dit Burbo négligemment. Mais retirez-vous, enfant ; vous allez déchirer la tunique de ce noble jeune homme, si vous vous y cramponnez ainsi ; retirez-vous, on vous a pardonné.

— Oh ! ne m'abandonnez pas, » s'écria Nydia en s'attachant davantage à l'Athénien.

Ému de sa situation, de l'appel qu'elle faisait à sa générosité, non moins que de sa grâce touchante et inexprimable, le Grec s'assit sur un des rudes siéges de la chambre et prit Nydia sur ses genoux ; il essuya avec ses longs cheveux le sang qui coulait sur les épaules de la jeune fille, et avec ses baisers, les larmes qu'elle avait sur les joues ; il lui dit ces mille et mille tendres mots dont on se sert pour calmer le chagrin d'un enfant ; il parut si beau dans cette douce œuvre de consolation, que le cœur féroce de Stratonice en fut lui-même ému ; la présence de l'étranger semblait répandre une lumière dans cet antre obscur et obscène. Jeune, magnifique, glorieux, il offrait l'emblème du bonheur le plus parfait de la terre, qui relève le malheur le plus désespéré.

« Qui aurait pu penser que notre Nydia aurait été honorée à ce point? » dit la virago en essuyant la sueur de son front.

Glaucus regarda Burbo.

« Brave homme, dit-il, c'est votre esclave ; elle chante bien ; elle a l'habitude de soigner les fleurs. Je veux faire présent d'une esclave pareille à une dame. Voulez-vous me la vendre? »

Pendant qu'il parlait, il sentit tout le corps de la pauvre fille trembler de plaisir ; elle se leva, elle écarta de son visage ses cheveux en désordre ; elle jeta les yeux autour d'elle comme si elle pouvait voir.

« Vendre notre Nydia ! non pas, » dit Stratonice brusquement.

Nydia se laissa retomber avec un profond soupir, et s'attacha de nouveau à la robe de son protecteur.

« Imbéciles ! dit Claudius d'un ton important. Vous devez faire cela pour moi. Allons, l'homme et la femme, si vous m'offensez votre état est perdu. Burbo n'est-il pas le client de mon cousin Pansa? Ne suis-je pas l'oracle de l'amphithéâtre et de ses champions? Je n'ai qu'à dire un mot pour que vous brisiez toutes vos cruches : vous ne vendrez plus rien. Glaucus, l'esclave est à vous. »

Burbo évidemment embarrassé grattait sa large tête.

La fille vaut son pesant d'or pour moi, dit-il.

— Dites votre prix ; je suis riche, » répondit Glaucus.

Les anciens Italiens étaient comme les modernes; il n'y avait rien qu'ils ne fussent prêts à vendre, à plus forte raison une pauvre fille aveugle.

« J'ai payé six sestertia pour elle, elle en vaut douze maintenant, murmura Stratonice.

— Je vous en donne vingt; accompagnez-moi chez les magistrats, et de là à ma demeure, où vous recevrez votre argent.

— Je n'aurais pas vendu cette chère enfant pour cent, dit Burbo adroitement; je ne vous la cède que pour faire plaisir au noble Claudius. Vous me recommanderez à Pansa pour la place de *designator* à l'amphithéâtre, noble Claudius! elle me conviendrait beaucoup.

— Vous l'aurez, dit Claudius en ajoutant avec un sourire : ce Grec peut faire votre fortune; l'argent coule dans ses doigts comme l'eau dans un crible : marquez le jour avec de la craie, mon Priam.

— *An dabis?* dit Glaucus, employant la formule habituelle des ventes et des achats.

— *Dabitur*, répondit Burbo.

— Alors, alors, je vais aller avec vous.... avec vous. O quel bonheur! murmura Nydia.

— Oui, ma belle, et ta tâche la plus rude sera désormais de chanter les hymnes de la Grèce à la plus aimable dame de Pompéi. »

La jeune fille se dégagea de son étreinte; un changement s'opéra sur ses traits si pleins de joie tout à l'heure; elle soupira profondément, et prenant encore une fois sa main, elle dit:

« Je croyais que j'allais chez vous.

— Oui, pour le moment... Viens... Nous perdons du temps. »

CHAPITRE IV.

Nouveau changement pour Nydia.

Le soleil du matin éclairait le petit et odorant jardin renfermé dans le péristyle de la maison de l'Athénien. Glaucus était couché, triste et distrait, sur le gazon lisse et frais, semé par intervalles dans le viridarium. Un dais léger protégeait sa tête contre les rayons du soleil d'été.

Nydia s'avança, de son pas léger et prudent, par le tablinum de marbre. Elle traversa le portique et s'arrêta devant les fleurs qui bordaient le jardin. Elle tenait à la main un arrosoir, et elle versa de l'eau sur les fleurs altérées, qui semblaient se réjouir de son approche. Elle se pencha pour respirer leur odeur, elle les toucha d'une façon timide et caressante. Elle chercha, le long de leurs tiges, si quelque feuille morte ou quelque insecte rampant ne déparait pas leur beauté. Pendant qu'elle allait ainsi de fleur en fleur, avec un air empressé et joyeux, de la manière la plus gracieuse, on l'aurait prise pour la plus aimable nymphe de la déesse des jardins.

« Nydia, mon enfant! dit Glaucus.

Au son de cette voix elle s'arrêta, écoutant, rougissant, respirant à peine, les lèvres entr'ouvertes, le visage tourné dans la direction de la voix qui l'appelait; elle laissa tomber l'arrosoir, et fit quelques pas rapides du côté de Glaucus. C'était merveilleux de voir comme elle trouvait son chemin à travers les fleurs, pour arriver plus vite près de son nouveau maître.

« Nydia, dit Glaucus en rejetant en arrière avec douceur les longs et beaux cheveux de la jeune fille, voilà trois jours que tu es sous la protection des dieux de ma maison. T'ont-ils souri? es-tu heureuse?

— Oh! oui, heureuse, dit l'esclave en soupirant.

— Et maintenant, continua Glaucus, que tu es un peu remise des détestables souvenirs de ta condition précédente, maintenant qu'on t'a revêtue d'habillements (et il toucha sa tunique brodée) plus convenables à ton corps délicat, maintenant que tu t'es accoutumée à un bonheur que je prie les dieux de te conserver toujours, je vais te demander un service.

— Ah! que puis-je faire pour vous? dit Nydia en joignant ses mains.

— Ecoute-moi, dit Glaucus; toute jeune que tu es, tu seras ma confidente. As-tu jamais entendu prononcer le nom d'Ione? »

La jeune aveugle demeura oppressée et pâle comme une des statues qui entouraient le péristyle. Après un moment de silence elle répondit avec effroi :

« Oui, j'ai entendu dire qu'elle est de Néapolis et qu'elle est belle.

— Bien belle! Une beauté à éblouir le jour. Elle est de Néapolis, oui, mais Grecque d'origine; la Grèce seule peut produire de si admirables créatures. Nydia je l'aime.

— Je le pensais, dit Nydia avec calme.

— Je l'aime, et tu le lui diras. Je vais t'envoyer chez elle. Heureuse Nydia! tu pénétreras dans sa chambre.... tu t'enivreras de la musique de sa voix.... tu te baigneras dans l'air radieux qui l'entoure....

— Eh quoi! vous voulez me séparer de vous?

— Tu seras chez Ione, » poursuivit Glaucus, d'un ton qui voulait dire : « Que peux-tu désirer de plus? »

Nydia fondit en larmes.

Glaucus, se levant, l'attira vers lui avec les douces caresses d'un frère.

« Mon enfant, ma douce Nydia, tu pleures dans l'ignorance du bonheur que je te ménage; Ione est aimable et bonne, et douce comme le souffle du printemps. Elle sera une sœur pour ta jeunesse. Elle appréciera tes talents enchanteurs.... elle aimera plus que personne tes grâces simples, parce qu'elles ressemblent aux siennes. Tu pleures toujours. Je ne prétends pas te forcer, ma douce enfant; ne veux-tu pas me faire cette faveur?

— Je suis ici pour vous servir; commandez. Voyez, je ne pleure plus. Je suis calme.

— Je reconnais ma Nydia, reprit Glaucus en lui baisant la main. Va donc vers Ione. Si je t'ai abusée sur sa tendresse.... si c'est une erreur de ma part, tu reviendras chez moi quand tu le voudras. Je ne te donne pas à une autre; je ne fais que te prêter. Ma maison sera toujours ton refuge, douce fille. Oh! que ne peut-elle abriter tous les malheureux sans amis! Mais, si mon cœur ne me trompe pas, tu reviendras bientôt chez moi, mon enfant! ma maison sera celle d'Ione, et tu demeureras avec nous. »

Un frisson parcourut de la tête aux pieds le corps de la pauvre aveugle ; mais elle ne pleura pas. Elle était résignée.

« Va donc, ma Nydia, à la demeure d'Ione.... on t'en montrera le chemin. Prends les plus belles fleurs que tu pourras cueillir. Je te donnerai le vase qui les contiendra. Tu m'excuseras de son peu de valeur. Tu prendras aussi le luth que je t'ai donné hier, et dont tu sais si bien éveiller le doux esprit. Tu lui remettras aussi cette lettre, dans laquelle, après bien des efforts, j'ai essayé d'introduire quelques-unes de mes pensées. Que ton oreille écoute chaque accent, chaque modulation de sa voix, et tu me diras, lorsque nous nous reverrons, si leur musique est favorable ou décourageante. Je n'ai point été admis près d'Ione depuis quelques jours ; il y a quelque chose de mystérieux dans cette exclusion. Je suis tourmenté par des doutes et des craintes ; apprends, car tu es adroite et l'intérêt que tu prends à moi augmentera ton adresse, apprends la cause de cette cruauté ; parle de moi aussi souvent que tu le pourras ; que mon nom erre toujours sur tes lèvres ; *insinue* mon amour plutôt que de le *proclamer*. Écoute si elle soupire pendant que tu parles, si elle te répond, ou si elle te blâme ; de quelle manière elle le fait. Sois mon amie ; plaide en ma faveur. Oh! combien tu payeras au centuple le peu que j'ai fait pour toi! Tu me comprends, Nydia? Mais tu es encore un enfant. Peut-être en ai-je dit plus que tu ne peux comprendre?

— Non.

— Et tu me serviras?

— Oui.

— Viens me retrouver lorsque tu auras cueilli les fleurs, et je te donnerai le vase dont je t'ai parlé. Je serai dans la chambre de Léda. Ma jolie Nydia, tu n'as plus de chagrin?

— Glaucus, je suis une esclave ; ai-je le droit d'avoir de la joie ou du chagrin?

— Ne parle pas ainsi. Non, Nydia. Sois libre. Je te donne la liberté ; jouis-en comme tu voudras, et pardonne-moi si j'ai compté sur ton désir de me rendre service.

— Vous êtes offensé? oh! je ne voudrais pas, pour toutes les faveurs de la liberté, vous offenser, Glaucus.... Mon gardien, mon sauveur, mon protecteur, pardonne à la pauvre fille aveugle.... Elle ne se plaindra pas même de te quitter, si elle peut contribuer à ton bonheur.

— Que les dieux bénissent ton cœur tendre! dit Glaucus profondément ému ; et, sans se douter de la flamme qu'il excitait, il embrassa Nydia plusieurs fois sur le front.

— Vous me pardonnez donc ? lui dit-elle ; et vous ne me parlerez plus de liberté. Mon bonheur est d'être votre esclave, et vous avez promis que vous ne me donnerez pas à un autre.

— Je l'ai promis.

— Maintenant, je vais cueillir des fleurs. »

Nydia prit bientôt en silence des mains de Glaucus le vase riche et artistement travaillé, dans lequel les fleurs rivalisaient de couleurs et de parfums ; elle reçut sans verser une larme ses dernières instructions. Elle s'arrêta un moment lorsqu'il se tut. Elle n'osa pas répondre. Elle chercha sa main, la porta à ses lèvres, couvrit sa figure de son voile et s'éloigna de lui. Elle s'arrêta de nouveau sur le seuil, étendit ses mains vers la maison, et dit à voix basse :

« Trois jours heureux.... trois jours d'un inexprimable bonheur se sont écoulés depuis que je t'ai franchi, ô seuil béni ! puisse la paix demeurer toujours avec toi pendant mon absence ! Pour moi, mon cœur se déchire en te quittant, et le soupir qu'il fait entendre semble me dire de mourir. »

CHAPITRE V.

L'heureuse beauté et l'esclave aveugle.

Une esclave entra dans la chambre d'Ione et annonça la messagère de Glaucus.

Ione hésita un instant.

« Elle est aveugle, cette messagère, dit l'esclave, et ne veut confier son message qu'à vous seule. »

Bas est le cœur qui ne respecte pas le malheur des autres. En entendant que la messagère était aveugle, Ione sentit qu'il lui était impossible de la renvoyer avec une dure réponse. Glaucus avait choisi une messagère sacrée, qu'on ne pouvait refuser de recevoir.

« Que peut-il me vouloir ? quel message peut-il m'envoyer ? » Et le cœur d'Ione palpitait vivement. Le rideau de la porte fut tiré ; un pas doux et sans écho glissa sur le marbre, et Nydia, accompagnée d'une des suivantes d'Ione, entra avec ses précieuses fleurs.

Elle s'arrêta un moment, comme si elle attendait un son qui a dirigeât vers Ione.

« La noble Ione, dit-elle d'une voix douce et timide, voudrait-elle me parler, afin que je puisse savoir de quel côté diriger mes pas enveloppés d'obscurité, et déposer à ses pieds mon offrande?

— Belle enfant, dit Ione touchée et avec douceur, ne te donne pas la peine de traverser ce pavé glissant ; mon esclave m'apportera ce que tu as à me présenter. »

Et elle fit signe à sa suivante de prendre le vase.

« Je ne dois remettre ces fleurs qu'à toi-même, » répondit Nydia ; et, guidée par son oreille, elle arriva lentement près d'Ione, et, s'agenouillant devant elle, lui remit le vase.

Ione le prit de sa main et le plaça sur la table à côté d'elle. Elle releva gracieusement Nydia et voulut la faire asseoir à ses côtés ; mais la jeune fille refusa modestement de le faire.

« Je n'ai encore accompli que la moitié de ma mission, » dit-elle ; et elle tira la lettre de Glaucus de sa ceinture. « Ceci vous expliquera peut-être, ajouta-t-elle, pourquoi celui qui m'envoie a choisi une messagère si peu digne d'Ione. »

La Napolitaine prit la lettre d'une main si tremblante, que Nydia en sentit le frémissement et qu'elle en soupira. Les bras croisés et la tête inclinée, elle se tenait debout devant l'orgueilleuse et majestueuse Ione, non moins fière, peut-être, dans son attitude de soumission. Ione d'un geste éloigna sa suivante ; elle jeta un nouveau regard sur la jeune et belle esclave, un regard de surprise et de compassion ; puis, s'écartant un peu d'elle, elle ouvrit et lut cette lettre :

« Glaucus écrit à Ione ce qu'il n'ose lui dire. Ione est-elle malade? Ses esclaves assurent que non, et cette assurance me console. Glaucus a-t-il offensé Ione?... Ah! cette question, je ne puis la leur adresser! Voilà cinq jours que je suis banni de ta présence!... Le soleil a-t-il paru? je n'en sais rien. Les cieux ont-ils souri? ils n'ont pas eu, du moins, de sourire pour moi. Mon soleil et mes cieux, c'est Ione. Est-ce que je t'ai offensée? suis-je trop audacieux? ces tablettes oseront-elles exprimer ce que ma langue a craint de dire?... Hélas! c'est dans ton absence que je comprends surtout les enchantements par lesquels tu m'as soumis. L'absence, qui me prive de joie, me donne du courage. Tu ne veux pas me voir ; tu as banni également les flatteurs qui ont l'habitude de t'environner. Peux-tu me confondre avec eux? Ce n'est pas possible. Tu sais trop bien que je n'ai rien de commun avec eux, que nous ne sommes pas pétris de la même argile. Quand je serais encore formé d'un plus humble limon, le parfum de la rose m'a pénétré, et l'esprit de ta nature a passé en moi, pour m'embaumer, me purifier, m'inspirer.... Ai-je été calomnié auprès de toi, Ione? Tu ne croirais pas la calomnie. L'oracle de Delphes lui-même me dirait que tu es une créature indigne de mon hommage, je ne le croirais pas, et je suis moins incrédule que toi. Je pense à la dernière fois où nous nous sommes vus, à ce chant que je t'ai chanté, à ce regard que tu m'as accordé en retour. Dissimule-le autant que tu le voudras, Ione, il y a quelque intimité entre nous, et nos yeux l'ont avoué, si nos lèvres ont gardé le silence : laisse-moi te voir, écoute-moi, et, après cela, chasse-moi pour toujours si tu le veux. Je n'avais pas dessein de t'avouer sitôt mon amour, mais ces mots sortent malgré moi de mon cœur.... Je ne puis les arrêter. Accepte donc mon cœur et mes vœux. Nous nous sommes rencontrés devant le temple de Pallas; ne nous rencontrerons-nous pas devant un plus doux et plus ancien autel?

« O belle et adorée Ione! si l'ardeur de ma jeunesse et mon sang athénien m'ont entraîné, m'ont égaré, ce n'a été que pour m'apprendre, dans mes courses vagabondes, à apprécier le repos, le port que j'ai atteint. Je suspends mes vêtements mouillés à l'autel du dieu des mers; j'ai échappé au naufrage. Je t'ai trouvée, toi: Ione, daigne me voir. Tu es aimable pour les étrangers; auras-tu moins de compassion pour tes compatriotes? J'attends ta réponse. Accepte les fleurs que je t'envoie. Leur douce haleine a un langage plus éloquent que les mots; elles empruntent au ciel les odeurs qu'elles nous rendent; elles sont les images de l'amour qui reçoit et qui paye dix fois plus qu'il ne reçoit. Elles sont l'emblème du cœur que tes rayons ont traversé et qui te doit le germe de ses trésors; daigne leur sourire. Je t'envoie ces fleurs par une personne que tu recevras pour l'amour d'elle-même, si ce n'est pour l'amour de moi. Comme nous, elle est étrangère; les cendres de ses pères reposent sous des cieux plus brillants; mais, moins heureuse que nous, elle est aveugle et esclave. Pauvre Nydia! Je cherche autant que possible à réparer pour elle les torts de la nature et du destin, en te demandant la permission de la placer près de toi. Elle est habile musicienne, elle chante bien, et c'est une vraie Chloris pour les fleurs. Elle pense, Ione, que vous l'aimerez ; sinon, renvoyez-la-moi.

« Un mot encore : pardonnez mon audace, Ione.... D'où vient votre haute estime pour votre sombre Égyptien? son air n'est pas d'un honnête homme. Nous autres Grecs, dès le berceau, nous connaissons les hommes ; nous sommes profonds aussi sans affecter un maintien austère. Le sourire est à nos lèvres, mais nos yeux sont graves : ils observent, ils notent, ils étudient. Arbacès n'est pas un homme auquel on puisse se fier. Peut-être est-ce lui qui m'a calomnié dans ton esprit. Je le pense, parce que je l'ai laissé avec toi. Tu as vu comme ma présence l'a surpris. Depuis ce moment, tu ne m'as plus admis dans ta maison. Ne crois rien de ce qu'il est capable de te dire contre moi. Si tu le crois, dis-le-moi, au moins. Ione doit cela à Glaucus. Adieu. Cette lettre touche ta main, ces caractères rencontrent tes yeux ; faut-il qu'ils soient plus heureux que leur auteur! Encore une fois, adieu. »

Il sembla à Ione, pendant qu'elle lut cette lettre, qu'un brouillard se dissipait devant ses yeux. Quelle avait été l'offense supposée de Glaucus? Qu'il ne l'aimait pas réellement. Ne confessait-il pas cet amour, pleinement, dans les termes les moins douteux? Dès ce moment, son pouvoir se trouva complétement rétabli. A chaque tendre mot de cette lettre, pleine d'une passion si confiante et si poétique, son cœur lui faisait un reproche. Avait-elle pu douter de sa foi? avait-elle pu croire aux paroles d'Arbacès? n'avait-elle pas refusé à Glaucus le droit qu'a tout accusé de se défendre, de plaider sa cause? Des larmes roulèrent le long de ses joues.... Elle baisa la lettre et la mit dans son sein, et se tournant vers Nydia, qui était restée à la même place et dans la même attitude :

« Asseyez-vous, mon enfant, dit-elle, pendant que je vais écrire une réponse à cette lettre.

— Vous allez donc répondre? dit froidement Nydia. En ce cas, l'esclave qui m'a accompagnée rapportera votre réponse...

— Pour vous, ajouta Ione, restez avec moi. Vous pouvez être assurée que votre service sera doux. »

Nydia inclina la tête.

« Quel est votre nom, belle enfant?

— On m'appelle Nydia.

— Votre pays?

— La terre de l'Olympe.... la Thessalie.

— Vous serez mon amie, dit Ione d'un ton caressant, vous

qui êtes déjà à moitié ma compatriote. Mais je vous prie de ne pas rester sur ces marbres froids et polis; venez ici. Maintenant que vous êtes assise, je puis vous quitter un instant.

Lettre d'Ione à Glaucus :

« Venez me voir, Glaucus; venez me voir demain matin. J'ai pu être injuste envers vous, mais je vous apprendrai, du moins, les torts qu'on vous a attribués. Ne redoutez pas l'Égyptien ; ne redoutez personne.... Vous dites que vous avez exprimé trop de choses dans votre lettre.... Hélas! dans ce peu de mots écrits à la hâte, j'en ai fait autant. Adieu. »

Lorsque Ione revint avec cette lettre, qu'elle n'osa pas relire après l'avoir écrite (imprudence ordinaire, timidité naturelle de l'amour), Nydia se leva vivement de son siége.

« Vous avez écrit à Glaucus?
— Je l'ai fait.
— Aura-t-il lieu de remercier le messager qui lui portera votre lettre ? »

Ione oublia que sa compagne était aveugle; elle rougit du front jusqu'au cou, et garda le silence.

« Je veux dire, ajouta Nydia d'une voix plus calme, que, de votre main, les mots les plus légèrement empreints de froideur l'attristeront, et que la marque la plus faible de tendresse le remplira de joie. Si c'est de la froideur, que l'esclave emporte la réponse. Si vous lui marquez de l'intérêt, laissez-moi m'en charger.... Je reviendrai ce soir.

— Pourquoi donc, Nydia, dit Ione d'une façon évasive, voudrais-tu porter cette lettre?

— Alors je le vois, votre tendresse a parlé, dit Nydia. Comment en pourrait-il être autrement? Qui donc se montrerait insensible pour Glaucus?

— Mon enfant, dit Ione avec un peu plus de réserve, tu parles avec chaleur! Glaucus est donc bien aimable pour toi?

— Noble Ione, Glaucus a été pour moi ce que ni la fortune ni les dieux n'ont été.... *un ami!* »

La tristesse mêlée de dignité avec laquelle Nydia prononça ces simples mots, toucha profondément la belle Ione. Elle se pencha vers elle et l'embrassa.

« Tu es reconnaissante, dit-elle, et à bon droit. Pourquoi rougirais-tu de dire que Glaucus est digne de ta gratitude? Va, ma Nydia, porte-lui toi-même cette lettre, mais reviens chez moi. Si je ne suis pas dans ma demeure à ton retour, comme cela peut arriver ce soir, ta chambre sera préparée près de la mienne. Nydia, je n'ai pas de sœur, veux-tu être la mienne? »

La Thessalienne baisa la main d'Ione, et lui dit avec un peu d'embarras :

« Une faveur, belle Ione : puis-je implorer de vous une faveur?

— Tu ne me demanderas rien que je ne veuille t'accorder, répliqua la Napolitaine.

— On dit, reprit Nydia, que vous êtes belle au-dessus de toute beauté de la terre; hélas! je ne puis voir ce qui réjouit le monde. Voulez-vous me permettre de passer ma main sur votre visage? c'est ma seule manière de connaître la beauté, et je me trompe rarement. »

Elle n'attendit pas la réponse d'Ione, et, tout en parlant, elle passa lentement et doucement sa main sur les traits penchés et à moitié détournés de la Grecque, traits qu'une seule image dans le monde peut dépeindre et rappeler; cette image est la statue mutilée, mais toujours merveilleuse, de sa cité natale, de sa ville de Néapolis, cette figure en marbre de Paros, près de laquelle toute la beauté de la Vénus de Florence est pauvre et terrestre, ce visage plein d'harmonie, de jeunesse, de génie, d'âme, que des critiques modernes ont prétendu être la représentation de Psyché.

Sa main toucha légèrement les cheveux nattés, le front poli, la joue satinée et vermeille, les bras à fossettes, le cou de cygne d'Ione.

« Je sais maintenant que vous êtes belle, dit-elle, et je puis emporter votre portrait dans mes ténèbres et le revoir toujours. »

Lorsque Nydia la quitta, Ione se laissa aller à une profonde et délicieuse rêverie. Glaucus l'aimait. Il l'avouait; oui, il l'avouait. Elle relut son tendre aveu; elle s'arrêta sur chaque mot; elle baisa chaque ligne. Elle ne se demandait pas pourquoi il avait été calomnié : elle était seulement assurée qu'il l'avait été. Elle s'étonnait d'avoir ajouté foi à une seule parole dite contre lui. Elle s'étonnait que l'Égyptien eût eu le pouvoir de la tourner contre Glaucus. Elle frissonna en réfléchissant à la prudence que celui-ci lui recommandait à l'égard d'Arbacès, et la secrète inquiétude que lui causait cet être mystérieux devint de l'effroi. Elle fut réveillée de ces pensées par ses femmes, qui vinrent lui annoncer que l'heure marquée pour sa visite à Arbacès était arrivée; elle tressaillit. Elle avait oublié cette promesse arrachée par le sombre Égyptien, qui voulait l'attirer chez lui pour la séduire ou, à tout évènement, pour la tenir en sa puissance. Sa première impression fut de ne pas aller chez lui; sa seconde, de rire des craintes que lui causait le plus ancien de ses amis. Elle se hâta d'ajouter de nouveaux ornements à sa toilette et, se demandant si elle devait presser de vives questions l'Égyptien au sujet de son accusation contre Glaucus, ou si elle devait attendre qu'elle en eût entretenu ce dernier sans citer son autorité, elle prit le chemin de la sombre demeure d'Arbacès.

CHAPITRE VI.

Ione est prise dans le filet. — La souris essaye de ronger les mailles.

« O ma chère Nydia! s'écria Glaucus en lisant la lettre d'Ione; ô la plus blanche messagère qui ait jamais passé entre la terre et le ciel, comment, comment te remercier?
— J'ai ma récompense, dit la pauvre Thessalienne.
— Demain! demain! Comment employer les heures jusqu'à ce moment? »
L'amoureux Grec ne voulait pas laisser Nydia s'éloigner, quoiqu'elle essayât à plusieurs reprises de sortir de la chambre. Il lui faisait répéter, syllabe par syllabe, la brève conversation qui avait eu lieu entre elle et Ione; mille fois, oubliant son infirmité, il l'accabla de questions sur le regard, sur l'air qu'avait sa bien-aimée; et puis tout à coup, s'excusant de son erreur, il lui faisait recommencer son récit entier. Ces instants si pénibles pour Nydia s'écoulaient rapidement pour lui, et remplissaient son cœur d'un sentiment délicieux. Le crépuscule avait déjà été envahi par l'obscurité avant qu'il eût renvoyé Nydia chez Ione; elle partit enfin avec de nouvelles fleurs et une nouvelle missive. A ce moment, Claudius et quelques-uns de ses gais compagnons vinrent le surprendre. Ils le plaisantèrent sur son amour de la solitude et sur son absence, pendant toute la journée, des lieux qu'il avait l'habitude de fréquenter. Ils l'engagèrent à les accompagner dans les différents quartiers de cette mouvante cité, qui, nuit et jour, offrait tant

d'occasions de plaisir. Alors comme maintenant, sur cette terre aimée (car aucune autre, en perdant plus de sa grandeur, n'a gardé plus de ses mœurs), il était d'usage que les Italiens s'assemblassent le soir; et sous les portiques des temples ou à l'abri des bosquets qui séparaient les rues, écoutant la musique ou les récits de quelque conteur, ils saluaient le lever de la lune avec des libations et des mélodies. Glaucus était trop heureux pour se montrer insociable; il avait besoin de répandre au dehors l'exubérance de la joie qui l'étouffait. Il accepta volontiers l'offre de ses compagnons, et ils se mirent à parcourir ensemble ces rues brillantes que nous avons déjà dépeintes.

Dans le même temps Nydia rentrait chez Ione, qui était sortie déjà depuis quelques heures. Elle demanda, sans attacher d'importance à sa demande, où Ione était allée.

La réponse qu'on lui fit la saisit de terreur et d'effroi.

« A la maison d'Arbacès, de l'Égyptien.

— Impossible !

— C'est pourtant ainsi, mon enfant, reprit la suivante qu'elle avait interrogée. Il y a longtemps qu'elle connaît l'Égyptien.

— Longtemps, grands dieux ! Et Glaucus l'aime, murmura Nydia en elle-même. A-t-elle souvent rendu visite à cet homme? demanda-t-elle.

— Jamais encore.... reprit l'esclave. Si ce qu'on dit à Pompéi de la vie scandaleuse de l'Égyptien est vrai, il aurait peut-être mieux valu qu'elle se fût dispensée d'aller chez lui. Mais notre pauvre maîtresse n'entend rien des bruits qui viennent jusqu'à nous. Les commérages du vestibulum n'entrent pas dans le péristyle.

— Jamais jusqu'à ce jour? répéta Nydia; en êtes-vous sûre ?

— Très-sûre, ma petite; mais qu'est-ce que cela te fait, à toi comme à moi ? »

Nydia hésita un moment, puis posant à terre les fleurs dont elle était chargée, elle appela l'esclave qui l'avait accompagnée et quitta la maison sans ajouter une parole.

A moitié chemin de la demeure de Glaucus, elle rompit le silence et se parla ainsi :

« Elle ne peut connaître, elle ne connaît pas les dangers qu'elle court.... Folle que je suis !... Est-ce à moi de la sauver?... Oui, car j'aime Glaucus plus que moi-même. »

Lorsqu'elle arriva à la maison de l'Athénien, elle apprit qu'il venait de sortir avec ses amis et qu'on ne savait où il était. Il ne reviendrait pas probablement avant une heure avancée de la nuit.

La Thessalienne soupira ; elle se laissa tomber sur un siége et se couvrit la figure de ses mains, comme pour rassembler des pensées.

« Il n'y a pas de temps à perdre, » pensa-t-elle en se levant.

Elle s'adressa à l'esclave qui lui avait servi de guide :

« Sais-tu, lui dit-elle, si Ione a quelque parent, quelque intime ami à Pompéi?

— Par Jupiter, répondit l'esclave, voilà une sotte question! Tout le monde, à Pompéi, sait qu'Ione a un frère, qui, jeune et riche, a été assez fou, soit dit entre nous, pour se faire prêtre d'Isis.

— Un prêtre d'Isis, ô dieux! Son nom?

— Apœcides!

— Je sais tout, murmura Nydia : frère et sœur sont à la fois victimes. Apœcides, oui, c'est le nom que j'ai entendu chez.... Ah! il comprendra alors le péril où se trouve sa sœur; je veux aller le trouver. »

Elle se leva en prenant le bâton sur lequel elle s'appuyait, et se rendit aussitôt au temple voisin d'Isis. Jusqu'à ce qu'elle eût été sous la garde du généreux Grec, ce bâton avait suffi aux pas de la pauvre fille aveugle pour traverser Pompéi d'un bout à l'autre. Chaque rue, chaque détour, lui étaient familiers dans les quartiers les plus fréquentés ; et, comme les habitants éprouvaient une vénération tendre et à demi superstitieuse pour les personnes frappées de cécité, les passants se dérangeaient toujours pour la laisser suivre sa route. Pauvre fille! elle était loin de se douter que son malheur deviendrait sa protection, et la garantirait plus sûrement que les yeux les plus clairvoyants.

Mais, depuis qu'elle était entrée chez Glaucus, il avait ordonné à un esclave de l'accompagner partout ; celui à qui cette mission était échue, fort gros et fort gras, après être allé deux fois à la maison d'Ione, ne paraissait pas très-satisfait d'être condamné à une troisième excursion (sans savoir seulement où ils allaient) ; mais il s'empressa de la suivre, tout en déplorant son sort, et en jurant solennellement, par Castor et par Pollux, qu'il croyait que la fille aveugle avait les ailes de Mercure, non moins que le bandeau de Cupidon.

Nydia ne réclama qu'à peine son assistance pour arriver, malgré la foule, au temple d'Isis. L'espace qui s'étendait devant le temple était en ce moment désert, et elle parvint sans obstacle jusqu'à la grille sacrée.

« Il n'y a personne ici dit le gros esclave. Que veux-tu ? qui demandes-tu ? Ne sais-tu pas que les prêtres ne demeurent pas dans leur temple ?

— Appelle, dit-elle avec impatience. Nuit et jour il doit y avoir au moins un flamine à veiller devant l'autel d'Isis. »

L'esclave appela. Aucun prêtre ne parut.

« Ne vois-tu personne ?

— Personne.

— Tu te trompes, j'entends un soupir; regarde de nouveau. »

L'esclave, étonné et grommelant, jeta autour de lui ses yeux appesantis, et devant un des autels, dont les débris des offrandes remplissaient encore l'étroit espace, aperçut quelqu'un dans l'attitude de la méditation.

« Je vois une figure, dit-il, et, si j'en juge par ses vêtements blancs, ce doit être un prêtre.

— O flamine d'Isis ! cria Nydia, serviteur de la plus ancienne déesse, écoute-moi !

— Qui m'appelle ? dit une voix faible et mélancolique.

— Une personne qui a des choses importantes à révéler à un membre de votre corps; je viens faire une déclaration et non demander des oracles.

— A qui voulez-vous parler? L'heure n'est pas bien choisie pour une conférence ; partez, ne me troublez pas. La nuit est consacrée aux dieux, le jour aux hommes.

— Il me semble que je connais ta voix. Tu es celui que je cherche. Cependant je ne t'ai entendu parler qu'une fois. N'es-tu pas le prêtre Apœcides?

— Je le suis, répliqua le prêtre, quittant l'autel et s'approchant de la grille.

— C'est toi? les dieux en soient loués ! » Étendant la main vers l'esclave, elle lui fit signe de s'éloigner; et lui, qui pensait naturellement que quelque superstition, dans l'intérêt de la sûreté d'Ione, avait seule pu la conduire au temple, obéit et s'assit par terre à quelque distance. « Chut! dit-elle ; parle promptement et bas. Es-tu en effet Apœcides?

— Puisque tu me connais, tu n'as qu'à te rappeler mes traits.

— Je suis aveugle, répondit Nydia ; mes yeux sont dans mes oreilles, ce sont elles qui te reconnaissent. Jure-moi que tu es celui que je cherche.

— Je le jure par les dieux, par ma main droite et par la lune.

— Chut! parle bas.... Penche-toi.... Donne-moi ta main. Connais-tu Arbacès?... As-tu déposé des fleurs aux pieds de la mort?... Ah! ta main est froide.... Écoute encore.... As-tu prononcé le terrible vœu?

— Qui es-tu? D'où viens-tu, pâle jeune fille? dit Apœcides avec anxiété. Je ne te connais pas. Ce n'est pas sur ton sein que ma tête s'est reposée. Je ne t'ai jamais vue avant ce moment.

— Mais tu as entendu ma voix: n'importe! ces souvenirs nous feraient rougir l'un et l'autre. Écoute; tu as une sœur?

— Parle! parle! que lui est-il arrivé?

— Tu connais les banquets de la mort, étranger; il te plaît peut-être de les partager?... Te plairait-il d'y voir ta sœur assise à côté de toi?... Te plairait-il qu'Arbacès fût son hôte?

— O dieux! il ne l'oserait pas. Jeune fille, si tu te joues de moi, tremble; je te déchirerai membre par membre.

— Je te dis la vérité, et, pendant que je parle, Ione est chez Arbacès.... son hôte pour la première fois.... Tu sais s'il y a du péril dans cette première fois. Adieu! j'ai rempli mon devoir.

— Arrête! arrête! s'écria le prêtre en pressant son front de sa main amaigrie. Si ce que tu dis est vrai.... comment faire pour la sauver? On me refusera l'entrée de cette maison; c'est un labyrinthe dont je ne connais pas les détours. O Némésis! je suis justement puni!

— Je vais renvoyer mon esclave; sois mon guide et mon compagnon. Je te conduirai à la porte secrète de cette maison. Je soufflerai à tes oreilles le mot qui te fera admettre. Prends une arme; elle pourra te servir.

— Attends un instant, » dit Apœcides.

Il se retira dans une des cellules qui s'ouvraient sur les côtés du temple, et reparut quelque temps après, enveloppé dans un large manteau qui était porté alors par les personnes de toutes classes, et qui recouvrait ses vêtements sacrés.

« Maintenant, dit-il en grinçant des dents, si Arbacès osait.... mais il n'osera pas, il n'osera pas: pourquoi le soupçonner? Serait-il assez misérable? Je ne peux pas le penser! Cependant c'est un sophiste.... c'est un sombre imposteur. O dieux! protégez.... Mais que dis-je? est-il des dieux? oui, il y a du moins une déesse dont je puis faire parler la voix ; et cette déesse, c'est la Vengeance ! »

En murmurant ces paroles incohérentes, Apœcides, suivi de sa compagne silencieuse et aveugle, se rendit à la hâte, par les rues les moins fréquentées, à la maison de l'Égyptien. Le gros esclave, renvoyé brusquement par Nydia, haussa les épaules, murmura un juron, et, sans en être fâché d'ailleurs, prit, au petit trot, le chemin de son cubiculum.

CHAPITRE VII.

Ce que devient Ione dans la maison d'Arbacès. — Premier signe de la rage du terrible Ennemi.

Lorsqu'Ione entra dans la vaste salle de l'Égyptien, l'effroi qui avait agité le cœur de son frère s'empara du sien ; il lui sembla, comme à lui, qu'il y avait quelque chose de mauvais augure, et qui lui criait de prendre garde, dans les figures tristes de ces monstres thébains, dont le marbre rendait si bien les traits majestueux et sans passion :

Leurs yeux, des temps anciens exprimaient la pensée ;
L'éternité semblait en eux s'être fixée.

Le grand esclave éthiopien sourit en lui ouvrant la porte, et marcha devant elle pour la conduire. Elle était à peine au milieu de la salle, qu'Arbacès s'avança en habits de fête étincelants de pierreries. Quoiqu'il fît grand jour au dehors, la maison, selon la coutume des voluptueux, était plongée dans une demi-obscurité, et des lampes jetaient une lumière odorante sur les riches pavés et sur les plafonds d'ivoire.

Belle Ione, dit Arbacès en s'inclinant pour toucher sa main, c'est vous qui avez éclipsé le jour ; ce sont vos yeux qui éclairent cette salle ; c'est votre haleine qui la remplit de parfums.

— Vous ne devriez pas me parler ainsi, dit Ione en souriant ; vous n'ignorez pas que votre sagesse a suffisamment instruit mon âme pour la mettre au-dessus de ces trop gracieux éloges ; ils me déplaisent ; c'est vous qui m'avez appris à mépriser l'adulation. Voulez-vous donc faire oublier vos leçons à votre pupille ? »

Il y avait quelque chose de si franc et de si charmant dans les manières et dans les paroles d'Ione, que l'Égyptien n'en devint que plus épris d'elle, et plus disposé à renouveler le tort qu'il venait de commettre. Cependant, il répondit légèrement et gaiement, et se hâta de continuer la conversation sur d'autres sujets.

Il la conduisit à travers les différentes chambres de sa maison, qui paraissaient aux yeux d'Ione, accoutumés seulement aux élégances modérées des villes de la Campania, contenir les richesses du monde.

Des peintures d'un art achevé ornaient les murs ; des lumières éclairaient des statues des plus beaux temps de la Grèce. Des armoires pleines de bijoux (chaque armoire travaillée elle-même comme un bijou) remplissaient les intervalles des colonnes. Les bois les plus précieux couronnaient les seuils et formaient les portes ; l'or et les joyaux abondaient de tous côtés. Quelquefois Arbacès et Ione étaient seuls dans ces chambres ; quelquefois ils passaient au milieu d'une haie d'esclaves, qui s'agenouillaient lorsqu'elle s'approchait, et lui présentaient des bracelets, des chaînes, des diamants, que l'Égyptien s'efforçait en vain de lui faire accepter.

« J'ai souvent entendu dire, reprit-elle avec étonnement, que vous étiez riche ; mais j'étais loin de me douter de la valeur de vos trésors.

— Je voudrais les faire fondre en une seule couronne pour la placer sur votre tête, répliqua l'Égyptien.

— Hélas ! ce poids m'écraserait ; je serais une seconde Tarpeïa, répondit Ione en riant.

— Mais vous ne dédaignez pas les richesses, Ione ? Ceux qui ne sont pas riches ne connaissent pas ce que la vie renferme de bonheur. L'or est le grand magicien de la terre.... il réalise nos songes.... il nous donne le pouvoir d'un dieu.... Il y a de la grandeur, de la sublimité dans sa possession.... C'est le plus puissant et le plus obéissant de nos esclaves. »

L'artificieux Arbacès espérait éblouir la jeune Napolitaine par ses trésors et par son éloquence ; il essayait d'éveiller en elle le désir d'être la souveraine de tout ce qu'elle voyait ; il se flattait qu'elle confondrait le possesseur avec les possessions, et que les charmes de son opulence se réfléchiraient sur lui-même. Mais Ione était secrètement mécontente des éloges qui sortaient de ces lèvres, jusqu'alors peu accoutumées, en apparence, à payer un tribut à la beauté. Avec un art que les femmes possèdent à merveille, elle s'efforça de déconcerter sa galanterie en n'ayant pas l'air d'y croire, et en riant de ses propos comme s'ils n'étaient qu'un jeu. Rien n'est plus aimable au monde que cette manière de se défendre; c'est le charme du nécroman africain qui se fait fort de changer la direction des vents avec une plume.

L'Égyptien était enivré et plus subjugué peut-être encore par sa grâce que par sa beauté. Il ne contenait qu'avec peine ses émotions; hélas! la plume n'avait de puissance que contre les brises de l'été; elle devait être le jouet de la tempête!

Aussitôt qu'ils arrivèrent dans une salle entourée de draperies blanches, à broderies d'argent, l'Égyptien frappa dans ses mains, et, comme par enchantement, une table splendide se dressa devant eux : un lit, ou plutôt une espèce de trône, couronné d'un dais cramoisi, s'éleva également aux pieds d'Ione, et au même instant on entendit derrière les rideaux une invisible musique d'une douceur extrême.

Arbacès se plaça aux pieds de la Napolitaine, et des enfants beaux comme l'Amour servirent le festin.

Après le repas, la musique s'affaiblit peu à peu, et Arbacès s'adressa ainsi à sa belle hôtesse :

« N'avez-vous jamais, en ce monde sombre et incertain, n'avez-vous jamais, ô ma pupille, essayé de plonger vos yeux dans l'avenir?... N'avez-vous jamais désiré écarter le voile de la destinée.... et voir dans son empire inconnu l'ombre des choses qui doivent exister?... car le passé n'est pas seul à avoir des fantômes; chaque événement qui va se produire possède ses spectres.... son ombre. Lorsque l'heure arrive, la vie entre en lui, l'ombre prend un corps et fait son apparition dans le monde.... Ainsi dans la terre, par delà le tombeau, existent comme deux armées impalpables et spirituelles, les choses qui doivent être, les choses qui ont été. Si par notre science nous pouvons pénétrer jusqu'à cette région, nous voyons l'une et l'autre armée, et nous apprenons, ainsi que *je l'ai appris*, non-seulement les mystères de la mort mais aussi les destinées des vivants

— Comme vous l'avez appris !... La science peut-elle aller jusque-là?

— Voulez-vous éprouver mon art, Ione, et assister à la représentation de ce qui doit vous arriver à vous-même? C'est un drame plus intéressant que ceux d'Eschyle. Je l'ai préparé pour vous, si vous désirez voir ces ombres jouer leurs rôles...»

La Napolitaine trembla; elle pensa à Glaucus, et soupira en frissonnant. Leurs destinées devaient-elles être unies? Moitié incrédule et moitié convaincue, frappée pour ainsi dire de respect et d'effroi en écoutant son hôte étrange, elle resta un moment silencieuse, puis répondit :

« Cela peut révolter, cela peut terrifier. La connaissance de l'avenir doit, en tout cas, empoisonner le présent.

— Non, Ione; j'ai moi-même jeté les yeux sur votre avenir, et les ombres qui représentent vos destinées habitent les jardins de l'Élysée. Au milieu des asphodèles et des roses, ils préparent pour votre front de douces guirlandes; et le sort, si dur pour tant d'autres, ne vous tisse que des jours de bonheur et d'amour. Voulez-vous me suivre et voir ce qui vous est réservé, afin de jouir d'avance de votre félicité? »

Le cœur d'Ione murmura de nouveau : Glaucus! Elle laissa deviner un consentement presque imperceptible. L'Égyptien se leva en la prenant par la main, la conduisit à travers la salle du banquet : les rideaux s'ouvrirent comme par magie, et la musique fit entendre des sons plus joyeux et plus marqués. Ils passèrent entre des rangées de colonnes, aux deux côtés desquelles deux fontaines répandaient les eaux les plus parfumées. Ils descendirent dans le jardin par un large et facile escalier. La soirée commençait, la lune s'élevait déjà dans les cieux, et les douces fleurs qui dorment le jour et mêlent aux brises de la nuit d'ineffables odeurs, croissaient dans les allées ombreuses légèrement éclairées, ou bien, rassemblées en corbeilles, étaient placées comme des offrandes, aux pieds des nombreuses statues qu'ils rencontraient à chaque pas.

« Où me conduisez-vous, Arbacès? demanda Ione avec un peu d'étonnement.

— Ici près, répondit-il en désignant un petit édifice en perspective, à ce temple consacré aux Destinées.... Nos rites exigent un terrain consacré. »

Ils entrèrent dans une étroite salle au bout de laquelle était suspendu un rideau noir. Arbacès l'écarta. Ione et lui se trouvèrent dans l'obscurité.

« Ne vous alarmez pas, dit l'Égyptien; la lumière ne tardera pas à briller. »

Pendant qu'il parlait, une lueur douce, et qui communiquait une agréable chaleur, se répandit insensiblement autour d'eux. A mesure que chaque objet se détachait de l'obscurité, Ione s'apercevait qu'elle était dans un appartement de moyenne grandeur, et tendu de noir de tous les côtés. Des draperies de la même couleur recouvraient le lit préparé pour qu'on pût s'y asseoir. Au centre de la chambre se dressait un petit autel avec un trépied de bronze. D'un côté une haute colonne de granit était surmontée d'une tête colossale en marbre noir, dont la couronne d'épis de blé fit reconnaître à Ione la grande déesse égyptienne. Arbacès se tenait devant l'autel, sur lequel il avait déposé sa guirlande. Il semblait occupé à verser dans le trépied une liqueur renfermée dans un vase de cuivre. Tout à coup s'élança du trépied une flamme bleue, vive et irrégulière. L'Égyptien revint près d'Ione et prononça quelques paroles dans un langage étranger. Le rideau placé derrière l'autel s'agita confusément; il s'ouvrit avec lenteur, et par cette ouverture Ione aperçut vaguement un vaste paysage qui, à mesure qu'elle regardait, accusait des formes plus distinctes. Elle découvrit clairement des arbres, des rivières, des prairies, et la plus magnifique variété de la plus opulente campagne. Enfin, devant le paysage, une ombre glissa et s'arrêta devant elle; le charme qui agissait sur le reste de la scène sembla agir également sur cette ombre : elle s'anima, prit un corps, et Ione reconnut ses propres traits et toute sa personne dans ce fantôme.

Alors le paysage du fond s'évanouit et fit place à la représentation d'un riche palais. Un trône était au milieu de la salle; autour du trône étaient rangées des formes d'esclaves et de gardes, et une main pâle soutenait au-dessus du trône l'apparence d'un diadème.

Un nouvel acteur apparut : il était vêtu de la tête aux pieds d'une robe noire; sa figure était cachée. Il s'agenouilla aux pieds de l'ombre d'Ione; il lui prit la main, il montra le trône, comme s'il l'engageait à s'y aller asseoir.

Le cœur de la Napolitaine battait violemment.

« Voulez-vous que l'ombre se fasse connaître? demanda Arbacès, qui était à côté d'elle.

— Oh! oui, » murmura doucement Ione.

Arbacès leva la main.... Le fantôme sembla écarter le manteau qui le couvrait, et Ione frémit.... C'était Arbacès lui-même qui était à genoux devant elle.

« Voilà ta destinée, murmura de nouveau la voix de l'Égyptien à son oreille. Tu seras la femme d'Arbacès. »

Ione frissonna. Le noir rideau se referma sur cette fantasmagorie, et Arbacès lui-même, le vivant Arbacès, tomba aux pieds d'Ione.

« O Ione! dit-il en la contemplant avec passion; écoute un homme qui depuis longtemps lutte avec son amour. Je t'adore. Les destins ne sauraient mentir.... Tu seras à moi. J'ai parcouru le monde entier, et je n'ai trouvé personne qui t'égalât. Dès ma jeunesse, j'ai soupiré après un être comme toi. Je n'ai fait que rêver jusqu'au jour où je t'ai rencontrée; je me réveille, et je te vois! Ne te détourne pas de moi, Ione, ne me regarde plus comme tu m'as regardé : je ne suis pas cet être froid, insensible, morose, que j'ai dû te paraître; jamais femme n'eut un amant si dévoué, si passionné que je le suis et que je le serai toujours pour Ione. Ne cherche pas à arracher ta main de mon étreinte.... Vois, je la laisse libre. Retire-la si tu veux, soit; mais ne me repousse pas légèrement. Juge de ton pouvoir sur celui que tu as pu transformer à ce point : moi, qui ne me suis jamais agenouillé devant un être mortel, je suis à tes pieds moi qui ai commandé au sort, j'attends le mien de ta bouche; Arbacès n'aura pas d'autre ambition que celle de t'obéir; il y mettra son orgueil. Ione, tourne les yeux de mon côté, éclaire-moi de ton sourire. Mon âme est sombre lorsque ta figure se cache à ma vue; brille donc, ô mon soleil, mon ciel, la lumière de mes jours!... Ione, Ione, ne rejette pas mon amour. »

Seule, et au pouvoir de cet homme singulier et redoutable, Ione n'éprouvait pas pourtant de terreur. Son langage respectueux, la douceur de sa voix la rassurèrent : elle se sentait d'ailleurs protégée par sa propre pureté, mais elle était confuse, étonnée : il lui fallut quelques moments pour qu'elle pût retrouver ses idées et répondre.

« Levez-vous, Arbacès, dit-elle enfin; et elle se résigna à lui tendre la main, qu'elle retira promptement, du reste, lorsqu'elle y sentit la pression ardente de ses lèvres; si ce que vous me dites est sérieux, si votre langage est vrai....

— *S'il est vrai!* reprit-il avec tendresse.

— C'est bien. Écoutez-moi donc. Vous avez été mon tuteur, mon ami, mon conseiller; je ne suis pas préparée au nouveau caractère sous lequel vous vous montrez à moi. Ne pensez pas, ajouta-t-elle vivement en voyant l'éclair d'une sombre passion traverser ses yeux, ne pensez pas que je méprise votre amour.... que je n'en suis pas touchée.... que je ne me trouve pas honorée de votre hommage.... Mais.... répondez-moi.... pouvez-vous m'écouter avec calme?

— Oui, tes paroles dussent-elles être la foudre et m'écraser.

— *J'en aime un autre*, dit Ione en rougissant, mais d'une voix assurée.

— Par les dieux, par les enfers, s'écria Arbacès en se relevant de toute sa hauteur, ne me parle pas ainsi.... ne te joue pas de moi.... c'est impossible.... Qui as-tu vu? qui as-tu connu?... Oh! Ione, c'est un artifice de femme!... Oui, une ruse féminine.... Tu veux gagner du temps.... Je t'ai surprise, tu as eu peur. Fais de moi ce que tu voudras, dis-moi que tu ne m'aimes pas; mais ne me dis pas que tu en aimes un autre.

— Hélas! » soupira Ione, et, effrayée de cette violence soudaine et inattendue, elle fondit en larmes.

Arbacès se rapprocha d'elle.... son haleine brûlante effleurait les joues d'Ione.... Il la saisit dans ses bras. Elle se déroba à son étreinte.... Dans cette lutte, des tablettes s'échappèrent de son sein sur le pavé.... Arbacès les aperçut et s'en empara.... C'était la lettre qu'elle avait reçue le matin même de Glaucus.... Ione tomba sur le lit, à moitié morte.

Les yeux d'Arbacès parcoururent rapidement l'écrit, la Napolitaine n'osait lever les yeux sur lui : elle n'aperçut pas la pâleur terrible qui se répandit sur sa figure.... elle ne remarqua pas le froncement de ses sourcils, ni le tremblement de ses lèvres, ni les convulsions de sa poitrine.... Il lut la lettre tout entière, et puis, la laissant glisser de sa main, il dit avec un calme décevant :

« Est-ce l'auteur de cette lettre que tu aimes? »

Ione soupira et ne répondit pas.

« Parle. » Et ce fut un cri plutôt qu'une parole.

« C'est lui! c'est lui!

— Et son nom.... est écrit ici.... Son nom est Glaucus? »

Ione joignit les mains et regarda autour d'elle, comme pour chercher du secours ou un moyen de fuir.

« Écoute-moi, dit Arbacès à voix basse, avec une sorte de murmure. Tu iras à la tombe plutôt que dans ses bras. Quoi! te figures-tu qu'Arbacès souffrira pour rival ce faible Grec? Quoi! penses-tu qu'il aura laissé mûrir le fruit pour le céder à un autre? Non, belle insensée! tu m'appartiens, à moi, à moi seul.... Je te saisis et je te prends, voilà mes droits. »

En parlant ainsi, il serra fortement Ione contre son sein, et dans ce terrible embrassement il y avait autant de haine que d'amour. Le désespoir donna à Ione une force surnaturelle; elle se délivra encore de son étreinte et courut vers l'endroit de la chambre par lequel elle était entrée : elle en souleva le rideau, mais elle se sentit ressaisie par Arbacès. Elle s'échappa encore ; puis tomba épuisée, en jetant un grand cri, au pied de la colonne qui supportait la tête de la déesse égyptienne. Arbacès s'arrêta comme pour reprendre haleine, avant de se précipiter de nouveau sur sa proie.

En ce moment le rideau fut tiré violemment, et l'Égyptien sentit une main forte et exaspérée se poser sur son épaule ; il se retourna et vit derrière lui les yeux flamboyants de Glaucus et la pâle, morne, mais menaçante figure d'Apœcides.

« Ah ! s'écria-t-il en les regardant l'un et l'autre, quelle furie vous a envoyés ici ?

— *Até*, » répondit Glaucus ; et il essaya aussitôt de renverser l'Égyptien.

Pendant ce temps-là, Apœcides relevait sa sœur, demeurée sans connaissance ; mais ses forces épuisées par les longs labeurs de la pensée ne lui suffirent pas pour l'emporter, toute légère et délicate qu'elle était ; il la posa sur le lit, et se plaça devant elle un poignard à la main, épiant la lutte de Glaucus et de l'Égyptien, et prêt à plonger son arme dans le sein d'Arbacès, s'il obtenait l'avantage sur son rival. Il n'y a peut-être rien de plus terrible sur la terre que le combat de deux êtres qui n'ont d'autres armes que celles que la nature peut donner à la rage. Les deux antagonistes se tenaient étroitement embrassés, les mains de chacun d'eux cherchant la gorge de son ennemi, le visage en arrière.... Les yeux pleins de flammes.... les muscles roidis.... les veines gonflées.... les lèvres entr'ouvertes.... les dents serrées, ils étaient doués l'un et l'autre d'une force extraordinaire et d'une haine égale ; ils s'étreignaient, se tordaient, se déchiraient, se poussaient çà et là dans leur étroite arène ; jetaient des cris de rage et de vengeance ; tantôt devant l'autel, tantôt au pied de la colonne où la lutte avait commencé ; ils se séparèrent pour respirer, Arbacès s'appuyant contre la colonne, Glaucus un peu plus loin.

« O déesse antique ! s'écria Arbacès en levant les yeux vers l'image sacrée qu'elle supportait ; protége ton élu, proclame ta vengeance contre le disciple d'une religion née après la tienne, dont la sacrilége audace profane ton sanctuaire et attaque tes serviteurs ! »

A ces paroles, les traits jusqu'alors immobiles de la figure parurent s'animer ; à travers le marbre nu, comme à travers un voile, courut une lumière rouge et brûlante. Autour de la tête des éclairs livides se jouèrent, et ses yeux, étincelants comme des globes de feu, se fixèrent avec une expression d'indicible colère sur le Grec. Étonné, épouvanté par cette soudaine et prodigieuse réponse qu'obtenait la prière de son ennemi, Glaucus, qui n'était pas exempt des superstitions héréditaires de sa race, pâlit; en présence de cette subite animation du marbre, ses genoux s'entre-choquèrent.... Il demeura saisi d'une terreur religieuse, confus, éperdu, sans forces devant son adversaire. Arbacès ne lui laissa pas le temps de se remettre de sa frayeur.

« Meurs, misérable! s'écria-t-il d'une voix de tonnerre, en s'élançant sur le Grec. La puissante mère te réclame comme un vivant sacrifice ! »

Attaqué ainsi, dans le premier moment de la consternation causée par la crainte superstitieuse, le Grec perdit son équilibre ; le pavé de marbre était uni comme une glace, il glissa, il tomba. Arbacès mit le pied sur le sein de son adversaire abattu. Apoecides, à qui sa profession sacrée, non moins que sa connaissance du caractère d'Arbacès, avaient appris à se méfier de ces miraculeuses intercessions, n'avait pas partagé l'effroi de son compagnon. Il se précipita en agitant son poignard ; mais l'Égyptien, sur ses gardes, arrêta son bras et arracha vigoureusement l'arme de la faible main du prêtre, qu'il renversa en même temps à ses pieds : il brandit à son tour le poignard avec la joie du triomphe. Glaucus considérait le sort qui lui était réservé d'un air froid, avec la résignation dédaigneuse d'un gladiateur vaincu, lorsque, en cet instant décisif, le pavé frémit sous eux d'une façon convulsive et rapide ; un Esprit plus puissant que celui de l'Égyptien était déchaîné.... un pouvoir gigantesque devant lequel s'effaçaient sa passion et ses artifices. Il s'éveillait, il se déclarait, l'affreux démon des tremblements de terre, se riant à la fois des ruses de la magie et de la malice des colères humaines. Semblable au Titan sur qui sont accumulées des montagnes, il se réveillait du sommeil des ans, se mouvait sur sa couche d'angoisses, pendant que les cavernes poussaient des gémissements et s'agitaient sous le mouvement de ses membres. Au moment où Arbacès se croyait sûr de la victoire et se félicitait de sa puissance, comme un demi-dieu, il retomba dans sa poussière primitive. Au loin, sous le sol, se fit entendre le roulement d'un bruit sourd; les rideaux de la salle se tordirent comme au souffle de la tempête; l'autel s'ébranla; le trépied chancela; et au-dessus du lieu du combat, la colonne vacilla de côté et d'autre; la tête de la déesse se détacha et tomba de son piédestal ; et, dans le moment où l'Égyptien se baissait sur la victime pour la frapper, la masse de marbre atteignit son corps plié en deux, entre les épaules et le cou. Le choc l'étendit sur le pavé, comme si le coup était mortel, sans qu'il pût jeter un cri ou faire un mouvement; on eût dit qu'il était écrasé par la divinité que son impiété avait animée et invoquée.

« La terre a préservé ses enfants, dit Glaucus en se relevant. Bénie soit cette terrible convulsion! Adorons la puissance des dieux! »

Il aida Apœcides à se lever, et retourna ensuite le visage d'Arbacès, qui paraissait inanimé; le sang jaillissait de la bouche de l'Égyptien sur ses riches vêtements; le corps retomba des bras de Glaucus à terre, et le sang continua à se répandre sur le pavé. La terre trembla de nouveau sous les pas d'Apœcides et de Glaucus. Ils furent contraints de se soutenir l'un l'autre. La convulsion cessa presque aussitôt. Ils ne s'arrêtèrent pas plus longtemps. Glaucus prit dans ses bras Ione, poids léger pour lui, et ils sortirent de ce profane séjour. A peine furent-ils entrés dans le jardin, qu'ils rencontrèrent de tous côtés une troupe de femmes et d'esclaves, fuyant en groupes désordonnés, et dont les habits de fête contrastaient, comme une moquerie, avec la terreur de cette heure solennelle. Ils avaient assez de leur frayeur pour les occuper. Après soixante ans de tranquillité, ce sol brûlant et dangereux menaçait de nouveau ses habitants de leur destruction. On n'entendait qu'un cri : *Le tremblement de terre! le tremblement de terre!*

Passant au milieu de cette foule sans qu'elle prît garde à eux, Apœcides et Glaucus n'entrèrent pas dans la maison; ils se hâtèrent de descendre une des allées du jardin, passèrent par une petite porte, et, au dehors, retrouvèrent, assise sur un tertre ombragé par de sombres aloès, la jeune fille aveugle, qu'un rayon de la lune leur fit reconnaître. Elle pleurait amèrement.

LIVRE III

CHAPITRE PREMIER.

Le forum des Pompéiens. — Ébauche du premier mécanisme au moyen duquel la nouvelle ère du monde fut préparée.

La matinée n'était pas encore avancée, et le forum se trouvait déjà rempli de gens affairés et oisifs. De même que de nos jours à Paris dans les villes d'Italie, à cette époque, les habitants vivaient presque constamment hors de chez eux. Les édifices publics, le forum, les portiques, les bains, les temples eux-mêmes, pouvaient être considérés comme leurs véritables demeures ; il ne faut pas s'étonner qu'ils décorassent si magnifiquement ces places favorites de réunion, pour lesquelles ils ressentaient une sorte d'affection domestique, non moins qu'un orgueil public. Le forum de Pompéi était en particulier singulièrement animé à cette heure ! Le long de son large pavé, composé de grandes dalles de marbre, plusieurs groupes assemblés conversaient ensemble avec cette habitude énergique qui approprie un geste à chaque mot, et qui est encore un des signes caractéristiques des peuples du Midi. Là, par l'un des côtés de la colonnade, on voyait assis dans sept boutiques les changeurs de monnaie, avec leurs trésors étalés devant eux, tandis que les marchands et les marins, dans des costumes variés, entouraient leurs échoppes. De l'autre côté, des hommes en longues toges[1] montaient rapidement les degrés d'un magnifique édifice, où les magistrats administraient la justice ; il y

---

1. Les avocats et les clients qui accompagnaient leurs patrons, gardaient la toge, dont la mode était déjà passée parmi le reste des citoyens.

avait là des avocats actifs, bavards, diseurs de bons mots, faiseurs de pointes, comme on en voit à Westminster. Au centre de l'espace, des piédestaux supportaient diverses statues, dont la plus remarquable était celle de Cicéron, d'un aspect imposant. Autour de la cour s'élevait une colonnade régulière et symétrique d'architecture dorique, où plusieurs personnes, appelées dans ce lieu par leurs affaires, prenaient le léger repas qui forme le déjeuner d'un Italien, en parlant avec animation du tremblement de terre de la nuit précédente, et en trempant des morceaux de pain dans leur vin mêlé d'eau.

On apercevait aussi dans l'espace ouvert diverses espèces de marchands exerçant leur commerce : l'un présentait des rubans à une belle dame de la campagne; l'autre vantait à un robuste fermier l'excellence de ses chaussures; un troisième, une espèce de restaurateur en plein vent, tel qu'il s'en trouve encore dans les villes d'Italie, fournissait à plus d'une bouche affamée des mets sortis tout chauds de son petit fourneau ambulant; à quelques pas, comme pour caractériser le mélange d'intelligence et de confusion de ces temps, un maître d'école expliquait à ses disciples embarrassés les éléments de la grammaire latine. Une galerie placée au-dessus du portique, à laquelle on montait par un escalier de bois, était aussi remplie d'une certaine foule; mais, comme la principale affaire du lieu se trouvait là, les groupes, en cet endroit, avaient un air plus tranquille et plus sérieux.

De temps à autre, la foule d'en bas s'ouvrait pour laisser passer respectueusement quelque sénateur qui se rendait au temple de Jupiter (situé sur l'un des côtés du forum, et lieu de réunion des sénateurs). Ce haut personnage saluait avec une orgueilleuse condescendance ceux de ses amis ou de ses clients qu'il distinguait dans les groupes. Au milieu des habits pleins d'élégance des personnes du premier rang, on remarquait les rudes vêtements des paysans voisins qui allaient aux greniers publics. Près du temple, on avait devant soi l'arc de triomphe, et la longue rue qui s'étendait au delà toute remplie d'habitants : de l'une des niches de l'arc jaillissait une fontaine, dont les eaux étincelaient aux rayons du soleil; s'élevant au-dessus de la corniche, la statue équestre en bronze de Caligula contrastait fortement avec le pur azur d'un ciel d'été. Derrière les boutiques des changeurs de monnaie se trouvait l'édifice qu'on appelle maintenant le Panthéon; une multitude de pauvres Pompéiens traversaient, leurs paniers sous le bras, le petit vestibule qui conduisait à l'intérieur, pour se rendre à la plate-forme placée entre les deux colonnes : c'était là que se vendait les viandes soustraites par les prêtres aux sacrifices.

Des ouvriers travaillaient aux colonnes de l'un des édifices publics appropriés aux affaires de la cité; on entendait le bruit que faisaient éclater par moment les rumeurs de la foule. Les colonnes sont restées jusqu'à ce jour sans avoir été terminées.

En résumé, rien ne pouvait surpasser en variété les costumes, les rangs, les manières, les occupations de cette multitude; rien ne pouvait surpasser le désordre, la gaieté, l'animation, le flux et le reflux de la vie qui régnait alentour. Vous aviez sous les yeux les mille indices d'une civilisation bouillante et fiévreuse, où le plaisir et le commerce, l'oisiveté et le travail, l'avarice et l'ambition, confondaient dans un même golfe leurs flots bigarrés, impétueux, mais dont le cours ne manquait pas d'harmonie.

Devant les degrés du temple de Jupiter, un homme d'environ cinquante ans se tenait les bras croisés, en fronçant les sourcils d'un air méprisant. Son costume était des plus simples, moins pourtant en raison de l'étoffe qui le composait, qu'à cause de l'absence des ornements dont les Pompéiens de toutes classes avaient l'habitude d'user, soit par ostentation, soit parce qu'ils offraient en général les formes que l'on considérait comme les plus efficaces pour résister aux attaques de la magie et à l'influence du mauvais œil. Son front était élevé et chauve; le peu de cheveux qui lui restaient derrière la tête étaient cachés par une sorte de capuchon qui faisait partie de son manteau, et qui pouvait se baisser et se relever à volonté. En ce moment, sa tête recouverte à moitié était ainsi défendue contre les ardeurs du soleil. La couleur de ses vêtements était brune, couleur peu estimée des Pompéiens; il semblait avoir évité avec soin tout mélange de pourpre et d'écarlate. Sa ceinture contenait un pli pour renfermer un encrier attaché par un crochet, ainsi qu'un style et des tablettes d'une certaine grandeur. Ce qu'il y avait de plus remarquable, c'était l'absence de toute bourse, quoique la bourse formât une partie indispensable de la ceinture, même lorsque la bourse avait le malheur d'être vide.

Il n'était pas ordinaire aux gais et égoïstes habitants de Pompéi de s'occuper à observer le maintien ou les actions de leurs voisins; mais la bouche et les yeux de cet homme manifestaient une expression si amère et si dédaigneuse, pendant que la procession religieuse montait les degrés du temple, qu'il ne pouvait manquer d'attirer l'attention de beaucoup de personnes.

« Quel est donc ce cynique ? demanda un marchand à un joaillier son confrère.

— C'est Olynthus, répondit le joaillier. Il passe pour un Nazaréen. »

Le marchand frissonna.

« Secte terrible ! reprit-il d'une voix basse et tremblante. On dit que, lorsqu'ils s'assemblent la nuit, ils commencent toujours leurs cérémonies par le meurtre d'un enfant nouveau-né ; ils professent la communauté des biens ! Que deviendraient les marchands, les joailliers, si de pareilles idées prenaient consistance ?

— Cela est bien vrai, dit le joaillier, d'autant qu'ils ne portent pas de bijoux ; ils poussent des imprécations lorsqu'ils voient un serpent, et tous nos ornements à Pompéi ont la forme du serpent.

— Faites-moi le plaisir de remarquer, ajouta un troisième interlocuteur, qui était fabriquant de bronzes, comme ce Nazaréen secoue la tête avec pitié en voyant passer la procession. Il murmure quelque chose contre le temple, cela est sûr. Savez-vous, Célénus, que cet homme, passant devant ma boutique l'autre jour, et me voyant occupé à travailler une statue de Minerve, me dit, avec un froncement de sourcil, que si elle avait été de marbre, il l'aurait brisée, mais que le bronze était trop dur pour lui ? « Briser une déesse ! m'écriai-je. — Une déesse ! répondit l'athée : c'est un démon, un malin esprit. » Il passa alors son chemin en maudissant les dieux. Cela peut-il se tolérer ? Qu'y a-t-il de surprenant à ce que la terre se soit soulevée la nuit dernière, désireuse sans doute de rejeter l'athée de son sein ? Que dis-je ? un athée.... pis que cela : un homme qui méprise les beaux-arts. Malheur à nous autres fabricants de bronzes, si de tels compagnons venaient à donner des lois à la société !

— Ce sont là les mendiants qui ont brûlé Rome sous Néron, » murmura le joaillier.

Pendant ces remarques, provoquées par la physionomie et par la foi du Nazaréen, Olynthus commença à s'apercevoir de l'effet qu'il produisait. Il tourna les yeux autour de lui et observa les figures attentives de la foule grossissante, où chacun se parlait à l'oreille en le regardant. Il jeta, de son côté sur la foule un regard de défiance d'abord et puis de compassion. Enveloppé ensuite dans son manteau, il passa en murmurant assez haut pour être entendu :

« Aveugles idolâtres ! la convulsion de la dernière nuit n'a-t-elle donc pas été pour vous un avertissement ? Hélas ! en quel état vous trouvera le dernier jour du monde ! »

La foule, qui entendit ces paroles solennelles, leur donna diverses interprétations, selon le degré de crainte et d'ignorance de chacun. Tout le monde s'accorda du moins à leur reconnaître le caractère d'une épouvantable imprécation. Ils regardaient le chrétien comme l'ennemi de l'humanité. Les épithètes qu'ils lui décochaient, et parmi lesquelles celle d'athée était la plus commune et la mieux reçue, peuvent servir à nous apprendre, maintenant que la foi d'Olynthus, qui est la nôtre, a triomphé, que nous aurions tort de nous livrer, à l'égard de ceux qui ne pensent pas aujourd'hui comme nous, aux injures dont on accablait les doctrines de notre religion.

Olynthus, en traversant la foule et en gagnant une des issues les moins fréquentées du forum, reconnut aisément une figure pâle et sérieuse, dont les yeux étaient fixés sur lui.

Couvert d'un pallium qui voilait en partie ses habits sacrés, le jeune Apœcides contemplait le disciple de cette nouvelle et mystérieuse croyance, à laquelle il avait été déjà à moitié converti.

« Est-ce aussi un imposteur, se dit-il, cet homme si simple dans sa vie, dans son costume, dans son maintien ? cache-t-il sous le masque de l'austérité la concupiscence la plus effrénée ? Le voile de Vesta recouvre-t-il les vices d'une prostituée ? »

Olynthus, accoutumé à voir des personnes de toutes classes, et qui réunissait à l'enthousiasme de sa foi une profonde connaissance des hommes, devina peut-être, à l'air d'Apœcides, ce qui se passait dans le cœur du jeune prêtre. Il prévint son examen ; et l'abordant avec un regard ferme, un front serein, une franchise pleine de candeur :

« Que la paix soit avec toi ! dit-il en le saluant.

— La paix ! reprit le prêtre d'une voix si profondément triste qu'elle alla droit au cœur du Nazaréen.

— Ce souhait, continua Olynthus, ne renferme que de bonnes choses : sans la vertu il n'y a pas de paix ; la paix est semblable à l'arc-en-ciel qui repose sur la terre, mais dont la voûte est dans les cieux. Le ciel le baigne de teintes de lumières.... il se forme au milieu de la pluie et des nuages.... il est la régénération de l'éternel soleil, l'assurance du calme, le gage d'alliance entre l'homme et Dieu. Telle est la paix, ô jeune homme ; c'est le sourire de l'âme, une émanation des sphères de l'éternelle lumière. Que la paix soit avec toi !

— Hélas ! » répondit Apœcides.

Et il s'interrompit en remarquant les regards des oisifs curieux, qui se demandaient ce qu'il pouvait y avoir de commun entre un Nazaréen reconnu et un prêtre d'Isis ; il ajouta pourtant à voix basse :

« Nous ne pouvons converser ici ; je veux te suivre sur les bords de la rivière ; il y a, tu sais, un chemin qui à cette heure est solitaire et désert. »

Olynthus s'inclina en marque d'assentiment. Il traversa les rues d'un pas rapide, mais avec un œil observateur. Çà et là il échangea un regard d'intelligence, un léger signe avec quelques passants, dont la toilette indiquait généralement qu'ils appartenaient aux derniers rangs de la société ; car le christianisme fut en cela le type de beaucoup d'autres révolutions moins considérables : la bonne graine était dans le cœur des petits. C'était dans les cabanes de la pauvreté et du travail que ce vaste fleuve, qui devait baigner les cités et les palais de la terre, prit sa source méprisée alors.

CHAPITRE II.

La réunion religieuse.

Suivi par Apœcides, le Nazaréen gagna le bord du Sarnus. Cette rivière, qui n'est plus aujourd'hui qu'un petit ruisseau, se précipitait alors dans la mer couverte de barques sans nombre, et réfléchissait dans ses eaux les jardins, les vignes, les palais et les temples de Pompéi. S'éloignant de ses rives bruyantes et fréquentées, Olynthus dirigea ses pas vers un sentier qui s'égarait au milieu des arbres, à peu de distance de la rivière. Cette promenade était, le soir, le rendez-vous favori des Pompéiens ; mais, pendant la chaleur et les occupations du jour, elle était rarement visitée, si ce n'est par quelques groupes d'enfants insouciants, par quelque poète rêveur ou quelques philosophes amis des discussions. A l'extrémité la plus éloignée de la rivière, des touffes de buis s'enlaçaient au feuillage plus délicat et plus éphémère des autres arbustes taillés sous mille formes bizarres : quelquefois en faunes, en satyres; quelquefois en pyramides égyptiennes, ou représentant même en lettres les noms de quelque citoyen populaire ou éminent. Ainsi, le faux goût est aussi ancien que le bon goût, et les marchands retirés de Hackney et de Paddington ne se doutaient pas peut-être, il y a un siècle, qu'en torturant leurs ifs et en sculptant leurs buis, ils suivaient l'exemple de la période la plus polie de l'antiquité romaine, et prenaient pour modèles les jardins de Pompéi et la maison du trop élégant Pline.

Cette promenade, à l'heure où le soleil du midi tombait perpendiculairement sur le feuillage varié, était entièrement déserte; du moins on n'y voyait en ce moment qu'Olynthus et le prêtre d'Isis. Ils s'assirent sur des bancs placés par intervalle entre les arbres, et en face de la faible brise qui arrivait languissamment de la rivière, dont les vagues dansaient et brillaient devant eux; c'était un couple singulier et plein de contraste, l'un croyant au plus nouveau, l'autre au plus ancien culte du monde.

« Depuis que vous m'avez quitté si brusquement, dit Olynthus, avez-vous été heureux? Votre cœur a-t-il éprouvé quelque contentement sous votre robe de prêtre? Avez-vous, dévoré du désir d'entendre la voix de Dieu, surpris quelques-uns de ses oracles dans ceux du temple d'Isis? Votre soupir et ce morne maintien semblent répondre d'avance à ma dernière prédiction.

— Hélas! répondit Apœcides avec tristesse, vous voyez devant vous un homme misérable et désespéré. Dès mon enfance, j'ai divinisé le rêve de la vertu; j'ai envié le sort des hommes qui, dans les cavernes et dans les temples solitaires, ont été admis à pénétrer les secrets des êtres supérieurs à ce monde : mes jours se sont consumés en de vagues et de fiévreux désirs, mes nuits au milieu de décevantes mais solennelles visions. Séduit par les mystiques prophéties d'un imposteur, j'ai revêtu cette robe; ma nature (je vous l'avoue franchement), ma nature s'est révoltée de toutes les choses que j'ai vues, et auxquelles il m'a fallu participer. Cherchant la vérité, je n'ai été que le ministre du mensonge. Le dernier soir où nous nous sommes vus, j'étais tout ébloui des espérances qu'avait fait luire à mes yeux l'imposteur, que j'aurais dû déjà mieux connaître. J'ai.... n'importe, n'importe, il suffit de dire que j'ai ajouté le parjure et la faute à l'imprudence et au regret; le voile est tombé maintenant; je ne vois plus qu'un misérable où j'avais cru voir un demi-dieu. La terre s'obscurcit pour moi ; je suis tombé au plus profond de l'abîme : je ne sais plus s'il existe des dieux au-dessus de nous, si nous ne sommes pas les enfants du hasard, si au delà de ce *présent* triste et limité il n'y a plus que le néant, ou s'il est un autre monde ; dites-moi donc, dites-moi quelle est votre croyance. Résolvez mes doutes, si vous en avez le pouvoir.

— Je ne m'étonne pas, répondit le Nazaréen, que vous ayez erré de la sorte et que vous en soyez venu à ce degré d'incertitude. Il y a quatre-vingts ans que l'homme n'avait encore aucune assurance de Dieu, ni d'un avenir certain et défini au delà du tombeau. De nouvelles lois ont été déclarées à ceux qui ont des oreilles ; un ciel, un véritable Olympe, est révélé à celui qui a des yeux. Écoutez-moi donc, prêtez-moi toute votre attention. »

Et, avec tout le zèle d'un homme fermement convaincu et jaloux de convertir son prochain, le Nazaréen communiqua à Apœcides les promesses de l'Écriture sainte. Il parla d'abord des souffrances et des miracles du Christ ; il pleurait en parlant ; il en vint bientôt à la glorieuse ascension du Sauveur, aux prédications si claires de la révélation. Il décrivit ce paradis pur, immatériel, destiné aux hommes vertueux ; ces feux et ces tourments qui attendent les pécheurs.

« Venez, dit le Nazaréen en s'apercevant de l'effet qu'il avait produit, venez dans l'humble lieu de nos assemblées, peu nombreuses encore, mais composées de cœurs d'élite ; écoutez nos prières ; observez la sincérité de nos larmes de repentir ; prenez part au simple sacrifice, où nous n'offrons ni victimes ni guirlandes, mais où nous déposons nos âmes tout entières. Ces fleurs que nous répandons sur cet autel de notre cœur ne sont pas périssables : elles s'épanouissent encore quand nous ne sommes plus ; oui, elles nous accompagnent au delà du tombeau ; elles renaissent sous nos pas dans le ciel, elles nous enivrent par leur parfum éternel, car elles viennent de l'âme et elles participent à sa nature. Ces offrandes sont les tentations surmontées, les péchés rachetés par le repentir. Viens, oh ! viens, ne perds pas un instant de plus ; dispose-toi déjà pour le grand, le redoutable voyage des ténèbres à la lumière, des chagrins au bonheur, de la corruption à l'immortalité ! C'est aujourd'hui le jour du Seigneur, un jour que nous avons consacré à nos dévotions. Quoique nous ne nous réunissions ordinairement que la nuit, quelques-uns d'entre nous pourtant sont assemblés à cette heure. Quelle joie, quel triomphe ce sera pour nous tous, si nous pouvons ramener une brebis égarée dans le sacré bercail! »

Apœcides, dont le cœur était naturellement si pur, fut frappé de ce qu'il y avait de bienveillant et de généreux dans l'esprit qui animait les paroles d'Olynthus; en le voyant placer son bonheur dans le bonheur des autres, et dans sa vaste compréhension chercher des compagnons pour l'éternité, il fut touché, consolé, subjugué. Il n'était pas d'ailleurs dans une situation d'âme à rester seul. Et puis la curiosité aussi se joignait à des sentiments plus élevés. Il souhaitait vivement de voir ces rites sur lesquels on faisait courir tant de bruits sinistres et contradictoires. Il s'arrêta un moment, jeta un coup d'œil sur son costume, songea à Arbacès, éprouva un frisson d'horreur, fixa ses yeux sur le large front du Nazaréen inquiet et dont les traits exprimaient une noble et fraternelle attente pour son bonheur et pour son salut. Il jeta son manteau autour de lui, de manière à cacher sa robe, et dit :

« Conduis-moi, je te suis. »

Olynthus lui serra la main avec joie, et, descendant avec lui vers la rivière, il héla une des barques qui y séjournaient constamment; les deux nouveaux amis y entrèrent et s'assirent sous une tente en toile, qui servait en même temps à les protéger contre le soleil : ils fendirent rapidement les eaux. Dans l'une des barques qui passèrent près d'eux, et dont la poupe était couronnée de fleurs, ils entendirent une douce musique. Cette barque allait du côté de la mer.

« Ainsi, dit Olynthus avec tristesse, voguent les adorateurs du luxe et des plaisirs, insouciants et pleins de gaieté dans leurs illusions, vers le grand océan des tempêtes et des naufrages, tandis que nous, silencieux et sans attirer l'attention, nous passons pour gagner le rivage. »

Le regard d'Apœcides avait distingué à travers les ouvertures de la tente le visage d'une des personnes assises dans cette joyeuse barque : c'était la figure d'Ione. Les amants venaient de partir pour la promenade où nous les avons accompagnés. Le prêtre soupira et se laissa retomber sur son siége. Ils descendirent dans un faubourg, près d'une allée bordée de maisons petites et grossières, qui s'étendaient vers la rive. Ils renvoyèrent leur barque. Olynthus, marchant le premier, conduisit le prêtre d'Isis, à travers un labyrinthe de ruelles, jusqu'à la porte fermée d'une habitation un peu plus grande que celles dont elle était entourée. Ils frappèrent trois coups. La porte s'ouvrit et se referma après qu'Apœcides et son guide en eurent franchi le seuil.

Ils traversèrent un chemin désert et arrivèrent à une chambre intérieure d'une moyenne étendue, qui, lorsque la porte en était fermée, recevait la lumière du jour par une petite fenêtre située au-dessus de cette même porte. S'arrêtant sur le seuil de la chambre et frappant à la porte, Olynthus cria :

« Que la paix soit avec vous ! »

Une voix de l'intérieur répondit :

« La paix avec qui ?

— Avec le fidèle, » répondit Olynthus, et la porte s'ouvrit.

Douze ou quatorze personnes étaient assises en demi-cercle, silencieusement, et paraissant absorbées dans leurs pensées, en face d'un crucifix grossièrement sculpté en bois.

Ces personnes levèrent les yeux lorsqu'Olynthus entra, sans dire un mot : le Nazaréen lui-même, avant de leur parler, s'agenouilla sur-le-champ, et par le mouvement de ses lèvres, non moins que par ses yeux fixés sur le crucifix, Apœcides comprit qu'il priait. Le rite accompli, Olynthus se tourna vers l'assemblée :

« Hommes et frères, dit-il, ne vous étonnez pas de voir parmi vous un prêtre d'Isis : il a demeuré avec les aveugles ; mais l'esprit est descendu sur lui : il désire voir, entendre et comprendre.

— Qu'il en soit ainsi, » dit un des membres de l'assemblée.

Et Apœcides remarqua que celui qui venait de parler était plus jeune que lui, d'une physionomie également altérée et pâle, avec des yeux qui exprimaient les incessantes inquiétudes d'un esprit ardent et longtemps troublé.

« Qu'il en soit ainsi, » répéta une seconde voix.

Et celui qui parlait était dans la force de l'âge ; sa peau bronzée et ses traits asiatiques indiquaient un fils de la Syrie. Il avait été brigand dans sa jeunesse.

« Qu'il en soit ainsi, » dit une troisième voix.

Et le prêtre, se tournant vers celui qui venait de parler, aperçut un vieillard à longue barbe grise, dans lequel il reconnut un serviteur du riche Diomède.

« Qu'il en soit ainsi, » murmurèrent les autres assistants, qui, tous, à part deux exceptions, appartenaient évidemment aux classes inférieures.

Dans ces deux exceptions, Apœcides reconnut un officier de la garde et un marchand d'Alexandrie.

« Nous ne vous recommandons pas le secret, reprit Olynthus; nous ne vous ferons pas jurer (comme quelques-uns de nos frères plus timides pourraient le faire) de ne pas nous trahir. Il est vrai qu'il n'y a pas positivement de loi établie contre nous; mais la populace, plus sauvage que ceux qui la gouvernent, a soif de notre sang. Vous savez, mes amis, que, pendant que Pilate hésitait, le peuple demandait à grands cris que le Christ fût attaché à la croix. Mais nous ne vous lions point à notre sûreté. Non, livrez-nous à la foule; accusez, calomniez, décriez-nous, si vous le voulez; nous sommes au-dessus de la mort; nous irons avec joie à la rencontre de la dent du lion ou des instruments de la torture; nous nous élevons au-dessus de l'obscurité de la tombe, et ce qui pour un criminel est la mort, est l'éternité pour un chrétien. »

Un murmure sourd d'approbation courut dans l'assemblée.

« Tu viens parmi nous en observateur; puisses-tu nous demeurer converti! Notre religion, tu la vois; notre croix est notre seule image; ce livre, les mystères de notre Cérès et de notre Éleusis! Notre moralité, elle est dans notre vie! Nous avons tous été pécheurs : qui peut maintenant nous accuser d'un crime? Le baptême a enlevé les taches du passé. Ne pense pas que ceci soit de nous, mais de Dieu! Approche, Médon, dit-il en s'adressant au vieil esclave qui avait parlé le troisième pour l'admission d'Apœcides : tu es le seul homme parmi nous qui ne jouisse pas de la liberté; mais, dans le ciel, le dernier sera le premier, il en est de même parmi nous. Déroule ton manuscrit et explique la loi. »

Il serait inutile pour nous de suivre la lecture de Médon et les commentaires de l'assemblée. Ces doctrines, alors étranges et nouvelles, nous sont familières. Dix-huit siècles nous ont laissé peu de choses à apprendre sur tous les enseignements de l'Écriture et sur la vie du Christ. Il y aurait également peu d'intérêt pour nous dans les doutes qui pouvaient assaillir l'esprit du prêtre païen, et dans les réponses d'hommes grossiers, rudes et simples, dont toute l'instruction consistait à savoir qu'ils étaient plus grands qu'ils ne paraissaient l'être.

Une chose toucha profondément le Napolitain : lorsque la lecture fut terminée, on entendit un léger coup frappé à la porte; le mot d'ordre donné, et la réponse faite, la porte s'ouvrit de nouveau, et deux enfants, dont l'aîné paraissait avoir sept ans, entrèrent timidement : c'étaient les enfants du maître de la maison, de ce sombre et vigoureux Syrien, dont la jeunesse s'était passée dans le pillage et dans le sang. Le plus ancien de l'assemblée (c'était le vieil esclave) leur tendit les bras. Ils s'y réfugièrent; ils s'attachèrent à son sein : il les caressa en souriant. Alors ces hommes hardis et fervents, nourris dans les vicissitudes, battus par les vents les plus rudes de la vie, hommes d'un courage de fer, et qui ne connaissaient pas d'obstacles, prêts à affronter un monde entier, préparés pour les tortures et armés pour la mort.... ces hommes qui présentaient tous les contrastes possibles avec les faibles nerfs, les tendres cœurs et la fragilité de leurs nouveaux compagnons, se pressèrent autour de ces jeunes enfants; les rides s'adoucirent sur leurs fronts, et leurs lèvres, à l'aspect sauvage, sourirent avec aménité. Le vieillard ouvrit alors son rouleau, et il apprit aux enfants à répéter cette magnifique prière que nous adressons encore à Dieu, et que nous enseignons à nos familles.... Il leur parla avec simplicité de l'amour de Dieu pour les enfants, et leur raconta qu'un moineau ne tombe pas sans que l'œil divin le suive dans sa chute. Cette aimable coutume de l'initiation des enfants s'est longtemps conservée dans la primitive Église, en souvenir de ces paroles du Sauveur : « Laissez venir à moi les petits enfants, ne les empêchez pas d'approcher. » Et ce fut peut-être l'origine des calomnies enfantées par la superstition qui accusaient les Nazaréens d'un crime qu'eux-mêmes, lorsqu'ils eurent triomphé, reprochèrent aux Juifs, celui d'attirer les enfants dans de hideuses assemblées, afin de les immoler secrètement.

Le père pénitent sembla en ce moment remonter, avec l'innocence de ses enfants, à sa première vie, à cette vie où il n'avait pas encore été coupable. Il suivit le mouvement de leurs lèvres avec un regard de plaisir; il sourit, lorsqu'ils répétèrent les mots sacrés, d'un air respectueux et soumis; aussitôt que la leçon eut cessé, ils coururent joyeux et libres se placer sur ses genoux; il les pressa sur son sein, les embrassa à plusieurs reprises, et des larmes coulèrent le long de ses joues, larmes dont il aurait été impossible de découvrir la source, tant elles étaient mêlées de joie et de douleur, de repentir et d'espérance, de remords pour lui-même et d'amour pour les autres.

Cette scène affectait particulièrement Apœcides; et, en effet, il serait difficile de concevoir une cérémonie mieux appropriée à une religion de bienveillance, plus en harmonie avec les affections domestiques, et qui fît vibrer une corde plus sensible du cœur humain.

Dans ce moment, une porte intérieure s'ouvrit, et un homme de pampe taille entra dans la chambre. A sa vue, toute l'assemblée se leva. Il y avait une expression de respect profond et affectueux dans le maintien de chacun. Apœcides, en le considérant, se sentit attiré vers lui par une irrésistible sympathie. Personne n'avait jamais regardé cet homme sans se sentir porté à l'aimer : car le sourire d'un dieu s'était reposé sur son visage ; l'incarnation de l'amour céleste y avait laissé une marque glorieuse et éternelle.

« Mes enfants, Dieu soit avec vous ! » dit le vieillard en étendant les bras ; les enfants coururent aussitôt à lui.

Il s'assit à terre, et ils se groupèrent sur son sein : c'était un beau spectacle que ce mélange des deux extrémités de la vie ; les ruisseaux sortant de leur source, et le fleuve magnifique qui se dirige vers l'océan de l'éternité ! Comme la lumière du jour à son déclin semble mêler la terre au ciel, dont elle efface les contours en confondant les sommets des montagnes avec les vapeurs de l'air, cette douce vieillesse souriante paraissait sanctifier l'aspect de tout ce qui l'entourait, confondre la diversité des âges, et répandre sur l'enfance et sur l'âge mûr la lumière de ce ciel où elle était si près d'entrer.

« Père, dit Olynthus, toi sur le corps duquel le miracle du Sauveur a eu lieu ; toi qui as été arraché à la tombe pour devenir le vivant témoignage de sa miséricorde et de son pouvoir, regarde : un étranger est parmi nous, une nouvelle brebis est entrée dans le troupeau.

— Laissez-moi le bénir, » dit le vieillard.

Tous les assistants s'écartèrent. Apœcides s'approcha de lui comme par instinct : il tomba à genoux devant lui. Le vieillard posa la main sur la tête du prêtre et le bénit, mais à voix basse. Pendant que ses lèvres se remuaient, ses yeux étaient tournés vers le ciel, et des pleurs, ces pleurs que les braves gens versent seuls pour le bonheur des autres, inondèrent son visage.

Les enfants se tenaient de chaque côté du nouveau converti ; on cœur était comme les leurs ; il était devenu comme l'un d'eux pour entrer dans le royaume du ciel.

CHAPITRE III.

Le courant de l'amour poursuit sa route : où va-t-il

Les jours sont comme des années dans l'amour des jeunes gens, lorsqu'aucune barrière, aucun obstacle ne s'élève entre leurs cœurs, quand le soleil luit, que le cours de la vie est tranquille, lorsque leur passion enfin est prospère et avouée. Ione ne dérobait plus à Glaucus l'attachement qu'elle éprouvait pour lui, et toutes leurs conversations roulaient sur leur tendresse réciproque. Leurs espérances, pour l'avenir se reflétaient sur leur bonheur actuel, comme le ciel sur les jardins du printemps. Ils descendaient le fleuve du temps, pleins de confiance ; ils arrangeaient en idée leur destinée à venir ; ils se plaisaient à répandre sur le lendemain la lumière du jour présent.

Le mois d'août s'avançait : leur mariage était fixé au mois suivant, et le seuil de Glaucus était déjà entouré de guirlandes. Chaque nuit, à la porte d'Ione, il répandait de riches libations. Il n'existait plus pour ses gais compagnons. Il ne quittait plus Ione. Le matin, pendant la chaleur du jour, le temps se passait à faire de la musique ; le soir, ils évitaient les lieux fréquentés, pour se promener sur l'eau ou le long des prairies fertiles et couvertes de vignes qui s'étendaient au pied du sinistre Vésuve. La terre ne tremblait plus, les joyeux Pompéiens oubliaient le terrible avertissement qu'ils avaient reçu du destin. Glaucus, dans la vanité de son paganisme, se figurait en quelque sorte que cette convulsion de la nature avait été une intervention des dieux, moins en sa faveur qu'en celle d'Ione. Il offrit des sacrifices de reconnaissance aux temples consacrés à sa foi ; l'autel même d'Isis se couvrit de ses guirlandes votives. Quant au prodige de la statue animée, il rougissait de l'effet qu'elle avait produit sur lui ; il le considérait toujours comme le résultat de la magie humaine ; mais cela même lui prouvait qu'il ne fallait pas y voir le courroux d'une déesse.

Quant à Arbacès, ils apprirent que cet homme vivait encore ; étendu sur un lit de souffrance, il ne se remettait qu'avec peine du choc qui l'avait renversé. Il laissait les amants en repos, tout en se préparant à la vengeance et en attendant cette heure avec impatience.

Soit dans les matinées qu'ils passaient à la maison d'Ione, soit dans leurs excursions du soir, Nydia les accompagnait ordinairement : c'était leur seule société. Ils ne se doutaient pas des secrètes flammes qui consumaient son cœur. La brusque liberté avec laquelle elle se mêlait à leurs entretiens, ses manières capricieuses et quelquefois malintentionnées, trouvaient de l'indulgence dans le souvenir des services qu'elle leur avait rendus et dans leur compassion pour son infirmité ; peut-être même s'intéressaient-ils d'autant plus fortement à elle qu'ils observaient en elle ce caractère contrariant et bizarre, ces singulières alternatives de douceur et de colère, ce mélange d'ignorance et de génie, de délicatesse et de rudesse, de caprices d'enfant et de réserves de femme. Quoiqu'elle refusât d'accepter la liberté, on la laissait constamment libre. Elle allait où elle voulait, on n'imposait de règle ni à ses paroles ni à ses actions. Glaucus et Ione ressentaient pour cette jeune fille, affligée d'une si grande disgrâce et d'une âme si sensible, la même pitié, la même indulgence qu'une mère éprouve pour un enfant malade et gâté, envers lequel, même pour son bien, elle n'ose faire valoir son autorité. Elle profita de cette liberté pour refuser de sortir avec l'esclave qu'on avait attaché à ses pas. Son bâton lui suffisait pour se conduire ; elle allait seule, comme autrefois dans le temps où personne ne la protégeait, à travers les rues les plus populeuses ; c'était vraiment merveilleux de voir avec quelle adresse elle fendait la foule, évitant tout danger et traversant son chemin au milieu des détours de la cité. Mais son principal bonheur, c'était toujours de visiter le petit espace qui composait le jardin de Glaucus, et de soigner les fleurs qui, du moins, lui rendaient son amour. Quelquefois elle entrait dans la chambre où il était assis et cherchait à lier conversation avec lui, mais elle se retirait bientôt, car toute conversation pour Glaucus était ramenée à un seul sujet : *Ione*; et ce nom, quand il sortait des lèvres de l'Athénien, était une torture pour elle. Elle se reprochait par moments le service qu'elle leur avait rendu ; elle se disait intérieurement : « Si Ione avait succombé, Glaucus ne l'aurait plus aimée. » Et alors de sombres et terribles pensées oppressaient sa poitrine.

Elle n'avait pas prévu les épreuves qui lui étaient réservées, lorsqu'elle s'était montrée si généreuse. Elle n'avait jamais été présente aux entrevues de Glaucus et d'Ione ; elle n'avait jamais entendu cette voix, qui était si tendre pour elle, s'adoucir encore pour une autre. Ce coup qui avait frappé son cœur en apprenant l'amour de Glaucus, l'avait d'abord surprise et attristée ; par degrés sa jalousie s'accrut et prit une forme plus sauvage et plus terrible : elle participa de la rage et lui souffla des idées de vengeance. De même que vous voyez le vent agiter seulement la verte feuille sur le rameau, tandis que la feuille tombée à terre et flétrie, foulée aux pieds et broyée jusqu'à ce qu'elle ne garde plus de sève ni de vie, est portée par le moindre souffle çà et là sans résistance et sans trêve, de même l'amour qui visite les gens heureux n'a que de fraîches brises sur ses ailes, sa violence n'est qu'un jeu. Mais le cœur qui est détaché du vert rameau de la vie, qui est sans espérance, qui n'a point d'été dans ses fibres, est déchiré et secoué par le même vent qui ne fait que caresser les autres ; il n'a point de branche où se retenir ; il est poussé de sentier en sentier jusqu'à ce que le vent cesse, et le laisse là pour jamais perdu dans la fange.

L'enfance abandonnée de Nydia avait prématurément endurci son caractère ; peut-être les scènes odieuses de débauche au milieu desquelles elle s'était trouvée, avaient, sans souiller sa pureté, mûri ses passions ; les orgies de Burbo n'avaient fait que la dégoûter, les banquets de l'Égyptien n'avaient fait que la terrifier ; mais les vents qui passent légèrement sur le sol laissent quelquefois des semences derrière eux. Comme l'obscurité favorise aussi l'imagination, peut-être la cécité même contribuait-elle à nourrir par de sombres et délirantes visions l'amour de l'infortunée. La voix de Glaucus avait été la première à résonner harmonieusement à son oreille ; la bonté du jeune Athénien avait fait une profonde impression sur elle. Lorsqu'il avait quitté Pompéi, dans les premiers temps, elle avait gardé dans son cœur, comme un trésor, chaque mot qu'elle lui avait entendu prononcer ; et quand on lui disait que cet ami, le patron de la pauvre bouquetière, était l'un des plus gracieux et des plus élégants jeunes hommes de Pompéi, elle mettait un complaisant orgueil à conserver ce souvenir. La tâche même qu'elle s'était imposée de soigner ses fleurs servait à le rappeler à son âme ; elle l'associait avec tout ce qui lui était le plus agréable ; et, lorsqu'elle avait refusé de dire quelle idée elle se formait de la beauté d'Ione, c'était peut-être parce qu'elle rapportait au seul Glaucus tout ce qu'il y avait de doux et de brillant dans la nature. Si quelqu'un de mes lecteurs a jamais aimé à un âge qu'il rougirait presque de se rappeler, à un âge où l'imagination devance la raison, qu'il dise si cet amour, au milieu de ses délicatesses étranges et compliquées, n'était pas, plus que toute autre passion venue plus tard, susceptible de jalousie. Je n'en cherche pas ici la cause ; je constate seulement que c'est un fait ordinaire.

Lorsque Glaucus revint à Pompéi, Nydia avait un an de plus. Cette année, avec ses chagrins, sa solitude, ses épreuves, avait grandement développé son esprit et son cœur ; et lorsque l'Athénien la pressait en jouant contre son sein, croyant qu'elle était encore aussi enfant par l'âme que par l'âge, lorsqu'il baisait ses joues si douces ou jetait les bras autour de sa taille tremblante, Nydia sentait soudainement, et comme par révélation, que les sentiments qu'elle avait si longtemps et si innocemment nourris n'étaient autre chose que de l'amour. Destinée à être délivrée de la tyrannie par Glaucus, destinée à trouver un abri sous son toit, destinée à respirer le même air pendant un si court espace de temps, et destinée, alors que ses sentiments s'épanouissaient avec le plus de force et de bonheur, à entendre qu'il en aimait une autre ; être cédée à cette rivale, devenir sa messagère, son esclave ; comprendre tout à coup qu'elle n'était rien dans la vie de celui qu'elle aimait sans s'en être doutée jusqu'alors, n'était-ce pas un sort fatal ? Et faut-il s'étonner que, dans son âme sauvage et passionnée, tous ces éléments ne fussent pas d'accord ? Que si l'amour l'emportait et régnait par-dessus tout, ce n'était pas l'amour produit par de douces et pures émotions. Parfois elle craignait que Glaucus ne découvrît son secret ; parfois elle s'indignait qu'il n'en eût aucun soupçon : c'était un signe de mépris. Comment aurait-il pu croire qu'elle eût tant de présomption ? Ses sentiments pour Ione variaient et flottaient d'heure en heure ; elle l'aimait parce qu'il l'aimait ; le même motif la lui faisait haïr. Il y avait des moments où elle eût tué sa maîtresse, qui ignorait ses souffrances, et d'autres où elle aurait donné sa vie pour elle. Ces fortes et timides alternatives de la passion étaient trop vives pour pouvoir se supporter longtemps. Sa santé en souffrit, quoiqu'elle ne s'en aperçût pas. Ses joues pâlirent, ses pas devinrent plus faibles, les larmes vinrent plus fréquemment à ses yeux et sans la soulager.

Un matin où elle se rendait, selon sa coutume, au jardin de l'Athénien, elle rencontra Glaucus sous les colonnes du péristyle, avec un marchand de la ville : il choisissait des bijoux pour sa fiancée.

« Viens ici, ma Nydia, mets à terre ce vase, viens, cette chaîne est pour toi.... Viens.... je veux la mettre à ton cou.... L'y voilà.... Ne lui va-t-elle pas bien, Servilius ?

— Admirablement, répondit le joaillier, car les joailliers étaient aussi bien élevés et aussi flatteurs que de nos jours ; mais lorsque ces boucles d'oreilles orneront la tête de votre Ione, c'est *alors*, par Bacchus ! que vous verrez ce que mes bijoux peuvent ajouter à la beauté.

— Ione, répéta Nydia, qui jusque-là avait marqué sa reconnaissance à Glaucus par son sourire et par sa rougeur.

— Oui, répliqua l'Athénien en jouant nonchalamment avec les bijoux, je suis en train de choisir ces présents pour *Ione*, mais je ne trouve rien qui soit digne d'elle. »

Comme il achevait de parler, il fut surpris d'un brusque mouvement de Nydia. Elle arracha violemment la chaîne de son cou et la jeta à terre.

« Qu'est cela, Nydia ? cette bagatelle ne te convient-elle pas ? t'ai-je offensée ?

— Vous me traitez toujours comme une esclave et comme une enfant, » reprit la Thessalienne, le cœur gros de soupirs qu'elle ne pouvait contenir ; et elle passa rapidement à l'extrémité du jardin.

Glaucus n'essaya pas de la suivre ni de la consoler : il était offensé. Il continua d'examiner les joyaux et de faire des observations sur leur façon, de repousser l'un, d'accepter l'autre ; et enfin il se laissa persuader par le marchand d'acheter le tout. C'est le plan le plus sage pour un amant, et que chacun ferait bien d'adopter, pourvu toutefois qu'il ait rencontré une Ione.

Lorsqu'il eut complété ses achats et renvoyé le joaillier, il se retira dans sa chambre, s'habilla, monta dans son char et se dirigea vers la maison d'Ione. Il ne pensa plus à la pauvre fille aveugle ni à son offense : il avait oublié l'une et l'autre.

Il passa la matinée avec la belle Napolitaine, alla ensuite aux bains, soupa (si nous pouvons nous servir de ce mot pour le repas des Romains à trois heures) seul et dehors, car Pompéi avait ses restaurateurs. Il revint ensuite changer de toilette, passa dans le péristyle, mais avec l'esprit absorbé et les yeux distraits d'un homme amoureux, et n'aperçut pas la pauvre fille aveugle, demeurée à la place où il l'avait laissée. Bien qu'il ne l'eût pas vue, elle reconnut à l'instant son pas. Elle avait compté les moments jusqu'à son retour. A peine était-il entré dans sa chambre favorite, qui ouvrait sur le péristyle, et s'était-il assis, rêveur, sur son lit de repos, qu'il sentit sa robe timidement tirée, et qu'il vit Nydia à genoux devant lui et lui présentant une poignée de fleurs, comme gage de paix. Ses yeux, levés sur lui, étaient baignés de larmes.

« Je t'ai offensé, dit-elle en soupirant, et pour la première fois je voudrais plutôt mourir que de te causer un instant de chagrin. Vois, j'ai repris ta chaîne, je l'ai mise à mon cou ; je ne la quitterai jamais : c'est un don de toi !

— Ma chère Nydia, répondit Glaucus en la relevant et en baisant son front, ne pense plus à cela. Mais pourquoi, mon enfant, cette colère soudaine ? je n'ai pu en deviner la cause.

— Ne me la demande pas, dit-elle avec une vive rougeur ; je suis pleine de faiblesses et de caprices. Tu sais bien que je ne suis qu'une enfant, tu le répètes assez souvent. Est-ce qu'un enfant peut dire la raison de toutes ses folies ?

— Mais, ma jolie Nydia, tu cesseras bientôt d'être une enfant ; et, si tu veux qu'on te traite comme une femme, il faut apprendre à maîtriser ces impétueux mouvements de colère. Ne crois pas que je te gronde ; non, c'est pour ton bonheur que je parle.

— C'est vrai, dit Nydia, je dois apprendre à me maîtriser. Je dois cacher, déguiser ce que mon cœur éprouve : c'est la tâche et le devoir d'une femme. Sa vertu n'est-elle pas l'hypocrisie ?

— Se maîtriser n'est pas tromper, ma Nydia, reprit l'Athénien ; et cette vertu est également nécessaire aux hommes et aux femmes. C'est la vraie toge du sénateur, la marque de la dignité qu'elle recouvre.

— Se maîtriser ! se maîtriser ! bon, bon, tu as raison. Lorsque je t'écoute, Glaucus, mes plus sauvages pensées se calment et s'adoucissent ; une délicieuse sérénité se répand en moi. Conseille-moi, guide-moi toujours, mon protecteur.

— Ton cœur affectueux sera ton meilleur guide, ma Nydia lorsque tu auras appris à gouverner tes sentiments.

— Ah ! cela n'arrivera jamais, soupira Nydia, fondant en larmes.

— Pourquoi non ? Le premier effort est le plus difficile.

— J'ai fait ce premier effort, répondit Nydia innocemment ; mais vous, mon mentor, trouvez-vous qu'il soit si facile d'être maître de soi-même ? Pouvez-vous cacher, pouvez-vous régler votre amour pour Ione ?

— L'amour, chère Nydia, ah ! c'est une autre question, répondit le jeune précepteur.

— Je le pensais aussi, poursuivit Nydia avec un mélancolique sourire. Glaucus, voulez-vous prendre mes pauvres fleurs ? Faites-en ce que vous voudrez. Vous pouvez les donner à Ione, ajouta-t-elle après quelque hésitation.

— Non, Nydia, répondit Glaucus avec bonté, en devinant qu'il y avait un peu de jalousie dans ses paroles, mais s'imaginant que c'était seulement la jalousie d'un enfant orgueilleux et susceptible. Je ne donnerai tes jolies fleurs à personne ; assieds-toi, formes-en une guirlande : je la porterai cette nuit : ce ne sera pas la première que tes doigts délicats auront tressée pour moi. »

Nydia s'assit avec délices à côté de Glaucus ; elle tira de sa ceinture une pelote de fils diversement colorés, ou plutôt de légers rubans, dont on se servait pour former les guirlandes, et qu'elle portait constamment sur elle, car c'était son occupation, son état. Elle se mit à l'œuvre avec autant de grâce que de promptitude ; les larmes se séchèrent bien vite sur son visage ; un léger mais heureux sourire entr'ouvrit ses lèvres. Comme un enfant, elle était sensible à la joie de l'heure présente ; elle venait de se réconcilier avec Glaucus. Il lui avait pardonné, elle était assise à côté de lui ; la main de l'Athénien se jouait dans ses cheveux plus fins que la soie ; en respirant il effleurait ses joues ; Ione, la cruelle Ione, était loin.... personne n'occupait, ne distrayait Glaucus. Oui, elle était heureuse, et sans soucis ; c'était un des rares moments dont sa vie triste et troublée put conserver le souvenir comme un trésor. De même que le papillon, séduit par un soleil d'hiver, accourt se baigner un instant dans sa lumière soudaine, avant d'être glacé par la brise qui doit le faire périr en quelques heures, elle restait avec joie sous un rayon qui, par contraste avec son ciel accoutumé, la réchauffait un peu ; et l'instinct, qui aurait dû l'avertir du peu de durée de son bonheur, l'invitait seulement à en jouir.

« Tu as les plus beaux cheveux du monde, dit Glaucus ; ils ont dû faire autrefois le doux orgueil de ta mère. »

Nydia soupira ; on devinait bien qu'elle n'était pas née esclave, mais elle évitait de parler de sa famille ; et, soit que sa naissance fût obscure ou noble, il est certain qu'elle ne la fit connaître à aucun de ses bienfaiteurs, dans ces climats lointains. Enfant du chagrin et du mystère, elle vint et disparut, telle qu'un oiseau qui entre dans une chambre et en sort aussitôt ; nous le voyons voler un moment devant nous, mais nous ne savons ni d'où il vient ni où il va.

Nydia, surprise, et après une courte pause, sans répondre à l'observation de Glaucus, parla ainsi :

« Est-ce que je ne mets pas trop de roses dans ta guirlande, Glaucus ? On dit que la rose est ta fleur favorite.

— Et la fleur favorite, ma Nydia, de tous ceux qui ont l'âme ouverte à la poésie ; c'est la fleur de l'amour, la fleur des festins. C'est aussi la fleur que nous consacrons au silence et à la mort ; elle couronne nos fronts pendant la vie, tant que la vie vaut la peine d'être possédée ; on la sème sur nos sépulcres quand nous ne sommes plus.

— Oh ! je voudrais bien, dit Nydia, au lieu de tresser cette périssable guirlande, dérober à la main des Parques la trame de tes jours, pour y glisser une rose !

— Charmante Nydia, ton vœu est digne de la voix qui chante des airs si délicieux ; c'est l'esprit de la Musique qui te l'inspire, et, quelle que soit ma destinée, je te remercie.

— Quelle que soit ta destinée ? N'est-elle pas la plus brillante, la plus belle de toutes ? mon souhait est inutile : les Parques te seront aussi propices que je voudrais l'être moi-même.

— Il n'en serait pas ainsi, Nydia, sans l'amour. Tant que la jeunesse dure, je puis oublier par moments ma patrie ; mais quel Athénien, parvenu à l'âge mûr, peut penser à ce qu'était Athènes, et se contenter d'être heureux, *lui*, lorsqu'*elle* est déchue, déchue, hélas ! à jamais ?

— Et pourquoi à jamais ?

— De même que les cendres ne peuvent plus se rallumer, que l'amour, une fois qu'il est mort, ne peut revivre ; de même la liberté qu'un peuple a perdue ne se retrouve plus. Mais ne traitons pas ces questions-là, qui ne sont pas faites pour toi.

— Tu te trompes, elles sont faites pour moi. La Grèce a mes soupirs aussi : mon berceau a reposé au pied du mont Olympe ; les dieux ont délaissé la montagne, mais on y voit encore leurs traces ; elles se sont conservées dans le cœur de leurs adorateurs, dans la beauté du climat. On m'a dit qu'il était bien beau, et moi-même j'ai senti son air, auprès duquel l'air de ce pays est rude ; son soleil, auprès duquel celui-ci est froid. Oh ! parle-moi de la Grèce ! Pauvre insensée que je suis, je te comprends, et il me semble que, si j'étais demeurée sur ces rivages, si j'étais restée une fille grecque dont l'heureux destin eût été d'aimer et d'être aimée, j'aurais pu armer mon amant pour un autre Marathon ou une nouvelle Platée ! Oui, la main qui tresse maintenant des roses aurait pu tresser pour toi une couronne d'olivier.

— Si un tel jour venait, dit Glaucus, emporté par l'enthousiasme de la Thessalienne et en se levant à demi.... mais non. Le soleil s'est couché, et la nuit nous condamne à oublier.... à égayer notre oubli.... Continue à tresser tes roses. »

CHAPITRE IV.

Nydia rencontre Julia. — Cabinet de toilette d'une Pompéienne

« Quel bonheur pour Ione !... heureuse, elle s'assied à côté de Glaucus.... elle entend sa voix, elle peut le voir, *elle!*... »

Ainsi se parlait à elle-même la pauvre aveugle en marchant seule, vers la fin du jour, et en regagnant la maison de sa nouvelle maîtresse, où Glaucus l'avait précédée. Elle fut interrompue soudain dans son monologue par la voix d'une femme :

« Bouquetière aveugle, où vas-tu? tu n'as point de corbeille sous le bras; as-tu vendu toutes tes fleurs ?

La personne qui s'adressait en ces termes à Nydia et qui avait plutôt, dans ses traits et dans son maintien, l'air hardi d'une dame que la contenance d'une vierge, était Julia, la fille de Diomède. Son voile était à moitié relevé ; elle était accompagnée par Diomède lui-même, et par un esclave qui portait une lanterne devant eux; le marchand et sa fille revenaient de souper chez un de leurs voisins.

« Ne te rappelles-tu plus ma voix ? continua Julia; je suis la fille du riche Diomède.

— Ah! pardonnez-moi, je me souviens du son de votre voix; mais, noble Julia, je ne vends plus de fleurs.

— J'ai entendu dire que tu avais été achetée par le bel Athénien Glaucus; est-ce vrai, jolie esclave? demanda Julia.

— Je sers la Napolitaine Ione, répondit Nydia d'une manière évasive.

— Ah! il est donc vrai, alors....

— Viens, viens, interrompit Diomède, son manteau posé sur sa bouche.... la nuit devient froide.... je n'ai pas envie de rester ici, pendant que tu babilleras avec cette fille aveugle.... Viens; qu'elle nous suive à la maison, si tu veux lui parler.

— Oui, suis-nous, mon enfant, dit Julia du ton d'une femme qui n'est pas accoutumée à rencontrer des refus.... J'ai beaucoup de choses à te demander, viens.

— Je ne puis ce soir il est trop tard, répondit Nydia; il faut que je rentre : je ne suis pas libre, noble Julia.

— Quoi! la douce Ione te gronderait-elle? Ah! je ne doute pas que ce ne soit une seconde Thalestris. Viens donc demain. Souviens-toi que j'ai été de tes amies autrefois.

— Vos souhaits seront remplis, » répondit Nydia.

Et Diomède s'impatientant de nouveau et gourmandant sa fille, Julia fut obligée de suivre son père, sans avoir interrogé Nydia sur le sujet qu'elle avait à cœur de traiter avec elle.

Mais le lendemain, à l'heure indiquée, Nydia se présenta devant la maison de Diomède.

Converti au christianisme, Médon, le vieil esclave, était assis au bas des degrés par lesquels on y montait. Il venait d'exhorter inutilement son fils, le gladiateur Lydon, à renoncer à son triste métier. Lydon ne lui désobéissait qu'en ce point. Il avait juré d'arracher son père à l'esclavage, et les jeux sanglants de l'amphithéâtre lui offraient la seule chance qu'il pût avoir d'acheter la liberté de Médon.

La haute taille du gladiateur passa rapidement dans le sentier. Les yeux de l'esclave en suivirent l'ombre formidable et légère, tant qu'ils purent l'apercevoir; puis il les attacha de nouveau à la terre. Muet et immobile, on l'eût cru transformé en pierre. Son cœur.... Ah! qui pourrait, dans les temps plus heureux où nous vivons, se former une idée du trouble et des combats de son cœur?

« Puis-je entrer? dit une douce voix; votre maîtresse Julia est-elle à la maison? »

L'esclave répondit par un signe machinal à la personne qui demandait à être introduite; mais elle ne pouvait s'autoriser de ce consentement.... elle répéta sa question timidement, d'une voix plus basse :

« Ne te l'ai-je pas fait comprendre? répondit assez rudement l'esclave ; entre!

— Merci! » dit d'une voix plaintive la nouvelle venue; et l'esclave, ému de la douceur de sa voix, la regarda et reconnut la bouquetière aveugle. Le chagrin peut sympathiser avec le malheur.... Il se leva, et il guida ses pas jusqu'au haut de l'escalier adjacent par lequel on descendait à l'appartement de Julia, et là, appelant une esclave du sexe de l'aveugle, il la lui donna à conduire.

L'élégante Julia était assise au milieu de ses esclaves.... la chambre était petite, comme le *cubiculum* qui la joignait, mais plus large que les appartements réservés au sommeil, et ordinairement si étroits, que ceux qui n'ont pas vu la chambre à coucher des Pompéiens, même dans les plus riches maisons, ne peuvent se faire une idée de ces niches de pigeons, dans lesquelles on se plaisait alors à passer la nuit. Mais, en réalité, le lit n'était pas chez les anciens une chose domestique si grave, si importante, si sérieuse que parmi nous. Leur couche n'était qu'un étroit et petit sofa assez léger pour être transporté aisément d'une place à une autre par son possesseur lui-même[1], et, sans aucun doute, on le changeait de chambre, selon les caprices du maître ou les variations de la saison : car telle partie de la maison, habitée pendant un mois, était délaissée le mois suivant. Les Italiens de cette époque avaient d'ailleurs une singulière appréhension du grand jour; leurs chambres véritablement obscures, qu'on pourrait croire au premier abord le résultat d'une architecture négligente, étaient, au contraire, le résultat d'un art laborieux. Dans leurs portiques et dans leurs jardins, ils jouissaient du soleil autant que cela leur plaisait; dans l'intérieur de leurs maisons, ils cherchaient plutôt l'ombre et la fraîcheur.

L'appartement de Julia, dans cette saison, était retiré dans la partie la plus basse de la maison, immédiatement au-dessous des salles principales, et donnait sur le jardin, avec lequel il était de plain-pied. Une large porte vitrée n'admettait que les rayons du soleil levant; cependant l'œil de Julia était assez habitué à l'obscurité pour apercevoir exactement les couleurs qui lui seyaient le mieux, et la nuance de rouge qui devait donner le plus d'éclat à ses yeux noirs et le plus de vivacité à ses joues.

Sur la table devant laquelle elle était assise, se voyait un petit miroir circulaire en acier poli; autour, se trouvaient rangés, dans un ordre précis, les cosmétiques et les onguents, les parfums et les fards, les bijoux et les peignes, les rubans et les épingles d'or, qui étaient destinés à ajouter aux attraits naturels de la beauté, l'assistance de l'art et les capricieuses coquet-

---

1. Prends ton lit et marche, n'était pas une expression métaphorique.

teries de la mode. A travers la demi-obscurité de la chambre brillaient les couleurs vives et variées des peintures de la muraille, avec tout l'éclat des fresques pompéiennes. Devant la table de toilette, et sous les pieds de Julia, s'étendait un tapis sorti des métiers de l'Orient. A portée de la main, une autre table était chargée d'une aiguière et d'un bassin; il y avait aussi sur cette table une lampe éteinte, du plus exquis travail, sur laquelle l'artiste avait représenté un Cupidon reposant sous des branches de myrte; et un petit rouleau de papyrus contenant les plus douces élégies de Tibulle. Un rideau magnifiquement brodé de fleurs d'or servait de portière à l'entrée du cubiculum. Tel était le cabinet de toilette d'une beauté à la mode il y a dix-huit siècles.

La belle Julia s'appuyait indolemment sur son siége, pendant que l'*ornatrix* (la coiffeuse) élevait lentement les unes au-dessus des autres une foule de petites boucles, dont toutes n'appartenaient pas à Julia; elle entremêlait les fausses et les vraies avec art, et portait si haut son édifice, qu'il semblait placer la tête plutôt au centre qu'au sommet du corps humain.

Sa tunique, de couleur d'ambre foncé, qui convenait bien à ses noirs cheveux et à son teint un peu brun, descendait avec d'amples plis jusqu'à ses pieds, lesquels étaient renfermés dans des pantoufles attachées autour de sa jambe gracieuse à l'aide de cordons blancs; une profusion de perles formait la broderie de ces pantoufles de pourpre, qu'on pourrait comparer aux babouches actuelles des Turcs, et une vieille esclave, versée depuis longtemps dans tous les secrets de la toilette, se tenait derrière la coiffeuse, ayant sous le bras la large et riche ceinture de sa maîtresse. Elle donnait de temps à autre des instructions à la femme chargée de l'édifice de la coiffure, sans omettre de judicieuses flatteries pour Julia.

« Mettez cette épingle un peu plus sur la droite.... plus bas.... sotte.... Ne voyez-vous pas la superbe égalité de ces sourcils? On dirait que vous coiffez Corinna, dont le visage est de travers.... Maintenant, posez les fleurs.... quoi.... folle que vous êtes.... Laissez là cette triste giroflée.... vous ne choisissez pas ici des couleurs en rapport avec les joues pâles de Chloris.... Les plus brillantes fleurs peuvent seules convenir aux joues de la jeune Julia!

— Doucement! dit la maîtresse en frappant la terre de son petit pied avec une certaine violence; vous me tirez les cheveux comme si vous arrachiez de mauvaises herbes.

— Triple bête ! continua la maîtresse de cérémonie, ne savez-vous pas combien votre maîtresse est délicate ?... vous n'avez pas affaire aux crins de la veuve Fulvia. Maintenant le ruban. C'est cela. Belle Julia, regarde-toi dans ton miroir. As-tu jamais vu quelque chose de plus aimable et de plus charmant que toi ? »

Lorsque, après d'innombrables commentaires, des difficultés et des retards, la tour capillaire eut été parachevée, la préparation qui suivit fut de donner aux yeux une douce expression de langueur, produite au moyen d'une poudre foncée qu'on appliquait sur les paupières et sur les sourcils ; une petite mouche taillée en forme de croissant, placée adroitement près des lèvres rosées, attirait l'attention sur les fossettes et sur les dents, dont l'art s'était déjà exercé à augmenter la blancheur naturelle.

Une autre esclave, qui jusque-là s'était tenue à l'écart, s'approcha alors pour arranger les joyaux, les boucles d'oreilles de perles (deux à chaque oreille), les massifs bracelets d'or, la chaîne formée d'anneaux du même métal, à laquelle était suspendu un talisman en cristal ; la gracieuse agrafe sur l'épaule gauche, qui renfermait un camée représentant Psyché ; la ceinture de ruban pourpre richement brodée en fil d'or, et attachée par des serpents entrelacés ; enfin les différentes bagues pour chacun des doigts délicats et effilés de la Pompéienne. La toilette était achevée selon la dernière mode de Rome. La belle Julia se regarda avec un dernier coup d'œil de satisfaction personnelle, et, se renversant sur son siége, commanda languissamment à la plus jeune de ses esclaves de lui lire les vers amoureux de Tibulle. Cette lecture avait déjà commencé, lorsqu'une esclave introduisit Nydia auprès de la maîtresse de la maison.

« *Salve*, Julia, dit la bouquetière, en s'arrêtant à quelques pas de l'endroit où Julia était assise, et en croisant ses bras sur sa poitrine ; j'ai obéi à vos ordres.

— Tu as bien fait, bouquetière, répondit Julia ; approche, assieds-toi. »

Une des esclaves plaça un tabouret près de Julia, et Nydia s'y assit.

Julia considéra quelques instants la Thessalienne d'un air embarrassé. Elle fit signe à ses esclaves de sortir et de fermer la porte. Lorsqu'elle fut seule avec Nydia, elle lui dit en la regardant, et en oubliant que son interlocutrice ne pouvait observer sa physionomie :

« Tu sers la Napolitaine Ione ?
— Je suis chez elle en ce moment.
— Est-elle aussi belle qu'on le dit ?
Je ne sais pas : comment pourrais-je juger de sa beauté ?
— Ah ! j'aurais dû me rappeler.... mais tu as des oreilles, si tu n'as pas d'yeux. Tes compagnes, les autres esclaves, disent-elles qu'Ione est belle ? Les esclaves dans leur intimité oublient de flatter même leur maîtresse.
— On me dit qu'elle est belle, très-belle !
— Ah ! Est-elle grande ?
— Oui.
— C'est comme moi. A-t-elle des cheveux noirs ?
— Je l'ai entendu dire.
— J'ai des cheveux noirs aussi. Et Glaucus va-t-il la voir souvent ?
— Tous les jours.
— Tous les jours, dis-tu ; et la trouve-t-il belle ?
— Je le pense, puisqu'ils vont bientôt se marier.
— Se marier ! » s'écria Julia, dont on eût pu voir la pâleur soudaine, même à travers les fausses couleurs répandues sur ses joues.

Elle se leva brusquement. Nydia ne pouvait s'apercevoir de l'émotion que ses paroles avaient causée. Julia se tut quelque temps ; mais son sein oppressé et ses yeux pleins de flamme auraient facilement appris à qui aurait eu d'autres yeux que ceux de Nydia, combien sa vanité était blessée.

« On prétend que tu es Thessalienne ? dit-elle, rompant enfin le silence.
— On dit vrai.
— La Thessalie est la terre de la magie et des magiciennes, des talismans et des philtres amoureux, reprit Julia.
— On l'a toujours, en effet, regardée comme le pays des nécromanciens, répondit Nydia timidement.
— Connais-tu, toi, aveugle Thessalienne, quelque charme qui fasse aimer ?
— Moi ! répliqua la bouquetière en rougissant, comment en connaîtrais-je ?... Assurément non, je n'en connais pas.
— Tant pis pour toi ; je t'aurais donné assez d'or pour acheter ta liberté, si tu avais été plus savante.
— Mais, demanda Nydia, qu'est-ce qui peut engager la riche Julia à faire cette question à sa servante ? n'a-t-elle pas richesse, jeunesse, beauté ? Ne sont-ce pas là des philtres qui peuvent dispenser de recourir à la magie ?

— Pour tous, excepté pour une seule personne, reprit Julia d'un air hautain ; mais on dirait que ta cécité est contagieuse et.... Mais n'importe !

— Et cette personne ? dit Nydia avec empressement.

— Ce n'est pas Glaucus, répliqua Julia avec la fausseté habituelle de son sexe ; Glaucus.... oh ! non. »

Nydia respira plus librement, et Julia poursuivit après une courte pause :

« Mais en parlant de Glaucus et de cette Napolitaine, tu m'as remis en mémoire l'influence des philtres amoureux, dont peut-être (que sais-je et que m'importe d'ailleurs ?) elle s'est servie pour se faire aimer de lui. Jeune aveugle, j'aime, et,... Julia peut-elle vivre et en faire l'aveu ?... je ne suis point aimée en retour. Cela *humilie*, ou plutôt cela *irrite* mon orgueil. Je voudrais voir cet ingrat à mes pieds, non pas pour l'en relever, mais pour lui marquer mes mépris. Quand on m'a dit que tu étais Thessalienne, j'ai pensé que ton jeune esprit pouvait avoir été initié aux mystères de ta contrée.

— Hélas ! non, murmura Nydia ; plût aux dieux que cela fût !

— Merci du moins pour ce bon souhait, dit Julia, sans se douter de ce qui se passait dans le cœur de la bouquetière. Mais, dis-moi, tu entends les récits des esclaves, toujours portés vers ces croyances, toujours prêts à employer la magie dans leurs basses amours. N'as-tu jamais entendu parler de quelque magicien de l'Orient, qui possédât dans cette cité-ci l'art que tu ignores? Je ne te parle point de nécromanciens, de jongleurs de places publiques ; je te parle de quelque puissant magicien de l'Inde ou de l'Égypte.

— De l'Égypte? oui, dit Nydia en tressaillant. Qui n'a pas, à Pompéi, entendu parler d'Arbacès?

— Arbacès ! c'est vrai, reprit Julia en ressaisissant ce souvenir. On dit que c'est un homme qui est bien au-dessus des vaines impostures de tant de prétendants à la science ; qu'il est versé dans la connaissance des astres et les secrets de l'ancienne *nox*; pourquoi ne le serait-il pas dans les mystères de l'amour?

— S'il y a un magicien vivant dont l'art soit au-dessus de celui des autres, c'est bien ce terrible homme, répondit Nydia, et elle toucha son talisman par précaution en prononçant ces paroles.

— Il est trop riche pour qu'on lui offre de l'argent, continua Julia; mais ne puis-je lui faire une visite?

— Sa maison est une maison funeste pour les jeunes et belles femmes, répliqua Nydia.... J'ai d'ailleurs entendu dire qu'il languissait dans....

— Une maison funeste? dit Julia s'arrêtant à ces premières paroles. Pourquoi?

— Ses nocturnes orgies sont impures et souillées.... du moins, la rumeur publique le dit.

— Par Cérès! par Pan et par Cybèle! tu ne fais que piquer ma curiosité, au lieu d'exciter mes craintes, reprit l'audacieuse et indiscrète Pompéienne. Je veux le voir et l'interroger sur sa science. Si l'amour est admis dans ses orgies, il en doit connaître les secrets. »

Nydia ne répondit pas.

« Je le visiterai aujourd'hui même, dit Julia, oui; et pourquoi ne serait-ce pas sur l'heure?

— En plein jour et dans l'état où il est, vous avez sûrement moins à craindre, répondit Nydia, cédant elle-même au désir secret de savoir si le sombre Égyptien possédait des philtres qui pussent faire aimer, philtres dont la Thessalienne avait souvent entendu parler.

— Qui oserait insulter la riche fille de Diomède? s'écria Julia avec hauteur. J'irai.

— Pourrai-je venir savoir le résultat de la visite? dit Nydia avec empressement.

— Embrasse-moi pour l'intérêt que tu prends à l'honneur de Julia, répondit-elle: oui, assurément, tu pourras venir. Ce soir, tous soupçons dehors. Reviens demain matin à cette heure-ci, et tu connaîtras tout. Arrête; prends ce bracelet pour la bonne pensée que tu m'as inspirée; souviens-toi, si tu sers Julia, qu'elle est reconnaissante et généreuse.

— Je ne puis accepter ton présent, dit Nydia en repoussant le bracelet; mais, toute jeune que je suis, je puis sympathiser avec ceux qui aiment, et qui aiment en vain.

— En est-il ainsi? reprit Julia. Tu parles comme une femme libre, et tu seras libre aussi. Adieu. »

CHAPITRE V.

Julia visite Arbacès. — Le résultat de cette entrevue.

Arbacès était assis dans une chambre qui donnait sur une espèce de balcon ou de portique, devant son jardin. Sa joue, extrêmement pâle, témoignait des souffrances qu'il avait éprouvées; mais sa constitution de fer avait triomphé des terribles effets de l'accident qui était venu détruire ses espérances au moment de la victoire. L'air embaumé qui effleurait son front ravivait la langueur de ses sens, et le sang circulait plus librement qu'il ne l'avait fait depuis plusieurs jours dans ses veines irritées.

« Ainsi donc, disait-il, l'orage que m'annonçait le destin a éclaté et disparu ; le malheur prévu par ma science, qui menaçait jusqu'à ma vie, s'est éloigné !... j'existe !... il est venu comme les étoiles me l'avaient prédit, et maintenant, une belle, une prospère, une brillante carrière, qui devait s'étendre devant moi si je ne succombais pas, me sourit assurément; j'ai passé, j'ai dompté le dernier danger réservé à ma destinée. A présent, je n'ai plus qu'à parcourir les riants jardins de l'avenir.... sans crainte, en toute sécurité. Le premier de tous mes plaisirs, même avant l'amour, ce sera la vengeance. Ce jeune Grec qui a traversé ma passion, anéanti mes projets, humilié mon audace, au moment où mon fer allait se plonger dans son sang infâme, ne m'échappera pas une seconde fois. Mais par quels moyens me venger ? réfléchissons-y bien. O Até, si tu es réellement une déesse, remplis-moi de tes plus saintes inspirations. »

L'Égyptien tomba dans une profonde rêverie qui ne paraissait pas lui présenter une idée claire et satisfaisante. Il changeait continuellement de position, à mesure qu'il repoussait l'un après l'autre tous les plans qui s'offraient à son esprit; il se frappa plusieurs fois la poitrine et gémit, plein du désir de la vengeance, mais avec le sentiment de son impuissance pour l'accomplir. Tandis qu'il demeurait ainsi absorbé, un jeune esclave entra timidement dans sa chambre.

Une femme, évidemment d'un rang élevé, comme l'indiquaient sa toilette et le costume de l'esclave qui l'accompagnait, attendait en bas, et demandait audience à Arbacès.

Une femme !... son cœur battit avec vitesse.

« Est-elle jeune ? demanda-t-il.

— Sa figure est cachée par un voile, mais sa taille élancée, quoique arrondie, annonce la jeunesse.

— Qu'on la fasse entrer, » dit l'Égyptien. Un instant son cœur ému d'un vain espoir se flatta que ce pourrait être Ione.

Le premier regard jeté sur la personne qui entrait dans son appartement suffit pour le tirer de son erreur. Elle était, à la vérité, de la même grandeur qu'Ione et probablement du même âge, bien faite et pleine d'appas : mais où était cette grâce ineffable et attrayante qui accompagnait chaque mouvement de l'incomparable Napolitaine ; cette toilette, chaste et décente, si simple dans son arrangement ; cette démarche si digne et si réservée ; la majesté de la femme et toute sa modestie ?

« Pardonnez-moi si je me lève avec peine, dit Arbacès en regardant l'étrangère ; je sors à peine d'une cruelle souffrance.

— Ne faites aucun effort, ô grand Égyptien, répondit Julia, cherchant à déguiser sous les dehors de la flatterie la crainte qu'elle avait éprouvée ; pardonnez à une femme malheureuse qui vient demander des consolations à votre sagesse.

— Approchez-vous, belle étrangère, reprit Arbacès, et parlez sans crainte et sans réserve. »

Julia s'assit auprès de l'Égyptien, et jeta des regards de surprise autour d'une chambre dont le luxe exquis et coûteux surpassait même celui qui brillait dans la maison de son père ; elle remarqua aussi avec un certain effroi les inscriptions hiéroglyphiques tracées sur les murs, les figures des mystérieuses idoles qui paraissaient la contempler de tous les coins de l'appartement ; le trépied à peu de distance ; et par-dessus tout, elle observa l'air grave et imposant d'Arbacès. Une longue robe blanche couvrait à moitié comme un voile ses cheveux noirs et tombait jusqu'à ses pieds ; sa présente pâleur rendait encore sa physionomie plus expressive ; son œil noir et pénétrant semblait percer l'abri du voile de Julia, et explorer les secrets de l'âme vaine et si peu féminine de sa visiteuse.

« Quel motif, dit-il d'une voix lente et grave, t'amène, ô jeune fille, dans la maison d'un fils de l'Orient ?

— Sa réputation, dit Julia.

— En quoi ? reprit-il avec un étrange et léger sourire.

— Peux-tu le demander, sage Arbacès ? Ta science n'est-elle pas le sujet de toutes les conversations de Pompéi ?

— J'ai acquis, en effet, quelques connaissances, répondit Arbacès ; mais comment ces sérieux et stériles secrets peuvent-ils être agréables à l'oreille de la beauté ?

— Hélas ! dit Julia un peu encouragée par ce ton d'adulation auquel elle était habituée, la douleur ne s'adresse-t-elle pas à la sagesse pour être consolée ? et les personnes qui aiment sans espoir ne sont-elles pas les victimes choisies de la douleur ?

— Ah ! s'écria Arbacès, un amour sans espoir ne saurait être le lot d'une si belle personne, dont les attraits se révèlent à travers le voile même qui les couvre ; relève, jeune fille, relève ce voile ; laisse-moi voir si ton visage est en harmonie avec la grâce de ton corps. »

Julia, qui ne demandait pas mieux que de montrer ses charmes, et qui pensait peut-être intéresser ainsi davantage l'Égyptien à son sort, leva son voile après une courte hésitation, et révéla une beauté à laquelle le regard de l'Égyptien n'aurait pu reprocher qu'un peu trop d'art.

« Tu viens pour m'entretenir d'un amour malheureux, dit-il ; tourne ton visage vers celui que tu aimes ; je ne saurais te conseiller un meilleur charme que celui-là !

— Oh ! trêve à ces flatteries, dit Julia ; c'est un vrai charme que je viens demander à ta science, un charme qui fasse aimer.

— Belle étrangère, répliqua Arbacès avec un peu d'ironie, de semblables talismans ne sont pas au nombre des secrets que mes longues veilles ont acquis.

— Alors, illustre Arbacès, pardonne-moi et reçois mes adieux.

— Arrête, s'écria Arbacès, qui, malgré sa passion pour Ione, ne demeurait pas insensible à la beauté de sa visiteuse, et qui, dans un meilleur état que celui où il se trouvait, aurait peut-être essayé de consoler la noble Julia par d'autres moyens que ceux d'une science surnaturelle....

— Arrête, reprit-il ; quoique j'aie laissé, je l'avoue, l'art de la magie, des philtres et des breuvages à ceux qui en font métier, je ne suis pas cependant si indifférent à la beauté, que je n'aie usé de cet art pour mon propre compte dans ma jeunesse.... Je puis te donner des renseignements utiles, du moins, si tu me parles avec franchise. Si j'en crois ta toilette, tu n'es pas encore mariée ?

— Non, dit Julia.

— Et peut-être, n'étant pas favorisée de la fortune, tu veux conquérir un riche époux.

— Je suis plus riche que celui qui me dédaigne.

— C'est étrange, très-étrange! tu aimes donc bien celui qui ne t'aime pas?

— Je ne sais si je l'aime, répondit Julia avec hauteur, mais je sais que je veux triompher d'une rivale. Je voudrais voir à mes pieds celui qui m'a refusé son hommage.... Je voudrais voir celle qu'il m'a préférée, méprisée à son tour.

— Ambition naturelle et digne d'une femme! continua l'Égyptien d'un ton trop grave pour être ironique; un mot encore, jeune fille. Peux-tu me confier le nom de celui que tu aimes? est-il possible que ce soit un Pompéien? Un Pompéien, s'il était aveugle à ta beauté, le serait-il à ta richesse?

— Il est d'Athènes, répondit Julia en baissant les yeux.

— Ah! s'écria l'Égyptien impétueusement, et une vive rougeur colora ses joues, il n'y a qu'un Athénien jeune et noble à Pompéi.... Parlerais-tu de Glaucus?

— Ne me trahis pas, c'est lui en effet. »

L'Égyptien s'abaissa sur son siége, le regard attaché sur le visage à demi détourné de la fille du marchand, en se demandant à lui-même si cette conférence, qu'il avait jusqu'alors regardée comme indifférente, en s'amusant de la crédulité de sa visiteuse, ne pouvait pas profiter à sa vengeance.

« Je vois que tu ne peux m'être d'aucun secours, reprit Julia offensée de son silence; garde-moi du moins le secret; encore une fois, adieu.

— Jeune fille, répliqua l'Égyptien d'un ton empressé et sérieux, ta requête m'a vivement touché.... tes désirs seront satisfaits. Écoute-moi : je ne me suis pas occupé moi-même de ces mystères subalternes, mais je connais une personne qui en fait sa profession. Au pied du Vésuve, à moins d'une lieue de la ville, habite une puissante magicienne; elle a cueilli, sur la rosée de la nouvelle lune, des plantes qui possèdent la vertu d'enchaîner l'amour par des nœuds éternels. Son art peut faire tomber celui que tu aimes à tes pieds. Va la trouver, prononce devant elle le nom d'Arbacès; elle redoute ce nom, et elle te communiquera ses philtres les plus certains.

— Hélas! dit Julia, je ne connais pas la route qui conduit à la demeure de cette magicienne dont tu parles; la route, quelque courte qu'elle soit, est longue à traverser pour une jeune fille qui quitte, à l'insu de tout le monde, la maison de son père ; la campagne est semée de vignes sauvages et de cavernes dangereuses ; je n'ose me fier à des étrangers pour me garder ; la réputation des femmes de mon rang est aisément ternie ; et, quoiqu'il m'importe peu qu'on sache que j'aime Glaucus, je ne voudrais pas qu'on crût que j'ai pu obtenir son amour au moyen d'un philtre.

— Trois jours encore, dit l'Égyptien en se levant pour essayer ses forces, et en marchant dans la chambre d'un pas faible et irrégulier, trois jours de santé, et je pourrai t'accompagner.... tu m'attendras.

— Mais Glaucus va épouser cette Napolitaine que je hais.

— L'épouser ?

— Oui, dans les commencements du mois prochain.

— Sitôt ! en es-tu sûre ?

— Je le tiens de la bouche de son esclave.

— Cela ne sera pas ! dit l'Égyptien avec force. Ne crains rien. Glaucus sera à toi. Mais lorsque tu auras obtenu le philtre, comment t'y prendras-tu pour t'en servir ?

— Mon père a invité Glaucus, et, je pense, la Napolitaine aussi à un banquet pour après-demain ; j'aurai l'occasion de verser le philtre dans sa coupe.

— Qu'il en soit ainsi, dit l'Égyptien dont les yeux brillèrent d'une joie si sauvage que Julia éprouva quelque frayeur en le regardant. Demain soir, commande ta litière ; as-tu quelqu'un à tes ordres ?

— Certainement, répondit Julia, toujours fière de son opulence.

— Commande ta litière.... à deux milles de la ville, il y a une maison de plaisir, fréquentée par les plus riches Pompéiens, connue pour l'excellence de ses bains et la beauté de ses jardins. Tu peux en faire le prétexte de ta promenade.... tu m'y trouveras, fussé-je mourant, près de la statue de Silène, dans le petit bois qui borde le jardin ; je te conduirai moi-même chez la magicienne. Nous attendrons que l'étoile du soir ait fait rentrer les troupeaux des bergers, qu'un sombre crépuscule nous entoure et dérobe nos pas à tous les yeux. Arbacès, le magicien, l'Égyptien, te jure, par le destin, qu'Ione ne sera jamais l'épouse de Glaucus.

— Et que Glaucus sera le mien, ajouta Julia, achevant la sentence.

— Tu l'as dit, » répliqua Arbacès.

Et Julia, à demi effrayée du terrible engagement qu'elle prenaît, mais poussée par la jalousie et par la haine contre sa rivale, résolut de le tenir.

Demeuré seul, Arbacès laissa éclater ses sentiments.

« Brillantes étoiles qui ne mentez jamais, vous commencez déjà l'exécution de vos promesses, le succès dans mes amours, la victoire sur mes ennemis, pour le reste de ma douce existence. Au moment même où mon esprit ne me fournit plus aucun moyen de vengeance, vous m'avez envoyé pour appui cette belle insensée ! »

Il se plongea dans ses profondes pensées.

« Oui, ajouta-t-il d'une voix plus calme, je ne lui aurais pas donné, moi, ce poison qui sera le philtre.... sa mort aurait pu me compromettre en remontant jusqu'à ma porte.... Mais la magicienne !... ah ! c'est elle qui est l'agent le plus convenable pour mes desseins ! »

Il appela un de ses esclaves, lui ordonna de suivre les pas de Julia et de s'informer du nom et de la condition de la jeune fille. Cela fait, il sortit sous le portique. Les nuages étaient sereins et clairs ; mais, familiarisé comme il l'était avec les moindres variations de l'atmosphère, il aperçut une masse de nuages, au loin à l'horizon, que le vent commençait à agiter, et qui annonçaient un orage.

« C'est l'image de ma vengeance, dit-il ; le ciel est pur, mais le nuage s'approche. »

CHAPITRE VI.

Un orage dans les pays chauds. — La caverne de la magicienne.

Ce fut lorsque les chaleurs du midi commencèrent graduellement à se retirer de la terre, que Glaucus et Ione sortirent pour jouir de l'air pur et se rafraîchir. A cette époque, les Romains se servaient de diverses espèces de voitures : celle qui était la plus en usage parmi les citoyens riches, lorsqu'ils étaient seuls, était le *biga*, que nous avons déjà décrit dans la première partie de cet ouvrage ; on appelait *carpentum* [1] celle dont

---

1. Dans les fêtes publiques et dans les jeux, il y en avait de plus somptueuses et de plus coûteuses, à quatre roues, et qu'on nommait *pilenta*

usaient ordinairement les matrones, voiture qui avait communément deux roues; les anciens employaient aussi une sorte de litière, vaste chaise à porteurs, plus commodément disposée que celle des modernes, puisque celui qui l'occupait pouvait s'y coucher à son aise, au lieu d'être secoué et ballotté perpendiculairement [1]. Il y avait aussi une autre voiture dont on se servait pour voyager ou pour faire des excursions dans la campagne, qui contenait facilement trois ou quatre personnes, avec une tenture qui pouvait se soulever à volonté; en un mot, quoique la forme en soit différente, elle correspondait à notre moderne *britska*.... Les amants, accompagnés seulement d'une esclave d'Ione, avaient pris une voiture de ce genre. A dix milles de la cité, on trouvait les ruines d'un temple évidemment grec; et, pour Glaucus et Ione, tout ce qui rappelait la Grèce possédait un grand intérêt; ils avaient résolu de visiter ces ruines : c'était là le but de leur promenade.

La route les conduisit aisément à travers des bosquets de vignes et d'oliviers, jusqu'à ce qu'ils arrivassent sur les sommets les plus élevés du Vésuve. Le chemin alors devint difficile : les mules marchaient lentement et avec peine. A chaque perspective qui s'ouvrait dans le bois, ils apercevaient des cavernes grises et terribles, découpées dans le roc brûlé, que Strabon a décrites, mais que les diverses révolutions du temps et les éruptions du volcan ont effacées de l'aspect actuel de la montagne. Le soleil était sur son déclin; de grandes et profondes ombres s'avançaient sur les collines; par intervalles ils entendaient encore les sons rustiques du berger parmi les touffes de bouleaux et les chênes sauvages. Parfois ils remarquaient la forme gracieuse de la *capella* au poil soyeux, à la corne contournée, à l'œil brillant et gris, qui, sous les cieux de l'Ausonie, rappelle les églogues de Virgile, en broutant sur le flanc des montagnes. Des grappes de raisin, que le sourire de l'été rendait déjà vermeilles, étincelaient entre les festons de pampre qui pendaient d'un arbre à l'autre. Au-dessus, de légers nuages flottaient dans un ciel serein, et glissaient d'une façon si lente à travers le firmament, qu'ils semblaient à peine se mouvoir; à leur droite, de moment en moment, leur vue découvrait une mer sans vagues, qu'animaient seulement quelques légères barques à sa surface; les derniers rayons du soleil teignaient de douces et innombrables nuances cette délicieuse mer.

1. Ils avaient aussi la *sella*, où ils étaient assis comme nous

« Quelle belle expression, dit Glaucus à mi-voix, que celle qui appelle la terre notre mère !... Avec quelle tendresse égale et sainte elle répand ses bienfaits sur ses enfants ! Même dans les lieux stériles auxquels la nature a refusé sa beauté, elle essaye encore de sourire. Regarde comme elle marie l'arbousier et la vigne sur le sol aride et brûlant de ce volcan ; à une telle heure, et en présence d'une telle scène, nous pourrions bien nous attendre à voir la riante figure d'un faune se montrer à travers ces festons, ou bien à surprendre les pas d'une nymphe de la montagne qui s'enfuit dans l'épaisseur du bois. Mais la nymphe a disparu de la terre, belle Ione, le jour même où les cieux t'ont créée, *toi*. »

Aucune langue ne sait flatter mieux que celle d'un amant qui, dans l'exagération même de ses sentiments, ne croit dire encore que les choses les plus ordinaires. Étrange prodigalité qui s'épuise elle-même dans son effusion.

Ils arrivèrent aux ruines ; ils les examinèrent avec cette tendresse qu'inspirent les vestiges sacrés des lieux habités par nos ancêtres ; ils y demeurèrent jusqu'à ce qu'Hesperus parut dans les nuages roses du ciel ; et, se mettant en route au crépuscule pour revenir, ils gardèrent quelque temps le silence : car, dans l'ombre et sous les étoiles, leur mutuel amour oppressait davantage leurs cœurs.

Ce fut à ce moment que l'orage prédit par l'Égyptien commença à gronder autour d'eux. D'abord un roulement de tonnerre sourd et éloigné les avertit de la prochaine lutte des éléments ; bientôt les nuages s'accumulèrent sur leurs têtes, et la foudre y retentit avec force et à coups pressés. La promptitude avec laquelle se forment les nuages, dans ce climat, a quelque chose de surnaturel, et la superstition des premiers âges a pu y voir l'effet d'une puissance divine, sans qu'il y ait lieu de s'en étonner : quelques larges gouttes de pluie tombèrent pesamment à travers les branches qui s'étendaient au-dessus du sentier ; puis tout à coup un éclair rapide et effrayant passa avec ses lueurs fourchues devant leurs yeux, et fut suivi d'une complète obscurité.

« Va plus vite, bon *carrucarius*, dit Glaucus au conducteur. L'orage va fondre sur nous. »

L'esclave pressa ses mules ; elles rasèrent le chemin inégal et pierreux ; les nuages s'épaissirent de plus en plus ; le tonnerre redoubla ses coups et la pluie tomba à grands flots.

« N'as-tu pas peur ? murmura tout bas Glaucus à Ione, en saisissant ce prétexte pour s'approcher d'elle davantage.

— Non, pas avec toi, » répondit-elle doucement.

En cet instant, la voiture fragile et mal construite (comme beaucoup d'autres choses peu perfectionnées de ce temps, en dépit de leurs formes gracieuses) tomba avec violence dans une ornière, en travers de laquelle se trouvait une poutre de bois. Le conducteur, jurant contre ses mules, ne fit que les stimuler plus vigoureusement ; mais il en résulta qu'une des roues vint à se détacher et que la voiture versa.

Glaucus, précipitamment sorti du véhicule, porta secours à Ione, qui par bonheur ne s'était pas blessée. Ils parvinrent, non sans difficulté, à relever le *carruca*, mais ils reconnurent qu'il ne fallait pas songer même à y chercher un abri ; les ressorts qui servaient à attacher la tenture étaient brisés et la pluie se précipitait dans l'intérieur.

Qu'y avait-il à faire dans cette fâcheuse conjoncture ? Ils étaient encore à quelque distance de la ville : ni maison ni aide autour d'eux.

« Il y a, dit l'esclave, un forgeron à un mille d'ici ; il pourrait remettre la roue à la voiture ; mais, par Jupiter, comme il pleut, ma maîtresse sera trempée avant que je sois revenu.

— Cours-y, reprit Glaucus ; nous tâcherons de nous abriter du mieux possible jusqu'à ton retour. »

La route était ombragée d'arbres ; Glaucus attira Ione sous le plus épais. Il essaya de la protéger avec son manteau contre la pluie ; mais la pluie tombait avec tant de violence que rien ne lui faisait obstacle. Pendant que Glaucus soutenait la belle Ione et l'encourageait tout bas à prendre patience, la foudre éclata sur un des arbres qui se trouvaient immédiatement devant eux et fendit en deux son large tronc. Ce redoutable accident leur fit connaître le péril qu'ils couraient sous leur propre abri, et Glaucus regarda autour de lui avec anxiété pour voir s'il ne découvrirait pas un lieu de refuge moins exposé au danger.

« Nous sommes maintenant, dit-il, à peu près à la hauteur de la moitié du Vésuve ; il doit y avoir quelque caverne, quelque creux dans ces rochers couverts de vignes, retraite abandonnée par les nymphes ; si nous pouvions y arriver ! »

En parlant ainsi, il s'éloigna un peu de l'arbre, et, parcourant la montagne d'un regard attentif, il aperçut à une distance peu considérable une lumière rouge et tremblante.

« Cette lumière, dit-il, doit provenir du foyer de quelque berger ou de quelque vigneron ; elle va nous guider vers un endroit hospitalier. Voulez-vous rester ici, Ione.... pendant que.... Mais non.... je ne voudrais pas vous quitter lorsqu'il y a du danger....

— J'irai volontiers avec vous, dit Ione ; quoique cet espace soit découvert, il vaut encore mieux que l'abri perfide de ces arbres. »

Glaucus, moitié conduisant, moitié portant Ione, s'avança, accompagné de la tremblante esclave, vers la lueur rougeâtre et d'un aspect étrange qui les guidait. Ils en perdaient quelquefois les rayons à travers les plants de vigne sauvage qui remplissaient leur chemin découvert et encombraient leurs pas. Cependant la pluie augmentait toujours, et les éclairs revêtaient leurs formes les plus effrayantes et les plus sinistres. Ils continuaient néanmoins à marcher dans l'espoir que, si leur attente était trompée par cette lumière, ils arriveraient pourtant à quelque demeure de berger ou à quelque caverne propice. Les vignes s'entortillaient de plus en plus devant eux ; la lumière disparaissait complètement à leur vue ; mais un léger sentier, qu'ils suivaient avec fatigue et avec peine, continuait à les conduire dans sa direction, à la seule lueur des éclairs que lançait l'orage. La pluie cessa soudain ; un terrain escarpé et rude, formé par la lave, s'étendait devant eux, rendu plus terrible encore dans son aspect par les éclats de foudre qui l'illuminaient de temps à autre. Quelquefois la flamme, en tombant sur des monceaux de scories gris de fer, couverts en partie d'ancienne mousse et d'arbres rabougris, s'arrêtait là quelque temps hésitante, comme si elle eût cherché en vain quelque production de la terre plus digne de son courroux ; d'autres fois, laissant toute cette partie dans l'obscurité, elle courait au-dessus de la mer en longs traits et semblait embraser les vagues ; si intense était le feu du ciel, qu'on pouvait reconnaître les contrées les plus éloignées de la baie, depuis l'éternel Misène, avec son front orgueilleux, jusqu'à la belle Sorrente et aux montagnes géantes qui l'entourent.

Nos amants s'arrêtèrent pleins de doute et de perplexité, lorsque soudain, dans un moment où l'obscurité les enveloppait, après les embrasements de la foudre, ils revirent tout près d'eux, mais plus haut, la mystérieuse lumière. Un nouvel éclair, qui rougit le ciel et la terre, leur fit distinguer même les environs. Aucune maison ne se trouvait à leur proximité ; mais, à l'endroit où avait brillé la lumière, ils crurent apercevoir au pied d'une cabane une espèce de forme humaine. L'obscurité revint. La lumière, que les feux du ciel n'éclipsaient plus, reparut encore : ils se décidèrent à monter de ce côté ; il leur fallut se faire un chemin au milieu des fragments de rochers recouverts çà et là de buissons sauvages. Cependant ils approchaient de plus en plus, et à la fin ils parvinrent à l'entrée d'une sorte de caverne, qui semblait avoir été formée par de gros blocs de pierre tombés en travers les uns des autres. Ils jetèrent les yeux dans l'ombre de la caverne et reculèrent involontairement, avec une terreur superstitieuse et un long frisson.

Un feu était allumé dans l'intérieur de la caverne, et sur ce feu on voyait un petit chaudron. Une lampe grossière était placée sur une haute et mince colonne de fer. Sur le côté du mur, au bas duquel flambait le feu, pendait en rangs nombreux, comme pour sécher, une quantité d'herbes et de graines. Un renard, couché devant l'âtre, fixait sur les étrangers des yeux rouges et étincelants, le poil hérissé et faisant entendre un sourd murmure entre ses dents. Au centre de la caverne se dressait une statue de la Terre, avec trois têtes d'un aspect bizarre et fantastique, composées des crânes d'un chien, d'un cheval et d'un sanglier. Un trépied peu élevé s'avançait en face de ce terrible symbole de la populaire Hécate.

Mais ce ne furent pas ces bizarres ornements de la caverne qui glacèrent le plus le sang de ceux qui y jetèrent les yeux : ce fut la figure de l'hôtesse. Devant le feu, la lumière réfléchie sur ses traits, se tenait assise une femme très-âgée. On ne rencontre peut-être dans aucun pays autant de vieilles femmes affreuses qu'en Italie. Dans aucun pays la beauté, en se retirant, ne laisse une forme plus révoltante et plus hideuse. Mais la vieille femme qui se présentait aux amants n'offrait pas ce dernier degré de la laideur humaine : on reconnaissait, au contraire, en elle les restes de traits réguliers, nobles et aquilins ; elle avait un regard qui exerçait encore une sorte de fascination. On eût dit le regard d'un cadavre, regard froid e terne ; ses lèvres bleues et rentrées, ses cheveux d'un gris pâle, plats et sans lustre, sa peau livide, verte, inanimée, semblaient avoir déjà pris les couleurs et les nuances de la tombe.

« C'est une morte, dit Glaucus.

— Non.... elle se meut.... c'est un fantôme, ou une *larva* murmura Ione en se pressant contre la poitrine de l'Athénien.

— Oh! fuyons, fuyons, s'écria l'esclave, c'est la magicienne du Vésuve.

— Qui êtes-vous ? dit une voix creuse et pareille à celle d'une ombre, et que faites-vous ici ? »

Cette voix lugubre et sépulcrale, en harmonie avec la figure de celle qui parlait, et qui paraissait plutôt la voix de quelque malheureuse créature errant sur les bords du Styx, que celle d'un être mortel, aurait fait fuir Ione au milieu des plus terribles rigueurs de l'orage ; mais Glaucus, quoiqu'il ne fût pas sans frayeur lui-même, l'entraîna dans la caverne.

« Nous sommes des voyageurs de la cité voisine ; égarés sur la montagne, dit-il, nous avons été attirés par cette flamme, et nous demandons un abri à votre foyer. »

Pendant qu'il parlait, le renard se leva et s'approcha d'eux en montrant dans toute leur rangée ses dents blanches et en glapissant d'une façon menaçante.

« Paix, esclave ! » dit la sorcière ; et au son de sa voix l'animal s'arrêta et se recoucha, couvrant son museau de sa queue et tenant seulement ses yeux fixés d'un air plein de vigilance sur les étrangers qui étaient venus troubler son repos. « Approchez-vous du feu, si vous voulez, dit la vieille à Glaucus et à ses compagnons. Je ne reçois volontiers ici aucune créature vivante, à l'exception du hibou, du renard, du crapaud et de la vipère.... Je ne puis donc vous faire bon accueil.... Mais asseyez-vous malgré cela auprès du feu.... sans autre cérémonie. »

Le langage dans lequel s'exprima la vieille femme était un latin étrange et barbare, entremêlé de mots d'un plus rude et plus ancien dialecte. Elle ne se leva pas de son siége, mais elle le regarda attentivement, pendant que Glaucus débarrassait Ione de son manteau et la faisait asseoir sur une poutre, le seul siége qu'il trouvât à sa portée ; il se mit ensuite à rallumer avec son haleine les restes du feu à moitié éteint. L'esclave, encouragée par la hardiesse de ses maîtres, se dépouilla elle-même de sa longue *palla* et se glissa timidement de l'autre côté du foyer.

« Nous vous gênons peut-être? » dit Ione d'une voix argentine, pour se concilier la vieille.

La sorcière ne répondit pas. Elle ressemblait à une femme réveillée un moment de la tombe, mais qui avait repris après son éternel sommeil.

« Dites-moi, s'écria-t-elle tout à coup après un long silence, êtes-vous frère et sœur?

— Non, répondit Ione en rougissant.
— Êtes-vous mariés ?
— Pas encore, reprit Glaucus.
— Ha ! des amants.... ha ! ha ! ha ! » et la sorcière fit retentir la caverne d'un éclat de rire prolongé.

Le cœur d'Ione se glaça à cet étrange accès de gaieté. Glaucus se hâta de murmurer quelques paroles auxquelles il attribuait le pouvoir de conjurer un mauvais présage, et l'esclave, dans son coin, devint aussi pâle que la sorcière elle-même.

« Pourquoi ris-tu ainsi, vieille femme ? dit Glaucus avec rudesse, après qu'il eut achevé son invocation.

— Ai-je ri ? demanda la sorcière d'un air distrait.

— Elle est en enfance, reprit Glaucus, et tout en parlant il rencontra les yeux de la sorcière fixés sur les siens avec un regard plein de malice et de vivacité.

— Tu mens ! dit-elle brusquement.

— Tu es une hôtesse bien peu aimable, dit Glaucus.

— Oh ! cher Glaucus, dit Ione, ne l'irrite pas.

— Je veux te dire pourquoi j'ai ri lorsque j'ai appris que vous n'étiez que des amants, dit la vieille femme. C'était parce qu'il y a du plaisir pour les personnes vieilles et flétries à voir de jeunes amants comme vous, et à savoir en même temps que dans peu vous vous haïrez l'un l'autre.... vous vous haïrez.... ha ! ha ! ha ! »

Cette fois, ce fut le tour d'Ione à prier pour détourner la funeste prophétie.

« Que les dieux empêchent ce malheur ! dit-elle ; pauvre vieille femme, tu connais peu le véritable amour, sans quoi tu saurais qu'il ne change jamais.

— N'ai-je pas été jeune, selon vous ? reprit vivement la vieille ; et ne suis-je pas maintenant vieille, hideuse, morte ? Telle est la forme, tel est le cœur. »

En prononçant ces mots, elle retomba dans un profond silence, comme si la vie eût cessé en elle.

« Y a-t-il longtemps que tu habites ici ? dit Glaucus après une pause, car ce silence effrayant était comme un poids sur son cœur.

— Oh ! oui, bien longtemps.

— C'est une lugubre demeure.

— Ah ! tu peux le dire avec raison ; l'enfer est sous nos pieds, répondit la sorcière en montrant la terre de son doigt osseux, et je veux bien te dire un secret. Les êtres ténébreux d'ici-bas vous menacent de leur colère, vous qui habitez là-haut.... vous tous jeunes, imprévoyants et beaux.

— Tu n'as que de mauvaises paroles, peu convenables à l'hospitalité, reprit Glaucus, et à l'avenir j'affronterai l'orage plutôt que ta présence.

— Tu feras bien. Nul ne devrait entrer chez moi, excepté les malheureux.

— Et pourquoi les malheureux ? demanda l'Athénien.

— Je suis la magicienne de la montagne, répliqua la sorcière avec un terrible sourire; mon métier est de donner de l'espérance à qui n'en a plus ; j'ai des philtres pour les gens contrariés dans leurs amours ; des promesses de trésors pour les avaricieux; des potions vengeresses pour les méchants; pour les heureux et les bons, je n'ai que ce que la vie a elle-même, des malédictions. Ne me trouble pas davantage. »

Après cela, la terrible hôtesse de la caverne reprit son attitude silencieuse, sans que Glaucus pût l'engager dans une plus ample conversation. Aucune altération de ses traits rigides et immobiles n'indiquait même qu'elle l'entendît. Par bonheur, l'orage, aussi calme qu'il avait été violent, commençait à passer, la pluie tombait avec moins de force; et, à mesure que les nuages se dissipaient, la lune se montrait dans le ciel en flamme, et jetait une claire lumière dans cette demeure sinistre : jamais peut-être elle n'avait éclairé un groupe plus digne d'être reproduit par l'art du peintre. La jeune, la toute belle Ione, était assise près du foyer grossier; son amant, qui avait déjà oublié la présence de la sorcière, était couché à ses pieds, les yeux tournés vers elle et lui murmurant de douces paroles; l'esclave, pâle et effrayée, se tenait à peu de distance, et la sorcière, au formidable aspect, les surveillait du regard. Cependant, ces deux êtres si beaux avaient repris leur sérénité (car tel est le pouvoir de l'amour). Ils paraissaient sans inquiétude, et on les aurait pris pour des êtres d'un ordre supérieur, descendus dans cette mystérieuse et sombre caverne. Le renard les contemplait de son coin, avec des yeux perçants et sauvages ; Glaucus, en se retournant vers la sorcière, aperçut pour la première fois, sur le siège qu'elle occupait, le regard étincelant et la tête courroucée d'un large serpent; il se peut que les vives couleurs du manteau de l'Athénien, jeté sur les épaules d'Ione, eussent attiré la colère du reptile ; sa tête se dressa, il sembla se préparer à s'élancer sur la Napolitaine. Glaucus s'empara sur-le-champ d'un tison du foyer, et, comme si cette action augmentait la fureur du serpent, il sortit de sa retraite et se dressa sur sa queue jusqu'à la hauteur du Grec.

« Sorcière, s'écria Glaucus, rappelle ce serpent à toi, ou tu vas le voir tomber mort.

— Il a été dépouillé de son venin, » dit la sorcière, réveillée par cette menace ; mais avant que ces paroles fussent échappées de ses lèvres, le serpent s'était élancé sur Glaucus. L'agile Grec, qui était sur ses gardes, se jeta précipitamment de côté, et frappa un coup si violent et avec tant d'adresse sur la tête du serpent, que l'animal tomba sans force parmi les cendres brûlantes du foyer.

La sorcière bondit et se plaça en face de Glaucus, avec un visage qui aurait convenu à la plus horrible des Furies, tant il y avait de colère et de rancune dans son expression, quoiqu'elle conservât, même dans son horreur et dans son redoutable aspect, des contours et des traces de beauté. Elle n'offrait rien, en effet, comme nous l'avons dit, de cette laideur ridicule et grotesque dans laquelle les imaginations du Nord ont cherché la source de la terreur.

« Tu as, dit-elle d'une voix lente et ferme, qui contrastait par son calme avec l'expression de son visage, tu as trouvé un abri sous mon toit, tu t'es réchauffé à mon foyer, tu m'as rendu le mal pour le bien ; tu as frappé et peut-être tué l'être qui m'aimait et qui m'appartenait, bien plus, la créature consacrée entre toutes aux dieux, et que les hommes regardent comme vénérable[1]; sache quelle punition t'attend. Par la Lune, qui est la protectrice de la magicienne, par Orcus, qui est le trésorier de la Colère, je te maudis. Tu es maudit. Puisse ton amour être flétri, ton nom être déshonoré.... puissent les dieux infernaux te poursuivre.... puisse ton cœur brûler à petit feu.... puisse ta dernière heure te faire souvenir de la voix prophétique de la *saga* du Vésuve ! Et toi...., ajouta-t-elle en se retournant avec la même rage vers Ione et en agitant sa main droite

— Arrête, sorcière ! s'écria Glaucus en l'interrompant avec impétuosité. Tu m'as maudit, et je confie mon sort aux dieux. Je te brave et te méprise. Mais ne profère pas une parole contre cette jeune fille, ou la malédiction qui sortira de ta bouche sera ton dernier soupir. Prends garde !

1. Une idée toute particulière de sainteté était attachée par les Romains aux serpents, de même que chez les anciens peuples ; ils en avaient d'apprivoisés dans leurs maisons et ils les admettaient même à leur table.

— J'ai fini, reprit la sorcière avec un sauvage éclat de rire, car la destinée de la femme que tu aimes est attachée à la tienne, et ta destinée est d'autant plus certaine, que j'ai entendu ses lèvres prononcer ton nom, et je sais par quelle parole te dévouer aux dieux infernaux. Glaucus, tu es maudit ! »

En parlant ainsi, la sorcière se détourna de l'Athénien, et s'agenouillant à côté du reptile blessé qu'elle retira du foyer, elle ne releva plus les regards sur les assistants.

« O Glaucus ! s'écria Ione terrifiée, qu'avez-vous fait ? Sortons vite de ce lieu. L'orage a cessé.... Bonne hôtesse, pardonne-lui.... rétracte tes malédictions.... il n'avait pas d'autre dessein que de se défendre.... Accepte ce gage de paix pour revenir sur ce que tu as dit. »

Et Ione, en se baissant, déposa sa bourse sur les genoux de la sorcière.

« Dehors, dehors ! dit-elle amèrement ; l'imprécation est lancée, les Parques seules peuvent dénouer un pareil nœud....

— Viens, ma bien-aimée, dit Glaucus avec impatience.... Penses-tu que les dieux du ciel ou des enfers écoutent le radotage d'une vieille folle ? Viens. »

Les échos de la caverne retentirent longtemps encore des éclats de rire de la saga. Elle ne fit pas d'autre réponse.

Les amants respirèrent plus librement lorsqu'ils furent en plein air ; mais la scène dont ils venaient d'être témoins, les paroles et les éclats de rire de la sorcière, pesaient encore sur le cœur d'Ione ; Glaucus lui-même avait peine à se remettre de l'émotion qu'il avait éprouvée. L'orage avait passé, on n'entendait plus qu'un coup de tonnerre de temps à autre à distance dans les nuages sombres, ou bien un éclair égaré venait protester contre la lune victorieuse. Ils regagnèrent le chemin avec quelque difficulté, et retrouvèrent la voiture suffisamment réparée pour qu'ils pussent reprendre leur route. Le *carrucarius* invoquait à grands cris Hercule pour lui demander ce que ses maîtres étaient devenus.

Glaucus essaya vainement de ranimer les esprits épuisés d'Ione ; il ne réussit pas davantage à reprendre lui-même l'élasticité de sa gaieté naturelle. Ils parvinrent bientôt à la porte de la ville. Comme on la leur ouvrait, ils rencontrèrent une litière portée par des esclaves et qui barrait le chemin.

« Il est trop tard pour sortir, cria la sentinelle à la personne placée dans la litière.

— Pas du tout, répondit une voix que les amants n'entendisant pas sans effroi, car ils la reconnurent immédiatement. Je suis attendu à la maison de campagne de Marcus Polybius. Je reviendrai dans peu d'instants. Je suis Arbacès, l'Égyptien. »

Les scrupules du gardien s'évanouirent, et la litière passa à côté de la voiture qui ramenait les amants.

« Arbacès à cette heure et à peine rétabli, ce me semble !... Où va-t-il, et pour quel motif quitte-t-il la ville ? dit Glaucus.

— Hélas ! répondit Ione en fondant en larmes, mon âme pressent de plus en plus quelque prochain malheur. Préservez-nous, ô dieux ! ou du moins, ajouta-t-elle intérieurement, préservez Glaucus. »

CHAPITRE VII.

Le seigneur de la Ceinture flamboyante et sa confidente. — Le destin écrit sa prophétie en lettres rouges, mais qui pourra le lire ?

Arbacès avait attendu jusqu'au moment où la fin de l'orage lui permettrait d'aller, sous la protection de la nuit, trouver la saga du Vésuve. Porté par les plus fidèles de ses esclaves, ceux auxquels il avait l'habitude de se confier dans ses courses les plus secrètes, il était étendu dans sa litière ; il abandonnait son cœur ardent à des idées de vengeance heureuse et d'amour satisfait. Les esclaves, dans un si court voyage, ne marchaient pas beaucoup plus lentement que les mules. Arbacès ne tarda pas à arriver à l'entrée d'un étroit sentier que les amants n'avaient pas eu la bonne fortune de découvrir, et qui, serpentant à travers les vignes, conduisait promptement à l'habitation de la sorcière. Il quitta alors sa litière, et commandant à ses esclaves de la cacher dans les vignes et de s'y dérober eux-mêmes à la vue de tout promeneur, il monta seul, en s'aidant d'un long bâton, le rude et dur chemin des rochers.

Il ne tombait plus une goutte de pluie du ciel serein ; mais l'eau s'épanchait le long des vignes et formait çà et là des flaques dans les crevasses et dans les ornières du sentier rocailleux.

« Étrange passion pour un philosophe, pensa Arbacès, que celle qui fait lever un homme comme moi presque de son lit de mort, un homme accoutumé, même en santé, à toutes les jouissances du luxe, et qui le conduit dans une nocturne expédition semblable à celle-ci! mais l'amour et la vengeance, quand ils marchent à leur but, peuvent transformer le Tartare en Élysée. »

La lune, au haut des cieux, répandant une lumière claire et mélancolique sur la route du sombre voyageur, se réfléchissait dans chaque miroir d'eau auprès duquel il passait, ou dormait dans l'ombre sur les flancs de la montagne. Il vit devant lui la même lumière qui avait guidé les pas des deux amants dont il voulait faire ses victimes; mais n'ayant plus pour contraste les sombres nuées de l'orage, elle paraissait moins rouge qu'elle ne leur avait paru.

Il s'arrêta, en approchant de la caverne, pour reprendre haleine; puis, avec le maintien recueilli et majestueux qui lui était habituel, il franchit le seuil mystérieux.

Le renard s'élança encore à la rencontre du visiteur, et annonça, par son grognement, à sa maîtresse l'arrivée du nouveau venu.

La sorcière avait repris son siége et son attitude sépulcrale. A ses pieds, sur un lit de feuilles sèches qui le recouvraient à moitié, reposait le serpent blessé. Mais l'œil pénétrant de l'Égyptien vit ses écailles brillantes à la lueur du foyer, pendant que le reptile se tordait, tantôt allongeant et tantôt raccourcissant ses anneaux avec une expression à la fois de douleur et de courroux.

« Silence, esclave! dit encore la sorcière au renard; et l'animal se recoucha comme il l'avait déjà fait, muet et vigilant.

— Lève-toi, servante de la nuit et de l'Érèbe, dit Arbacès avec autorité ; un être supérieur à toi dans ton art te salue. Lève-toi et fais-lui bon accueil. »

A ces mots la sorcière tourna la tête et jeta un regard sur la taille majestueuse et sur les sombres traits de l'Égyptien. Elle le regarda longtemps et fixement, pendant qu'il se tenait devant elle, dans sa robe orientale, les bras croisés et le front haut et imposant.

« Qui es-tu, dit-elle enfin, toi qui te prétends plus élevé dans l'art que la saga des champs brûlés, et la fille de la race détruite des Étrusques?

— Je suis, répondit Arbacès, celui dont tous ceux qui cultivent la magie, du nord au sud, de l'est à l'ouest, depuis le Gange et le Nil jusqu'aux vallées de la Thessalie et aux rives du Tibre jaune, sollicitent les leçons.

— Il n'y a qu'un seul être de cette espèce dans le pays, répondit la sorcière, celui que les hommes du monde entier, qui ignorent ses sublimes attributs et sa secrète renommée, appellent Arbacès l'Égyptien. Pour nous, d'une nature plus haute et d'un savoir plus profond, son nom véritable est Hermès à la Ceinture flamboyante.

— Regarde donc, reprit Arbacès, je suis cet homme. »

En prononçant ces paroles, il ouvrit sa robe et fit voir une ceinture couleur de feu qui semblait brûler autour de sa taille, ceinture retenue au milieu par un anneau sur lequel était gravé un signe en apparence vague et inintelligible, mais qui n'était pas évidemment inconnu à la saga. Elle se hâta de se lever et se jeta aux pieds d'Arbacès.

« J'ai vu, dit-elle d'une voix excessivement humble, le seigneur de la Ceinture flamboyante.... qu'il reçoive mon hommage.

— Lève-toi, dit l'Égyptien, j'ai besoin de toi. »

Il s'assit en même temps sur la poutre où s'était assise Ione, et fit signe à la sorcière de reprendre son siége.

« Tu dis, reprit-il quand elle eut obéi, que tu es une fille des anciennes tribus étrusques[1], dont les vastes murs, bâtis sur le roc, contemplent aujourd'hui encore avec mépris la race des brigands usurpateurs de leur ancien empire. Ces tribus vinrent en partie de la Grèce, en partie d'un climat plus brûlant, d'une terre plus primitive. Dans l'un et l'autre cas, tu es d'origine égyptienne, car les maîtres grecs des ilotes aborigènes furent au nombre des enfants turbulents que le Nil rejeta de son sein. Tu descends également, ô saga! d'ancêtres qui jurèrent obéissance aux miens. Par la naissance aussi bien que dans la connaissance de ton art, tu es sujette d'Arbacès. Écoute-moi donc et obéis ! »

La sorcière baissa la tête.

« Quelle que soit notre science en magie, dit Arbacès, nous sommes parfois obligés d'employer des moyens naturels pour atteindre notre but. L'anneau, le cristal, les cendres, les herbes[2] ne nous donnent pas des pronostics certains; les mystères plus sublimes de la lune elle-même n'accordent pas au possesseur de la Ceinture le privilége de se dispenser de la nécessité de recourir à des mesures humaines pour parvenir à un but humain. Remarque donc ceci. Tu es profondément versée, je

1. Les Étrusques étaient célèbres par leurs enchantements.
2. La dactylomancie, la crystallomancie, la téphromancie, la botanomancie.

crois, dans la connaissance des herbes vénéneuses; tu sais quelles sont celles qui arrêtent le cours de la vie, qui embrasent et consument l'âme et la tirent de force de sa citadelle, ou bien qui se glissent dans les canaux d'un jeune sang, et les épaississent de telle façon qu'aucun soleil ne peut fondre cette glace. Ai-je trop présumé de tes talents? Réponds franchement.

— Puissant Hermès, cette science est en effet la mienne. Daigne regarder seulement ces traits pareils à ceux d'un fantôme, d'un vrai cadavre; s'ils ont perdu les couleurs de l'existence, c'est seulement pour s'être penchés sur les herbes qui nuit et jour cuisent dans ce chaudron. »

L'Égyptien se recula involontairement, à la pensée de ce breuvage infernal et malsain.

« C'est bien, dit-il, tu connais le conseil de la science à ses disciples: Méprise le corps, pour rendre l'âme plus sage. Mais continue ta tâche : demain, à l'heure où les étoiles brilleront dans le ciel, viendra te voir une jeune fille pleine de vanité, qui réclamera de ton art un philtre amoureux capable de détourner d'un autre des yeux qu'elle ne voudrait voir s'attacher que sur elle. Au lieu de philtre, donne à cette jeune fille un de tes plus puissants poisons. Que l'âme de son amant aille rejoindre les ombres ! »

La sorcière trembla de la tête aux pieds.

« Oh ! pardon, pardon, maître redoutable, dit-elle d'une voix affaiblie, je n'oserai faire cela. Les lois de la cité sont rigoureuses et vigilantes ; on m'arrêtera, on me tuera.

— A quoi te servent donc tes herbes et tes breuvages? » reprit Arbacès d'un ton amer.

La sorcière cacha son odieuse figure entre ses mains.

« Oh ! il y a bien des années, poursuivit-elle avec une voix différente de sa voix habituelle, tant elle était plaintive et douce, je n'étais pas celle que je suis à présent. J'ai aimé, je me suis crue aimée.

— Et quel rapport y a-t-il, sorcière, entre ton amour et mes ordres ? répliqua Arbacès avec impatience.

— Patience, reprit la sorcière, patience, je t'en conjure. J'aimais.... Une autre moins belle que moi, oui, par Némésis ! moins belle, éloigna de moi mon amant.... J'appartenais à cette sombre tribu étrurienne qui connaissait le mieux les secrets de la magie occulte. Ma mère était elle-même une saga. Elle partagea le ressentiment de sa fille. Je reçus de ses mains le breuvage qui devait me rendre celui que j'avais choisi. Je reçus aussi d'elle le poison qui devait anéantir ma rivale. Oh! que ces murs terribles m'écrasent! Ma main tremblante se trompa de philtre : mon amant tomba à mes pieds, mais mort! mort! Depuis, qu'est-ce que la vie a été pour moi? Je devins vieille subitement; je me dévouai moi-même aux sorcelleries de ma race; mais, par une impulsion irrésistible, je me suis maudite et condamnée à une horrible expiation. Je recherche encore les herbes les plus vénéneuses, j'en extrais les poisons, je me figure qu'ils sont destinés à ma rivale détestée; je les verse dans une fiole; je me persuade qu'ils vont réduire sa beauté en poussière. Je me réveille et je vois devant moi le corps agité, les lèvres écumantes, le regard éteint de mon Aulus, immolé.... par moi. »

Le squelette de la sorcière tressaillit, en proie à une violente convulsion.

Arbacès la contempla d'un regard qui exprimait la curiosité et le dédain.

« Cet être misérable, pensait-il, a donc eu des sentiments humains! sous les cendres de son cœur couve encore le feu qui dévore Arbacès! Voilà comme nous sommes tous; mystérieux est le lien de ces passions mortelles, qui unissent les grands et les petits! »

Il attendit pour lui répondre qu'elle eût un peu recouvré l'usage de ses sens et qu'elle se fût remise sur son siége, où elle s'agitait, les yeux fixés sur la flamme du foyer, pendant que de grosses larmes coulaient le long de ses joues livides.

« C'est une douloureuse histoire que la tienne, je l'avoue, dit enfin Arbacès; mais ces émotions-là ne conviennent qu'à la jeunesse; l'âge doit endurcir nos cœurs, et ne les laisser sensibles que pour nous-mêmes. De même que chaque année ajoute une nouvelle écaille aux crustacés, de même chaque année revient endurcir davantage la cuirasse de notre cœur. Trêve à cette frénésie, et maintenant écoute-moi encore une fois. Par la vengeance qui t'a été si chère, je t'ordonne de m'obéir. C'est pour une vengeance que je suis venu vers toi. Ce jeune homme que je veux écarter de mon chemin a traversé mes projets, en dépit de mes talismans; cette chose couverte de pourpre et de broderie, de sourire et d'œillades, dépourvu d'âme et de raison, ne possédant d'autre charme que sa beauté, charme maudit, cet insecte, ce Glaucus.... Je te le dis, par Orcus et par Némésis, il doit mourir! »

Et, s'animant à chaque mot qu'il prononçait, l'Égyptien, oubliant sa faiblesse et son étrange compagne, oubliant tout, excepté sa rage avide de vengeance, parcourait à grands pas l'obscure caverne.

« As-tu dit Glaucus, maître puissant ? s'écria tout à coup la sorcière ; et dans son œil terne se peignit une rancune terrible, à ce nom qui lui rappelait un outrage, petit à la vérité ; mais pour les gens qui vivent dans la solitude, loin du commerce des autres, il n'y a point de petits affronts.

— Oui, il s'appelle ainsi ; mais qu'importe le nom ? Que d'ici à trois jours il n'appartienne plus à la race des vivants !

— Écoute-moi, reprit la sorcière, sortant d'une espèce de rêverie dans laquelle elle s'était plongée après la sentence prononcée par l'Égyptien. Écoute-moi ; je suis à toi, je suis ton esclave, épargne-moi. Si je donne à la jeune fille dont tu parles de quoi détruire la vie de Glaucus, je serai certainement découverte ; les morts trouvent toujours des vengeurs. Bien plus, homme terrible, si l'on apprenait la visite que tu m'as faite, si ta haine contre Glaucus était connue, tu aurais besoin pour te protéger toi-même des plus puissants secours de ta magie.

— Ah ! » dit Arbacès en s'arrêtant soudain, car, voyez l'aveuglement dont la passion couvre les yeux des plus clairvoyants, c'était la première fois que les risques que ce moyen de vengeance pouvait lui faire courir à lui-même se présentaient à son esprit d'ordinaire prudent et circonspect.

— Mais, continua la sorcière, si, au lieu de ce breuvage qui brise le cœur, j'en composais un qui trouble et altère le cerveau, qui rend celui qui le prend incapable de continuer sa route dans la carrière ordinaire de la vie, qui en fait un être abject, privé de jugement et de raison, ta vengeance ne serait-elle pas également satisfaite, et ton but également atteint ?

— Oh ! sorcière, non plus la servante, mais la sœur, mais l'égale d'Arbacès ! Combien l'esprit de la femme est plus raffiné que le nôtre, même dans la vengeance ! Qu'une telle expiation me semble préférable à la mort !

— Et, poursuivit la sorcière en se complaisant dans son projet, nous ne courons en ceci que peu de danger : car notre victime peut perdre la raison par mille moyens que les hommes n'osent rechercher ; il peut être allé dans les vignes, et avoir rencontré une nymphe ; le vin lui-même peut avoir produit cet effet. Ha ! ha ! on n'approfondit jamais trop ces matières dans lesquelles les dieux semblent être intéressés..., et même, au pis aller, qu'on sache que c'est l'effet d'un philtre d'amour....

les philtres d'amour produisent souvent la folie ; et la belle qui s'en sert trouve de l'indulgence. Puissant Hermès, es-tu content de moi ?

— Tu vivras vingt ans de plus pour cela, reprit Arbacès. Je renouvellerai l'époque de ton sort sur la face des pâles étoiles ; tu n'auras pas en vain servi le maître de la Ceinture flamboyante. Et tiens, *saga*, prends ces outils dorés pour te creuser une cellule plus commode dans cette sombre caverne. Un service rendu à Arbacès doit t'apporter plus de bénéfice que mille divinations au moyen du crible et des ciseaux devant les villageois étonnés. »

En parlant ainsi, il jeta à terre une bourse pesante, qui résonna assez agréablement à l'oreille de la sorcière : car, tout en méprisant les jouissances du monde, elle aimait à savoir qu'elle pouvait se les procurer.

« Adieu, dit Arbacès ; n'omets rien, et veille plus longtemps que les étoiles pour composer ton breuvage. Tu obtiendras le respect de tes sœurs, au rendez-vous du Marronnier [1], lorsque tu leur diras que ton ami et ton patron est l'Égyptien Hermès. »

Il ne demeura pas pour écouter les adieux et les remerciments de la sorcière ; il retourna d'un pas pressé dans une atmosphère plus pure, sous le ciel éclairé par la lune, et se hâta de descendre la montagne.

La magicienne, qui suivait ses pas du seuil, se tint longtemps à l'entrée de sa caverne, les yeux fixés sur l'hôte qui s'éloignait, et les rayons de l'astre nocturne, en tombant sur son corps si maigre et sur sa figure d'outre-tombe, tandis qu'elle était debout au milieu des rochers, lui donnaient tout à fait l'air d'une habitante du triste Orcus, qui, sur les portes formidables de l'enfer, aurait vu s'échapper, par le pouvoir de la magie, un compagnon qu'elle rappellerait en vain ou qu'elle demanderait à rejoindre. La sorcière rentra enfin dans sa caverne, ramassa la bourse bien remplie en soupirant, prit la lampe sur son piédestal, et passa dans la partie la plus reculée de son habitation ; elle entra dans un passage noir et rapide qu'on n'apercevait que lorsqu'on en était tout près, et dont l'ouverture était cachée par des rochers aigus et saillants. Elle fit plusieurs pas dans ce passage obscur, comme si elle descendait dans les entrailles de la terre, et, soulevant une pierre, elle déposa son trésor dans un trou qui, révélant ses secrets à la lampe qu'elle

---

[1]. Célèbre rendez-vous des sorciers, à Bénévent.

portait, laissa voir des pièces de monnaie de différente valeur, arrachées par elle à la crédulité ou à la reconnaissance de ses visiteurs.

« J'aime à vous regarder, dit-elle en apostrophant les pièces qui composaient son trésor : car, lorsque je vous contemple, je sens mieux mon pouvoir. Oui, je suis puissante. J'aurai donc vingt ans encore à vous augmenter. O grand Hermès ! »

Elle replaça la pierre et continua à descendre quelques pas encore, puis s'arrêta devant une fente irrégulière du sol. Là, elle se pencha, elle prêta l'oreille à des sons étranges, pareils à un roulement sourd et lointain, auxquels se joignait par moments un bruit plus fort, qui, pour nous servir d'une comparaison vulgaire fidèle, ressemblait au bruit de l'acier que l'on repasse sur une meule ; tout à coup une fumée noire et épaisse sortit de cette fente et se répandit en spirales dans la caverne.

« Les ombres font plus de bruit que d'habitude, dit la sorcière en secouant ses cheveux gris ; c'est étrange, ajouta-t-elle en se reculant, ce n'est que depuis deux jours que cette lumière profonde se fait voir.... Que peut-elle signifier ? »

Le renard, qui avait accompagné sa maîtresse, fit entendre un long glapissement et courut s'abriter à l'extrémité de la caverne. Au cri de l'animal, la sorcière tressaillit et ressentit un frisson glacé ; ce cri, quoiqu'il ne fût causé par aucun motif particulier, n'en était pas moins, pour les esprits superstitieux de cette époque, d'un mauvais présage. Elle murmura ses charmes de conjuration, et revint elle-même dans la caverne, où, au milieu de ses plantes et en se livrant à des incantations, elle se prépara à obéir aux ordres de l'Égyptien.

« Ah ! ce Glaucus a prétendu que je radotais, dit-elle en voyant la fumée se dérouler au-dessus du chaudron bouillant ; quand la mâchoire tombe, quand les dents s'en vont, quand le cœur bat à peine, c'est une chose digne de pitié que de radoter ; mais, poursuivit-elle avec un sourire plein d'une joie féroce, lorsque le jeune, le beau, le fort est subitement atteint d'idiotisme, ah ! c'est cela qui est terrible !... Flammes, brûlez ; herbes, cuisez ; crapauds, bouillez.... Je l'ai maudit, il sera maudit. »

Cette nuit-là même, et à l'heure qui avait été témoin du sombre et sacrilège entretien d'Arbacès et de la saga, Apœcides était baptisé !

CHAPITRE VIII.

Marche des événements. — L'intrigue se noue. — La trame s'ourdit, mais le filet change de main.

« Et vous avez le courage, Julia, d'aller visiter ce soir la magicienne du Vésuve, et dans la compagnie encore de cet homme terrible?

— Oui, Nydia, répliqua timidement Julia; penses-tu donc qu'il y ait réellement quelque chose à craindre? Ces vieilles sorcières, avec leurs miroirs enchantés, leurs cribles tremblants, et leurs herbes cueillies au clair de la lune, ne sont, j'imagine, que d'impudentes trompeuses, qui n'ont peut-être à leur disposition d'autre charme que celui pour lequel je vais la consulter; charme qui provient sans doute de la connaissance des herbes et des simples. Pourquoi aurais-je peur?

— Ne craignez-vous pas votre compagnon?

— Lui, Arbacès!... Par Diane, je n'ai jamais vu d'amant plus gracieux que le magicien; s'il n'avait pas la peau si brune, il serait même assez beau. »

Tout aveugle qu'elle était, Nydia avait assez de pénétration pour s'apercevoir que l'esprit de Julia n'était pas de ceux qui pouvaient s'effrayer des galanteries d'Arbacès. Elle cessa donc de la dissuader; mais un violent désir croissait dans son cœur, celui de savoir si la magie possédait un charme pour faire aimer.

« Laissez-moi vous accompagner, noble Julia, dit-elle à la fin; ma présence ne saurait être une protection, mais j'aimerais à rester près de vous jusqu'au dernier moment.

— Ton offre me plaît infiniment, répondit la fille de Diomède, mais comment arranger cela? L'heure du retour sera peut-être avancée, et l'on s'étonnera de ton absence.

— Ione est indulgente, reprit Nydia; si vous me permettez de passer une nuit sous votre toit, je dirai qu'ancienne protectrice et amie, vous m'avez invitée pour toute une journée, afin d'entendre mes chansons thessaliennes.... »

A l'approche de la nuit, Julia, couchée dans sa litière, qui était assez large pour contenir sa compagne aveugle, prit le chemin des bains qu'Arbacès lui avait indiqué. Pour un esprit aussi léger que le sien, cette entreprise offrait moins de frayeur que de plaisir; elle se réjouissait par-dessus tout à la pensée de son prochain triomphe sur cette odieuse Napolitaine.

Un petit groupe joyeux était réuni auprès de la porte de la ville, au moment où la litière passa pour aller s'arrêter à l'entrée particulière des bains destinés aux femmes.

« Il me semble que je reconnais les esclaves de Diomède, malgré l'obscurité de la nuit, dit un des assistants.

— Tu dis vrai, Claudius, répondit Salluste; c'est probablement la litière de sa fille Julia. Elle est riche, mon ami; pourquoi ne lui fais-tu pas la cour?

— Pourquoi? J'avais pensé autrefois que Glaucus l'épouserait. Elle ne dissimule pas son attachement pour lui, et puis, comme il est beau joueur et pas heureux au jeu....

— Les sesterces auraient passé dans tes mains, sage Claudius. Une femme aussi est une bonne chose, lorsqu'elle appartient à un autre.

— Mais, continua Claudius, puisque Glaucus va, dit-on, épouser la Napolitaine, je crois que je puis essayer de consoler la belle négligée! Après tout, la lampe de l'hymen sera bien dorée, et la beauté du vase peut réconcilier avec l'odeur de la flamme. »

Julia, renvoyant ses esclaves dans cette partie de la maison consacrée aux femmes, entra dans les bains avec Nydia, et, refusant le service des baigneuses, passa par une porte dérobée dans le jardin qui était derrière l'établissement.

« Elle a quelque rendez-vous, sans aucun doute, dit l'une des esclaves.

— Qu'est-ce que cela te fait? répondit aigrement la surveillante; elle paye le bain et ne gaspille pas le safran. Ces rendez-vous sont le plus beau de notre état. Écoute, n'entends-tu pas la veuve Fulvie frapper des mains?... Cours, folle, cours.... »

Julia et Nydia, évitant la partie la plus fréquentée du jardin, arrivèrent à l'endroit désigné par l'Égyptien. Dans un petit espace circulaire, garni de gazon, s'élevait une statue de Silène, sur laquelle tombait alors la clarté des étoiles; le dieu de la joie était incliné sur un fragment de rocher; le lynx de Bacchus reposait à ses pieds, et il pressait sur sa bouche, de toute la force de son bras, une grappe de raisin qu'il paraissait prendre grand plaisir à dévorer.

« Je ne vois pas le magicien, » dit Julia en regardant autour d'elle.

Mais, comme elle parlait, l'Égyptien sortit d'un bosquet voisin, et une pâle lumière se refléta sur sa robe flottante.

« *Salve*, douce jeune fille ; mais qui donc est avec vous ? Nous ne devions pas avoir de compagnons !

— Ce n'est que la bouquetière aveugle, sage magicien, répondit Julia : Nydia, Thessalienne elle-même.

— Ah ! Nydia, reprit l'Égyptien ; je la connais bien. »

Nydia recula en frissonnant.

« Tu es venue chez moi, je crois, dit-il en se rapprochant de l'oreille de Nydia ; tu sais quel serment tu as fait : silence et mystère ! Alors comme maintenant, souviens-toi de cela. Cependant, ajouta-t-il comme en se parlant à lui-même, pourquoi se confier plus qu'il est nécessaire même à une aveugle ? Julia, as-tu donc peur de te remettre à ma garde ? le magicien est moins redoutable qu'il ne paraît l'être. »

Tout en parlant il tira doucement Julia à part.

« La sorcière n'aime pas beaucoup à recevoir plusieurs visiteurs à la fois. Laissez Nydia ici jusqu'à notre retour, elle ne peut nous être d'aucune utilité.... et s'il s'agit de protection.. votre beauté suffit.... votre beauté et votre rang.... oui, Julia je connais votre nom et votre naissance. Venez, confiez-vous à moi, belle rivale de la plus jeune des Naïades. »

L'orgueilleuse Julia n'était pas, comme nous l'avons vu, prompte à s'alarmer ; elle fut flattée des compliments d'Arbacès, et consentit à ne pas emmener Nydia, qui ne fit pas de difficultés de son côté pour rester. Au son de la voix de l'Égyptien, toutes les terreurs qu'il lui avait inspirées étaient revenues ; elle éprouva une sensation de plaisir en apprenant qu'elle ne serait pas du voyage dans cette fâcheuse compagnie.

Elle retourna à la maison des bains, et attendit leur retour dans une chambre particulière de l'établissement. Les pensées qui assaillirent la sauvage enfant, tout le temps qu'elle resta ainsi, immobile, dans son obscurité naturelle, furent amères et nombreuses ; elle songea à sa propre destinée, loin de sa terre natale, loin des doux soins qui avaient autrefois adouci les chagrins de son enfance, passagers comme les nuages d'une matinée d'avril ; elle songea qu'elle était privée de la lumière du jour, n'ayant autour d'elle que des étrangers pour guider ses pas, frappée dans les plus doux sentiments de son cœur, aimant sans espoir, sans autre espoir du moins que le rayon qui avait traversé son esprit, lorsque son imagination thessalienne s'était informée de la puissance des charmes et des dons de la magie.

La nature avait semé dans le cœur de cette pauvre jeune fille des germes de vertu qui n'étaient pas destinés à mûrir. Les leçons de l'adversité ne sont pas toujours salutaires; quelquefois elles adoucissent et corrigent, quelquefois aussi elles gâtent et endurcissent l'âme. Lorsque nous nous voyons plus durement traités par le sort que les personnes qui sont autour de nous, et que nous ne trouvons pas dans nos actions les raisons de cette sévérité, nous ne sommes que trop portés à regarder le monde comme notre ennemi, à nous mettre en défiance vis-à-vis de tous, à nous révolter contre notre douceur naturelle, et à nous précipiter dans les plus sombres passions, si aisément excitées par le sentiment de l'injustice. Vendue comme esclave dès ses jeunes ans, condamnée à servir un maître sordide et d'un vil métier, ne changeant de situation que pour sentir par son amour un sort encore plus douloureux, Nydia avait vu les meilleurs sentiments dont son cœur était rempli se changer en amertume et en douleur. La conscience du juste et de l'injuste était pervertie par la passion qui s'était emparée d'elle; et les émotions tragiques et fortes que nous rencontrons chez quelques femmes de l'antiquité, les Myrrha, les Médée, qui envahissaient, entraînaient une âme en proie à l'amour, grondaient et s'agitaient dans son cœur.

Le temps passa: Nydia, plongée encore dans ses tristes méditations, entendit un léger pas qui pénétrait dans la chambre où elle était.

« Ah! remercions les dieux immortels, dit Julia, me voici de retour. J'ai quitté cette affreuse caverne. Viens, Nydia, partons au plus vite. »

A peine furent-elles assises dans la litière, que Julia reprit ainsi d'une voix émue:

« Oh! quelle scène! quelles terribles imprécations! et la figure sépulcrale de cette sorcière!... mais ne parlons pas de cela. J'ai obtenu le breuvage.... ses effets sont certains.... ma rivale deviendra indifférente aux yeux de celui que j'aime, et seule, mais seule, je serai l'idole de Glaucus!

— De Glaucus? s'écria Nydia.

— Ah! je t'ai dit d'abord, enfant, que ce n'était pas l'Athénien que j'aimais; mais maintenant je puis me confier à toi.... C'est lui, c'est le beau Grec que j'aime. »

Quelles furent alors les émotions de Nydia! Elle avait pris part, elle avait assisté à un acte qui devait enlever Glaucus à Ione, mais seulement pour transporter plus irrévocablement encore, par le pouvoir de la magie, ses affections à une autre. Son cœur s'oppressa au point qu'elle faillit être suffoquée ; elle pouvait à peine respirer. Grâce à l'obscurité de la voiture, Julia ne s'aperçut pas de l'agitation de sa compagne ; elle s'enivrait à l'idée du prochain effet de son philtre, du triomphe qu'elle obtiendrait sur Ione, en faisant de temps à autre quelques digressions sur l'horreur de la scène qui venait d'avoir lieu, sur l'immobile maintien d'Arbacès, et sur l'autorité que lui reconnaissait la terrible *saga*.

Nydia eut le temps de recouvrer la plénitude de son esprit. Une pensée la frappa. Elle devait coucher dans la chambre de Julia. Elle pourrait s'emparer du philtre.

Elles arrivèrent à la maison de Diomède, et rentrèrent dans l'appartement de Julia, où un repas du soir les attendait.

« Bien, Nydia, tu dois avoir froid : l'air était gelé cette nuit; pour moi, je suis glacée. »

Et Julia buvait sans hésitation de fortes rasades de vin épicé.

« Vous avez le philtre, dit Nydia ; laissez-moi le tenir dans mes mains! Quelle petite fiole! de quelle couleur est ce breuvage?

— Clair comme le cristal, répondit Julia en reprenant le philtre. Tu ne pourrais pas le distinguer d'avec de l'eau pure. La sorcière m'a assuré qu'il n'avait aucun goût. Quelque petite que soit la fiole, elle suffit pour une vie de fidélité : on la verse dans quelque autre liquide, et Glaucus ne saura ce qu'il a bu qu'en en ressentant l'effet.

— Ce breuvage est donc exactement en apparence comme cette eau ?

— Oui, limpide et sans couleur comme elle. Mais qu'il me paraît brillant à moi! Je crois avoir une essence de rosée recueillie au clair de lune. Lumineux breuvage, comme tu brilles sur mes espérances à travers ton vase de cristal !

— Et comment est-il scellé ?

— Par un petit bouchon du même métal.... Je viens de l'ôter.... aucune odeur.... C'est étrange, que ce qui n'affecte aucun sens puisse leur commander à tous....

— L'effet est-il instantané ?

— Ordinairement, mais parfois il se fait attendre quelques heures.

— Oh! quel doux parfum! dit Nydia tout à coup en prenant sur la table un petit flacon et en se penchant pour le respirer.
— Trouves-tu? reprit Julia; ce flacon est entouré de pierres d'une certaine valeur. Tu as refusé hier mon bracelet.... veux-tu accepter ce flacon?
— Ce sont de tels parfums qui peuvent seuls rappeler à une pauvre aveugle la généreuse Julia.... Si le flacon n'est pas d'un prix trop élevé!...
— Oh! j'en ai encore deux plus riches et plus beaux; prends-le, mon enfant. »

Nydia s'inclina en signe de reconnaissance et plaça le flacon dans son sein.

« Et le breuvage est efficace, ajouta-t-elle, quelle que soit la personne qui l'administre?
— Si la plus hideuse vieille qui soit sous le soleil en faisait le don, sa vertu est telle que Glaucus la regarderait comme la plus belle des créatures! »

Julia, échauffée par le vin et par la réaction qui s'était opérée dans son esprit, était pleine d'animation et de gaieté; elle riait aux éclats en parlant de mille choses.... et ce ne fut que bien avant dans la nuit, et presque au matin, qu'elle appela ses esclaves pour la déshabiller.

Les esclaves parties, elle dit à Nydia:

« Je ne veux pas que cette liqueur sacrée me quitte jusqu'à l'heure où j'en userai. Repose sous mon oreiller, brillante essence, et donne-moi d'heureux songes. »

Elle plaça sa fiole sous son oreiller. Le cœur de Nydia battait vivement.

« Pourquoi ne bois-tu que de l'eau pure, Nydia? prends le vin à côté de toi.
— J'ai un peu de fièvre, reprit l'aveugle, et l'eau me rafraîchit. Je veux placer cette carafe à côté de mon lit. C'est une excellente boisson que l'eau pour nous rafraîchir dans ces nuits d'été, lorsque le sommeil ne descend pas sur nos paupières. Belle Julia.... je te quitterai demain matin de bonne heure.... Ione me l'a recommandé.... peut-être avant que tu sois éveillée.... reçois de nouveau mes félicitations.
— Merci, quand nous nous reverrons, tu trouveras sans doute Glaucus à mes pieds. »

Elles allèrent se reposer, chacune sur son lit, et Julia, fatiguée de l'excitation de cette journée, s'endormit promptement. Mais la Thessalienne attentive roulait des pensées inquiètes et brûlantes dans son esprit. Elle écoutait la calme respiration de Julia; et son oreille, accoutumée à distinguer les plus légers bruits, comprit bientôt que sa compagne était plongée dans un profond sommeil.

« Maintenant que Vénus me soit en aide! » dit-elle doucement.

Elle se leva légèrement, répandit le parfum que lui avait donné la fille de Diomède sur le pavé de marbre, passa plusieurs fois de l'eau dans le flacon, puis, ayant trouvé aisément le lit de Julia (car la nuit était pour elle comme le jour), elle glissa sa tremblante main sous l'oreiller et saisit la fiole Julia ne fit pas un mouvement; son haleine effleurait d'un souffle régulier les joues brûlantes de l'aveugle. Nydia, débouchant alors la fiole, en versa le contenu dans son flacon, sans en perdre une goutte; remplissant ensuite la fiole avec l'eau que Julia lui avait assuré être semblable à la liqueur du philtre, elle replaça cette fiole à la place où elle l'avait prise. Elle retourna alors se coucher et attendit.... avec quel trouble dans sa pensée! que le jour vint à paraître.

Le soleil se leva.... Julia dormait toujours. Nydia s'habilla sans bruit, plaça son trésor soigneusement dans son sein.... prit son bâton et se hâta de quitter la maison.

Le portier Médon la salua d'un bonjour amical, pendant qu'elle descendait les degrés qui conduisaient à la rue.... Elle ne l'entendit pas.... la confusion régnait dans son esprit; elle était perdue dans le tourbillon et le tumulte de ses pensées, dont chacune était une passion. Elle sentit l'air pur du matin sur ses joues, mais il ne porta point de fraîcheur dans ses brûlantes veines.

« Glaucus, murmura-t-elle, tous les philtres de la plus puissante magie ne pourront faire que tu m'aimes autant que je t'aime.... Ione.... Ah! non.... loin de moi toute hésitation, loin de moi tout remords! Glaucus, ma destinée est dans ton sourire. et la tienne.... ô espérance! ô joie! ô transport!... ta destinée est dans mes mains!... »

LIVRE IV.

CHAPITRE PREMIER.

Réflexions sur le zèle des premiers chrétiens. — Deux hommes prennent une périlleuse résolution. — Les murs ont des oreilles, surtout les murs sacrés.

Quiconque examine l'histoire primitive du christianisme reconnaîtra combien était nécessaire à son triomphe ce zèle fougueux qui, sans craindre aucun danger, sans faire aucune concession, inspirait ses champions et soutenait ses martyrs. Dans une religion dominante, l'esprit d'intolérance *trahit* sa cause; dans une Église faible et persécutée, le même esprit la *soutient*. Il fallait mépriser, détester, abhorrer les croyances des autres hommes pour surmonter les tentations qu'elles présentaient; il fallait non-seulement croire que l'Évangile était la véritable foi, mais qu'elle était l'*unique* foi qui sauvât, afin de plier le disciple à l'austérité de sa doctrine et de l'encourager dans la chevaleresque et périlleuse entreprise de convertir les polythéistes et les païens. Cette rigueur du sectaire, qui n'accordait la vertu et le ciel qu'à un petit nombre d'élus, qui voyait des démons dans les autres dieux et le châtiment de l'enfer dans une autre religion, inspirait à tout fidèle un ardent désir de convertir chacun de ceux auxquels il était attaché par les nœuds de l'affection humaine; et le cercle ainsi tracé par la bienveillance pour l'homme était encore élargi par l'envie de contribuer à la gloire de Dieu. C'était pour l'honneur de la foi chrétienne que le chrétien exposait hardiment ses dogmes au scepticisme des uns, aux répugnances des autres, aux mépris des philosophes, à la pieuse horreur du peuple. Sa propre intolérance devenait pour lui son premier instrument de succès ; et le païen adouci finissait par penser qu'il y avait en effet quelque chose de saint dans un zèle si étranger à son expérience, qui ne s'arrêtait devant aucun obstacle, ne redoutait aucun danger, et même dans la torture et sur l'échafaud s'en rapportait, pour une dispute bien autrement sérieuse que les calmes dissertations de la philosophie spéculative, au tribunal d'un juge éternel. C'est ainsi que la même ferveur, qui faisait d'un chrétien du moyen âge un fanatique sans pitié, faisait du chrétien des premiers âges un héros sans peur.

Parmi ces natures audacieuses, entreprenantes, intrépides, se distinguait celle de l'ardent Olynthus. Dès qu'Apœcides, par le sacrement du baptême, eut été reçu dans le sein de l'Église, le Nazaréen se hâta de le convaincre qu'il ne lui était plus permis de conserver l'office et le costume de prêtre d'Isis. Il ne pouvait évidemment adorer le vrai Dieu et continuer à honorer, même extérieurement, les autels idolâtres du démon.

Ce ne fut pas tout : l'esprit impétueux et zélé d'Olynthus espéra se servir de la position d'Apœcides pour faire connaître au peuple trompé les jongleries du temple d'*Isis*. Il pensa que le ciel lui avait envoyé cet instrument afin de dessiller les yeux de la foule, et de préparer peut-être la voie à la conversion de toute la cité. Il n'hésita pas à faire appel au nouvel enthousiasme d'Apœcides, à exciter son courage, à stimuler son ardeur. Le lendemain soir, après le baptême d'Apœcides, ils se rencontrèrent dans le bosquet de Cybèle, que nous avons déjà décrit, et où ils s'étaient donné rendez-vous.

« La première fois que l'on viendra consulter l'oracle, dit Olynthus endoctrinant le jeune homme avec chaleur, avancez-vous jusqu'à la grille, proclamez hautement devant le peuple la tromperie dont il est dupe ; invitez les assistants à entrer, pour qu'ils puissent toucher du doigt eux-mêmes l'imposture, en voyant de près le grossier mécanisme que vous m'avez dépeint. Ne craignez rien : le Dieu qui a protégé Daniel vous protégera. *Nous*, les membres de la communauté chrétienne, nous serons dans la foule ; *nous* pousserons en avant les faibles ; et, dans le premier mouvement de l'indignation populaire et de la honte générale, je planterai sur les autels la branche de palmier, symbole de l'Évangile, et l'esprit du Dieu vivant descendra sur mes lèvres. »

Cette suggestion ne déplut pas à Apœcides, déjà excité et animé à un haut degré. Il se réjouit d'une occasion si prochaine de faire éclater sa foi aux yeux de sa nouvelle secte; une horreur profonde du rôle qu'il avait joué jusqu'alors, et un vif désir d'en tirer vengeance se joignaient encore à ses sentiments de piété. Dans cet élan qui les transportait au delà de tous les obstacles, élan nécessaire à tous ceux qui forment des desseins élevés et aventureux, ni Olynthus ni son prosélyte ne mettaient en doute le succès, sans penser que la respectueuse superstition du peuple, en présence des autels de la grande déesse de l'Égypte, refuserait probablement de croire au témoignage de son propre prêtre déposant contre elle.

Apœcides consentit à ce projet avec une promptitude qui ravit Olynthus. Ils se séparèrent après être convenus qu'Olynthus en conférerait avec les principaux parmi ses frères chrétiens sur cette grande entreprise; qu'il recueillerait leurs avis et l'assurance de leur concours au jour de l'événement. Or l'une des fêtes d'Isis tombait le surlendemain même de leur entretien. Cette fête offrait l'occasion désirée; ils résolurent de se réunir le soir suivant au même endroit, et dans cette réunion ils réglèrent définitivement les détails de la déclaration qui devait avoir lieu le lendemain.

Il arriva que la dernière partie de cette conférence avait été tenue près du *sacellum*, ou de la petite chapelle décrite dans la première partie de cet ouvrage; et, dès que les ombres du prêtre et du chrétien eurent disparu du bosquet, une figure sombre et sinistre sortit de derrière la chapelle.

« J'ai eu raison de vous épier, mon confrère, se dit l'écouteur; vous, prêtre d'Isis, vous ne veniez pas vous livrer à de vaines discussions avec ce mystérieux chrétien. Hélas! combien il est regrettable que je n'aie pu entendre ce que vous avez dit! mais j'ai compris du moins que votre intention est de révéler les mystères sacrés, et que demain vous devez vous réunir encore à cette place pour décider de l'heure et du moment. Puisse Osiris aiguiser alors mes oreilles, afin que je surprenne toute l'étendue de votre incroyable audace! Lorsque j'en aurai appris davantage, j'irai consulter Arbacès. Nous découvrirons vos desseins, mes amis, tout impénétrables que vous croyiez être. Pour le présent, je me contente de renfermer votre complot dans mon sein. »

En prononçant ces paroles, Calénus, car c'était lui, s'enveloppa dans sa robe et rentra chez lui d'un air rêveur.

CHAPITRE II.

L'amphitryon, le cuisinier, la cuisine classique. — Apœcides cherche Ione. — Leur conversation.

Le jour fixé par Diomède pour le banquet donné à des amis de choix était arrivé. Le gracieux Glaucus, la belle Ione, le magistral Pansa, l'illustre Claudius, l'immortel Fulvius, l'élégant Lépidus, l'épicurien Salluste n'étaient pas les seuls convives destinés à honorer son festin de leur présence; il attendait également un sénateur de Rome, d'une grande réputation et jouissant de beaucoup de crédit à la cour, qui était venu à Pompéi pour rétablir sa santé; de plus un fameux capitaine d'Herculanum, qui avait combattu avec Titus contre les Juifs et s'était prodigieusement enrichi à la guerre, bien que ses amis prétendissent que sa patrie lui devait encore de la reconnaissance pour ses services désintéressés. La compagnie s'étendait à un plus grand nombre d'invités que ceux dont nous venons de parler. A cette époque, il n'était pas de bon goût, chez les Romains, comme on le sait, d'avoir à sa table moins de trois ou plus de neuf personnes; on dérogeait quelquefois à cette règle par ostentation. L'histoire nous apprend que quelques riches amphitryons traitaient trois cents personnes de leur connaissance. Cependant, Diomède, plus modeste, s'était borné à doubler le nombre des Muses: il devait avoir à sa table dix-huit convives, nombre qui n'est pas extraordinaire de nos jours dans un monde distingué.

C'était le matin du banquet de Diomède; et l'amphitryon lui-même, tout en se donnant des airs d'élégance littéraire et de somptuosité, conservait assez de son expérience commerciale pour savoir que l'œil du maître rend le serviteur plus actif. En conséquence, laissant flotter sa tunique sur sa majestueuse poitrine, les pieds enveloppés dans de larges pantoufles, une petite baguette à la main, dirigeant tantôt avec elle les pas de ses esclaves, et tantôt leur appliquant sur le dos une légère correction, il allait de chambre en chambre, dans sa vaste maison de plaisance.

Il ne dédaigna pas de visiter cette pièce sacrée, dans laquelle les prêtres du festin préparaient leurs offrandes. En entrant dans la cuisine, ses oreilles furent agréablement séduites par le bruit des plats et des casseroles, des jurons et des ordres donnés. Quelque petite que cette pièce indispensable paraisse avoir été dans les maisons de Pompéi, elle était néanmoins garnie de cette innombrable variété de fourneaux, de casseroles, de découpoirs, de moules, sans lesquels un cuisinier de génie, ancien ou moderne, déclare qu'il lui est impossible d'agir et de préparer le moindre mets. Comme le combustible était alors aussi rare et aussi cher dans ce pays qu'il l'est encore de nos jours, l'habileté consistait à opérer en grand avec le plus petit feu possible. On peut voir, dans le musée napolitain, une admirable invention de cette espèce, une cuisine portative de la grandeur à peu près d'un volume in-folio, contenant des fourneaux pour les plats et un appareil pour chauffer de l'eau ou d'autres boissons.

Dans cette cuisine s'agitaient plusieurs personnes qu'au premier coup d'œil le maître de la maison ne reconnut pas.

« Oh! oh! murmura-t-il, ce maudit Congrio a appelé à son aide toute une légion de cuisiniers. Ils ne feront pas leur besogne pour rien, et ce sera un *item* à ajouter aux dépenses de ce jour. Par Bacchus! je me considérerai encore comme trois fois heureux si ces gaillards-là ne jugent pas à propos d'emporter quelques pièces de ma vaisselle : leurs mains sont si subtiles et leurs tuniques si larges!... *Me miserum!* »

Les cuisiniers continuèrent à s'occuper, sans paraître prendre garde à la présence de Diomède.

« Ho! Euclio, votre poêle à frire les œufs!... Quoi! est-ce la plus grande de votre cuisine? C'est tout au plus si elle peut contenir trente-trois œufs.... Dans les maisons où j'ai l'habitude de servir, les plus petites contiennent au besoin cinquante œufs.

— Le misérable drôle! pensa Diomède; il en parle comme si une centaine d'œufs ne coûtait qu'un sesterce.

— Par Mercure! s'écria un jeune apprenti cuisinier qui commençait son noviciat, où a-t-on jamais vu des moules à confitures d'une forme aussi antique? il est impossible de briller dans son art avec des instruments si grossiers.... Quoi! les moules les plus communs de la maison de Salluste représentent toute la guerre de Troie : Hector, Pâris, Hélène, avec le petit Astyanax, et le cheval de bois par-dessus le marché.

— Silence, imbécile! répondit Congrio, le cuisinier du logis, qui semblait traîtreusement abandonner à ses alliés le champ de bataille ; mon maître Diomède n'est pas un de ces prodigues écervelés qui prétendent tout avoir au dernier goût, coûte que coûte.

— Tu mens, vil esclave ! s'écria Diomède en colère ; tu me coûtes déjà assez pour avoir ruiné Lucullus lui-même : sors de ta tanière, j'ai à te parler. »

L'esclave obéit, après avoir jeté un regard significatif à ses confrères.

« Sot en trois lettres, dit Diomède avec une figure animée par le courroux, comment as-tu amené cette troupe de fripons chez moi ?... Je vois le mot voleur écrit dans chaque ligne de leurs visages.

— Cependant, je vous assure, maître, que ce sont des gens du plus respectable caractère.... les meilleurs cuisiniers de la ville.... on a bien du mal à les avoir.... si ce n'avait été en ma considération....

— En ta considération ! malheureux Congrio, interrompit Diomède ; et par quel argent dérobé, par quelle fraude sur les choses achetées au marché, par quelle bonne viande convertie en graisse que tu vendras dans les faubourgs, par quel compte de bronze bossué et de pots cassés, les payeras-tu pour te rendre service *à toi*?

— Ah ! maître, n'attaquez pas ma probité.... puissent les dieux m'abandonner si....

— Ne jure pas, interrompit de nouveau Diomède toujours furieux, car les dieux se hâteraient de punir un parjure, et je perdrais mon cuisinier au moment d'un dîner. Mais cela suffit pour l'heure ; veille attentivement sur ces aides de malheur, et fais attention à ne pas venir me rompre la tête demain matin de vases brisés, coupes disparues d'une manière miraculeuse, ou ton dos ne sera plus qu'une plaie. Écoute-moi bien : tu sais que tu m'as fait payer ces *attagens* de Phrygie [1] assez cher, par Hercule ! pour nourrir un honnête homme pendant un an ; prends garde à ce que la chair n'en soit pas brûlée d'un *iota*. La dernière fois, Congrio, que j'ai réuni mes amis, ta vanité s'était flattée de faire rôtir à point une grue de Mélas.... tu sais qu'elle arriva sur la table comme une pierre de l'Etna, comme si tous les feux du Phlégéthon avaient desséché son jus.

---

1. L'attagen de Phrygie ou d'Ionie était un oiseau un peu plus gros qu'une perdrix et particulièrement estimé des Romains.

Sois modeste, cette fois, Congrio, modeste et prudent; la modestie est la mère des grandes actions; et en toutes circonstances, non moins que dans celle-ci, si tu n'épargnes pas la bourse de ton maître, songe au moins à sa gloire.

— On n'aura pas vu un tel repas à Pompéi depuis l'époque d'Hercule.

— Doucement, doucement, encore ton orgueil !... Mais, réponds, Congrio, qu'est-ce que c'est que cet *homunculus*, ce pygmée qui se moque de ma vaisselle, cet impertinent néophyte en cuisine, qui ose insulter mes moules à confitures ?.. Je ne voudrais pas passer pour un homme qui n'entend rien à la mode....

— C'est un usage entre cuisiniers, répondit gravement Congrio, de ravaler les ustensiles, pour faire plus d'honneur à notre art. Ce moule à confitures est un beau et gracieux moule; mais à la première occasion, maître, je vous recommande d'en acheter de nouveaux d'un....

— Cela suffit, répliqua Diomède, qui paraissait décidé à ne jamais souffrir que son esclave achevât ses phrases. Va, reprends tes fonctions.... brille.... surpasse-toi.... qu'on envie à Diomède son cuisinier, que les esclaves de Pompéi te surnomment Congrio le Grand, va.... Attends un peu.... tu n'as pas dépensé tout l'argent que je t'ai donné pour le marché ?

— *Tout l'argent !* hélas ! les langues de rossignols et les *tomacula*[1] de Rome, et les huîtres de Bretagne, et une quantité d'autres choses trop nombreuses pour vous les citer, attendent encore leur payement. Mais n'importe, on a confiance dans l'*archimagirus*[2] du riche Diomède.

— Oh ! prodigue en délire.... quelle extravagance ! quelle profusion ! je suis ruiné !... Mais, va.... hâte-toi, inspecte, goûte, achève.... encore une fois, surpasse-toi.... que le sénateur romain ne méprise pas le pauvre Pompéien.... A l'œuvre, esclave, et souviens-toi des *attagens* de Phrygie. »

Le chef rentra dans son domaine naturel, et Diomède porta ses pas majestueux dans les appartements où sa compagnie devait se réunir. Il trouva tout à son gré; les fleurs étaient fraîches, les fontaines lançaient brillamment leurs jets d'eau, les pavés de mosaïque étaient éclatants comme des miroirs.

« Où est ma fille Julia ? demanda-t-il.

---

1. Délicate espèce de saucisses.
2. Titre pompeux du chef de cuisine.

— Au bain.

— Ah! cela me fait souvenir qu'il est grand temps.... Je dois aussi aller au bain. »

CHAPITRE III.

Réunion élégante et dîner à la mode de Pompéi.

Pendant ce temps-là, Salluste et Glaucus se dirigeaient à pas lents vers la maison de Diomède. Malgré ses mœurs, Salluste n'était pas dépourvu de qualités estimables. Il aurait été ami actif, citoyen utile, en un mot, un excellent homme, s'il ne s'était pas mis en tête d'être philosophe.... Élevé dans les écoles où Rome, plagiaire des Grecs, écoutait avec recueillement l'écho de leur sagesse, il s'était pénétré des doctrines par lesquelles les derniers épicuriens corrompaient les simples maximes de leur maître célèbre. Il s'abandonnait au plaisir, et s'imaginait que le véritable sage était celui qui vivait le plus joyeusement. Cependant il possédait beaucoup de connaissances; il avait de l'esprit, un très-bon naturel, et la franchise cordiale même de ses vices leur donnait l'air de vertus à côté de la corruption de Claudius ou de la mollesse efféminée de Lépidus. Aussi Glaucus le regardait-il comme le meilleur de ses compagnons.... Salluste appréciait en retour les qualités élevées de l'Athénien; il l'aimait presque autant qu'une murène froide ou une coupe du meilleur falerne.

« Ce Diomède est un vieux compère assez vulgaire, dit Salluste, mais il a de bonnes qualités dans sa cave.

— Et de charmantes dans sa fille.

— C'est vrai, Glaucus; mais il me semble que celles-là ne font pas actuellement une grande impression sur vous. Je crois que Claudius désire vous remplacer dans ses bonnes grâces.

— Je ne m'y oppose pas; au banquet de sa beauté d'ailleurs, aucun convive n'est considéré comme une mouche[1].

— Vous êtes sévère. Mais tout cela n'empêche pas qu'elle a dans sa personne quelque chose de corinthien. Ils feront

---

1. On appelait *mouches* les convives qui déplaisaient ou qui se présentaient sans invitation.

un couple assorti, après tout. Nous sommes, en vérité, bien bons, nous autres, de conserver pour compagnon un joueur oisif de cette espèce.

— Le plaisir unit ensemble de singulières gens, dit Glaucus; il m'amuse....

— Par ses flatteries.... mais il se les fait bien payer.... il jette de la poudre d'or sur ses éloges.

— Vous avez souvent fait allusion à son bonheur au jeu. Croyez-vous qu'il triche réellement?

— Mon cher Glaucus, un noble romain a sa dignité à conserver.... dignité qui coûte cher.... Claudius se voit forcé de tromper comme un coquin, pour vivre en patricien.

— Ha! ha! heureusement que j'ai abandonné les dés.... Salluste, lorsque je serai l'époux d'Ione, j'ai l'intention de racheter toutes mes folies de jeunesse. Tous deux nous sommes faits pour une meilleure conduite que celle que nous tenons.... nous sommes faits pour porter nos hommages à de plus nobles temples que l'étable d'Épicure.

— Hélas! répondit Salluste avec une certaine mélancolie, savons-nous autre chose que ceci : la vie est courte, tout est obscurité au delà du tombeau? il n'y a donc pas d'autre sagesse que celle de jouir du temps présent.

— Par Bacchus, je me demande parfois si nous savons bien en effet jouir de la vie comme il faudrait le faire !

— Je suis fort modéré, reprit Salluste, et je ne demande pas l'excès. Nous sommes comme des malfaiteurs que nous enivrons de vin et de myrrhe, au moment du supplice ; mais si nous n'agissions pas ainsi, l'abîme nous paraîtrait trop désagréable. J'avoue que j'étais disposé à la tristesse, lorsque je me suis mis à boire avec tant d'ardeur.... c'est une nouvelle vie, Glaucus.

— Fi ! c'est parler en Scythe.

— Bah! le sort de Penthée menace quiconque n'honorera pas Bacchus.

— Eh bien! Salluste, avec tous vos défauts, vous êtes le meilleur débauché que j'aie encore rencontré; et, en vérité, si j'étais en danger de la vie, je crois que vous êtes le seul homme de l'Italie qui tendrait un doigt pour me sauver.

— Peut-être ne le pourrais-je pas si c'était vers le milieu du souper; mais le fait est que nous autres Italiens nous sommes terriblement égoïstes.

— Il en est ainsi de tous les hommes qui ne sont pas libres.

répondit Glaucus en soupirant. La liberté seule fait que les hommes se sacrifient les uns aux autres.

— La liberté doit alors être une chose bien fatigante pour un épicurien, reprit Salluste; mais nous voici rendus chez notre hôte. »

Le marchand affichait des prétentions aux belles-lettres, et, par suite, montrait une sorte de passion pour tout ce qui était grec. Il marqua à Glaucus une attention toute particulière.

« Vous verrez, mon ami, dit-il en faisant un geste de la main, que je suis ici un peu classique, un petit enfant de Cécrops.... Eh !... la salle dans laquelle nous souperons est d'un style grec. C'est un œcus cyzicene. Noble Salluste, on m'a assuré que Rome ne possédait pas d'appartements de ce genre.

— Oh! répliqua Salluste, souriant à moitié, vous autres Pompéiens, vous savez combiner ensemble la Grèce et Rome. Puissent les mets que vous allez nous servir ressembler à votre architecture.

— Vous verrez, vous verrez, mon Salluste, répondit le marchand, nous avons du goût à Pompéi, et de l'argent aussi.

— Ce sont deux excellentes choses, reprit Salluste ; mais voici la belle Julia. »

La plus notable différence, comme je l'ai déjà remarqué, entre les mœurs romaines et les mœurs athéniennes, c'était que, chez les Romains, les femmes modestes n'assistaient que rarement, si elles y assistaient jamais, aux banquets de ce genre; tandis que chez les Grecs, elles en étaient l'ornement. Seulement, lorsqu'elles prenaient part à ces fêtes, le repas finissait ordinairement de bonne heure.

Magnifiquement vêtue d'une robe blanche, brodée de perles et de fils d'or, la superbe Julia entra donc dans l'appartement.

A peine avait-elle répondu aux saluts des deux convives, que Pansa et sa femme, Lépidus, Claudius, le sénateur romain, entrèrent en même temps. Vinrent bientôt la veuve Fulvia; puis le poëte Fulvius, qui ressemblait à la veuve par le nom et par son esprit féminin; le guerrier d'Herculanum, accompagné de son *umbra*[1], se présenta ensuite d'un air martial; enfin parurent les hôtes moins éminents. Ione était attendue.

C'était la mode, dans la courtoisie ancienne, d'user d'une politesse flatteuse les uns envers les autres; c'était une preuve de mauvaise éducation que de s'asseoir immédiatement en

---

1. **Convive parasite qui applaudissait à ses paroles en les répétant**

entrant dans une maison. Après les salutations d'entrée, qui se faisaient habituellement comme chez nous, par une cordiale poignée de main, ou par un embrassement plus familier, les premières minutes s'écoulaient à examiner l'appartement, à en admirer les bronzes, les peintures, les ornements divers : mode qui paraît très-impolie en Angleterre, où le suprême bon ton réside dans l'indifférence. Nous ne voudrions pas pour tout au monde exprimer notre admiration pour la maison d'un autre, dans la crainte qu'il ne pensât que nous n'avons jamais rien vu de pareil avant d'y entrer.

« Belle statue de Bacchus ! dit le sénateur.
— Pure bagatelle, répliqua Diomède.
— Quelles charmantes peintures ! dit Fulvia.
— Bagatelles, bagatelles ! répétait le propriétaire.
— Magnifiques candélabres ! s'écria le guerrier.
— Magnifiques ! murmura son ombre.
— Bagatelles, bagatelles ! » répétait toujours le marchand.

Glaucus, pendant ce temps-là, se trouvait à côté de la belle Julia, près de l'une des fenêtres qui donnaient sur la terrasse.

« Est-ce une vertu athénienne, Glaucus, dit la fille du marchand, d'éviter les personnes que nous avons recherchées autrefois ?
— Non, belle Julia.
— Il me semble néanmoins que c'est une des qualités de Glaucus.
— Glaucus n'a jamais évité un *ami*, dit le Grec en appuyant sur le mot.
— Julia peut-elle être mise au rang de ses amis ?
— L'empereur lui-même serait flatté de rencontrer un ami dans un être si charmant.
— Vous éludez ma question, reprit l'amoureuse Julia ; mais dites-moi, est-il vrai que vous admiriez la Napolitaine Ione ?
— La beauté ne nous force-t-elle pas toujours à l'admiration ?
— Grec subtil, vous ne voulez pas me comprendre ; mais, répondez, Julia serait-elle vraiment votre amie ?
— Si elle m'accorde cette faveur, j'en bénirai les dieux. Le jour où elle m'honorera de son amitié sera marqué en blanc.
— Cependant, tandis que vous me parlez, votre regard est inquiet.... vous avez changé plusieurs fois de couleur.... Vous vous éloignez involontairement ; vous brûlez d'aller rejoindre Ione. »

Ione entrait en ce moment, et Ione avait, en effet, trahi son émotion aux yeux de sa jalouse et belle rivale.

« L'admiration pour une femme peut-elle donc me rendre indigne de l'amitié d'une autre! Ne donnez pas ainsi raison, Julia, aux attaques des poëtes contre votre sexe.

— C'est juste.... ou du moins j'essayerai de le penser. Un moment encore, Glaucus. Est-il vrai que vous allez épouser Ione?

— Si le destin le permet, c'est mon espérance la plus chère.

— Acceptez donc de moi, comme un gage de notre nouvelle amitié, un présent pour votre fiancée. C'est l'usage entre amis, vous le savez, d'offrir au fiancé ou à la fiancée quelque chose qui prouve notre estime et nos souhaits favorables.

— Julia, je ne puis refuser de votre main aucun présent d'amitié. Je recevrai le vôtre comme si la fortune me l'offrait elle-même.

— Alors, après la fête, lorsque les convives se seront retirés, descendez dans mon appartement, et vous recevrez un don de ma main. Souvenez-vous de cela, » ajouta-t-elle en rejoignant la femme de Pansa et en laissant Glaucus aller à la rencontre d'Ione.

La veuve Fulvia et l'épouse de Pansa étaient engagées dans une haute et grave discussion.

« O Fulvia! je vous assure que les dernières nouvelles de Rome nous apprennent que la mode de faire friser les cheveux est déjà passée; on les porte seulement arrangés en forme de tour, comme ceux de Julia, ou bien disposés à la façon d'un casque; en *galerius*, comme vous pouvez voir les miens. Je vous atteste que Vespius (Vespius était le héros d'Herculanum) les aime beaucoup ainsi.

— Et personne ne porte les cheveux à la grecque, comme cette Napolitaine?

— Quoi! séparés sur le front, avec un nœud derrière? Oh! non; comme cela est ridicule! On dirait une statue de Diane! Cependant cette Ione est belle..... oui.

— Les hommes le disent; mais elle est riche aussi; elle va épouser l'Athénien; je leur souhaite du bonheur. Il ne sera pas longtemps fidèle, je pense.... Ces étrangers sont tous sans foi.

— Julia, dit Fulvia à la fille du marchand en s'approchant d'eux, avez-vous vu le nouveau tigre?

— Non.

— Comment! toutes les dames sont allées le voir. Il est si beau!

— J'espère qu'on trouvera quelque criminel ou tout autre combattant pour lui et pour le lion, répondit Julia. Votre mari, continua-t-elle en se tournant vers la femme de Pansa, n'est pas aussi actif qu'il devrait l'être dans cette affaire.

— Les lois, en vérité, sont trop indulgentes, reprit la dame au casque ; il y a trop peu de crimes pour lesquels on réserve le supplice des Arènes : aussi les gladiateurs deviennent des efféminés. Les plus audacieux *bestiaires* déclarent qu'ils veulent bien combattre un sanglier ou un taureau ; mais quand il s'agit de lions ou de tigres, ils se font prier. Le jeu leur paraît trop dangereux.

— Ils sont dignes de porter des mitres[1], reprit Julia avec dédain.

— Oh ! avez-vous vu la nouvelle maison de Fulvius, de notre cher poëte ? dit la femme de Pansa.

— Non ; est-elle belle ?

— Très-belle, et du meilleur goût. Mais on dit, ma chère, qu'il a chez lui des peintures si peu bienséantes qu'il ne peut les montrer aux femmes. Cela n'est pas de bonne compagnie.

— Tous ces poëtes sont bizarres, dit la veuve ; cependant c'est un homme agréable ; quels jolis vers il compose ! Nous faisons de grands progrès en poésie. Il est impossible de lire à présent les vieux auteurs.

— Je proclame que je suis de votre opinion, répondit la dame au casque. Il y a bien plus de force et d'énergie dans la nouvelle école. »

Le guerrier s'approcha des dames en sautillant.

« Lorsque je vois de tels visages, dit-il, je me réconcilie avec la paix.

— Ah ! vous autres héros, vous êtes tous des flatteurs, se hâta de reprendre Fulvia, afin de s'approprier le compliment.

— Par cette chaîne que j'ai reçue de la main de l'empereur lui-même, répliqua le guerrier en jouant avec une petite chaîne qui entourait son cou comme un collier, tandis que celles que portaient les personnes pacifiques descendaient sur la poitrine, par cette chaîne, vous me faites tort. Je suis franc, comme un soldat doit l'être.

— Comment trouvez-vous les dames de Pompéi en général ? demanda Julia.

— Par Vénus, excessivement belles ! Elles me favorisent un

---

1. Les mitres étaient quelquefois portées par des hommes, et regardées comme une grande marque de mollesse.

peu, c'est vrai; et peut-être leurs bontés doublent-elles leurs charmes à mes yeux.

— Nous aimons les guerriers, dit la femme de Pansa.

— Je le vois bien, par Hercule! il est même désagréable d'être trop célèbre dans ces villes-ci. A Herculanum, on monte sur le toit de mon *atrium* pour tâcher de m'apercevoir dans le *compluvium*. L'admiration des citoyens est agréable d'abord, puis elle finit par être fort ennuyeuse.

— C'est bien vrai, ô Vespius! s'écria le poëte, se joignant au groupe. Je l'ai éprouvé moi-même.

— Vous! dit le formidable guerrier en regardant avec un indicible mépris la petite taille du poëte : dans quelle légion avez-vous servi?

— Vous pouvez voir mes trophées.... mes *exuviæ* dans le forum lui-même, répondit le poëte en jetant un regard significatif aux femmes. J'ai été au nombre des camarades de tente, des *contubernales* du grand Mantuan lui-même.

— Je ne connais aucun général de Mantoue, dit le guerrier gravement.... Quelle campagne avez-vous faite?

— Celle de l'Hélicon.

— Je n'en ai jamais entendu parler.

— Ce n'est pas étonnant, Vespius, il plaisante.

— Il plaisante! Par Mars! suis-je un homme avec lequel on plaisante?

— Mais lui-même était amoureux de la mère des ris, dit le poëte un peu alarmé; sache donc, ô Vespius, que je suis le poëte Fulvius. C'est moi qui rends les guerriers immortels.

— Que les dieux nous en préservent! dit tout bas Salluste à Julia. Si Vespius devenait immortel, quel modèle de soldat fanfaron serait livré à la postérité! »

Le soldat paraissait quelque peu embarrassé, lorsque, à sa grande satisfaction non moins qu'à celle des autres assistants, le signal du banquet fut donné.

Nous avons déjà vu chez Glaucus comment se donnait un grand repas à Pompéi; nous épargnerons au lecteur la répétition du détail des services et de la façon dont on les introduisit.

Diomède, qui était assez cérémonieux, avait chargé un *nomenclator* d'indiquer sa place à chaque convive.

Le lecteur saura qu'il y avait trois tables, une au centre, et une à chaque aile. C'était seulement du côté extérieur que les lits étaient dressés pour les convives; l'espace intérieur était laissé libre, pour la plus grande commodité des esclaves chargés du service. A l'un des coins de l'aile était placée Julia, comme la reine de la fête; à l'autre, près d'elle, Diomède. A chaque extrémité de la table du centre, aux places d'honneur, on voyait l'édile et le sénateur romain. Les autres convives étaient rangés ainsi : les plus jeunes (hommes et femmes), auprès les uns des autres; et les personnes âgées, assorties de la même façon : disposition assez agréable, et qui n'avait que l'inconvénient d'afficher quelques personnes qui auraient voulu passer pour plus jeunes que leur âge[1]. »

Le fauteuil d'Ione était près du lit de Glaucus. Les siéges étaient incrustés d'écailles de tortue, et rembourrés de coussins en plumes ornés de riches broderies. Des images des dieux, en bronze, en argent, en ivoire, décoraient les plateaux, comme le font nos modernes surtouts. On pense bien que la salière sacrée et les lares familiers n'étaient pas oubliés. Un dais magnifique s'étendait au-dessus de la table et des siéges. A chaque coin de la table s'élevaient de hauts candélabres : car, quoiqu'il fit grand jour, la chambre avait été plongée dans les ténèbres. Des trépieds placés de divers côtés distillaient des parfums de myrrhe et d'encens; et sur l'*abacus* ou buffet, étaient rangés de grands vases et autres ornements d'argent avec la même ostentation (mais avec plus de goût) que dans nos fêtes modernes.

On faisait des libations aux dieux en commençant le repas, de même que nous faisons des actions de grâces; et Vesta, souveraine des dieux domestiques, recevait ordinairement la première l'hommage des convives.

Cette cérémonie achevée, les esclaves répandaient des fleurs sur les lits et sur le plancher, et couronnaient chaque convive de guirlandes de roses entremêlées de rubans et attachées avec de l'écorce de tilleul; le lierre et l'améthyste s'y joignaient également : on leur supposait le don d'arrêter les effets du vin. Les couronnes des femmes en étaient exceptées, car il n'était pas d'usage qu'elles bussent du vin *en public*. C'est alors que le président Diomède jugea convenable d'ériger un *basileus*, ou directeur du festin, important office, quelquefois demandé au sort, quelquefois choisi au gré du maître de la maison.

Diomède n'était pas peu embarrassé de cette élection. Le sénateur valétudinaire était trop grave et trop infirme pour l'ac-

---

1. Dans les grands repas, les femmes étaient assises et les hommes couchés. Ce n'est que dans le sein des familles que la même liberté était accordée aux femmes comme aux hommes.

complissement de ce devoir; l'édile Pansa convenait assez bien à cette charge; mais, comme il était d'un rang inférieur à celui du sénateur, c'était faire injure à celui-ci. Pendant qu'il délibérait sur le mérite de l'un et de l'autre, il surprit le joyeux regard de Salluste, et, par une soudaine inspiration, éleva l'aimable épicurien au rang de directeur, ou *arbiter bibendi*.

Salluste accepta cet honneur avec une modestie charmante.

« Je serai, dit-il, un roi plein de clémence pour ceux qui boiront sans se faire prier, mais un Minos inexorable pour les récalcitrants. Attention ! »

Les esclaves firent d'abord le tour de la table avec des bassins d'eau parfumée; après cette ablution, le festin commença; la table gémissait déjà sous le poids du premier service.

La conversation, d'abord vague et particulière, permit à Ione et à Glaucus de se livrer à ces doux échanges de paroles à voix basse, qui valent toute l'éloquence du monde. Julia les surveillait avec des yeux pleins de flammes.

« Dans peu de temps je serai à sa place, » pensait-elle en regardant Ione.

Mais Claudius, qui était assis au centre de la table, de manière à bien observer la figure de Julia, guettait son dépit avec l'intention d'en profiter; il lui adressa de loin des phrases d'une exquise galanterie, et, comme il était de haute naissance et fort bien de sa personne, Julia, chez qui l'amour ne faisait pas taire la vanité, ne parut pas insensible à ses avances.

Les esclaves, pendant ce temps-là, étaient constamment tenus en haleine par le vigilant Salluste, qui remplaçait une coupe vide par une coupe pleine avec une célérité telle, qu'on eût cru qu'il voulait épuiser les vastes caves de Diomède, dont le lecteur peut se faire aujourd'hui encore une idée en explorant sa maison. Le riche marchand commençait à se repentir de son choix en voyant percer et vider amphore sur amphore. Les esclaves, tous jeunes (les plus jeunes pourtant âgés d'une dizaine d'années, ceux-là versaient le vin; les autres, ayant environ cinq ans de plus, versaient l'eau); les esclaves, disons-nous, rivalisaient de zèle avec Salluste, et la physionomie de Diomède exprimait déjà son mécontentement de voir avec quelle complaisance ils secondaient les commandements du roi de la fête.

« Pardonnez-moi, noble sénateur, dit Salluste; je vous vois fléchir. Votre bordure de pourpre ne vous sauvera pas. Buvez !

— Par les dieux, répondit le sénateur en toussant, mes poumons sont déjà en feu ; vous allez avec une telle promptitude que Phaéthon ne vous aurait pas suivi. Je suis infirme, aimable Salluste. Épargnez-moi.

— Non, par Vesta ! je suis un monarque impartial. Buvez ! »

Le pauvre sénateur, de par les lois de la table, fut forcé d'obéir. Hélas ! chaque coup ne faisait que le rapprocher davantage des bords du Styx.

« Doucement, doucement, mon roi, murmura Diomède, nous commençons déjà....

— O trahison ! interrompit Salluste ; il n'y a point ici d'austère Brutus.... Que personne ne s'oppose aux arrêts de la royauté !

— Mais nous avons des femmes....

— L'Amour aime le buveur ; Ariane n'a-t-elle pas adoré Bacchus ? »

La fête continua : les convives devinrent de plus en plus loquaces et bruyants. Le dessert ou le dernier service était déjà sur la table, et les esclaves apportaient de l'eau avec de la myrrhe et de l'encens pour la dernière ablution ; en même temps une petite table circulaire, qui avait été placée dans l'espace laissé libre, s'ouvrit tout à coup, comme par magie, et répandit une pluie odoriférante sur la table et sur les hôtes. Lorsqu'elle eut cessé, le dais qui était au-dessus de leur tête fut enlevé, et ils virent qu'une corde avait été tendue en travers du plafond. Un de ces habiles danseurs si célèbres à Pompéi, et dont les descendants font encore la joie d'Astley et du Vauxhall, commençait ses évolutions aériennes.

Cette apparition, qu'une corde seule séparait du péricrâne des convives, et qui, dans ses joyeux ébats, semblait menacer à chaque instant d'une descente prochaine leurs régions cérébrales, serait probablement de nos jours considérée avec terreur par la société de May-Fair ; mais nos amateurs pompéiens paraissaient contempler ce spectacle avec autant de plaisir que de curiosité. Ils applaudissaient d'autant plus vivement que le danseur s'approchait plus près de la tête de l'un d'eux. Il fit au sénateur l'honneur de se laisser tomber et de ressaisir la corde, au moment où tout le monde croyait que le crâne du Romain était fracturé, comme celui du poëte qu'un aigle prit pour une tortue. Enfin, au grand contentement d'Ione, qui ne prenait pas beaucoup de plaisir à ce divertissement, le danseur de corde s'arrêta tout à coup, pendant qu'un accord de musique se faisait entendre au dehors. Il dansa de nouveau avec plus d'agilité.

L'air changea ; le danseur fit une nouvelle pause ; mais rien ne semblait pouvoir dissiper le charme dont on le supposait possédé. Il représentait un homme qu'une maladie étrange force à danser, et qu'un certain air seul était capable de guérir [1]. Enfin le musicien parut prendre le véritable ton ; le danseur bondit, s'élança de la corde à terre, et soudain on ne le vit plus.

Le soleil commençait à décliner, bien que les convives qui étaient à table depuis plusieurs heures ne s'en aperçussent pas dans la salle du festin, fermée au jour. Le sénateur, fatigué, et le guerrier, qui devait retourner à Herculanum, se levèrent et donnèrent le signal du départ général.

« Attendez un instant, mes amis, dit Diomède, ou, si vous voulez vous retirer sitôt, que ce ne soit pas, du moins, avant notre dernier divertissement. »

Il dit, et fit signe à l'un des *ministres* de s'approcher ; il lui glissa quelques mots dans l'oreille. L'esclave sortit, et revint bientôt avec un petit bassin contenant plusieurs tablettes soigneusement cachetées et toutes semblables en apparence. Chacun des hôtes devait en acheter une et la payer au prix nominal de la plus petite pièce d'argent. L'agrément de cette loterie (divertissement favori d'Auguste, qui l'avait introduit à Rome) consistait dans l'inégalité et quelquefois dans l'incongruité des prix, dont la nature et le montant se trouvaient désignés dans l'intérieur des tablettes. Par exemple le poëte, assez mécontent, tira un de ses poëmes (jamais docteur n'avala moins volontiers une de ses pilules). Le guerrier eut pour lot un étui avec des passe-lacets, ce qui donna lieu à plusieurs bons mots d'une grande nouveauté sur Hercule et sur son fuseau. La veuve Fulvie gagna une large coupe ; Julia, une agrafe de manteau d'homme ; Lepidus, une boîte à mouches pour dames. Le lot le mieux approprié échut au joueur Claudius, qui rugit de colère en recevant des dés pipés. La gaieté que la distribution de ces divers lots avait provoquée fut assombrie par un accident que l'on considéra comme de fâcheux augure. Glaucus avait obtenu du sort le lot le plus heureux : une petite statue de marbre représentant la Fortune, d'un travail grec des plus exquis. L'esclave qui la lui apportait la laissa tomber, et elle se brisa en mille morceaux. Un frisson courut dans l'assemblée, et chaque voix s'éleva spontanément pour prier les dieux de détourner ce présage.

---

1. Cette danse est encore en usage dans la Campanie.

Glaucus seul, bien que superstitieux comme les autres, montra beaucoup de fermeté.

« Douce Napolitaine, dit-il en se tournant vers Ione, qui avait pâli à la vue de la statue brisée, j'accepte le présage : il signifie que la Fortune, en te donnant à moi, ne peut donner rien de plus ; elle brise son *image* pour ne me laisser que la *tienne.* »

Afin de dissiper l'impression que cet incident avait occasionnée dans l'assemblée, et qui, attendu le rang des convives, pourrait nous paraître extrêmement superstitieuse, si de nos jours encore nous ne voyions pas, dans quelque partie de campagne, une dame quitter avec une humeur voisine de l'hypocondrie un salon où se sont trouvées treize personnes, Salluste couvrit sa coupe de fleurs et porta une santé à l'amphitryon. Cette santé fut suivie d'une autre pour l'empereur, et enfin d'une dernière en l'honneur de Mercure, messager des songes agréables. Une libation termina le banquet, et la compagnie se sépara.

On usait assez rarement de chars et de litières à Pompéi, tant à cause de l'étroitesse des rues que de la petitesse de la ville. Plusieurs des convives reprirent leurs sandales, qu'ils avaient laissées à la porte de la salle du banquet, et, s'enveloppant de leurs manteaux, se retirèrent à pied, accompagnés de leurs esclaves.

Glaucus, après avoir vu partir Ione, se dirigea vers l'escalier qui descendait à la chambre de Julia. Une esclave le conduisit à cet appartement, où il trouva la fille du marchand déjà assise.

« Glaucus, lui dit-elle en baissant les yeux, je vois que vous aimez réellement Ione : elle est bien belle en effet.

— Julia est assez charmante elle-même pour être généreuse, répliqua le Grec. Oui, j'aime Ione : parmi les jeunes adorateurs qui se pressent autour de vous, puissiez-vous en avoir un aussi sincère !

— Je prie les dieux de me l'accorder. Tenez, Glaucus, voici des perles que je destine à votre fiancée. Veuille Junon lui donner assez de santé pour les porter longtemps ! »

En prononçant ces mots, elle remit dans la main de Glaucus une cassette qui contenait un rang de perles assez grosses et d'une certaine valeur. C'était un usage assez général que les personnes qui allaient se marier reçussent de pareils cadeaux, pour que Glaucus ne se fît aucun scrupule d'accepter ce collier. Le courtois et fier Athénien se proposait d'ailleurs de rendre à Julia quelque présent qui aurait trois fois la valeur du sien.

Elle l'arrêta au milieu de ses remercîments, et, versant un peu de vin dans une petite coupe, ajouta en souriant :

« Vous avez porté bien des santés avec mon père, portez-en une avec moi. A la santé et au bonheur de votre épouse ! »

Elle toucha la coupe du bout des lèvres et la présenta à Glaucus. La coutume voulait qu'il la vidât jusqu'à la dernière goutte : il le fit. Julia, qui ignorait la supercherie de Nydia, suivait ses mouvements d'un regard inquiet et plein de feu. Quoique la magicienne l'eût prévenue que l'effet pourrait bien ne pas être immédiat, elle pensait que ses charmes doubleraient au moins la force du sortilége. Son attente fut trompée : Glaucus remit froidement la coupe sur la table et continua de s'entretenir avec elle d'un ton gracieux, sans témoigner aucune émotion nouvelle. Elle le retint aussi longtemps qu'elle put ; mais les manières de Glaucus ne changèrent pas à son égard.

« Demain.... se dit-elle en laissant éclater sa joie malgré son désappointement, demain, hélas ! pour Glaucus !... »

Oh oui ! hélas pour lui, bien sûr.

CHAPITRE IV.

L'histoire s'arrête un moment à un épisode.

Inquiet et sans repos, Apœcides consuma la journée à errer dans les promenades les plus solitaires du voisinage de la ville. Le soleil se couchait avec lenteur, lorsque le néophyte s'arrêta sur une partie peu fréquentée où coulait le Sarnus, avant que cette rivière pénétrât dans le séjour du luxe et de la puissance. A travers des échappées de vue entre les bois et les vignes, on pouvait seulement jeter un coup d'œil sur la blanche et rayonnante cité, dont aucun bruit ne parvenait à cette distance. On n'entendait pas le bourdonnement des hommes dans le tulmute des affaires ; le lézard courait sur le gazon à côté de la cigale, et de temps à autre un oiseau laissait éclater ses accents dans quelque coin isolé, puis se taisait soudain. Le calme était partout, mais ce n'était pas le calme de la nuit ; l'air était encore animé de la vie du jour ; des tribus d'insectes s'agitaient dans la verdure, et sur le bord opposé la blanche et gracieuse chèvre broutait l'herbe et s'arrêtait par moments pour se désaltérer.

Pendant qu'Apœcides regardait couler l'eau d'un air distrait, le sourd aboiement d'un chien se fit entendre près de lui.

« Tais-toi, pauvre ami, dit une voix, le pas de l'étranger est sans danger pour ton maître. » Le converti reconnut la voix, et, se retournant, il aperçut le vieillard mystérieux qu'il avait vu dans la congrégation des Nazaréens.

Le vieillard était assis sur un fragment de pierre recouvert de vieilles mousses ; à côté de lui étaient son bâton et son sac ; à ses pieds reposait un petit chien à longs poils, le compagnon de ses périlleux et étranges pèlerinages.

La figure du vieillard opéra comme un baume sur l'esprit agité du néophyte ; il s'approcha de lui, et, s'asseyant à son côté, lui demanda sa bénédiction.

« Vous êtes en équipage de voyage, mon père, lui dit-il ; voulez-vous déjà nous quitter ?

— Mon fils, répondit le vieillard, les jours que j'ai à passer désormais sur la terre sont courts et comptés ; je les emploie, comme il convient que je le fasse, à voyager d'un lieu à un autre, pour donner de la force à ceux que Dieu rassemble en son nom, et pour proclamer la gloire de son fils, dont je suis le vivant témoignage.

— Vous avez contemplé, dit-on, la face du Christ ?

— Et sa face m'a retiré du nombre des morts. Apprends, jeune néophyte de la vraie foi, que je suis celui dont tu as lu l'histoire dans l'Évangile de l'apôtre. Dans la lointaine Judée, en la ville de Naïm, habitait une veuve humble d'esprit et de cœur. De tous les liens qui attachent à la vie, il ne lui était resté qu'un fils, et elle l'aimait d'un amour mélancolique, car son image lui rappelait tout ce quelle avait perdu. Ce fils vint à mourir : le roseau sur lequel elle s'appuyait fut brisé, et l'huile se desséchait dans la lampe de la veuve. On mit le mort dans une bière, et, comme on l'emportait au tombeau en passant près des portes de la ville, où la foule était rassemblée, il se fit soudain un grand silence au milieu des gémissements du deuil. Car le fils de Dieu passait. La mère, qui suivait la bière, pleurait, sans bruit, hélas ! mais tous ceux qui la voyaient comprenaient à quel point son cœur était déchiré. Dieu eut pitié d'elle ; il toucha la bière et parla ainsi : *Je te le dis, lève-toi !* et le mort s'éveilla et regarda la face du

Seigneur. Oh! ce front calme et solennel, ce sourire qu'on ne saurait dépeindre, cette figure chargée des soucis de l'humanité, mais éclairée par la bonté d'un Dieu, chassèrent les ombres de la mort. Je me levai, je parlai, j'étais vivant et dans les bras de ma mère.... oui, j'étais le mort ressuscité! Le peuple jeta un long cri de reconnaissance; des sons joyeux retentirent à la place des sons funèbres : ce fut une acclamation générale : « Dieu a visité son peuple! » Moi seul je ne l'entendis pas; je ne sentis, je ne vis rien que la face du Rédempteur. »

Le vieillard s'arrêta, profondément ému; le sang du jeune homme se glaça, et ses cheveux se dressèrent sur son front. Il était en présence d'un homme qui avait connu les mystères de la mort.

« Jusqu'à ce moment, reprit le fils de la veuve, j'avais été, comme les autres hommes, léger sans être dissolu, ne songeant guère qu'à rire et à aimer; j'avais failli embrasser les obscures croyances des Saducéens. Mais, réveillé d'entre les morts, du sein des songes arides et terribles que ces lèvres ne doivent pas révéler, rappelé sur la terre pour témoigner de la puissance du ciel, redevenu mortel afin d'attester l'immortalité, je reçus un nouvel être de la tombe. O malheureuse Jérusalem! Jérusalem déchue et perdue! Celui qui m'avait rendu à l'existence, je le vis condamné à une nuit pleine d'angoisses, j'assistai à son agonie; du milieu de la foule, j'aperçus la lumière qui s'arrêtait et brillait sur la croix. J'entendis les clameurs de la populace. Je criai, éperdu, menaçant : personne ne prit garde à moi; j'étais perdu dans le tourbillon et dans les rumeurs de la foule! Mais alors même, dans ma douleur et dans la *sienne*, je crus voir les yeux du fils de l'homme me chercher; ses lèvres souriaient au moment où il conquérait la mort. Elles me disaient de me taire, et je me calmai. Qu'était la mort, pour lui qui m'avait arraché du tombeau? Le soleil éclaira de côté ses traits pâles et puissants, et le jour mourut. Les ténèbres couvrirent la terre; combien de temps elles durèrent, je ne le sais pas. Un cri traversa l'obscurité, un cri perçant et aigu, et tout devint silencieux.

« Mais qui pourrait décrire l'horreur de cette nuit? Je marchais à travers la cité, la terre vacillait de moments en moments; les maisons tremblaient sur leurs fondements; les vivants avaient déserté les rues, mais *non pas les morts*. Je les voyais se glisser dans l'ombre, sombres et terribles fantômes, avec les vêtements de la tombe; l'horreur, l'angoisse, le mystère se peignaient sur leurs lèvres immobiles et dans leurs yeux sans éclat ; ils me touchaient en passant, ils me regardaient ; j'avais été leur frère ; ils me saluaient comme une connaissance ; ils s'étaient relevés pour apprendre aux vivants que les morts *peuvent ressusciter.* »

Le vieillard s'interrompit de nouveau, puis reprit d'un ton moins animé :

« A partir de cette nuit, j'écartai toute pensée terrestre pour ne servir que *lui*. Prédicateur et pèlerin, j'ai parcouru les régions les plus lointaines de la terre, proclamant sa divinité et augmentant le nombre de son troupeau. Je viens comme le vent, et comme le vent je pars, répandant comme lui la semence qui enrichit le monde.

« Mon fils, nous ne nous rencontrerons plus sur la terre ; n'oublie pas cette heure. Que sont les plaisirs et les pompes de la vie ? De même que la lampe, la vie brille une *heure* ; mais la lumière de l'âme est l'étoile qui brille pour toujours au sein de l'espace illimité. »

Leur entretien se continua alors sur les doctrines universelles et sublimes de l'immortalité ; il consola et éleva l'âme du jeune converti, qui, longtemps prisonnier dans l'ombre de son ancienne foi, avait besoin de cet air pur du ciel. Une différence marquée existait entre le christianisme du vieillard et celui d'Olynthus. La religion du premier était plus douce, plus bienveillante, plus divine ; l'âpre héroïsme d'Olynthus avait quelque chose de plus fougueux, de plus intolérant, nécessaire au rôle qu'il devait jouer ; en un mot, il y avait dans sa foi beaucoup plus du courage du martyr que de la charité du saint. Olynthus encourageait, excitait, fortifiait, au lieu d'attendrir et de subjuguer. Mais le cœur tout entier du divin vieillard s'était imprégné d'amour : le sourire du Christ avait consumé toute l'ivraie des passions grossières et terrestres, et lui avait laissé, avec l'énergie d'un héros, toute la douceur d'un enfant.

« Maintenant, ajouta-t-il en se levant, au moment où le dernier rayon du soleil s'éteignait à l'occident ; maintenant, dans la fraîcheur du soir, je vais continuer ma route vers l'impériale Rome. Là se trouvent quelques saints hommes, qui comme moi ont contemplé le Christ, et je veux les voir avant de mourir.

— Mais la nuit est froide à votre âge, mon père ; le chemin long et rempli de voleurs : reposez-vous jusqu'à demain.

— Cher fils, qu'y a-t-il dans cette sacoche pour tenter un voleur ? Et, quant à la nuit et à la solitude, ce sont elles qui forment l'échelle le long de laquelle les anges se rassemblent, et au pied de laquelle mon esprit peut rêver de Dieu. Oh ! personne ne sait ce que le pèlerin éprouve dans ses saintes courses : il ne nourrit aucune peur, il ne craint aucun danger, car Dieu est avec lui. Il entend les vents lui murmurer de bonnes nouvelles; les forêts dorment à l'ombre des ailes du Tout-Puissant; les étoiles sont les saintes Écritures du Ciel, le gage d'amour, le témoignage de l'immortalité. La nuit est le jour du pèlerin. »

Après ces paroles, le vieillard pressa Apœcides sur son cœur, et prenant en main son bâton et son sac, tandis que son chien sautait gaîment devant lui, il continua son chemin à pas lents et les yeux baissés.

Le converti suivit du regard sa taille courbée, jusqu'à ce que les arbres l'eussent dérobé à sa vue ; et, comme les étoiles commençaient à paraître, il s'éveilla pour ainsi dire en sursaut de sa rêverie, en se souvenant du rendez-vous qu'il avait avec Olynthus.

CHAPITRE V.

Le philtre. — Ses effets.

Lorsque Glaucus arriva chez lui, il trouva Nydia assise sous le portique du jardin. Elle était accourue à sa maison dans l'espérance qu'il reviendrait de bonne heure; inquiète, craintive, rêveuse, elle s'était décidée à profiter de la première occasion qu'elle pourrait saisir pour éprouver la vertu du philtre, quoique en même temps elle désirât que cette occasion fût encore différée.

C'était dans cette disposition d'esprit, mêlée de désir et de crainte, le cœur palpitant, les joues en feu, que Nydia attendait la possibilité du retour de Glaucus avant la nuit.... Il traversa le portique juste au moment où les premières étoiles se levaient, et où le ciel se revêtait de sa robe de pourpre.

« Ah ! mon enfant, est-ce que tu m'attends ?

— Non ; je venais d'arroser les fleurs, et je me reposais un moment.

— Il a fait chaud, dit Glaucus en s'asseyant sur un des siéges adossés à la colonnade.

— Très-chaud.

— Veux-tu appeler Davo? le vin que j'ai bu m'altère, et je désirerais prendre quelque boisson rafraîchissante. »

Ainsi donc se présentait soudainement et d'une façon inattendue l'occasion recherchée par Nydia; de lui-même, de son propre mouvement il venait au-devant de ses souhaits. Comme elle respirait vite!... « Je veux vous préparer moi-même, dit-elle, le breuvage d'été qu'Ione affectionne : un breuvage composé de miel et d'un peu de vin rafraîchi dans la neige.

— Merci, répondit Glaucus, loin de se douter de ce qui se passait dans l'âme de Nydia : si Ione l'aime, cela suffit; je l'accepterai avec joie, fût-ce un poison. »

Nydia fronça le sourcil et sourit : elle disparut quelques instants et revint avec une coupe qui contenait le breuvage; Glaucus le prit de sa main. Que n'aurait pas donné Nydia en ce moment pour sortir de sa cécité pendant une heure, afin de voir ses espérances se réaliser; de distinguer les premières lueurs de cet amour qu'elle rêvait; d'adorer, avec toute la ferveur des Perses, le lever de ce soleil qui devait, selon son âme crédule, illuminer à jamais les ténèbres de sa nuit terrible! Il y avait une grande différence entre les émotions de la fille aveugle et celles qui avaient agité l'orgueilleuse Pompéienne, dans une semblable attente. Combien de frivoles passions occupaient celles-ci! Que de petitesse et de dépit, quel misérable sentiment de vengeance, quel désir d'un sot triomphe, profanaient le culte qu'elle honorait du nom d'amour! Dans le cœur de la Thessalienne tout était passion, passion pure, que rien ne contrôlait, ne modifiait; passion, il est vrai, aveugle, insensée, sauvage, mais à laquelle ne se mêlait aucun élément vil et bas. La vie et l'amour se confondaient en elle; comment aurait-elle pu résister à l'occasion de conquérir l'amour de Glaucus en retour du sien?

Elle s'appuya pour se soutenir contre le mur, et sa figure, de pourpre tout à l'heure, était à présent blanche comme la neige; ses mains délicates étaient convulsivement serrées : et les lèvres entr'ouvertes, les yeux à terre, elle attendait avec anxiété les premiers mots que Glaucus allait prononcer.

Il avait déjà porté la coupe à ses lèvres, il avait bu à peu près le quart de ce qu'elle contenait, lorsque son regard tomba sur la figure de Nydia et en remarqua l'altération. Cette expression d'attente et d'effroi était si étrange, qu'il cessa de boire tout à coup, et, tenant encore la coupe près de ses lèvres, s'écria :

« Mais, Nydia, pauvre Nydia, tu es malade. Il faut que tu souffres de quelque mal violent, ta figure ne l'indique que trop. Qu'as-tu donc, ma pauvre enfant ? »

En prononçant ces mots, il posa la coupe à terre et se leva de son siége pour s'approcher d'elle, lorsqu'il sentit tout à coup une douleur soudaine glacer son cœur, et une sensation confuse, vertigineuse, ébranler son cerveau. Le pavé sembla se dérober sous lui, comme si son pied ne frappait que l'air.... Une gaieté irrésistible et surnaturelle s'empara de son esprit; il était trop léger pour la terre, il eût voulu avoir des ailes; on eût dit même que, dans cette nouvelle existence, il croyait en avoir déjà. Il poussa involontairement un long et bruyant éclat de rire. Il battit des mains, il bondit, il avait l'air d'une pythonisse inspirée. Ce transport singulier cessa presque aussitôt, mais en partie seulement.... Son sang courait rapidement dans ses veines, s'élançant avec la vivacité d'un ruisseau qui a rompu un obstacle et qui se précipite vers l'Océan. Son oreille en saisissait le murmure, il le sentait monter à son front; il sentait les veines de ses tempes s'étendre et se gonfler, comme si elles ne pouvaient plus contenir cette marée impétueuse et croissante; alors une demi-obscurité se répandit sur ses yeux; il apercevait au travers de cette ombre les murs opposés, dont les figures lui paraissaient s'animer et marcher ainsi que des fantômes. Ce qu'il y avait de plus étrange, c'est qu'il ne souffrait plus; la nouveauté de ses sensations avait quelque chose d'heureux et de brillant; une jeunesse nouvelle paraissait lui avoir infusé sa vigueur; il était tout près de la folie, et il n'en avait pas conscience.

Nydia n'avait pas répondu à sa première question; elle n'était pas en état de répondre. L'inconcevable éclat de rire de Glaucus l'avait tirée de ses incertitudes passionnées; elle ne pouvait voir l'altération de ses traits; elle ne pouvait remarquer ses pas chancelants, ses allées et venues, dont il ne se doutait pas lui-même; mais elle entendit les mots interrompus, incohérents, insensés qui sortirent de ses lèvres. Elle fut terrifiée et effrayée; elle courut à lui, le cherchant avec ses bras, jusqu'à ce qu'elle eut rencontré ses genoux, et, tombant à terre, elle les embrassa en pleurant d'émotion et d'effroi.

« Oh! parle-moi, parle-moi, dit-elle; tu ne me hais pas : parle ! parle !...

— Par la déesse de la beauté, c'est une île magnifique que cette île de Cypre! on y remplit nos veines de vin à la place du sang. Ah! voilà qu'on ouvre celles d'un faune là-bas, pour nous faire voir comme il bouillonne et brûle. Viens ici, vieux dieu de la joie. Tu es monté sur un bouc.... Ah! comme il a les crins soyeux! Il vaut tous les coursiers parthes. Mais, un mot! Ton vin est trop fort pour nous autres mortels. Oh! que tout cela est beau! Les rameaux sont en repos. Les vertes vagues de la forêt ont pris le Zéphyre et l'ont noyé. Pas un souffle ne remue les feuilles, et je vois les songes endormis, les ailes ployées, sous l'ormeau immobile; et, plus loin, je vois une onde bleue étinceler sous les flammes du midi silencieux; une fontaine.... une fontaine jaillit dans les airs. Ah! fontaine, tu ne saurais éteindre les rayons de mon soleil grec, quoi que tu puisses faire avec tes agiles bras d'argent. Tiens! maintenant, quelle forme se dessine là-bas, à travers les branches? Elle glisse comme un rayon de la lune.... Elle porte sur la tête une guirlande de feuilles de chêne! Elle a dans la main un vase renversé d'où elle fait couler de petits coquillages rares et des eaux étincelantes. Oh! regardez cette figure.... Aucun homme n'en a vu de pareille! Regardez. Nous sommes seuls.... Il n'y a qu'elle et moi dans la vaste forêt. Aucun sourire sur ses joues.... Elle marche gravement, doucement, mélancoliquement. Ah! fuyez.... C'est une nymphe, une des sauvages *Napæœ*[1]. Qui les voit devient fou!... Fuyez.... elle m'a découvert.

— Oh! Glaucus, ne me reconnais-tu pas? Ne délire pas ainsi, ou tes paroles vont me donner la mort! »

Un nouveau changement sembla s'opérer dans l'esprit éperdu, bouleversé de l'infortuné Athénien. Il posa ses mains sur la soyeuse chevelure de Nydia; il en caressa les boucles; il la regarda attentivement; et comme dans la chaîne rompue de ses idées se tenaient encore deux ou trois anneaux, sa figure parut lui rappeler le souvenir d'Ione; et cette vague image rendit sa démence plus forte encore, en y joignant toute l'impétuosité de la passion.

« Je jure, s'écria-t-il, par Vénus, par Diane ou par Junon, que, bien que j'aie en ce moment le monde sur mes épaules, comme autrefois mon compatriote Hercule.... Ah! oui, stupides Romains, tout ce qui a été grand a été grec; et sans nous vous n'auriez pas de dieux.... Qu'est-ce que je disais?... Comme mon compatriote Hercule l'avait avant moi.... Ce monde.... je le laisserais tomber dans le chaos pour un sourire d'Ione. Ah!

---

1. Elles président aux bois et aux montagnes.

beauté adorée, ajouta-t-il avec une plaintive douceur d'un caractère inexprimable, tu ne m'aimes pas! tu n'es pas bonne pour moi.... L'Égyptien m'a calomnié près de toi, tu ignores combien d'heures j'ai passées à errer autour de ta maison.... tu ne sais pas combien de fois j'ai veillé en compagnie des étoiles, attendant que toi, mon soleil, tu parusses à la fin; et tu ne m'aimes pas, tu m'abandonnes.... Oh! ne me quitte pas maintenant! Je sens bien que je n'ai que peu de temps à vivre; laisse-moi te contempler jusqu'au dernier moment!... Ne suis-je pas né dans la brillante contrée de tes pères?... J'ai gravi les hauteurs de Phyle, j'ai cueilli l'hyacinthe et la rose parmi les bouquets d'oliviers de l'Ilyssus. Tu ne dois pas m'abandonner, toi, car tes ancêtres étaient les frères des miens; ah! l'on dit que cette terre est belle, que ces climats sont purs; mais je veux t'emmener avec moi.... Oh! noire vision, pourquoi jeter ton image entre elle et moi?... La mort est empreinte, calme et terrible, sur ton front.... J'aperçois sur ta lèvre un sourire qui tue.... Ton nom est *Orcus*, mais sur terre les hommes t'appellent Arbacès.... Tu vois, je te connais.... Fuis.... ombre fatale, tes enchantements ne te serviront à rien.

— Glaucus! Glaucus! murmura Nydia en cessant de le retenir et en tombant sans connaissance sur le pavé, oppressée par le remords, l'épouvante et la douleur.

— Qui m'appelle? s'écria-t-il. Ione, est-ce toi? Ils l'ont emportée.... sauvons-la. Où est mon style?... ah! je l'ai.... Ione, je viens à ton secours, je viens, je viens.... »

A ces mots l'Athénien franchit le portique d'un bond, traversa la maison, et sortit d'un pas rapide et chancelant, en se parlant à lui-même, le long des rues éclairées par les étoiles. La funeste potion brûlait comme du feu dans ses veines, car ses effets s'augmentaient encore de la disposition où le banquet avait mis ses esprits. Accoutumés aux excès qui suivaient les repas nocturnes, les citoyens souriaient et se rangeaient pour le laisser passer, en se faisant des signes d'intelligence; ils s'imaginaient que Glaucus ressentait l'influence de Bacchus, fort honoré à Pompéi; mais ceux qui attachèrent deux fois les yeux sur son visage tressaillirent d'un effroi sans nom, et le sourire quitta leurs lèvres. Il parcourut les rues les plus populeuses; il se dirigeait instinctivement vers la maison d'Ione, lorsque, arrivé à un quartier plus solitaire, il entra dans un bosquet de Cybèle, où il se trouva tout à coup en présence d'un étrange spectacle.

CHAPITRE VI.

Réunion de différents personnages. — Des fleuves qui, en apparence coulaient séparément, unissent leurs eaux dans le même golfe.

Impatient de savoir si la potion fatale avait été administrée et quel effet elle avait pu produire, Arbacès résolut, ce soir-là même, de se rendre chez Julia, pour satisfaire sa curiosité. Il était d'usage, je l'ai déjà fait remarquer, que les hommes sortissent à cette époque avec leurs tablettes et leur style attachés à leur ceinture ; ils ne les déposaient que dans leur intérieur. En réalité, sous la forme d'un instrument qui servait à écrire, ils portaient avec eux dans ce style une arme aiguë et formidable[1].... Ce fut avec le style que Cassius frappa César dans le sénat. Prenant donc sa ceinture et son manteau, Arbacès sortit de sa maison, en maintenant avec un long bâton ses pas encore faibles, quoique l'espoir et la vengeance eussent conspiré, avec ses profondes connaissances médicales, à rétablir ses forces naturelles. Il prit le chemin de la maison de campagne de Diomède.

Quel beau clair de lune que celui des pays du Sud ! Dans ces climats, la nuit et le jour se confondent si rapidement que le crépuscule met à peine un intervalle entre la venue de l'une et le départ de l'autre. Un instant de pourpre plus foncé dans les nues, mille teintes roses sur les eaux !... une ombre à moitié victorieuse de la lumière !... et les étoiles innombrables éclatent aussitôt dans les cieux.... la lune monte d'un prompt essor.... la nuit a recommencé son règne.

L'astre de la nuit éclairait d'une lumière douce et brillante l'antique bosquet consacré à Cybèle.... Les arbres majestueux dont l'âge remontait au delà même de la tradition jetaient leurs longues ombres sur la terre, tandis qu'à travers les ouvertures de leurs branches, scintillaient les étoiles. La blancheur du *sacellum* situé au milieu du bosquet, et environné d'un sombre feuillage, présentait quelque chose d'abrupt et de frap-

1. De ce style est provenu sans doute le stylet des Italiens

pant; il rappelait l'intention qui avait fait consacrer le bosquet, sa sainteté et sa solennité.

D'un pas furtif et léger, Calénus, se glissant sous l'ombre des arbres, s'approcha de la chapelle, et, repoussant les branches qui se joignaient complétement autour de lui, s'arrangea dans sa cachette; elle était si bien close, avec le temple devant lui et les arbres derrière, qu'aucun passant ne pouvait l'y découvrir : il aurait fallu savoir qu'il était là. Tout était en apparence solitaire dans le bosquet; de loin on entendait faiblement résonner les voix joyeuses de quelques convives qui s'en retournaient chez eux, ou bien la musique écoutée par les groupes des promeneurs, qui, dès ce temps-là, comme aujourd'hui dans ces climats, se plaisaient à passer les nuits d'été dans les rues, et à jouir de la fraîcheur de l'air et des douceurs des clairs de lune, après l'éclat trop ardent du jour.

Des hauteurs où le bosquet était situé, on pouvait voir, à travers les intervalles des arbres, la mer vaste et pourprée qui grondait au loin, les blanches maisons de Stabie sur la pente du rivage, et les obscures collines Lectiariennes confondues dans un ciel délicieux; en ce moment, Arbacès, qui se rendait chez Diomède, montra sa grande figure à l'entrée du bosquet; et il arriva qu'Apœcides, qui venait rejoindre Olynthus, passa devant lui.

« Hem, Apœcides, dit Arbacès en reconnaissant le jeune prêtre du premier coup d'œil, lorsque nous nous sommes rencontrés la dernière fois, vous étiez mon ennemi. J'ai désiré depuis vous revoir, car je souhaite que vous restiez toujours mon disciple et mon ami. »

Apœcides tressaillit à la voix de l'Égyptien et, s'arrêtant brusquement, le regarda avec un air de profond mépris et de violente émotion.

« Scélérat et imposteur, s'écria-t-il enfin, tu es donc sorti des étreintes du tombeau; mais n'espère plus jeter sur moi tes sacriléges filets.... *rétiaire*. Je suis armé contre toi.

— Paix! répondit Arbacès à voix basse; mais l'orgueil si fier chez ce descendant des rois trahit la blessure que lui causaient les épithètes insultantes du jeune prêtre dans le tremblement de ses lèvres et dans la rougeur subite de son front basané.... Paix! parle plus bas, tu pourrais être entendu, et si d'autres oreilles que les miennes avaient surpris tes paroles....

— Me menaces-tu? Ah! je voudrais que la ville entière pût m'entendre....

— .... Les mânes de mes ancêtres ne me permettraient pas de te pardonner. Mais écoute, tu es courroucé parce que j'ai voulu faire violence à ta sœur.... Calme-toi un instant.... un seul instant, je te prie.... tu es dans ton droit. Ce fut le délire de l'amour et de la jalousie.... Je me suis repenti amèrement de ma folie... pardonne-moi. Je n'ai jamais imploré le pardon d'un être vivant je te prie de me pardonner, oui, je réparerai l'insulte; je demande ta sœur en mariage : ne frémis pas.... réfléchis.... Qu'est-ce que l'alliance de ce Grec frivole à côté de la mienne? Une fortune incalculable.... une naissance telle que les noms grecs ou romains ne sont que d'hier auprès de son ancienneté; la science.... mais tu sais tout cela. Je te demande ta sœur, et ma vie entière sera consacrée à réparer l'erreur d'un moment.

— Égyptien, quand je céderais à ton vœu, ma sœur abhorre l'air que tu respires; mais j'ai mes propres griefs à te pardonner. Je puis oublier que tu m'as pris pour instrument de tes desseins, mais jamais que tu m'as séduit au point de me faire partager tes vices, que tu as fait de moi un homme souillé et parjure. Tremble; dans ce moment même, je prépare l'heure qui doit démasquer toi et tes faux dieux; ta vie débauchée comme celle des compagnons de Circé sera exposée au grand jour; tes oracles menteurs seront dévoilés.... Le temple de l'idole Isis deviendra un objet de mépris : le nom d'Arbacès sera un but pour les railleries et l'exécration du peuple. »

A la rougeur qui avait couvert le front de l'Égyptien succéda une pâleur livide; il regarda derrière lui, devant, autour de lui, pour s'assurer que personne n'était là, et fixa ensuite son noir et large regard sur le jeune prêtre, avec une expression de colère et de menace qu'aucun autre qu'Apœcides, soutenu par la ferveur de son zèle ardent et divin, n'aurait pu supporter sans effroi, tant cette expression était terrible. Le jeune converti demeura impassible sous ce regard, et y répondit par un air d'orgueilleux défi.

« Apœcides, reprit l'Égyptien d'une voix sourde et émue, prends garde! Que médites-tu? Parles-tu (réfléchis bien avant de me répondre) sous l'impression de la colère, sans dessein préconçu, ou bien as-tu dans l'âme quelque projet arrêté?

— Je parle d'après l'inspiration du vrai Dieu dont je suis à présent le serviteur, répondit hardiment le chrétien, et avec la connaissance certaine que la grâce a déjà marqué le jour où le courage humain triomphera de ton hypocrisie et du culte du démon: avant que le soleil ait brillé trois fois, tu l'apprendras. Sombre magicien, tremble; adieu. »

Toutes les passions ardentes et farouches que l'Égyptien avait reçues en héritage de sa nature et de son climat, et qu'il avait peine à cacher sous les apparences de la douceur et d'une froide philosophie, se déchaînèrent à la fois dans son cœur. Une pensée succédait rapidement à une autre pensée; il voyait devant lui un obstacle invincible à une alliance légitime avec Ione; il voyait le compagnon de Glaucus dans la lutte qui avait renversé ses desseins; l'homme qui devait déshonorer son nom, le déserteur de la déesse qu'il servait sans croire à son culte, le révélateur avoué et prochain de ses impostures et de ses vices. Son amour, sa réputation, sa vie entière se trouvaient en danger; le jour et l'heure étaient déjà désignés pour l'atteindre. Il apprenait par les propres paroles du néophyte qu'Apœcides avait adopté la foi chrétienne; il connaissait le zèle indomptable qui animait les prosélytes de cette foi: tel était le nouveau converti. Il mit la main sur son style; cet ennemi était en son pouvoir, ils étaient en ce moment devant la chapelle. Il jeta de nouveau un regard furtif autour de lui; il ne vit personne; le silence et la solitude vinrent le tenter.

« Meurs donc, dit-il, dans ta témérité; disparais, obstacle vivant de mes destinées! »

Et à l'instant où le chrétien allait le quitter, Arbacès leva la main au-dessus de l'épaule gauche d'Apœcides et plongea sa lame aiguë à deux reprises dans la poitrine du jeune prêtre.

Apœcides tomba percé au cœur.... Il tomba mort sans un soupir au pied de la chapelle sacrée.

Arbacès le considéra un moment avec la joie animale et féroce que donne la mort d'un ennemi; mais l'idée du danger auquel il venait de s'exposer s'empara bientôt de son esprit.... Il essuya avec soin son arme sur le gazon et avec les vêtements mêmes de la victime, s'enveloppa de son manteau, et se disposa à partir, lorsqu'il vit venir à lui un jeune homme dont les pas vacillaient et chancelaient d'une façon singulière à mesure qu'il s'approchait; un rayon de lune éclaira la figure de l'étranger; cette figure, sous cette lueur blafarde, parut à Arbacès aussi blanche que le marbre. Il reconnut les traits et la taille de Glaucus; le Grec infortuné chantait une chanson décousue et triste, composée de fragments d'hymnes et d'odes sacrées, entremêlés sans ordre et sans intelligence.

« Ah! s'écria l'Égyptien, devinant aussitôt son état et la terrible cause qui l'avait produit, le breuvage agit, et la destinée l'amène ici pour que je triomphe à la fois de mes deux ennemis! »

Promptement, et avant même que cette pensée lui fût venue, il s'était retiré vers un des côtés de la chapelle, en se cachant parmi les branches; de ce guet-apens il surveilla, comme un tigre dans son antre, l'arrivée de sa seconde victime. Il remarqua les flammes errantes et sans repos qui traversaient les yeux de l'Athénien, les convulsions qui détruisaient la régularité sculpturale de ses traits et décoloraient ses lèvres; il comprit que le Grec était tout à fait dépourvu de sa raison. Cependant, lorsque Glaucus arriva près du corps d'Apœcides, dont le sang inondait le gazon, un si étrange et terrible spectacle ne pouvait manquer d'arrêter ses pas, malgré le désordre de ses esprits. Il s'arrêta donc, passa sa main sur son front, comme pour rappeler sa mémoire, et dit:

« Oh! oh! Endymion, tu dors bien profondément?... Qu'est-ce donc que la lune a pu te dire? Tu me rends jaloux.... Il est temps de te réveiller.... »

Il se baissa dans l'intention de soulever le corps.

Oubliant.... ne sentant plus sa faiblesse.... l'Égyptien s'élança de l'endroit où il était caché, et, pendant que le Grec se baissait, il le frappa et le jeta sur le corps du chrétien; puis, élevant sa forte voix aussi haut qu'il le put, il s'écria:

« Holà! citoyens, holà! à mon aide.... Ici, ici! Au meurtre, au meurtre devant votre temple! au secours.... afin que le meurtrier ne puisse s'échapper!... »

En parlant ainsi, il plaça son pied sur la poitrine de Glaucus.... précaution vaine et superflue.... car, l'effet du breuvage se combinant avec la chute, le Grec demeurait sans mouvement, insensible, à l'exception de ses lèvres qui laissaient sortir des sons vagues et incohérents.

Tandis qu'il restait dans cette position, en attendant l'arrivée de quelques citoyens, peut-être éprouva-t-il quelque remords, quelque pitié.... car, en dépit de ses crimes, il était homme.... L'état inanimé de Glaucus sans défense, ses paroles sans suite, sa raison égarée, le touchèrent plus que la mort d'Apœcides... Il dit si bas qu'à peine put-il l'entendre lui-même:

« Pauvre argile! pauvre raison humaine! *Où est maintenant ton âme?* Je pourrais t'épargner, ô rival.... qui ne peux plus être un rival pour moi.... Mais la destinée doit avoir son cours; ma sûreté demande ce sacrifice. »

Puis, pour étouffer cette pitié momentanée, il cria plus fort qu'auparavant; et, tirant de la ceinture de Glaucus le style qui y était attaché, il le plongea dans le sang du malheureux assassiné, et le posa à côté du corps.

Alors arrivèrent plusieurs citoyens, empressés et hors d'haleine; quelques-uns avec des torches, que la clarté de la lune ne rendait pas nécessaires, mais qui flamboyaient d'une manière sinistre à travers les arbres : ils entourèrent la place.

« Emportez ce corps, dit l'Égyptien, et emparez-vous du meurtrier. »

Ils soulevèrent le corps, et grande fut leur horreur, ainsi que leur sainte indignation, lorsqu'ils découvrirent que cet être inanimé était un prêtre de la vénérable et adorée Isis; mais leur surprise fut encore plus grande quand ils virent que l'accusé était le brillant Athénien si admiré par eux tous.

« Glaucus! s'écrièrent les assistants d'une commune voix, Est-ce croyable?...

— Je croirais plus volontiers, dit un homme à son voisin, que c'est l'Égyptien lui-même. »

Un centurion se jeta dans la foule avec un air d'autorité.

« Ah! du sang versé! dit-il. Quel est le meurtrier? »

Les assistants montrèrent Glaucus.

« Lui! par Mars! il a plutôt l'air d'une victime. Qui l'accuse?

— Moi! » dit Arbacès en se redressant avec fierté.

Et les joyaux qui garnissaient sa robe, resplendissant aux yeux du digne guerrier, lui persuadèrent aisément que c'était là un témoin des plus honorables.

« Pardonnez-moi; votre nom? dit-il.

— Arbacès; il est bien connu, je crois, à Pompéi. En passant dans ce bosquet, j'ai vu ce Grec et le prêtre ensemble : leur conversation était très-animée. Je fus frappé des mouvements désordonnés du premier, de ses gestes violents, de sa voix éclatante. Il me paraissait ivre ou fou. Soudain je l'ai vu tirer son style.... Je me suis élancé, mais trop tard, pour empêcher le coup. Il avait frappé deux fois sa victime, et se penchait sur son corps, lorsque, dans mon horreur et dans mon indignation, je l'ai jeté violemment lui-même la face contre terre.... Il est tombé sans lutte, ce qui me fait supposer qu'il n'était pas maître de ses sens lorsqu'il a commis le crime; car, remis à peine d'une cruelle maladie, le coup que j'ai porté était faible, et surtout comparativement à la force du jeune Glaucus, comme vous pouvez en juger.

« Ses yeux s'ouvrent, ses lèvres se meuvent, dit le soldat. Parle, prisonnier; que réponds-tu à l'accusation?

— L'accusation, ah! ah!... Ce qui a été fait a été bien fait.... Lorsque la vieille sorcière a dirigé son serpent sur moi.... et que Hécate se tenait là riant à mon oreille.... que pouvais-je faire? Mais je suis souffrant.... je me sens défaillir.... la langue du serpent m'a mordu.... Portez-moi dans mon lit.... faites venir le médecin.... le vieil Esculape accourra lui-même si vous dites que je suis Grec.... Oh! merci, merci! je brûle.... Mon cerveau, la moelle de mes os.... Je brûle. »

Et, après un long et douloureux soupir, l'Athénien tomba dans les bras des assistants.

« Il est en délire, dit l'officier avec compassion, et, dans son transport, il a frappé le prêtre. Quelqu'un l'a-t-il vu aujourd'hui?

— Moi, dit un des spectateurs. Je l'ai vu ce matin; il a passé devant ma boutique et il m'a accosté. Il me paraissait bien portant et de sens rassis, comme le plus calme d'entre nous.

— Et il n'y a pas une heure que je l'ai vu, ajouta un autre, passant dans les rues et se parlant à lui-même avec d'étranges gestes, absolument comme vient de le dépeindre l'Égyptien.

— Confirmation du témoignage. Ce ne peut être que la vérité. A tout événement, il sera conduit chez le préteur.... Cela fait vraiment pitié! Si jeune et si riche! Mais le crime est terrible! Un prêtre d'Isis, en costume encore, et au pied de notre plus ancienne chapelle! »

Ces paroles mirent sous les yeux de la foule toute la force du sacrilège que, dans le premier mouvement de sa curiosité, elle n'avait pas entrevue: ce n'était plus un crime ordinaire; il y eut un mouvement de pieuse horreur.

« Il n'est pas étonnant que la terre vienne à trembler, dit quelqu'un, lorsqu'elle porte de tels monstres!

— En prison! en prison! » crièrent-ils tous.

Une voix, plus perçante que les autres, ajouta avec un ton joyeux:

« Les bêtes ne manqueront pas d'un gladiateur à présent. »

Oh! les jeux de l'amphithéâtre.

C'était la voix d'une jeune fille, d'une esclave de Diomède.

« C'est vrai, c'est vrai; quelle chance pour les jeux! » répétèrent plusieurs voix.

Et toute pensée de miséricorde en faveur de l'accusé sembla s'évanouir. Sa jeunesse, sa beauté, ne le rendaient que plus convenable pour l'arène.

« Apportez quelques planches.... ou une litière, s'il y en a une ici près, pour y mettre le mort, dit Arbacès. Un prêtre d'Isis ne saurait être porté à son temple par de vulgaires mains comme un gladiateur massacré. »

Les assistants étendirent respectueusement le corps d'Apœcides sur le gazon, le visage tourné vers le ciel, et quelques-uns d'entre eux se mirent en quête de quelque moyen de transport, afin que le corps ne fût pas touché par des mains profanes.

En ce moment la foule, violemment écartée par un personnage vigoureux, livra passage à Olynthus, qui se trouva près de l'Égyptien; mais son premier coup d'œil, plein d'une douleur et d'une horreur inexprimables, s'arrêta sur cette poitrine sanglante et sur ces traits où se peignait encore l'angoisse d'une mort violente.

« Assassiné! s'écria-t-il. Est-ce ton zèle qui t'a conduit là? Ont-ils découvert ton noble dessein, et ta mort a-t-elle prévenu leur honte ? »

Il tourna la tête, et ses yeux s'arrêtèrent sur la figure solennelle de l'Égyptien.

Pendant qu'il le regardait, vous auriez pu voir sur son visage, et dans le léger tremblement de son corps, la répugnance et l'aversion que le chrétien ressentait pour un être qu'il savait si dangereux et si criminel. C'était le regard de l'oiseau sur le basilic, regard fixe et prolongé. Mais, sortant soudain de cette espèce d'engourdissement qui l'avait saisi, Olynthus étendit le bras vers Arbacès, et dit d'une voix forte et hardie :

« On a assassiné ce jeune homme ! Où est le meurtrier? Réponds, Égyptien ; car, par le Dieu vivant, je crois que c'est toi. »

Le sombre visage d'Arbacès s'altéra un instant et exprima quelque inquiétude; mais ce changement, à peine perceptible, fut suivi d'une expression de colère et de mépris; la foule s'arrêta surprise de la véhémence de l'accusation, et se pressa autour de ces deux personnages qui devenaient les principaux acteurs de la scène.

« Je sais, dit Arbacès, quel est mon accusateur, et je devine pourquoi il m'interpelle ainsi. Citoyens, je vous signale cet homme comme le plus fougueux des Nazaréens, ou des chrétiens, je ne sais pas bien comment on les appelle.... Qu'y a-t-il d'étonnant à ce qu'il ose accuser lui-même un Égyptien du meurtre d'un prêtre d'Égypte ?

— Je le connais ! je connais ce chien ! crièrent plusieurs voix. C'est Olynthus le chrétien, ou plutôt l'athée.... Il nie les dieux.

— Paix, frères ! reprit Olynthus avec dignité. Écoutez-moi. Ce prêtre d'Isis, assassiné, avait embrassé le christianisme avant sa mort ; il m'avait révélé les mystérieuses débauches et les supercheries de ces Égyptiens, les momeries et les impostures du temple d'Isis : il se préparait à les faire connaître publiquement. Lui, un étranger, inoffensif, sans ennemis !... Qui a pu verser son sang, si ce n'est un de ceux qui craignaient son témoignage ? et ce témoignage, qui pouvait le redouter plus qu'Arbacès l'Égyptien ?

— Vous l'entendez ? s'écria Arbacès ; vous l'entendez.... Il blasphème : demandez-lui s'il croit à Isis.

— Comment croirais-je à un impur démon ? » répondit audacieusement Olynthus.

Une longue rumeur et un frisson coururent dans l'assemblée. Sans s'étonner, car il était préparé depuis longtemps au péril, et perdant même en ce moment toute prudence, le chrétien continua :

« Arrière, idolâtres ! cette dépouille n'est pas faite pour vos rites vains et impurs.... Elle nous appartient.... Ce sont les serviteurs du Christ qui doivent rendre les derniers devoirs à un chrétien. Je réclame ses restes au nom du grand Créateur qui a rappelé à lui ses esprits. »

Ces mots furent prononcés d'une voix si solennelle et si imposante, que la foule elle-même n'osa pas laisser paraître la haine et l'exécration dont elle se sentait pénétrée ; et jamais peut-être, depuis que Lucifer et l'archange se disputèrent le corps du grand législateur, il n'y eut, pour le génie de la peinture, un sujet plus frappant que celui qu'offrait cette scène.

Les arbres épais, la hauteur du temple voisin, la lune, dont les rayons tombaient sur ce corps inanimé, les torches éclairant çà et là le fond de la scène, les expressions diverses des assistants.... l'Athénien soutenu, à peu de distance, dans les bras de quelques-uns d'entre eux, et surtout les deux figures imposantes d'Arbacès et du chrétien : voilà le tableau. Arbacès, qui dominait considérablement par la taille tous ceux qui l'environnaient, se tenait les bras croisés, le front sourcilleux, les yeux fixes, la lèvre légèrement recourbée en signe de défi et de dédain ; Olynthus portait, sur son front ridé et fatigué, une majesté plus imposante encore; ses traits étaient sévères, mais pleins de franchise ; son aspect fier, mais ouvert : la tranquillité de tout son être, empreint d'une ineffable bienveillance inspirait la sympathie et le respect qu'il semblait éprouver pour les autres. Sa main gauche s'était abaissée vers le corps; sa main droite s'élevait vers le ciel.

Le centurion s'avança de nouveau :

« D'abord, as-tu, Olynthus, ou quel que soit ton nom, quelque autre preuve de l'accusation que tu portes contre Arbacès, que ton vague soupçon ? »

Olynthus garda le silence. L'Égyptien sourit avec mépris.

« Réclames-tu le corps d'un prêtre d'Isis comme appartenant à la secte des Nazaréens ou des chrétiens ?

— Je le fais.

— Jure par le temple, par cette statue de Cybèle, par le sacellum le plus ancien de Pompéi, que le mort avait embrassé votre foi.

— Homme insensé ! Je désavoue vos idoles; j'abhorre vos temples. Comment puis-je jurer par Cybèle ?

— A bas, à bas l'athée ! à bas ! La terre s'ouvrira pour nous engloutir, si nous souffrons de pareils blasphémateurs dans le bosquet sacré ! A bas !... mort à cet homme !...

— *Aux bêtes !* ajouta une voix de femme au milieu de la foule. *Nous avons maintenant un morceau pour le lion, un autre pour le tigre.*

— Si tu ne crois pas à Cybèle, Nazaréen, reprit le soldat sans s'émouvoir des cris de la foule, auquel de nos dieux crois-tu ?

— A aucun.

— Écoutez-le, écoutez ! cria la foule.

— Hommes vains et aveugles ! poursuivit le chrétien en élevant la voix : pouvez-vous croire à des images de bois et de pierre ?... pouvez-vous vous imaginer qu'elles ont des yeux pour voir, des oreilles pour entendre, des mains pour vous secourir ?... Cette muette idole, taillée par la main d'un homme, est-elle une déesse ? a-t-elle créé le genre humain ?... Elle a été faite par les humains au contraire. Soyez donc convaincus de sa nullité et de votre folie. »

Il dit, s'élança vers le temple, et, avant qu'un des assistants pût s'opposer à son dessein, poussé par sa pitié pour eux ou par son zèle, il renversa la statue de bois de son piédestal.

« Voyez, s'écria-t-il, votre statue ne peut se venger elle-même.... Est-ce là une chose digne d'un culte ? »

On ne lui permit pas d'en dire davantage. Un si grand et si audacieux sacrilége, dans un temple des plus vénérés, mit au comble l'horreur et la rage dans l'assemblée : la foule, d'un commun accord, se précipita sur lui, le saisit, et, sans l'intervention de l'officier, l'aurait mis en pièces.

« Paix! s'écria le centurion avec autorité; emmenons cet insolent blasphémateur devant le tribunal compétent.... il y a déjà assez de temps de perdu comme cela.... conduisons les deux coupables aux magistrats.... placez le corps du prêtre dans une litière et portez-le à sa demeure. »

Le prêtre d'Isis se montra alors :

« Je réclame ces restes, dit-il, selon la coutume et le droit des prêtres.

« Qu'on obéisse au flamine! dit le centurion. Comment est le meurtrier?

— Insensible ou endormi.

— Si son crime était moins grave, je pourrais le plaindre. Allons. »

Arbacès, en se retournant, rencontra le regard du prêtre d'Isis : c'était Calénus. Il y avait dans ce regard quelque chose de si significatif et de si sinistre, que l'Égyptien se dit à lui-même :

« A-t-il donc été témoin du fait? »

Une jeune fille sortit de la foule et regarda en face Olynthus.... *Par Jupiter, dit-elle, voilà un homme.... je vous l'ai dit, nous aurons quelqu'un pour le tigre, nous aurons une victime pour chaque bête!...*

« Oh! oui, s'écria la foule, un homme pour le lion, un autre pour le tigre! Quelle chance! Io, Pæan! »

CHAPITRE VII.

Dans lequel le lecteur apprend la position de Glaucus. — L'amitié mise à l'épreuve. — L'inimitié adoucie. — L'amour toujours le même, parce que l'amour est aveugle.

La nuit était déjà avancée et les endroits, où les gais habitants de Pompéi avaient l'habitude de se réunir étaient encore remplis par la foule. On aurait pu observer sur le visage des différents oisifs une expression plus sérieuse que d'habitude. On s'entretenait par groupes nombreux, comme si l'on eût cherché à rendre moins vive, par cet échange, l'anxiété moitié pénible, moitié agréable, qui résultait du sujet de la conversation. C'était un sujet de vie et de mort.

Un jeune homme passa vivement à côté du gracieux portique du temple de la Fortune; il marchait si vivement même qu'il heurta avec assez de force la rotondité majestueuse du respectable Diomède, qui se retirait à sa maison du faubourg.

« Holà ! cria le marchand en reprenant avec quelque peine son équilibre; est-ce que vous n'y voyez pas clair, ou pensez-vous que je suis insensible ? Par Jupiter ! vous avez failli chasser de mon corps le souffle divin qui l'anime; que je reçoive un autre choc de cette force et mon âme bien certainement irait parmi les ombres.

— Ah ! Diomède, est-ce vous ? Pardonnez à ma maladresse ; j'étais absorbé dans la méditation des vicissitudes de la fortune. Notre pauvre ami Glaucus; ah ! qui l'aurait pensé ?

— Je vous excuse; mais dites-moi, Claudius, sera-t-il réellement renvoyé devant le sénat ?

— Oui ; on dit que son crime est d'une nature extraordinaire, que le sénat seul peut le juger, de sorte que les licteurs doivent le poursuivre formellement.

— Il a donc été accusé publiquement ?

— Assurément !... Où êtes-vous donc allé pour n'en rien savoir ?

— Je reviens de Néapolis, où je suis allé pour affaire le lendemain même de son crime.... Quelle chose affreuse ! et quand je songe qu'il était chez moi le soir même !

— On ne peut douter de sa culpabilité, dit Claudius en haussant les épaules, et, comme ces crimes prennent le pas sur les peccadilles sans importance, on prononcera la sentence avant les jeux.

— Les jeux? O dieux tout-puissants! répliqua Diomède; est-ce qu'on le condamnerait aux bêtes, lui si jeune, si riche?

— Oui, mais ce n'est qu'un Grec; s'il était Romain, ce serait mille fois plus fâcheux. On peut supporter ces étrangers dans la prospérité; mais dans l'adversité, nous ne devons pas oublier que ce ne sont en réalité que des esclaves. Cependant nous autres, qui appartenons aux classes supérieures, nous avons le cœur facile à attendrir; et, si son sort dépendait de nous, il s'en tirerait mieux; car, entre nous, qu'est-ce qu'un prêtre d'Isis?... qu'est-ce qu'Isis elle-même? Mais le vulgaire est superstitieux; on demande le sang du sacrilège; il est dangereux de ne pas accorder quelque chose à l'opinion publique.

— Et le blasphémateur! le chrétien, le Nazaréen, l'autre, enfin, de quelque nom que vous l'appeliez?

— Oh! le pauvre chien, s'il veut sacrifier à Cybèle ou à Isis, on lui pardonnera.... sinon, il appartient au tigre, du moins je le suppose; mais le procès en décidera. Nous parlons pendant que les urnes sont encore vides, et le Grec peut encore échapper au terrible Θ de son alphabet[1]; mais c'est assez sur ce sujet. Comment va la belle Julia?

— Bien, j'imagine.

— Rappelez-moi à son souvenir, je vous prie. Écoutez un peu : cette porte crie sur ses gonds. C'est celle de la maison du préteur. Qui en sort? Par Pollux!... c'est l'Égyptien.... Quelle affaire peut-il avoir avec notre magistrat?

— Quelque conférence à propos du meurtrier, sans aucun doute, répliqua Diomède; mais quel a pu être le motif du crime? Glaucus allait épouser la sœur du prêtre.

— Qui : quelques personnes prétendent qu'Apœcides s'opposait à cette alliance; il y a eu une querelle subite. Glaucus était évidemment ivre; il était même tellement privé de raison, qu'il s'est laissé prendre sans résistance, et l'on m'a assuré qu'il est encore dans le délire, inspiré par le vin, la terreur, les remords, les furies ou les bacchanales, je ne puis le dire.

— Pauvre garçon !... A-t-il un bon avocat?

1. Lettre initiale du mot θάνατος: mort, qui servait à condamner chez les Grecs, comme le C chez les Romains.

— Le meilleur.... Caius Pollion, un garçon de talent. Pollion a engagé à prix d'argent tous les patriciens pauvres, tous les prodigues bien nés de Pompéi, à revêtir leurs vieux habits râpés et à venir protester de leur amitié en faveur de Glaucus, qui ne leur aurait pas adressé la parole pour un empire, je dois lui rendre cette justice, car c'était un homme du grand monde dans le choix de ses connaissances. Ces gens-là vont tâcher d'attendrir les citoyens sur son sort, mais ils ne le pourront pas. Isis est très-populaire en ce moment.

— A propos ! j'ai quelques marchandises d'Alexandrie ; on doit protéger Isis.

— Oui. Adieu donc, mon digne ami, nous nous reverrons bientôt.... sinon nous ferons un petit pari à l'amphithéâtre. Tous mes calculs ont été renversés par cette fâcheuse aventure de Glaucus ; il avait parié pour Lydon le gladiateur.... il faudra que je remplisse mes tablettes autre part.... *Vale!* »

Claudius, laissant Diomède, moins agile que lui, regagner sa maison de campagne, continua son chemin en fredonnant un air grec, et en parfumant la nuit des senteurs qui s'exhalaient de ses vêtements blancs comme la neige et de ses cheveux flottants !

« Si Glaucus, pensait-il, est la proie du lion, Julia n'aura rien de mieux à faire que de m'aimer ; je deviendrai à coup sûr son préféré.... et ainsi, je le suppose, je puis arriver à l'épouser ; mais, par les dieux ! les douze signes commencent à me manquer.... les hommes me regardent aux doigts d'un air soupçonneux, lorsque je remue le cornet. Cet infernal Salluste leur insinue que je triche.... et, si l'on venait à découvrir que mes dés d'ivoire sont pipés, adieu les bons soupers et les billets parfumés.... Claudius serait perdu ! Il vaut mieux me marier pendant qu'il en est temps encore, renoncer au jeu, et pousser ma fortune, ou plutôt celle de la belle Julia, à la cour impériale.

Se livrant ainsi aux rêves de son ambition, si l'on peut donner ce nom aux projets de Claudius, le joueur se sentit arrêté par quelqu'un ; il se retourna et reconnut le sombre Arbacès.

« Salut, noble Claudius ! Pardonnez-moi d'interrompre vos pensées ; veuillez m'indiquer, je vous prie, la maison de Salluste.

— Elle est à quelques pas d'ici, sage Arbacès ; mais Salluste reçoit-il ce soir ?

— Je n'en sais rien, répondit l'Égyptien, et je ne suis pas de ceux qu'il aimerait probablement à avoir pour compagnons ; mais vous savez que c'est dans sa maison qu'on a porté Glaucus, le meurtrier ?

— Ah! ce bon cœur d'épicurien! Il croit à l'innocence du Grec. Vous me rappelez en effet qu'il l'a cautionné, et que, jusqu'au procès, il est responsable de sa comparution. La maison de Salluste vaut mieux en effet qu'une prison, surtout que ce misérable trou du forum. Mais pourquoi cherchez-vous à voir Glaucus ?

— Pourquoi? si nous pouvions, noble Claudius, lui épargner l'exécution, ce serait fort heureux. La condamnation d'un homme riche est un coup porté à la société elle-même; je voudrais causer avec lui, car on assure qu'il a recouvré ses sens, afin de bien connaître les motifs de son crime; il y aura peut-être des circonstances atténuantes à faire valoir en sa faveur.

— Vous êtes bienveillant, Arbacès.

— La bienveillance est le devoir de celui qui aspire à la sagesse, répliqua l'Égyptien avec modestie. Quel chemin conduit à la demeure de Salluste?

— Je vais vous la montrer, répondit Claudius, si vous voulez me permettre de vous accompagner quelques instants. Mais, dites-moi, que devient la pauvre fille qui allait épouser l'Athénien, la sœur du prêtre assassiné?

— Hélas! elle a presque perdu la raison.... quelquefois elle exhale des imprécations contre le meurtrier, puis elle s'interrompt tout à coup, elle crie: « Mais pourquoi le maudire ? Ô « mon frère! Glaucus n'est pas ton assassin! Je ne le croirai « jamais. » Elle recommence, elle s'interrompt de nouveau, elle murmure avec effroi: « Si c'était lui pourtant! »

— Malheureuse Ione!

— Mais il est heureux pour elle que les devoirs solennels que la religion ordonne de rendre aux morts aient gravement détourné son attention d'elle-même et de Glaucus; dans la douleur où elle est plongée, elle semble à peine se souvenir que Glaucus est arrêté et à la veille d'un procès. Lorsque les honneurs funèbres auront été rendus à Apœcides, son appréhension reviendra, et alors, je crains beaucoup que ses amis ne soient révoltés de la voir voler au secours du meurtrier de son frère.

— Il faut prévenir un tel scandale.

— Je pense que j'ai pris quelques précautions utiles à cet égard: je suis son tuteur, et j'ai obtenu la permission de l'emmener chez moi, après les funérailles d'Apœcides; là, s'il plaît aux dieux, elle sera en sûreté.

— Vous avez bien fait, sage Arbacès; mais voici la maison de Salluste. Que les dieux vous gardent! Un mot encore, Arbacès! Pourquoi paraissez-vous en général si sombre et si insociable? On assure que vous savez être gai comme un autre à l'occasion.... laissez-moi vous initier aux plaisirs de Pompéi.... Je me flatte que personne ne les connaît mieux que moi!

— Je vous remercie, noble Claudius; sous vos auspices, je pourrais, en effet, me risquer à porter le philyra; mais, à mon âge, je serais un pupille assez maladroit.

— Oh! ne craignez rien, j'ai converti des septuagénaires. Les gens riches n'ont pas de vieillesse.

— Vous me flattez : plus tard je vous ferai souvenir de votre promesse.

— Marcus Claudius sera à vos ordres en tout temps.... ainsi donc, *vale*.

— Je ne suis pas, se dit l'Égyptien quand Claudius l'eut quitté, je ne suis pas un homme de sang; je sauverai volontiers ce Grec, si, en avouant le crime, il consent à perdre Ione pour toujours, et à me délivrer de la crainte d'être découvert, et je puis le sauver, en persuadant à Julia de reconnaître hautement qu'elle lui a donné le philtre : ce sera son excuse ; mais s'il ne confesse pas le crime, pourquoi condamner Julia à cette honte, puisqu'il faut qu'il meure? Car il le faut, d'abord pour ne pas demeurer mon rival parmi les vivants, et puis pour expier mon crime auprès des morts. Mais avouera-t-il? Ne peut-on le convaincre qu'il a porté le coup dans un accès de délire? ce serait pour moi une sûreté plus grande que sa mort! Allons, tentons l'expérience. »

Arbacès, en se glissant le long d'une rue étroite, s'était approché de la maison de Salluste ; il vit une figure sombre enveloppée dans un manteau, couchée sur le seuil de la porte.

Cette forme était si immobile, et les contours en étaient si vagues, que tout autre qu'Arbacès aurait cru, dans une frayeur superstitieuse, rencontrer une de ces sombres *lemures*, qui, entre tous autres lieux, préfèrent, pour revenir les hanter, ceux qu'elles ont habités autrefois. Mais de tels songes n'arrêtaient pas Arbacès.

« Lève-toi, dit-il en touchant le corps du pied; tu obstrues le chemin.

— Ah! qui es-tu? cria une voix aiguë; et la forme se dressa.

un rayon de lune éclaira le pâle visage de Nydia la Thessalienne. Qui es-tu? répéta-t-elle, je connais le son de ta voix.

— Jeune aveugle, que fais-tu à cette porte si tard?... est-ce convenable à ton sexe et à ton âge?... A la maison, jeune fille!

— Je te connais, reprit Nydia à voix basse, tu es Arbacès l'Égyptien. »

Alors, comme entraînée par une soudaine impulsion, elle se jeta à ses pieds, joignit les mains, et s'écria d'un ton éperdu et passionné :

« Homme redoutable et puissant, sauvez-le, sauvez-le! il n'est pas coupable, c'est moi; il est dans cette maison.... malade, mourant, et moi.... je suis la cause détestable de tout, ils ne veulent pas me laisser pénétrer jusqu'à lui, ils repoussent la pauvre jeune fille aveugle.... Oh! guérissez-le.... vous devez connaître quelque herbe.... quelque talisman.... quelque contre-philtre ; car c'est le breuvage qui a excité cette frénésie....

— Tais-toi, enfant, je sais tout.... tu n'as pas oublié que j'ai accompagné Julia à la caverne de la saga.... sa main lui aura versé la potion.... mais sa réputation exige le silence.... Ne te fais pas de reproche.... ce qui doit être sera.... Je vais voir le criminel, il peut encore être sauvé.... Adieu ! »

Arbacès se débarrassa alors de l'étreinte de la Thessalienne désespérée et frappa fortement à la porte. Peu d'instants après les pesantes barres de fer furent enlevées, et le portier, entr'ouvrant la porte, demanda qui était là.

« Arbacès, qui désire parler à Salluste pour une importante affaire au sujet de Glaucus. Je viens de chez le préteur. »

Le portier, moitié bâillant, moitié gémissant, fit entrer le majestueux Égyptien. Nydia s'élança sur ses pas.

« Comment va-t-il? s'écria-t-elle; dites-le-moi, dites-le-moi!

— Ah! c'est encore toi, folle enfant! tu devrais rougir.... on dit qu'il est revenu à lui....

— Les dieux soient loués! et vous ne voulez pas m'admettre en sa présence.... Ah! je vous en prie!...

— T'admettre? certainement non!... je ferais un grand tort à mes épaules si je laissais passer des créatures de ton espèce. Va-t'en ! »

La porte se referma, et Nydia, avec un profond soupir, retomba sur le seuil et, s'enveloppant de nouveau de son manteau, reprit sa douloureuse veillée.

Pendant ce temps-là, Arbacès était déjà arrivé au *triclinium* où Salluste était en train de souper tardivement avec son affranchi favori.

« Quoi ! Arbacès à cette heure !... Acceptez cette coupe.

— Non, Salluste, je te remercie de cette offre hospitalière.... Ce n'est pas le plaisir qui m'amène, c'est pour affaire que je viens te troubler. Comment se porte ton prisonnier ? on dit qu'il a retrouvé sa raison.

— Hélas ! c'est vrai, répondit Salluste en essuyant une larme, car la bonté s'alliait chez lui à la dissipation ; mais ses nerfs et tout son corps ont reçu une telle atteinte que je reconnais à peine le brillant et joyeux compagnon de mes plaisirs. Ce qu'il y a de plus étrange, c'est qu'il lui est impossible d'expliquer la frénésie soudaine dont il a été saisi ; il n'a qu'un vague souvenir de ce qui s'est passé, et, en dépit de ton témoignage, sage Égyptien, il soutient solennellement qu'il est innocent de la mort d'Apœcides.

— Salluste, répondit gravement Arbacès, il y a dans l'affaire de ton ami bien des circonstances qui méritent une indulgence particulière, et, si nous pouvons obtenir de sa bouche l'aveu et le motif de son crime, on pourrait espérer la clémence du sénat : car le sénat, tu le sais, possède le droit de mitiger la loi ou de la rendre plus sévère. C'est pour cela que j'ai conféré avec l'autorité la plus élevée de la ville et obtenu la permission de m'entretenir cette nuit avec l'Athénien. Tu n'ignores pas que le procès s'engage demain ?

— Eh bien ! dit Salluste, tu seras vraiment digne de ton nom oriental et de ta renommée, si tu peux tirer de lui quelque chose ; tu peux essayer. Pauvre Glaucus ! lui qui était doué d'un si bon appétit, il ne mange plus rien ! »

L'aimable épicurien s'attendrit de nouveau à cette pensée. Il soupira, et ordonna à ses esclaves de remplir sa coupe.

« La nuit s'avance, dit l'Égyptien ; permets que je voie ton hôte maintenant. »

Salluste fit un signe d'assentiment et le conduisit à une petite chambre gardée au dehors par deux esclaves assoupis. La porte s'ouvrit, et, à la requête d'Arbacès, Salluste se retira laissant l'Égyptien seul avec Glaucus.

Un de ces hauts et gracieux candélabres, qui étaient communs alors, supportait une petite lampe qui brûlait près d'un lit étroit, et dont les rayons éclairaient d'une lumière pâle la figure de l'Athénien ; Arbacès fut ému de voir à quel point il était changé. Ses brillantes couleurs s'étaient évanouies ; ses joues étaient creusées; ses lèvres étaient contractées et décolorées; la lutte avait été terrible entre la raison et la folie, la vie et la mort. La jeunesse, la force de Glaucus avaient triomphé; mais la fraîcheur du sang, la vivacité de l'âme, la vie de la vie, ce qui en fait la gloire et le charme, étaient perdus à jamais.

L'Égyptien s'assit tranquillement près du lit; Glaucus demeura muet, sans s'apercevoir de sa présence; enfin, après une longue pause, Arbacès parla ainsi :

« Glaucus, nous avons été ennemis : je viens seul vers toi dans le silence de la nuit, comme un ami, peut-être comme un sauveur. »

De même que le coursier tressaille d'horreur en reconnaissant la trace d'un tigre, de même le malade se souleva hors d'haleine, alarmé, palpitant, à la voix inattendue, à l'apparition soudaine de son ennemi. Leurs yeux se rencontrèrent, et ni l'un ni l'autre, pendant quelques instants, n'eut le pouvoir de détourner son regard; la rougeur couvrit à plusieurs reprises la figure de l'Athénien, et la joue bronzée de l'Égyptien prit une teinte encore plus pâle. A la fin, Glaucus, se détournant avec un faible soupir, passa la main sur son front, se laissa retomber sur son lit et murmura :

« Est-ce que je rêve encore ?

— Non, Glaucus, tu es éveillé; par cette main droite et par la tête de mon père, tu vois un homme qui peut te sauver. Écoute. Je sais ce que tu as fait, mais je sais aussi quelle est ton excuse, et toi-même tu l'ignores. Tu as commis un meurtre, c'est vrai, un sacrilège même : ne frémis pas; sois calme. Mes yeux en ont été témoins, mais je puis te sauver. Je puis prouver que tu n'avais pas ta raison, que tu n'as pas agi en homme maître de ses idées et de ses actions. Mais, pour que je te sauve, il faut que tu avoues ton crime.... Signe ce papier. Reconnais que ta main a donné la mort à Apœcides et tu éviteras l'urne fatale.

— Qu'est-ce que j'entends?... Meurtre.... Apœcides.... ne l'ai-je pas trouvé étendu par terre, le corps sanglant.... déjà mort? et prétends-tu me prouver que j'ai commis ce crime?... Homme, tu mens.... Va-t'en....

— Ne t'emporte pas, Glaucus; ne sois pas si vif. Le fait est prouvé. Tu es excusable de ne pas te rappeler un acte commis dans le délire, dont ta raison frémirait même d'avoir été témoin. Mais laisse-moi essayer de rafraîchir ta mémoire fatiguée et épuisée. Tu sais bien que tu marchais à côté du prêtre, vous disputant l'un l'autre à propos de sa sœur. Tu sais qu'il était intolérant, à moitié Nazaréen, qu'il cherchait à te convertir, et que vous vous querellâtes ; il calomniait ta manière de vivre, et jurait qu'il ne souffrirait pas que sa sœur t'épousât ; alors, dans ta colère et dans ta frénésie, tu lui as porté un coup fatal. Voyons, tu dois te souvenir de cela ?... Lis ce papier.... il en contient la déclaration. Signe-la, et tu es sauvé.

— Barbare ! donne-moi cet écrit mensonger afin que je le déchire.... Moi, l'assassin du frère d'Ione !... Moi, que j'avoue avoir enlevé un cheveu d'une tête qu'elle aimait !... Que je périsse plutôt mille fois !

— Prends garde ! dit Arbacès d'une voix basse et sifflante. Il n'y a qu'une alternative : ton aveu et ta signature, ou l'amphithéâtre et la dent du lion. »

L'œil de l'Égyptien fixé sur le patient remarqua avec joie les signes d'une vive émotion chez Glaucus à ces paroles. Un frisson parcourut le corps de l'Athénien. Sa lèvre trembla, et une expression de surprise se fit voir sur son front et dans son regard.

« Grands dieux ! dit-il à voix basse, quel changement ! Il n'y a qu'un jour, ce me semble, la vie me souriait au milieu des roses. Ione allait être à moi.... la santé, la jeunesse, l'amour me prodiguaient leurs trésors.... Maintenant, la peine, la folie, la honte, la mort.... Et pourquoi ? Qu'ai-je fait ? Oh ! je suis encore en délire.

— Signe, et sois sauvé, reprit l'Égyptien d'une voix douce.

— Jamais, tentateur ! s'écria Glaucus en proie à un nouvel accès de rage. Tu ne me connais pas ; tu ne connais pas l'âme superbe d'un Athénien ! La face de la mort que tu m'as présentée a pu m'effrayer un moment, mais la crainte est passée. Je ne crains que le déshonneur, qui est éternel. Quel homme voudrait avilir son nom pour sauver sa vie ? Quel homme échangerait une conscience pure pour des jours flétris ? Qui voudrait par un mensonge se vouer à la honte et mourir noirci aux yeux de la Renommée et d'Ione ? Si, pour conserver quelques jours d'une vie souillée, un homme avait cette bassesse, ne pense pas, Égyptien barbare, rencontrer cet homme chez celui qui a foulé le même sol que Harmodius, qui a respiré le même air que Socrate. Va, laisse-moi vivre sans reproche ou périr sans crainte !

— Songes-y bien.... ce sont les griffes du lion que tu affrontes. Les clameurs d'une populace grossière, le regard de la foule fixé sur ton agonie et sur tes membres déchirés, ton nom dégradé, ton corps sans sépulture.... la honte même que tu cherches à éviter, s'attachant à toi et pour toujours.

— Tu es en délire, tu es insensé.... la honte ne réside pas dans la perte de l'estime des autres, elle réside dans la perte de notre propre estime.... T'en iras-tu? Ta présence me répugne; ta vue me fait mal.... Je t'ai toujours haï; je te méprise maintenant.

— Je me retire, dit Arbacès blessé et exaspéré, mais non sans quelque pitié et quelque admiration pour sa victime. Je me retire.... Nous ne nous reverrons plus que deux fois : l'une au tribunal, et l'autre.... le jour de ta mort. Adieu! »

Il se leva lentement, s'entoura de son manteau et quitta la chambre. Il vint retrouver un moment Salluste, dont les yeux rougis indiquaient qu'il avait veillé en compagnie de sa coupe.

« Il n'a toujours pas sa raison, ou il est toujours obstiné, dit-il; il n'y a plus d'espérance pour lui.

— Il ne faut pas parler ainsi, répliqua Salluste, qui ne ressentait pas une grande animosité contre l'accusateur de l'Athénien, parce qu'il ne possédait pas une grande austérité de mœurs, et qu'il était plus touché du sort de son ami que persuadé de son innocence. Il ne faut pas parler ainsi, mon Égyptien; un si bon buveur ne peut être condamné! C'est une affaire à régler entre Bacchus et Isis.

— Nous verrons, » dit l'Égyptien.

Les barres de fer furent tirées de nouveau et la porte se rouvrit. Arbacès sortit dans la rue, et la pauvre Nydia se releva encore une fois de sa longue veillée.

« Le sauverez-vous? s'écria-t-elle en joignant les mains.

— Enfant, suis-moi; je veux te parler.... C'est pour lui que je te le demande....

— Mais le sauverez-vous? »

Aucune réponse ne frappa l'oreille avide de la jeune aveugle. Arbacès s'était déjà avancé dans la rue; elle hésita un moment puis suivit ses pas en silence.

« Je dois mettre cette fille en lieu sûr, se dit-il à lui-même, de peur qu'elle ne donne l'éveil sur le philtre. Quant à l'orgueilleuse Julia, elle ne se trahira pas. »

CHAPITRE VIII.

Funérailles classiques.

Pendant qu'Arbacès prenait toutes ces mesures, le chagrin et la mort étaient dans la maison d'Ione. C'était le lendemain matin que les funérailles solennelles devaient avoir lieu en l'honneur de la dépouille mortelle d'Apœcides. Le corps avait été apporté du temple d'Isis chez la plus proche parente du défunt. Ione avait appris à la fois la mort de son frère et l'accusation portée contre son amant. Le premier transport de douleur qui absorbe l'esprit dans la douleur même, et le silence de ses esclaves, qui avaient peur de redoubler sa peine, ne lui avaient pas laissé l'occasion d'apprendre tous les détails du sort de Glaucus. Elle ignorait sa maladie, son délire, le procès qui l'attendait; elle n'avait appris que l'accusation, qu'elle avait repoussée avec une âme indignée. Dès qu'elle sut qu'Arbacès était l'accusateur, elle fut immédiatement convaincue que l'Égyptien était lui-même le criminel. Mais la grande importance que les anciens attachaient aux cérémonies funèbres d'un parent, et les soins nombreux réclamés par ces cérémonies, avaient jusqu'à ce moment emprisonné sa douleur et ses convictions dans la chambre où le mort avait été déposé. Hélas! il ne lui avait pas été permis d'accomplir ce tendre et touchant office qui impose au plus proche parent de recueillir, s'il est possible, le dernier souffle, l'âme fugitive d'un être chéri; mais il lui appartenait de fermer ces yeux immobiles, ces lèvres muettes; de veiller près de cette argile sacrée qui, baignée avec soin et couverte de précieux parfums, était couchée sur un lit d'ivoire et revêtue d'habits pompeux; il lui appartenait de joncher ce lit de verdure et de fleurs, et de renouveler la branche de cyprès devant le seuil de sa porte. Dans ces douloureux devoirs, dans ces lamentations et dans ces prières, Ione s'oublia elle-même. C'était une des coutumes les plus anciennes de l'antiquité d'enterrer un jeune homme au point du jour: car, s'étudiant à offrir les plus douces interprétations de la mort, on se figurait poétiquement que l'Aurore, qui aimait les jeunes gens, les enlevait dans ses bras comme une céleste maîtresse; et quoique, dans cette occasion, la fable ne pût s'appliquer au prêtre assassiné, on n'en suivait pas moins l'usage [1].

Les étoiles commençaient à abandonner une à une les cieux, qui prenaient une teinte grisâtre, et la nuit se retirait lentement devant le jour, lorsqu'un groupe sombre apparut immobile à la porte d'Ione. Des torches longues et minces, rendues plus pâles par la lueur naissante du matin, répandaient leurs lumières sur des physionomies diverses, qui avaient toutes néanmoins la même expression solennelle et attentive. Alors s'éleva une lente et triste musique, d'accord avec la cérémonie, et dont les sons retentirent à travers les rues solitaires, pendant que les femmes (ces *Præficæ* si souvent citées par les poëtes romains), chantant en chœur, accompagnaient des paroles suivantes les flûtes tibérines et mysiennes.

CHANT DES FUNÉRAILLES.

I

Sur le triste seuil où se penche
Le morne cyprès, dont la branche
Remplace la fleur des amours,
Nous voilà. Notre voix t'invite,
Sombre voyageur au Cocyte;
Du dernier chemin suis le cours.
Des ombres le vaporeux groupe
T'attend au palais de la nuit,
Le noir fleuve emplira ta coupe,
Le fleuve qu'on passe sans bruit.

II

Dans ces lieux où le sort t'envoie,
Pour toi ni nuit ni jour de joie!
Adieu le rire et les plaisirs.
Là, tu verras les Danaïdes,
Titan et ses vautours avides,
Tantale aux impuissants désirs.

---

1. C'était un usage plutôt grec que romain; mais le lecteur remarquera que, dans les villes de la Grande-Grèce, les coutumes et les superstitions des Grecs s'étaient mêlées à celles des Romains.

Là, Sisyphe roule sa pierre
Au haut de l'éternel rocher ;
Viens donc ! sur la sombre rivière
Déjà t'attend le vieux nocher.

III

C'est là, dans ce pâle royaume,
Qu'il faut descendre, ô cher fantôme ;
Tu deviens sujet de Pluton.
Que notre amitié te protége,
Nous voulons te faire un cortége
Digne de ton rang, de ton nom ;
La torche brille, impatiente,
Accours, toi qui conduis le deuil ;
Pluton ne connaît pas l'attente,
La mort t'appelle en son cercueil.

Quand le chant fut terminé, le groupe se sépara en deux, et le corps d'Apœcides, placé sur un lit recouvert d'une tenture de pourpre, sortit de la maison les pieds devant. Le *désignateur*, ou directeur de la triste cérémonie, accompagné de ses porteurs de torches, vêtus de noir, donna le signal, et la procession s'avança solennellement.

D'abord venaient les musiciens, jouant une marche grave ; les sons mélancoliques et peu élevés des instruments étaient interrompus de temps à autre par les éclats des trompettes funéraires ; les pleureurs gagés suivaient les musiciens en chantant leurs chants funèbres ; des voix de femmes étaient mêlées à des voix d'enfants dont l'âge tendre rendait encore plus frappant le contraste de la vie et de la mort, ce qu'on aurait pu comparer à la feuille fraîche et à la feuille flétrie : mais les acteurs, les bouffons et l'archimime (dont l'office était de représenter le défunt), ces assistants des convois ordinaires, avaient été bannis des funérailles du jeune homme auxquelles se rattachaient de si douloureuses circonstances.

Les prêtres d'Isis apparaissaient ensuite, avec leurs blanches robes, nu-pieds et tenant des gerbes de blé ; on portait devant le corps les images du décédé et celles de ses ancêtres athéniens. Derrière la bière, au milieu de ses femmes, s'avançait la seule parente du mort, la tête nue, les cheveux dénoués, la figure plus pâle que le marbre, mais cependant tranquille et calme, sauf lorsque, par moments, la musique réveillait dans son cœur quelque tendre souvenir et la faisait sortir de cette léthargie où la plongeait la douleur; elle se couvrait alors le visage de ses mains et soupirait à l'insu de la foule; car son chagrin évitait le bruit, les lamentations à haute voix, les gestes exagérés, qui caractérisent ceux dont la douleur est moins sincère : à cette époque, comme à la nôtre, le torrent des profondes tristesses coulait lentement et sans bruit.

La procession marcha ainsi à travers les rues, passa la porte de la cité et gagna la place des tombeaux, située loin des murs, et que le voyageur voit encore.

Le bûcher funéraire, élevé en forme d'autel et fait de bois de sapin non dépouillé, dans les interstices duquel on avait placé des matières combustibles, se dressait au milieu des sombres cyprès, que la poésie a consacrés depuis longtemps aux tombeaux.

Dès que la bière eut été placée sur le bûcher, le cortége se sépara et Ione s'avança vers le lit; là elle resta quelques moments immobile et silencieuse devant l'insensible dépouille. Les traits du mort avaient perdu le caractère que leur avait donné une mort violente : la terreur et le doute, la lutte de la passion, le respect de la religion, le combat du passé et du présent, l'espérance et la crainte de l'avenir, tous ces sentiments qui avaient agité et désolé l'âme de ce jeune aspirant à la sainteté, n'avaient laissé aucune trace sur son visage; on n'y voyait plus que la sérénité d'un front impénétrable et d'une bouche muette. Sa sœur le regarda, et la foule ne fit plus entendre le plus léger son. Le silence d'Ione était à la fois terrible et doux, et, lorsqu'elle le rompit, ce fut d'une manière brusque, avec un cri sauvage et passionné, le cri d'un désespoir longtemps contenu :

« Mon frère! mon frère! s'écria la pauvre orpheline en se jetant sur son lit; toi qui n'aurais pas foulé le ver de terre sur ton chemin, quel ennemi pouvais-tu provoquer? Oh! tout ceci est-il bien vrai? Éveille, éveille-toi! Nous avons grandi ensemble, et nous voilà séparés! Tu n'es pas mort! Tu dors; éveille-toi! »

L'accent de sa voix désolée remua la sympathie des pleureurs à gages, qui poussèrent leurs cris, leurs gémissements accoutumés; ce bruit fit tressaillir Ione et la rappela à elle-même. Elle jeta autour d'elle un regard timide et confus, comme si elle s'apercevait pour la première fois de la présence de la foule qui l'environnait.

« Ah! murmura-t-elle avec un frisson, *nous ne sommes donc pas seuls !* »

Après un court intervalle, elle se releva, et son pâle et beau visage parut calme et sévère. D'une main tremblante et pieuse elle ouvrit les yeux d'Apæcides ; mais quand cet œil terne, où ne rayonnaient plus l'amour et la vie, rencontra le sien, elle jeta un cri, comme si elle avait vu un spectre. Se remettant ensuite, elle baisa à plusieurs reprises les yeux, la bouche, le front du défunt, et reçut des mains du grand prêtre d'Isis une torche funéraire qu'elle agita en quelque sorte sans avoir la conscience de son action.

Les éclats soudains de la musique et les chants des pleureuses annoncèrent la naissance de la flamme purifiante.

HYMNE AU VENT.

I

O vent, sur ton lit de nuages,
Réveille-toi ; vent doux et cher,
Accours soudain sur nos rivages,
Fils de l'Eurus ou de l'Auster !
Fusses-tu l'enfant de Borée,
Que la mer du Nord voit courir,
Ton haleine sera sacrée,
Comme l'haleine du zéphyr.

II

Nos encensoirs, sur ton passage,
Répandront des parfums jaloux.
Jamais Tempé, dans son bocage,
N'a pu t'en offrir de plus doux.
Tu croiras voir Chypre sourire
Aux feux d'un soleil indulgent ;
Le nard et la casse et la myrrhe
Vont embaumer tes pieds d'argent.

III

Source de tout ce qui respire,
Air éternel, nous t'attendons ;
Reprends, remporte en ton empire
Cette âme humaine, un de tes dons.

Monte, monte, brillante flamme,
Brûle ce corps; il est à toi;
Mais à l'air appartient notre âme,
Car chaque élément a sa loi.

IV

Il vient, il vient, le vent s'avance,
Il murmure autour du bûcher;
Sur ses ailes il se balance,
A la flamme il court s'attacher.
Vent, feu, luttez, luttez ensemble
Comme des serpents furieux;
Séparez ce qui vous ressemble....
Lutte de la terre et des cieux !

V

Que l'encens remplisse l'espace!
Faites entendre un plus doux son !
Sur cette terre, où l'homme passe,
Son âme habite une prison.
Ainsi, te voilà délivrée
De l'esclavage où tu dormais!
Grâce au bûcher, âme épurée,
Te voilà libre pour jamais !

VI

Ame remontée à ta source,
Désormais pour toi plus de fers!
Des vents tu peux suivre la course,
Sur le vaste océan des airs.
Dans l'Élysée aux frais ombrages,
Tu vas donc errer à ton tour ;
Quand pourrons-nous, auprès des sages,
Te rejoindre en ce beau séjour !

Alors s'éleva très-haut dans les airs la flamme odoriférante, en se mêlant aux premières lueurs de l'aurore ; elle jeta un lumineux éclat à travers les obscurs cyprès; elle s'élança au-dessus des murs de la cité voisine, et le pêcheur matinal tressaillit en voyant une couleur rougeâtre se répandre sur la mer endormie.

Mais Ione s'était assise à part et seule, et appuyant sa figure sur ses mains, elle ne voyait pas la flamme, elle n'entendait pas les lamentations de la musique; elle n'éprouvait qu'un seul sentiment, celui de son isolement; elle n'avait pas encore eu le temps d'arriver à cette consolante idée qui nous persuade que nous ne restons pas seuls, que les morts peuvent être avec nous.

La brise aida rapidement à l'effet des combustibles placés dans le bûcher. Peu à peu la flamme baissa, diminua, s'obscurcit et puis s'éteignit lentement, après quelques lueurs brusques et inégales, emblème de la vie elle-même. Où tout était, quelques moments auparavant, lumière et mouvement, il ne restait plus que des cendres brûlantes.

Les assistants éteignirent les dernières étincelles et recueillirent les cendres; les restes du défunt, trempés dans les vins les plus rares et les parfums les plus précieux, furent enfermés dans une urne d'argent que l'on insèra soigneusement dans l'un des tombeaux qui bordaient la route; on déposa en même temps la petite fiole pleine de larmes et la pièce de monnaie que la poésie consacrait encore au sombre nocher; le tombeau se couvrit de fleurs et de guirlandes; les encensoirs fumèrent sur l'autel et de nombreuses lampes furent allumées autour de la tombe.

Le lendemain, lorsque le prêtre revint y apporter de nouvelles offrandes, il s'aperçut qu'aux reliques de la superstition païenne une main inconnue avait ajouté une branche verte de palmier. Il ne l'ôta pas, parce qu'il ignorait que ce fût l'emblème funéraire du christianisme.

Les cérémonies que nous venons de décrire étant terminées, une des *præficæ* aspergea trois fois les assistants avec la branche purifiante de laurier, en prononçant ce mot: *Ilicet*, et tout fut fini.

Le cortége, avant de s'éloigner, prononça encore, à plusieurs reprises et en pleurant, ce touchant adieu: *Salve, æternum!* et, pendant qu'Ione était encore là, commença le chant suivant qui accompagnait le départ:

SALVE ÆTERNUM.

I

Ame fugitive, urne sainte,
Pour la dernière fois, adieu.
Vous avez reçu notre plainte,
Et nous allons quitter ce lieu!

Nous aussi, les rapides heures
Nous conduiront au sombre bord.
Nous verrons les tristes demeures.
Tombe, adieu : salut, jeune mort !

II

Nicet : Notre cœur fidèle
En un tombeau vivant aussi,
Emporte ton âme éternelle
Avec les cendres que voici !
Le deuil dans le cœur se célèbre
Sans l'eau lustrale et sans le feu ;
La mémoire, au banquet funèbre,
Prononce en pleurs le triste Adieu !

III

Nicet : Sur la rive sombre,
Tu te souviendras de nos pleurs ;
Nos gémissements, ô jeune ombre,
Sauront consoler tes douleurs.
Si l'amour est court dans la vie,
Il est éternel dans la mort ;
La rose est promptement ravie,
Le cyprès reste vert et fort.

CHAPITRE IX.

Dans lequel une aventure arrive à Ione.

Pendant que quelques assistants demeuraient pour partager avec les prêtres le banquet funéraire, Ione et ses femmes continuaient leur mélancolique retour. Alors (les derniers honneurs ayant été rendus à son frère) son esprit sortit de la stupeur dans laquelle il avait été plongé. Elle songea à son fiancé et à l'accusation qui s'était élevée contre lui, sans y ajouter foi un moment, comme nous l'avons déjà dit, tant elle lui paraissait peu naturelle. Mais nourrissant les plus graves soupçons contre Arbacès, elle pensa que son devoir envers son amant et envers son frère assassiné lui commandait d'aller trouver le préteur et de lui communiquer son impression, quelque vague qu'elle fût.

Questionnant ses femmes, qui, comme on le sait, avaient craint jusqu'à cet instant d'accroître sa douleur en l'informant de l'état de Glaucus, elle apprit qu'il avait été dangereusement malade, qu'il était prisonnier dans la maison de Sallusto, et que le jour où le procès devait se débattre était fixé.

« Que les dieux l'en préservent! s'écria-t-elle. Et comment ai-je pu l'oublier si longtemps? N'ai-je pas eu l'air de le fuir? Oh! que je lui rende enfin justice! C'est à moi, la plus proche parente du défunt, d'attester que je suis convaincue de son innocence. Vite, vite, volons! que j'adoucisse sa peine, que je le soutienne, que je l'entoure de soins! S'ils refusent de me croire, si je ne puis les persuader, s'ils le condamnent à l'exil, à la mort, que je partage au moins son destin! »

Elle pressait le pas instinctivement, confuse, éperdue, sans trop savoir où elle allait, tantôt ayant dessein de se rendre chez le préteur, tantôt de courir auprès de Glaucus. Elle s'élança.... elle traversa la porte de la cité.... elle était entrée dans la longue rue qui conduit à la ville.... Les maisons étaient ouvertes, mais il n'y avait encore aucun mouvement dans les rues. La cité s'éveillait à peine à la vie, lorsqu'elle se trouva tout à coup en face d'un groupe d'hommes qui se tenaient à côté d'une litière couverte. Une grande figure sortit du groupe, et Ione poussa un cri en reconnaissant Arbacès.

« Belle Ione, dit-il avec douceur et sans paraître remarquer sa frayeur, ma pupille, mon élève! pardonnez-moi si j'interromps votre pieux chagrin; mais le préteur, jaloux de votre honneur, désire que vous ne soyez pas imprudemment impliquée dans le procès qui va s'ouvrir. Connaissant l'étrange embarras de votre position (puisqu'il s'agit pour vous de demander justice au nom d'un frère, tout en craignant le châtiment pour votre fiancé), plein de sympathie également pour l'état d'abandon où vous vous trouvez, pensant enfin que personne ne vous protége et qu'il y aurait de la cruauté à vous laisser sans guide, livrée à vos larmes solitaires, le préteur vous a sagement et paternellement confiée à votre gardien légal. Voici l'écrit qui vous remet à ma discrétion.

— Sombre Égyptien, s'écria Ione en se reculant avec fierté, retire-toi, c'est toi qui as tué mon frère : c'est à tes soins, à tes mains, rouges encore de son sang, qu'on remettrait sa sœur! Ah! tu pâlis, ta conscience se trouble; tu trembles en songeant aux foudres d'un Dieu vengeur! Passe ton chemin, et laisse-moi à ma douleur.

— Ta douleur te fait perdre la raison, Ione, dit Arbacès en essayant de prendre le ton calme qui lui était habituel : je te pardonne ; tu me trouveras, comme toujours, ton meilleur ami. Mais la voie publique n'est pas un lieu convenable pour notre conférence.... pour les consolations que j'ai à t'offrir. Esclaves, approchez. Allons, ma douce pupille, la litière vous attend. »

Les femmes qui accompagnaient Ione, surprises et terrifiées, entourèrent l'Égyptien et s'attachèrent à ses genoux.

« Arbacès, dit la plus âgée des femmes, tu outre-passes à coup sûr la loi. N'est-il pas écrit que, durant les neuf jours qui suivront les funérailles, les parents du mort ne seront pas troublés dans leur maison ni interrompus dans leur douleur ?

— Femme, répliqua Arbacès en étendant impérieusement la main, placer une pupille sous le toit de son tuteur n'est pas contrevenir aux lois des funérailles. Je te dis que j'ai l'autorisation du préteur. Ce débat est inconvenant. Qu'on la place dans la litière !... »

En parlant ainsi il passa son bras autour de la taille tremblante d'Ione. Elle recula, regarda fixement son visage, et puis s'écria, avec un éclat de rire convulsif :

« Ah ! ah ! c'est bien.... très-bien ! excellent tuteur ! loi paternelle.... ah ! ah ! » Et puis, effrayée elle-même de l'écho de ce rire terrible, elle tomba sans connaissance à terre.... Un moment après, Arbacès l'avait placée dans la litière, les porteurs s'étaient mis en marche.... et l'infortunée Ione disparut bientôt aux regards de ses femmes éplorées.

CHAPITRE X.

Ce que devient Nydia dans la maison d'Arbacès. — L'Égyptien éprouve de la compassion pour Glaucus. — La compassion est souvent une visiteuse bien inutile au coupable.

On se souviendra que sur l'ordre d'Arbacès, Nydia avait suiv l'Égyptien dans sa demeure ; là, en conversant avec elle, il avait appris de son désespoir et de ses remords que c'était sa main, et non celle de Julia, qui avait versé à Glaucus le funeste breuvage. Dans un autre moment, l'Égyptien aurait pris un philosophique intérêt à sonder les profondeurs et l'origine de l'étrange et dévorante passion que cette singulière fille avait osé nourrir dans sa cécité et dans son esclavage; mais, dans cette circonstance, il ne pensait qu'à lui. Après son aveu, la pauvre Nydia se jeta à ses pieds en le suppliant de rendre la santé au Grec et de lui sauver la vie : car, dans sa jeunesse et dans son ignorance, elle s'imaginait que le sombre magicien pouvait faire l'un et l'autre. Arbacès, sans l'écouter, n'en comprit que mieux la nécessité de retenir Nydia prisonnière jusqu'à ce que le procès eût décidé du sort de Glaucus. Or, lorsqu'il ne la croyait la complice de Julia que pour aller à la recherche du philtre, il avait senti qu'il serait dangereux pour le plein succès de sa vengeance de laisser la jeune fille en liberté, de peur qu'elle ne parût comme témoin, et, en avouant la manière dont les esprits de Glaucus avaient été égarés, ne fournît une excuse à l'indulgence; combien, à plus forte raison, ne devait-il pas redouter qu'elle ne courût de son plein gré confesser qu'elle avait administré la potion, et qu'inspirée par l'amour, elle n'essayât de racheter sa faute et de sauver celui qu'elle aimait, même au péril de sa propre honte? En outre, combien n'aurait-il pas été indigne du rang et de la réputation d'Arbacès de se voir impliqué dans une affaire d'amour où il aurait flatté la passion de Julia, et assisté aux rites impies de la saga du Vésuve! Son désir de persuader à Glaucus d'avouer le meurtre d'Apœcides, politique qu'il regardait comme la meilleure pour sa sûreté et le succès de son amour, avait pu seul le faire songer à un aveu de la part de la fille de Diomède.

Quant à Nydia, qui était nécessairement privée, par sa cécité, de la connaissance de la vie active, et qui, esclave et étrangère, ignorait naturellement les sévérités de la loi romaine, elle songeait bien plus à la maladie et au délire de son Athénien qu'à son crime, dont elle avait entendu vaguement parler, et aux dangers dont le procès le menaçait. Pauvre malheureuse qu'elle était, à qui personne n'adressait la parole et ne s'intéressait, que savait-elle du sénat et de ses sentences, des hasards de la loi, de la férocité du peuple, des arènes et du lion? Elle était accoutumée à associer à la pensée de Glaucus tout ce qui était grand et prospère. Elle ne pouvait penser qu'un autre péril que la folie fût suspendu sur cette tête sacrée. Il lui semblait que c'était un être mis à part pour les félicités de la vie. Elle seule avait troublé le cours de ce bonheur; elle ne savait pas que ces flots, jadis si brillants, se précipitaient vers les ténèbres et vers la mort. C'était uniquement pour lui rendre la raison qu'elle lui avait ravie, pour sauver l'existence qu'elle avait mise en danger, qu'elle implorerait l'assistance du grand Égyptien.

« Ma fille, dit Arbacès en s'éveillant de sa rêverie, tu dois rester ici : il ne te convient pas d'errer dans les rues et d'être foulée aux pieds des esclaves sur le seuil des maisons. J'ai pitié de la faute où l'amour t'a entraînée ; je ferai tout pour y porter remède. Attends patiemment quelques jours et Glaucus reviendra à la santé. »

Il dit, et, sans attendre sa réponse, sortit de la chambre, qu'il ferma avec une barre de fer, en donnant ordre à l'esclave, chargé de l'entretien de cette partie de la maison, de veiller sur sa prisonnière et de fournir à ses besoins.

Seul et plongé dans ses réflexions, il attendit alors les premières lueurs du jour, et, lorsqu'elles parurent, il sortit pour s'emparer, comme nous l'avons vu, de la personne d'Ione.

Son premier projet à l'égard de l'infortunée Napolitaine était celui qu'il avait franchement avoué à Claudius, c'est-à-dire d'empêcher qu'elle ne témoignât trop d'intérêt à Glaucus pendant son procès, et qu'elle ne l'accusât lui-même (ce qu'elle n'aurait pas manqué de faire) de l'acte de perfidie et de violence dont il s'était précédemment rendu coupable envers elle. Ione eût révélé aussi les motifs de vengeance qu'il avait contre Glaucus, et l'hypocrisie de son caractère dévoilée aurait rendu la véracité d'un rival suspecte dans sa déposition contre l'Athénien. Ce ne fut qu'après l'avoir rencontrée le matin et avoir entendu ses dénonciations, qu'il comprit qu'il avait couru un autre danger par suite des soupçons qu'elle avait conçus. Il se flatta de l'idée que tous ces périls étaient écartés, du moment qu'il vit en son pouvoir l'objet de sa passion et de sa crainte. Il ajouta plus que jamais foi aux promesses favorables des astres ; et, lorsqu'il alla retrouver Ione dans la chambre la plus reculée de sa mystérieuse maison où il l'avait fait porter ; lorsqu'il la vit, accablée par tant de coups successifs, passer, avec des secousses répétées et de vives attaques de nerfs, de la violence à la stupeur, il songea plus à sa beauté, victorieuse de toutes ces épreuves, qu'aux chagrins qu'il avait attirés sur elle. Cette impitoyable vanité, commune à tous les hommes qui n'ont eu que des chances heureuses dans la vie en fortune ou en amour, lui persuadait qu'après la mort de Glaucus, dont le nom serait solennellement flétri par un jugement légal, le Grec perdrait, par sa condamnation comme meurtrier du frère, tout droit à la tendresse de la sœur, et que son zèle et son amour, assistés des artifices au moyen desquels il savait éblouir l'imagination des femmes, ramèneraient à lui un cœur d'où la pensée de son rival aurait enfin été bannie : telle était son espérance. Mais dût-elle lui manquer, sa passion ardente et impie lui disait tout bas : « Au pis aller, la voilà toujours en ton pouvoir. »

Cependant, avec tout cela, il éprouvait ce malaise et cette appréhension qui accompagnent le risque d'être découvert, même lorsque le criminel est insensible à la voix de la conscience, cette vague terreur des conséquences du crime, qui sont prises quelquefois pour le remords même. L'air léger de la Campanie semblait trop pesant pour sa poitrine. Il aspirait à quitter des lieux où le danger ne dormirait peut-être pas toujours avec les morts; et maintenant qu'Ione était en sa possession, il résolut en lui-même, aussitôt qu'il aurait été témoin de l'agonie de son rival, de transporter sur quelque rivage lointain toutes ses richesses, avec elle, le plus précieux de ses trésors.

« Oui, dit-il en marchant à grands pas dans sa chambre solitaire, oui, la loi qui me donne la personne de ma pupille à garder m'accorde la possession d'une épouse. Nous traverserons les profondes mers, nous irons à la recherche de nouveaux plaisirs, de voluptés inconnues. Encouragés par les astres, soutenus par les présages de mon âme, nous pénétrerons dans ces vastes et glorieux mondes qui, si j'en crois ma science, demeurent cachés encore au sein de l'Océan qui nous entoure. Là, ce cœur que l'amour possède à présent tout entier s'éveillera peut-être à l'ambition; là, parmi des nations qui n'auront pas plié sous le joug romain, auxquelles même le nom de Rome est inconnu, je puis fonder un empire et transporter les croyances de mes aïeux; je puis remuer les cendres de l'antique royaume de Thèbes, continuer, sur des rivages plus étendus, la dynastie de mes ancêtres couronnés, et faire naître dans le noble cœur d'Ione la douce pensée qu'elle partage le sort d'un homme dont l'énergie, loin de la vieille corruption d'une civilisation d'esclaves, ressaisit les premiers éléments de sa grandeur, et unit dans une âme puissante les qualités du prophète et du roi. »

Après ce monologue triomphant, Arbacès sortit pour assister au procès de l'Athénien.

Les joues pâles et flétries de sa victime le touchèrent moins que la fermeté de son âme et l'intrépidité de son front; car Arbacès était de ceux qui ont peu de pitié pour le malheur, mais qu'une forte sympathie attache aux courageux. Nous sommes entraînés vers les autres par les secrets rapports de notre nature. Le héros pleure moins sur l'adversité de son ennemi que sur la fierté avec laquelle il la supporte. Nous sommes tous des hommes, et Arbacès, si criminel qu'il fût, avait sa part des sentiments de l'humanité. S'il avait pu obtenir de Glaucus la confession écrite du crime qu'on lui imputait, confession qui l'aurait perdu aux yeux d'Ione plus que le jugement des autres, et aurait éloigné du vrai coupable tout risque d'être découvert, l'Égyptien eût fait tout au monde pour sauver son rival ; maintenant même sa haine était passée ; son désir de vengeance était apaisé ; il foulait aux pieds sa victime, non comme un ennemi, mais comme un obstacle à son bonheur. Il ne se montra pas moins résolu, pas moins rusé ni moins persévérant dans la volonté de détruire un homme dont la perte était nécessaire à ses desseins. Tandis qu'il mettait une répugnance et une compassion apparentes à rendre témoignage contre Glaucus, il fomentait secrètement, à l'aide des prêtres d'Isis, une indignation populaire assez forte pour empêcher la clémence du sénat. Il avait vu Julia ; il lui avait appris les détails qu'il tenait de Nydia ; il avait facilement, par conséquent, endormi les scrupules de conscience qui auraient pu la conduire à atténuer le crime de Glaucus, en avouant la part qu'elle croyait avoir à son délire ; il y avait d'autant mieux réussi que cette beauté vaine aimait plus la renommée, la prospérité de Glaucus, que Glaucus lui-même ; elle ne ressentait plus d'affection pour un homme tombé dans une telle disgrâce ; elle se réjouissait presque d'un malheur qui humiliait Ione, objet constant de sa haine. Si Glaucus ne pouvait être son esclave, il ne serait pas du moins l'adorateur de sa rivale. C'était une consolation suffisante pour tous les regrets que son sort pouvait lui inspirer. Légère et inconstante, elle commençait à se sentir flattée de la cour empressée de Claudius ; elle n'était pas femme à hasarder la perte d'une alliance avec ce patricien, vil de caractère, mais illustre par sa naissance, en exposant devant le public sa faiblesse et l'égarement de sa passion pour un autre. Tout souriait donc à Arbacès ; tout était menaçant pour l'Athénien.

CHAPITRE XI.

Nydia joue le personnage de sorcière

Lorsque la Thessalienne s'aperçut qu'Arbacès ne revenait pas auprès d'elle, lorsqu'elle eut été livrée heure par heure à la torture de cette cruelle attente que sa cécité lui rendait encore plus intolérable, elle commença à étendre les bras afin de découvrir s'il n'y avait point d'issue à sa prison, et, quand elle eut senti qu'il n'y avait qu'une porte et qu'elle était fermée, elle se mit à pousser des cris avec toute la véhémence d'un caractère naturellement violent, qu'irritait encore l'angoisse de l'impatience.

« Holà! jeune fille, dit l'esclave chargé de veiller sur elle en ouvrant la porte, as-tu donc été mordue par un scorpion, ou penses-tu que le silence nous ferait mourir ici, et que, comme Jupiter enfant, nous avons besoin d'être sauvés par un épouvantable charivari?

— Où est ton maître, et pourquoi suis-je enfermée ici comme dans une cage? Il me faut l'air, la liberté.... Laisse-moi sortir.

— Hélas! pauvre petite.... ne connais-tu pas assez Arbacès pour savoir que sa volonté vaut un arrêt de l'empereur? Il a ordonné que l'on te mît en cage; tu es en cage, et je suis ton gardien. Il ne faut plus penser à l'air, à la liberté!... Mais tu auras à ta discrétion, ce qui vaut bien mieux.... du pain et du vin.

— O Jupiter! s'écria la jeune fille en joignant les mains, pourquoi suis-je emprisonnée ainsi? Qu'est-ce que le grand Arbacès peut vouloir d'une pauvre créature comme moi?

— Je n'en sais rien; à moins que ce ne soit pour servir de compagnie à ta nouvelle maîtresse, qui a été amenée ici ce matin.

— Quoi! Ione est ici?

— Oui, la pauvre dame; ce n'est pas de son gré, je présume; cependant, par le temple de Castor! Arbacès se montre galant vis-à-vis des femmes.... Ta maîtresse est sa pupille, tu le sais.

— Peux-tu me conduire vers elle?

— Elle est malade de fureur et de dépit.... D'ailleurs, je n'ai pas d'ordres à ce sujet, et je ne prends jamais rien sur moi. Lorsqu'Arbacès m'a constitué gardien de cette chambre[1], il m'a dit : « Je n'ai qu'une recommandation à te faire ; tant que tu me serviras, tu n'auras plus d'yeux et plus d'oreilles. Tu n'auras qu'une pensée, comme je n'exige de toi qu'une qualité : l'obéissance ! »

— Mais quel mal y a-t-il à ce que je voie Ione?

— Je n'en sais rien ; mais si tu as besoin d'un compagnon, je m'entretiendrai avec toi, ma petite, tant que tu voudras ; car je suis assez solitaire dans mon cubiculum. A propos, tu es Thessalienne ; ne connaîtrais-tu pas quelque divertissement agréable de couteaux et de ciseaux, quelque joli tour pour dire la bonne aventure selon l'usage des personnes de ta race? cela nous ferait passer le temps.

— Paix! esclave, silence! ou, si tu veux parler, dis-moi ce que tu sais de l'état de Glaucus.

— Ah! mon maître est sorti pour assister au procès de l'Athénien. Mauvaise affaire pour Glaucus!

— Un procès! pourquoi?

— Pour le meurtre du prêtre Apœcides.

— Ah! oui, dit Nydia en pressant ses mains sur son front ; j'ai entendu parler de quelque chose comme cela, mais je n'y ai rien compris.... Qui oserait toucher à un cheveu de sa tête?

— Mais le lion, j'en ai peur.

— Dieux puissants! quelle méchanceté sort de ta bouche!

— C'est la vérité ; s'il est déclaré coupable, le lion sera son exécuteur, à moins que ce ne soit le tigre. »

Nydia bondit comme si un trait lui eût percé le cœur ; elle jeta un cri perçant ; puis, tombant aux pieds de l'esclave, elle cria, d'un ton qui attendrit le cœur de cet homme plein de rudesse :

« Ah! dis-moi que tu plaisantes.... Tu ne peux dire la vérité!... Parle! parle!

— Sur ma parole, jeune aveugle, je ne connais rien à la loi.... Il en peut être autrement que je ne t'ai dit. Mais Arbacès l'accuse, et le peuple demande une victime pour l'arène.... Calme-toi : qu'est-ce que le sort du Grec peut avoir de commun avec le tien?

— N'importe, n'importe! Il a été bon pour moi.... Tu ne

---

[1]. Dans les maisons des grands, chaque appartement avait ses esclaves particuliers.

sais pas alors ce qu'on fera de lui?... Arbacès, son accusateur!
O destin! Le peuple.... le peuple qui peut le voir.... ne saurait
être cruel pour lui!... Mais l'amour ne lui a-t-il pas été déjà
fatal?... »

Elle laissa retomber sa tête sur son sein; elle garda le silence;
des larmes inondèrent ses yeux, et tous les efforts de l'esclave
ne purent la consoler ni la distraire de sa profonde rêverie.

Lorsque les soins de ses fonctions forcèrent l'esclave à la
quitter, Nydia recueillit ses pensées. Arbacès était l'accusateur
de Glaucus; Arbacès l'avait emprisonnée: n'était-ce pas la
preuve que sa liberté pouvait être utile à Glaucus?... Oui, elle
était évidemment prise dans quelque piége; elle allait contribuer
à la perte de celui qu'elle aimait. Comme elle aspirait à s'é-
chapper! Par bonheur pour ses souffrances, toute sensation de
douleur s'absorba dans le désir de se sauver, et, à mesure
qu'elle réfléchit à la possibilité de sa délivrance, elle devint
plus calme et plus rêveuse. Elle possédait toute la ruse de son
sexe, et ces dispositions s'étaient accrues encore dans l'habitude de l'esclavage. Quel esclavage a jamais été dépourvu
d'artifice? Elle résolut de tromper son gardien; et, se rappelant
tout à coup sa requête à propos de l'art thessalien qu'il lui supposait, elle espéra trouver dans ce prétexte quelque moyen de
fuite. Tout le reste du jour, et pendant les longues heures de la
nuit, elle médita sur ce sujet; et le lendemain matin, en conséquence, lorsque Sosie vint la visiter, elle se hâta de faire
prendre à la conversation un cours où l'esclave ne paraissait pas
mieux demander que de la suivre.

Elle ne se dissimula pas que la seule chance qu'elle eût de
s'échapper devait coïncider avec la nuit, et, malgré le chagrin
qu'elle éprouva de ce retard, elle sentit qu'il était nécessaire
de différer son entreprise jusqu'au soir.

« La nuit, lui dit-elle, est le seul moment où nous puissions
déchiffrer les secrets du destin; c'est alors que tu dois venir
me trouver.... Mais que désires-tu connaître?

— Par Pollux! je voudrais être aussi savant que mon maître;
mais c'est un vœu trop ambitieux. Que je sache du moins si je
gagnerai assez pour acheter ma liberté, ou si cet Égyptien me
la donnera pour rien. Il fait parfois de ces générosités-là. Puis,
au cas où cela arriverait, posséderai-je un jour parmi les *my-
ropolia* [1] cette jolie petite *taberna* que j'ai toujours devant les

---

1. Boutiques de parfumeurs.

yeux? C'est un gentil métier que celui de parfumeur, et qui convient à un esclave retiré du grand monde, et qui sent encore son homme comme il faut.

— Ce sont là les questions auxquelles tu voudrais avoir des réponses précises? Il y a plusieurs manières de te satisfaire : d'abord la lithomancie ou divination sur la pierre parlante, qui répond à nos demandes avec une voix d'enfant; mais nous n'avons pas ici cette précieuse pierre, très-coûteuse et très-rare. Il y a ensuite la gastromancie, par laquelle le démon fait voir dans l'eau des figures pâles et terribles qui prédisent l'avenir. Mais cet art réclame aussi des vases d'une certaine forme, pour contenir le liquide consacré, et nous ne les avons pas. Je pense que le meilleur moyen de satisfaire ton désir serait la magie de l'air.

— J'aime à croire, dit Sosie un peu effaré, qu'il n'y a rien d'effrayant dans cette opération; je ne me soucie pas des apparitions.

— N'aie pas peur, tu ne verras rien. Tu entendras par le bouillonnement de l'eau si ta demande t'est accordée. Prends soin seulement de laisser la porte du jardin entr'ouverte, quand se lèvera l'étoile du soir, afin que le démon se trouve invité à entrer; place de l'eau et des fruits près de la porte en signe d'hospitalité; puis, trois heures après le crépuscule, viens me voir avec une coupe remplie de l'eau la plus froide et la plus pure que tu pourras te procurer, et l'art thessalien que ma mère m'a appris s'exercera en ta faveur. N'oublie pas la porte du jardin; tout est là. Elle doit être ouverte quand tu viendras, et même trois heures auparavant.

— Sois tranquille, reprit Sosie sans soupçons; je sais ce qu'un homme de distinction éprouve de dépit lorsqu'on lui ferme la porte au nez, comme il m'est arrivé parfois chez le traiteur; et je sais aussi qu'une personne aussi respectable que le démon ne peut qu'être flattée de quelque marque courtoise d'hospitalité. En attendant, ma petite Thessalienne, voici ton repas du matin.

— Et le procès? dit-elle.

— Ah! les avocats parlent toujours.... Ils parlent, ils parlent.... Cela ne finira que demain matin.

— Demain matin.... En es-tu sûr?

— On me l'a dit.

— Et Ione?

— Par Bacchus! elle doit être assez bien, car elle a été

assez forte pour faire enrager mon maître, qui en frappait du
pied et se mordait les lèvres. Je l'ai vue quitter son appartement
avec un front sombre comme un ouragan.

— Loge-t-elle près d'ici?

— Non.... elle loge dans les appartements supérieurs....
Mais je ne dois pas rester à bavarder ici plus longtemps. Vale. »

CHAPITRE XII.

Une guêpe s'aventure dans la toile de l'araignée.

La seconde nuit du procès avait commencé, et c'était justement l'heure où Sosie s'apprêtait à braver le grand inconnu, lorsque, par cette même porte du jardin que l'esclave avait laissée entr'ouverte, pénétra, non pas un des mystérieux esprits de la terre ou de l'air, mais le pesant et grossier Calénus, le prêtre d'Isis. Il fit à peine attention à l'humble offrande de fruits médiocres et de vin plus médiocre encore, que le pieux Sosie avait jugée suffisante pour l'invisible étranger qu'il s'agissait d'attirer.

« C'est sans doute, se dit Calénus, quelque tribut offert au dieu des jardins. Par la tête de mon père! si cette divinité n'a jamais été mieux servie, elle ferait bien de renoncer à sa céleste profession. Oh! si nous n'étions pas là, nous autres prêtres, les dieux ne seraient pas tous bien traités. Cherchons toujours Arbacès. Je sais que je marche sur un abîme; mais il peut se changer en mine d'or. Je tiens la vie de l'Égyptien en mon pouvoir; que m'en donnera-t-il? »

En faisant ce monologue, il traversait la cour et entrait dans le péristyle, où quelques lampes disputaient çà et là l'empire de la nuit aux étoiles. Il se trouva en présence d'Arbacès, qui sortait d'une chambre attenant à la colonnade.

« Oh! Calénus, dit l'Égyptien, me cherchez-vous? et sa voix trahit un peu d'embarras.

— Oui, sage Arbacès. Je pense que ma visite n'est pas hors de propos?

— Non. Tout à l'heure mon affranchi a éternué très-fort, et je devinais d'après cela que quelque heureuse chance allait m'arriver.... Les dieux m'envoient Calénus.

— Passons-nous dans votre chambre, Arbacès?

— Comme vous voudrez; mais la nuit est parfaitement sereine; ma dernière indisposition m'a laissé un peu de langueur; l'air me rafraîchit.... Faisons un tour dans le jardin; nous y serons également seuls.

— De tout mon cœur, répondit le prêtre; et les deux amis se dirigèrent vers une des terrasses qui, bordées de vases de marbre et de fleurs assoupies, coupaient çà et là le jardin.

— Quelle délicieuse nuit! dit Arbacès; bleue et magnifique, comme celle où, il y a vingt ans, j'abordai pour la première fois sur les rivages de l'Italie. Mon cher Calénus, l'âge nous pousse; rappelons-nous du moins que nous avons vécu.

— Quant à vous, vous pouvez vous en vanter, dit Calénus, qui cherchait une occasion de communiquer le secret dont il était oppressé, et qui sentait la crainte respectueuse que lui inspirait Arbacès augmentée encore par le ton calme et la noble familiarité de l'Égyptien: oui, vous pouvez vous en vanter; vous possédez des richesses immenses, une constitution dont les fibres résistent à la maladie; vous avez à votre disposition les prospérités de l'amour, toutes les fantaisies du plaisir, et, dans ce moment même, les joies de la vengeance.

— Vous faites allusion à l'Athénien; le jour de demain éclairera son arrêt. Le sénat ne s'adoucit pas. Mais vous vous trompez. Sa perte ne me cause pas d'autre satisfaction que de me délivrer d'un rival près d'Ione. Je n'ai aucun sentiment d'animosité contre ce malheureux homicide.

— Homicide! reprit Calénus, lentement et avec intention; et, s'interrompant, il fixa ses yeux sur Arbacès. Les étoiles illuminaient la figure pâle, quoique tranquille, de leur prophète; aucune altération n'y parut; les yeux de Calénus furent désappointés et se baissèrent. Il continua rapidement: Homicide! que vous l'accusiez, à la bonne heure, mais personne ne peut savoir mieux que vous qu'il est innocent.

— Expliquez-vous, dit Arbacès froidement; car il s'était préparé à la déclaration qu'il redoutait.

— Arbacès, répondit Calénus d'une voix à peine distincte, j'étais dans le bosquet sacré, caché par la chapelle et par le feuillage des arbres; j'ai vu, j'ai entendu tout ce qui s'est passé! Je ne blâme point l'action; elle a détruit un ennemi, un apostat....

— Vous savez tout? reprit Arbacès sans s'émouvoir; je le pensais; vous étiez seul?

— Seul, répliqua Calénus, surpris de la tranquillité de l'Égyptien.

— Et pourquoi vous étiez-vous caché derrière la chapelle à cette heure?

— Parce que j'avais appris la conversion d'Apœcidès à la foi chrétienne.... parce que je savais qu'il devait rencontrer dans ce lieu le farouche Olynthus.... parce qu'ils se proposaient de discuter ensemble les moyens de dévoiler au peuple les mystères sacrés de notre déesse, et que j'avais intérêt à découvrir leurs projets afin de les combattre.

— Avez-vous dit à quelque oreille vivante ce que vous avez vu?

— Non, mon maître; le secret est resté dans le sein de votre serviteur.

— Quoi! le cousin Burbo ne s'en doute même pas? Est-ce la vérité?

— Par les dieux!

— Paix! nous nous connaissons. A quoi bon parler des dieux entre nous?

— Par la crainte de votre vengeance, alors!

— Et pourquoi m'avoir jusqu'à ce moment caché ce secret? Pourquoi avoir attendu la veille de la condamnation de l'Athénien pour oser me dire qu'Arbacès est un meurtrier? Enfin, après avoir tardé si longtemps, pourquoi me faire à présent cette révélation?

— Parce que, parce que.... murmura Calénus, le visage rouge de confusion.

— Parce que, interrompit Arbacès en souriant et en donnant un petit coup sur l'épaule du prêtre d'une façon amicale, parce que, Calénus (vous allez voir comme je sais lire dans votre cœur et en expliquer les pensées), parce que vous vouliez me laisser engager dans le procès de manière que je ne pusse revenir sur mes pas; vous vouliez que j'eusse donné des gages au parjure, ainsi qu'à l'homicide; vous attendiez que j'eusse excité la soif du sang dans la populace, de façon que mes richesses ni mon crédit ne pussent m'empêcher de devenir sa victime; vous me faites cette révélation maintenant, avant que le procès soit terminé et que l'ennemi soit condamné, pour me faire bien comprendre qu'un seul mot de vous, demain, pourrait renverser le projet le mieux ourdi; vous prétendez enchérir le prix de votre silence dans ce fatal moment; vous tenez à me montrer que les artifices dont je me suis servi pour éveiller la colère du peuple retomberaient sur moi, et que les dents du lion sont là pour me dévorer à la place de Glaucus. N'est-ce pas cela ?

— Arbacès, reprit Calénus en oubliant la vulgaire audace de son caractère naturel, vous êtes vraiment un grand magicien ; vous lisez dans le cœur comme dans un papyrus.

— C'est ma vocation, reprit l'Égyptien en riant. Eh bien, gardez-moi le secret ; quand tout sera terminé, je vous enrichirai.

— Pardonnez-moi, dit le prêtre dont l'avarice, sa passion dominante, ne se contentait pas des chances d'une générosité future, pardonnez-moi, vous avez raison, nous nous connaissons l'un et l'autre. Si vous voulez que je garde le silence, donnez-moi d'abord quelques arrhes, comme une offrande à Harpocrate. Pour que la rose, doux emblème de la discrétion, prenne de vigoureuses racines, arrosez-la ce soir d'un flot d'or.

— Prudence et poésie, dit Arbacès d'une voix toujours douce et encourageante, qui aurait dû alarmer davantage son avide compagnon ; ne pouvez-vous attendre jusqu'à demain ?

— Pourquoi ce délai ? Peut-être, lorsque je ne pourrais plus apporter sans honte mon témoignage, après la condamnation de l'innocent, vous négligeriez ma demande ; votre hésitation, à cette heure, n'est pas de bon augure pour l'avenir.

— Eh bien, Calénus, à quel prix mettez-vous votre silence ?

— Votre vie est bien précieuse, et votre fortune est considérable, reprit le prêtre.

— De mieux en mieux ! Que de sagesse et d'esprit !... Mais parlons clairement. Quelle somme demandez-vous ?

— Arbacès, j'ai entendu dire que dans votre trésor secret, sous les voûtes qui soutiennent votre superbe demeure, vous conservez des piles d'or, de vases et de joyaux, qui auraient pu rivaliser avec les richesses enfouies par le divin Néron : vous pouvez aisément distraire de cet amas de quoi rendre Calénus le plus opulent des prêtres de Pompéi, sans vous apercevoir même de votre sacrifice.

— Venez donc, Calénus, reprit Arbacès d'un air franc et généreux. Vous êtes un ancien ami : vous avez été un fidèle serviteur ; vous ne pouvez avoir le désir de m'ôter la vie, ni moi celui de vous marchander la récompense qui vous est due ; votre vue sera réjouie de l'aspect de cet or infini et de l'éclat de ces bijoux, et vous emporterez, cette nuit même, comme marque de ma gratitude, tout ce que vous pourrez cacher sous votre robe. Quand vous aurez contemplé tout ce que votre ami possède, vous comprendrez que ce serait folie de faire injure à un homme qui peut tant donner. Après l'exécution de Glaucus, je vous conduirai une autre fois encore à mon trésor.... Est-ce parler franchement et en ami?

— O le plus grand, le meilleur des hommes! s'écria Calénus pleurant presque de joie, pourrez-vous oublier jamais les soupçons que j'avais formés sur votre justice, votre générosité?

— Silence; un tour encore, et nous voilà descendus sous les voûtes. »

CHAPITRE XIII.

L'esclave consulte l'oracle. — Un aveugle peut tromper ceux qui s'aveuglent eux-mêmes. — Deux nouveaux prisonniers faits dans la même nuit.

Nydia attendait avec impatience l'arrivée de Sosie, non moins impatient qu'elle. Après avoir fortifié son courage par d'abondantes libations d'un meilleur vin que celui qu'il avait offert au démon, le crédule esclave entra dans la chambre de la jeune aveugle.

« Eh bien, Sosie, es-tu préparé? as-tu apporté le vase d'eau pure?

— Assurément, mais je tremble un peu. Tu es bien sûre que je ne verrai pas le démon? J'ai toujours entendu dire que ces personnages-là n'étaient ni très-beaux, ni très-polis.

— Ne crains rien. As-tu laissé la porte du jardin entr'ouverte?

— Oui, et j'ai placé auprès des noix, des pommes, et une petite table.

— C'est parfait. Et la porte est ouverte actuellement, de manière que le démon puisse passer librement?

— Oui, certes.

— Maintenant, ouvre aussi la porte de cette chambre à moitié, et donne-moi la lampe.

— Comment! est-ce que tu as l'intention de l'éteindre?

— Non; mais il faut que je prononce mon charme au-des-

sus de la flamme.... Il y a un esprit dans le feu. Assieds-
toi. »

L'esclave obéit; et Nydia, après s'être penchée quelques instants sur la lampe, se leva et chanta à voix basse l'improvisa-
tion suivante, sans rhythme régulier :

INVOCATION AU SPECTRE DE L'AIR.

L'air, le feu, nous connaissent bien,
Nous, les filles de Thessalie,
Qui, sur le mont Olympien,
Attirons la lune pâlie!
A nous tous les secrets des fleurs,
Des oiseaux à nous le langage ;
A nous les changeantes couleurs
Du ciel où va gronder l'orage!
L'Égypte et la Perse n'ont pas
De charmes plus forts que les nôtres.
Le démon nous parle tout bas,
Et nous aime au-dessus des autres.

Spectre de l'air, écoute-moi,
C'est Nydia qui t'en convie;
L'art d'Érichto, dans qui j'ai foi,
Aux morts savait rendre la vie.
Le roi d'Ithaque, sage roi,
Faisait parler la voix des ondes;
Orphée, affrontant tout effroi,
Descendait aux rives profondes;
Sa lyre, aux magiques accords,
Entraînait sa chère Eurydice;
Et Médée, aux colchiques bords,
Préservait Jason du supplice;
Par leurs charmes, et par les miens,
Spectre de l'air, viens à moi, viens,
Caresse cette coupe humide,
Qui s'agite et te sent venir.
Viens, révèle à l'âme timide
Les secrets du sombre avenir;
Fils de la voûte aérienne,
Réponds à la Thessalienne!
    Oh! viens, viens,
    Je t'appartiens!

Viens, ô viens, aucun dieu du ciel ni de la terre,
Ne sera plus béni, plus honoré que toi;

> Ni Vénus, ni le Dieu brillant de la lumière,
> Ni Diane à la triple loi,
> Ni le grand Jupiter lui-même,
> Maître des dieux, le roi suprême...
> Oh! viens, viens,
> Je t'appartiens!

« Le spectre ne tardera pas à venir, dit Sosie, je le sens déjà dans mes cheveux.

— Place ta coupe d'eau à terre. Donne-moi maintenant la serviette, pour que j'enveloppe ta figure et tes yeux.

— Oh! c'est toujours ainsi dans les enchantements! Ne serre pas si fort.... Eh! plus doucement, s'il te plaît.

— C'est fait. Peux-tu voir?

— Voir?... par Jupiter non : tout est obscurité.

— Adresse à présent au spectre les questions que tu veux lui faire, à voix basse, et trois fois de suite. S'il répond affirmativement à tes questions, tu entendras l'eau bouillonner sous le souffle du démon; si ta demande ne doit pas être accomplie, l'eau restera silencieuse.

— Mais tu ne remueras pas l'eau toi-même, oh! oh!...

— Je vais placer la coupe à tes pieds; ainsi tu pourras être sûr que je ne la touche pas à ton insu.

— Très-bien. Maintenant, ô Bacchus, sois-moi propice. Tu sais que je t'ai toujours donné la préférence sur les autres dieux, et, si tu consens à me protéger contre ce démon aquatique, je te consacrerai la coupe d'argent que j'ai dérobée l'année dernière au gros maître d'hôtel. Et toi, Esprit, écoute-moi. Pourrai-je acheter ma liberté l'an prochain? Tu le sais : car, puisque tu vis dans l'air, les oiseaux t'ont sans doute appris les secrets de la maison; tu sais que j'ai dérobé tout ce que j'ai pu honnêtement, c'est-à-dire sûrement, dérober depuis trois ans; cependant il me manque encore deux mille sesterces pour compléter la somme. Me sera-t-il permis, ô bon esprit! de combler ce déficit dans le cours de l'année? Parle!... Ah! l'eau bouillonne; non, tout est calme comme la tombe.... Eh bien, si ce n'est pas dans l'année, sera-ce dans deux ans?... J'entends quelque chose; le démon gratte à la porte.... il doit être entré. Dans deux ans, mon bon ami; deux ans, n'est-ce pas un temps fort raisonnable?... Rien encore. Toujours le silence!... Deux ans et demi.... trois, quatre ans?... Démon de malheur!... ce n'est pas bien.... tu n'es pas femme, cela est clair; tu ne garderais pas le silence si longtemps. Cinq, six ans.... soixante!... et que Pluton t'emporte! Je ne te demanderai rien de plus. »

Et Sosie, dans sa rage, renversa l'eau sur ses jambes; puis, après beaucoup de peine et plus encore de malédictions, il essaya de débarrasser sa tête de la serviette qui l'entourait, regarda autour de lui, et s'aperçut qu'il était dans l'obscurité.

« Qu'est-ce que c'est, Nydia? la lampe est éteinte! Ah traîtresse! et tu n'es plus là, mais je te rattraperai.... tu me payeras tout cela. »

L'esclave tâtonna pour chercher la porte, elle était barrée au dehors; il était prisonnier à la place de Nydia. Que pouvait-il faire? il n'osait pas frapper, ni appeler, de peur qu'Arbacès ne l'entendît et ne découvrît la sottise avec laquelle il s'était laissé tromper; Nydia d'ailleurs, pendant ce temps, avait déjà gagné probablement la porte du jardin et s'était échappée.

« Mais, pensa-t-il, elle sera rentrée chez elle, ou elle sera du moins quelque part dans la cité! Demain, au point du jour, lorsque les esclaves travailleront dans le péristyle, je me ferai entendre; alors je sortirai et je la chercherai. Je la retrouverai certainement, et je la ramènerai avant qu'Arbacès sache un mot de tout ceci. C'est ce que j'ai de mieux à faire. Ah! petite traîtresse, les doigts me démangent.... et ne me laisser qu'une coupe pleine d'eau!... encore si c'était du vin, ce serait du moins une consolation. »

Pendant que Sosie, pris ainsi dans le piége, se lamentait sur son sort et formait mille projets pour remettre la main sur Nydia, la jeune aveugle, avec la singulière précision et la dextérité de mouvements qui lui étaient particulières et que nous avons déjà fait remarquer en elle, avait passé légèrement le long du péristyle, s'était glissée dans le passage en face qui conduisait au jardin, et, toute palpitante, se dirigeait vers la porte, lorsqu'elle entendit tout à coup un bruit de pas et distingua la terrible voix d'Arbacès; elle s'arrêta un moment dans l'incertitude et dans l'effroi; il lui revint à la mémoire qu'il y avait un autre passage, servant à introduire ordinairement les belles convives qu'Arbacès invitait à ses secrètes orgies, et qui tournant autour du soubassement de ce vaste édifice, ramenait également dans le jardin; il était ouvert par hasard, elle se hâta donc de retourner sur ses pas, descendit à droite les étroits escaliers, et arriva promptement à l'entrée du corridor. Hélas! la porte de communication était fermée à clef. Pendant qu'elle s'assurait que cette porte était bien fermée en effet, elle entendit derrière elle la voix de Calénus, et un moment après celle d'Arbacès qui lui répondait. Elle ne pouvait demeurer en cet endroit, ils allaient sans doute y passer; elle s'élança en avant, et se trouva dans des régions qui lui étaient inconnues. L'air devenait froid et humide, ce qui la rassura. Elle pensa qu'elle pourrait bien être dans les caves de cette superbe demeure, ou du moins dans quelque lieu que ne visiterait pas le superbe propriétaire de la maison, et pourtant son oreille si fine distingua bientôt de nouveau les pas et les voix. Elle se remit à marcher, en étendant les bras, et rencontra des piliers d'une forme épaisse et massive; avec un tact que sa crainte rendait plus grand, elle échappa à ces dangers, et continua son chemin; à mesure qu'elle s'avançait, l'air devenait de plus en plus humide; elle s'arrêtait par moments pour reprendre haleine, et alors elle entendait toujours le bruit des pas et le vague murmure des voix. Enfin, elle arriva à un mur qui paraissait mettre un terme à sa course. Comment trouver un endroit pour se cacher? nulle ouverture, point de cavité. Elle s'arrêta et se tordit les mains avec désespoir; puis, surexcitée par le rapprochement des voix, elle courut tout le long du mur, et se heurtant avec violence contre un des arcs-boutants qui s'étendaient en avant, elle tomba à terre. Quoique froissée par sa chute, elle ne perdit pas ses sens, elle ne poussa pas un cri; loin de là, elle regarda comme heureux un accident qui l'avait peut-être jetée dans un endroit où elle pourrait être cachée. Se retirant le plus qu'elle pouvait dans l'angle formé par l'arc-boutant, en sorte que d'un côté du moins elle ne pourrait être vue, elle pelotonna son petit corps dans le plus petit espace possible, et attendit son destin sans respirer.

Arbacès et le prêtre continuaient leur route vers cette chambre secrète, dont les trésors avaient été tant vantés par l'Égyptien. Ils se trouvaient dans un vaste atrium souterrain, c'est-à-dire dans une grande salle; le toit assez bas était soutenu par de courtes et épaisses colonnes d'une architecture bien éloignée des grâces élégantes de l'art grec, adopté par cette voluptueuse époque. L'unique et pâle lampe que portait Arbacès ne était qu'une lumière imparfaite sur les murs grossiers et nus, composés de larges blocs de pierre enchevêtrés l'un dans l'autre, mais sans ciment. Des reptiles troublés par ces hôtes inattendus les regardaient d'un air effaré, et se perdaient précipitamment dans l'ombre des murs.

Calénus frissonna en jetant les yeux autour de lui et en respirant cet air humide et malsain.

« Eh bien! dit Arbacès avec un sourire, en s'apercevant de ce frisson, ce sont ces grossiers caveaux qui fournissent au luxe des salles supérieures. Ils ressemblent aux laboureurs de ce monde ; nous méprisons leurs grossières mœurs, et ce sont eux qui nourrissent notre orgueil dédaigneux.

— Et où conduit cette galerie à gauche? demanda Calénus. Dans sa profonde obscurité, elle paraît sans limite, comme si elle conduisait aux enfers.

— Au contraire, elle conduit à la lumière, répondit négligemment Arbacès. Quant à nous, notre chemin est à droite. »

Cette salle, comme beaucoup d'autres dans les quartiers habités de Pompéi, se divisait à son extrémité en deux ailes ou passages, dont la longueur, en réalité, n'était pas considérable, mais elle s'agrandissait aux yeux dans des ténèbres que la lampe ne pouvait pas dissiper entièrement. Les deux *amis* dirigèrent leurs pas sur la droite de ces deux ailes.

« Le joyeux Glaucus habitera demain un appartement qui ne sera pas plus sec, mais moins spacieux, dit Calénus, justement au moment où ils passaient devant l'endroit où la Thessalienne était blottie sous la protection du large arc-boutant.

— Oui, mais en revanche, le jour suivant, il jouira d'un espace assez considérable et assez sec dans l'arène; et quand on pense, continua Arbacès lentement et d'un ton délibéré, qu'un mot de Calénus pourrait le sauver et mettre Arbacès à sa place !

— Ce mot ne sera jamais dit, répliqua Calénus.

— C'est juste, mon cher Calénus, il ne sera jamais dit, et Arbacès s'appuya familièrement sur l'épaule de son compagnon; mais nous voici devant la porte.... »

La lumière tremblante de la lampe laissa voir dans ce mur sombre et grossier une petite porte, profondément enfoncée et garnie de fortes bandes et de plaques de fer. Arbacès tira de sa ceinture un petit anneau qui retenait trois ou quatre clefs courtes, mais solides. Le cœur de l'avide Calénus battit avec violence, lorsqu'il entendit la serrure rouillée crier, comme si elle ne livrait qu'à regret la vue des trésors confiés à sa garde.

« Entre, mon ami, dit Arbacès, pendant que j'élève la lampe, afin que tu puisses contempler à ton aise tous ces monts d'or. »

L'impatient Calénus ne se fit pas prier deux fois. Il s'avança dans l'ouverture

A peine avait-il passé le seuil que la forte main d'Arbacès le poussa en avant.

« *Le mot ne sera jamais dit,* » s'écria l'Égyptien avec un long éclat de rire, et il referma la porte sur le prêtre.

Calénus avait été précipité de plusieurs marches; mais au premier moment, il ne sentit pas la douleur de sa chute; il s'élança vers la porte, et la frappant violemment avec ses poings fermés, il s'écria d'une voix plus semblable au hurlement d'une bête fauve qu'à une voix humaine, tant son désespoir était profond :

« Oh! délivrez-moi, Arbacès, délivrez-moi, et gardez votre or. »

Ces paroles ne pénétrèrent qu'imparfaitement au travers de la porte massive, et Arbacès poussa un nouvel éclat de rire; frappant ensuite du pied avec force, et laissant éclater enfin sa colère longtemps contenue, il reprit :

« Tout l'or de la Dalmatie ne te procurera pas une croûte de pain : meurs de faim, misérable, tes derniers soupirs ne réveilleront pas même l'écho de ces vastes salles; l'air ne révélera jamais que l'homme qui a menacé et qui pouvait perdre Arbacès est mort de faim, rongeant, dans son désespoir, la propre chair de ses os. Adieu!

— Oh! pitié! pitié, odieux scélérat.... est-ce pour cela.... »

Le reste de cette imprécation n'arriva pas à l'oreille d'Arbacès, qui s'en retournait à travers la sombre salle. Un crapaud, gros et gonflé de venin, se trouva sur ses pas; les rayons de la lampe tombèrent sur le hideux animal et sur l'œil rouge qu'il tournait en l'air. Arbacès se détourna, afin de ne pas le blesser.

« Tu es dégoûtant et venimeux, murmura-t-il, mais tu ne peux me faire de mal : tu n'as donc rien à craindre de moi. »

Les cris de Calénus, quoique affaiblis et étouffés par la barrière qui le retenait, arrivaient encore faiblement à l'oreille de l'Égyptien. Il s'arrêta pour y prêter l'oreille.

« Ce qu'il y a de malheureux, pensa-t-il, c'est que je ne puis maintenant m'éloigner de Pompéi avant que cette voix se soit tue pour toujours. Mes richesses, mes trésors, ne se trouvent pas, il est vrai, dans cette aile, mais dans l'autre. Mes esclaves, en les transportant, peuvent entendre la voix de cet homme. Mais il n'y a pas de danger! dans trois jours, s'il survit encore, par la barbe de mon père! ses accents seront bien faibles.... ils ne perceront pas même à travers son tombeau.

Par Isis, il fait froid, j'ai besoin de boire une coupe de falerne épicé ! »

Et l'Égyptien sans remords, resserrant sa robe autour de lui, se hâta d'aller respirer l'air supérieur.

CHAPITRE XIV.

Nydia et Calénus.

Quelles paroles de terreur, mais aussi d'espérance, avaient frappé l'oreille de Nydia ! Le lendemain, Glaucus devait être condamné ; mais il existait encore un homme qui pouvait le sauver et mettre Arbacès à sa place, et cet homme respirait à quelques pas du lieu où elle était cachée. Elle entendait ses cris et ses plaintes, ses imprécations et ses prières, quoique, à la vérité, ils ne lui arrivassent pas d'une façon bien distincte. Il était captif, mais elle connaissait le mystère de la prison ; si elle pouvait s'échapper, si elle pouvait aller trouver le préteur, on pourrait le rendre à la liberté et sauver l'Athénien. Ses émotions l'empêchaient presque de respirer, sa tête brûlait ; elle se sentait défaillir, mais un violent effort la rendit maîtresse d'elle-même ; et, après avoir écouté le bruit des pas d'Arbacès jusqu'à ce qu'elle fût bien convaincue qu'il avait laissé ces lieux à leur solitude et qu'elle y était seule, elle se traîna, en suivant le son de la voix de Calénus, jusqu'à la porte du caveau où il était enfermé. Là, elle put saisir ses accents de terreur et de désespoir. Trois fois elle essaya de parler, et trois fois sa voix manqua de force pour pénétrer à travers la porte massive. Enfin, trouvant la serrure, elle y appliqua ses lèvres, et le prisonnier entendit distinctement une douce voix prononcer son nom.

Son sang se glaça ; ses cheveux se dressèrent sur sa tête ; quel être mystérieux et surnaturel avait pu pénétrer dans cette redoutable solitude ?

« Qui est là, cria-t-il, avec une nouvelle alarme ? quel pectre, quelle larve appelle déjà le malheureux Calénus ?

— Prêtre, dit la Thessalienne, à l'insu d'Arbacès, j'ai été, par la permission des dieux, témoin de sa perfidie. Si je puis échapper moi-même de ses mains, je te sauverai. Mais que ta voix passe à travers cette étroite ouverture et réponde à mes questions.

— Ah! esprit du ciel, dit le prêtre avec joie, en obéissant aux injonctions de Nydia, sauve-moi, et je vendrai les coupes mêmes de l'autel pour récompenser ta bonté.

— Je n'ai pas besoin d'or, je n'ai besoin que de ton secret. Ai-je bien entendu? peux-tu sauver l'Athénien Glaucus de l'accusation qui menace ses jours?

— Je le puis, je le puis.... c'est pour cela (puissent les furies poursuivre l'infâme Égyptien!), c'est pour cela qu'il m'a enfermé ici, dans l'intention de m'y faire mourir de faim et de m'y laisser pourrir.

— On accuse l'Athénien de meurtre! peux-tu repousser l'accusation?

— Que je sois libre, et il n'y aura pas de tête à Pompéi mieux gardée que la sienne; j'ai vu le meurtre; j'ai vu Arbacès porter le coup; je puis convaincre le véritable meurtrier, et faire acquitter l'innocent. Mais si je péris, il périt aussi. Si tu t'intéresses à ce jeune homme, ô douce étrangère, mon cœur est l'urne où repose sa vie ou sa mort.

— Et tu donneras tous les détails qui sont à ta connaissance?

— Oh! quand les enfers seraient à mes pieds, oui.... vengeance contre le perfide Égyptien! vengeance, vengeance!... vengeance!... »

A la manière dont Calénus répétait ces mots en grinçant des dents, Nydia comprit qu'elle pouvait compter sur sa haine contre Arbacès pour sauver l'Athénien; son cœur palpitait. Serait-elle donc assez heureuse pour sauver celui qu'elle adorait, qui était son idole....

« C'est assez, dit-elle; les dieux qui m'ont conduite ici ne m'abandonneront pas sans doute. Oui, je sens que je te délivrerai; attends-moi avec patience et prends courage.

— Mais sois prudente, sois adroite, douce étrangère. N'essaye pas d'attendrir Arbacès; il est de marbre. Va trouver le préteur, dis-lui tout ce que tu sais.... obtiens de lui un mandat pour me faire chercher.... amène des soldats et d'habiles serruriers.... ces serrures sont d'une force surprenante.... le temps passe.... je puis mourir de faim, de faim!... si tu ne te presses pas. Va, va.... non, attends.... il est affreux d'être seul.... l'air est comme dans un cimetière.... et les scorpions.... ah! et les pâles larves.... ah! attends, attends....

— Non, s'écria Nydia, terrifiée de la terreur du prêtre, et pressée de ressaisir ses idées confuses; non, c'est dans ton intérêt que je pars.... Que l'espérance demeure avec toi.... Adieu! »

Elle s'éloigna doucement et en tendant les bras le long des piliers, jusqu'à ce qu'elle eut gagné l'extrémité de la salle, et l'entrée du corridor qui conduisait au grand air. Mais là, elle s'arrêta; elle pensa qu'il serait plus prudent d'attendre que toute la maison, vers les approches du matin, fût endormie dans un profond sommeil, afin de pouvoir sortir sans être remarquée; elle se coucha donc de nouveau à terre, et compta les instants. La joie était le sentiment qui dominait dans son cœur agité. Glaucus courait un grand danger, mais elle le sauverait.

CHAPITRE XV.

Arbacès et Ione. — Nydia dans le jardin. — Échappera-t-elle et sauvera-t-elle l'Athénien?

Lorsque Arbacès eut réchauffé ses veines glacées à l'aide de quelques coupes d'un vin épicé et parfumé, cher aux voluptueux, il se sentit le cœur triomphant et plein de joie. Il y a, pour tout succès ingénieusement obtenu, une satisfaction orgueilleuse, même lorsque le but est criminel. Notre nature vaniteuse s'enorgueillit d'abord de sa supériorité et de son adresse. Plus tard seulement arrive la terrible réaction du remords.

Mais le remords n'était pas un sentiment que le destin du misérable Calénus fût capable d'inspirer à Arbacès. Il bannit de son souvenir la pensée de l'agonie du prêtre et de sa mort cruelle. Il sentit qu'un affreux danger était passé pour lui, qu'un ennemi possible se trouvait réduit au silence; il ne lui restait plus qu'à expliquer la disparition de Calénus au corps des prêtres, et cela ne lui semblait pas bien difficile. Calénus avait été employé par lui à diverses missions dans les villes voisines. Il affirmerait encore qu'il l'avait envoyé porter aux autels d'Isis, à Herculanum et à Naples, des offrandes pour apaiser la déesse irritée du meurtre récent d'Apœcides. Calénus une fois mort, son corps pourrait être jeté, avant le départ de l'Égyptien, dans le courant profond du Sarnus; et, s'il venait à être découvert, le soupçon tomberait sans doute sur les Nazaréens athées, qui seraient censés avoir vengé sur lui la mort d'Olynthus aux arènes. Ces divers plans combinés pour sa sûreté personnelle, Arbacès éloigna de sa pensée tout souvenir de l'infortuné prêtre, et, excité par le succès qui avait jusqu'alors couronné ses projets, il tourna ses pensées du côté d'Ione. La dernière fois qu'il l'avait vue, elle l'avait chassé de sa présence par des reproches et un amer mépris qu'il lui était impossible de supporter. Il se trouva assez sûr de lui-même pour tenter une nouvelle entrevue, car sa passion pour elle ressemblait à celle qu'éprouvent les autres hommes : elle lui faisait désirer sa présence, quoique devant elle il fût exaspéré et humilié. Par égard pour sa douleur, il ne quitta point ses sombres vêtements; mais, parfumant ses noirs cheveux et arrangeant gracieusement les plis de sa tunique, il se dirigea vers la chambre de la Napolitaine. Il demanda à l'esclave qui veillait à sa porte si Ione s'était couchée, et, apprenant qu'elle était encore levée et plus tranquille qu'elle n'avait encore été jusqu'alors, il se hasarda à paraître devant elle. Il trouva sa belle pupille assise auprès d'une petite table et la figure appuyée sur ses deux mains, dans l'attitude de la méditation. Cependant sa physionomie n'était pas animée comme à l'ordinaire par cette brillante expression de douce intelligence qui la faisait ressembler à Psyché; ses lèvres étaient entr'ouvertes, ses regards vagues et incertains, et ses longs cheveux noirs, tombant négligemment sur son cou, ajoutaient à la pâleur de ses joues, qui avaient déjà perdu la rondeur de leurs contours.

Arbacès la contempla un moment avant de s'avancer. Elle leva les yeux, et, lorsqu'elle reconnut son visiteur, elle les détourna avec une expression de douleur, mais elle ne bougea pas.

« Ah! dit Arbacès à voix basse et d'un air plein d'intérêt, en s'approchant et en s'asseyant respectueusement à quelque distance de la table; ah! si mon amour pouvait conjurer ta haine, je mourrais avec joie. Tu me juges mal, Ione; mais je supporterai l'injure que tu me fais sans murmurer, pourvu que tu me laisses te voir quelquefois. Fais-moi mille reproches, accable-moi de tes mépris, si tu le veux; je m'efforcerai de les souffrir. Les plus amères paroles de ta bouche me sont plus douces encore que le son du luth le plus harmonieux. Dans ton silence, le monde semble pour moi s'arrêter.... une cruelle stagnation engourdit les veines de la terre.... Il n'y a plus ni terre ni vie, sans la lumière de ton visage et la mélodie de ta voix.

— Rends-moi mon frère et mon fiancé! dit Ione d'un ton de voix calme, mais suppliant, et quelques larmes glissèrent le long de ses joues.

— Plût aux dieux que je pusse te rendre l'un et sauver l'autre! reprit Arbacès avec une apparente émotion. Ione, pour te voir heureuse, je renoncerais à mon amour fatal et je joindrais ta main à celle de l'Athénien. Peut-être sortira-t-il triomphant du procès. (Arbacès avait empêché qu'on ne l'instruisît que le procès était commencé.) S'il en est ainsi, tu es libre de le juger et de le condamner toi-même, et ne pense plus, Ione, que je veuille te prier plus longtemps de m'aimer. Je reconnais que mon espoir est vain. Laisse-moi seulement pleurer, gémir avec toi. Pardonne une violence dont je me repens sincèrement et que tu n'as plus à craindre. Laisse-moi redevenir ce que j'étais pour toi, un ami, un père, un protecteur. Ah! Ione, épargne-moi, accorde-moi ton pardon!

— Je vous pardonne; sauvez Glaucus, et je renoncerai à lui. O grand Arbacès, vous êtes puissant dans le bien comme dans le mal; sauvez l'Athénien, et la pauvre Ione ne le verra plus. »

A ces mots, elle se leva, faible et tremblante, se soutenant à peine, tomba à ses genoux et les embrassa.

« Ô ! si . m'aimes réellement, si tu es humain, souviens-toi des cendres de mon père; souviens-toi de mon enfance, songe à ces heures que nous avons passées ensemble, et sauve mon Glaucus. »

D'étranges convulsions agitèrent tout le corps de l'Égyptien; les traits bouleversés exprimèrent son trouble; il détourna sa figure et répondit d'une voix creuse:

« Si je pouvais le sauver encore, je le ferais; mais les lois romaines sont très-sévères: cependant, si je réussissais, si je le rendais à la liberté; m'appartiendrais-tu, serais-tu à moi?

— A toi! répéta Ione en se levant; à toi! ton épouse!.. Le sang de mon frère n'est pas vengé! *Qui l'a tué?* O Némésis, puissé-je échanger pour le salut de Glaucus ta divine mission? *A toi, jamais!*

— Ione, Ione, s'écria Arbacès avec passion, pourquoi ces

mots mystérieux ? Pourquoi unis-tu mon nom avec la pensée de la mort de ton frère ?

— Mes songes unissent ces deux choses, et les songes viennent des dieux.

— Vaines fantaisies alors. C'est pour des songes que tu fais tort à un innocent, et que tu hasardes de perdre la seule chance que tu aies de sauver ton amant.

— Écoute-moi, dit Ione en parlant avec fermeté et d'une voix solennelle autant que résolue ; si Glaucus est sauvé par toi, je jure de n'entrer jamais dans sa maison comme épouse. Mais je ne puis surmonter l'horreur que m'inspireraient d'autres noces. Je ne puis t'épouser.... Ne m'interromps pas. Écoute, Arbacès. Si Glaucus meurt, le même jour je défie tous tes artifices. Je ne laisse que ma poussière à ton amour. Oui, tu peux éloigner de moi le poignard, le poison.... tu peux m'enchaîner ; mais l'âme courageuse et décidée à quitter la vie n'est jamais sans moyens de le faire. Ces mains, nues et sans armes, déchireront les liens qui m'attachent à l'existence. Enchaîne-les, et mes lèvres se refuseront à respirer l'air. Tu es savant.... tu as vu dans l'histoire plus d'une femme préférer la mort au déshonneur. Si Glaucus périt, je n'aurai pas l'indignité de lui survivre.... Par tous les dieux du ciel, de l'Océan et de la terre je me dévoue moi-même au trépas. J'ai dit. »

Ione, en parlant ainsi, était noble, fière, elle redressait sa taille, elle avait l'air d'une inspirée ; son visage et sa voix remplirent de respect et d'effroi celui qui l'écoutait.

« Brave cœur ! dit-il après un court silence ; tu es vraiment digne d'être à moi. Oh ! faut-il que j'aie cherché si longtemps celle qui devait partager mes destinées, et que je ne l'ai trouvée qu'en toi ! Ione, continua-t-il rapidement, ne vois-tu pas que nous étions nés l'un pour l'autre ? Comment ne reconnais-tu pas une sainte sympathie, avec ton énergie, avec ton courage, dans mon âme hardie et indépendante ? Nous avons été formés pour unir nos sentiments, formés pour animer d'un nouvel esprit ce monde usé et grossier, formés pour les puissantes fins que mon esprit, s'élançant au-dessus de l'obscurité des temps, aperçoit par une vision prophétique. Plein d'une résolution égale à la tienne, je défie toutes les menaces de suicide. Je te salue comme mon épouse. Reine de climats que les ailes de l'aigle n'obscurcissent pas, que son bec n'a pas ravagés, je m'incline devant toi ; je te rends hommage, mais je te réclame pour l'adoration et pour l'amour. Nous traverserons l'Océan ;

nous y trouverons notre royaume, et les âges futurs les plus lointains reconnaîtront une longue race de rois nés du mariage d'Arbacès et d'Ione.

— Tu es dans le délire. Ces mystiques déclamations conviendraient mieux à quelques vieilles paralytiques vendant des philtres sur la place du marché qu'au sage Arbacès. Tu as entendu ma résolution; elle est aussi irrévocable que les destinées. Orcus a entendu mon vœu, et il est écrit dans le livre de Pluton, dont la mémoire est sûre. Répare donc, Arbacès, répare le passé. Change la haine en respect, la vengeance en gratitude; épargne un homme qui ne sera jamais ton rival. Ce sont là des actes convenables à ta nature première, qui a montré des étincelles de noblesse et de grandeur. Ces actes-là pèsent dans la balance des Rois de la mort; ils la font pencher le jour où l'âme, dépouillée du corps, se tient tremblante et éperdue entre le Tartare et l'Élysée; ils réjouissent le cœur dans la vie bien mieux et plus longtemps que le vain prix d'une passion qui ne dure qu'un moment. O Arbacès, écoute-moi et laisse-toi attendrir.

— C'est assez, Ione. Tout ce que je pourrai faire pour Glaucus, je le ferai. Mais si j'échoue, ne m'en fais pas porter la peine. Tu demanderas à mes ennemis eux-mêmes si je n'ai pas songé, si je n'ai pas cherché à détourner toute condamnation de sa tête. Juge-moi d'après ce qu'ils te diront. Prends du repos, Ione; la nuit va faire place au jour; je te laisse, et puissent tes rêves être plus favorables à quelqu'un qui ne vit que pour toi! »

Sans attendre de réponse, Arbacès sortit précipitamment, effrayé peut-être de subir plus longtemps les prières passionnées d'Ione, qui excitaient en même temps que sa compassion toutes les rages de sa jalousie. Mais la compassion venait trop tard. Alors même qu'Ione lui eût promis sa main pour récompense, il ne pouvait plus maintenant, sa déposition faite et le peuple excité, sauver l'Athénien. Son ardeur s'augmentait encore de l'énergie de cette lutte, il se livrait aux chances de l'avenir; il ne doutait plus de triompher d'une femme dont il était si fortement épris.

Pendant que ses esclaves lui ôtaient sa robe, l'idée de Nydia lui revint. Il comprit qu'il était nécessaire qu'Ione ignorât l'égarement qui s'était emparé de Glaucus, afin qu'elle n'eût aucun motif d'excuser le crime qui lui était imputé; il était possible que son esclave l'eût informée que Nydia était sous le même toit qu'elle, et qu'elle demandât à la voir. Aussitôt que cette idée traversa son esprit, il dit à l'un de ses affranchis :

« Va, Callias, va trouver Sosie, et dis-lui que, sous aucun prétexte, il ne permette que l'esclave aveugle, Nydia, quitte sa chambre. Mais attends.... Va d'abord trouver les femmes de garde auprès de ma pupille, et recommande-leur de ne pas lui dire que l'esclave aveugle est dans cette demeure. Va vite. »

L'affranchi se hâta d'obéir. Après avoir rempli sa commission près des femmes qui veillaient sur Ione, il chercha le digne Sosie. Il ne le trouva pas dans la petite cellule qui lui servait de *cubiculum*; il l'appela à haute voix et l'entendit répondre de la chambre de Nydia, où il était :

« O Callias, est-ce vous que j'entends? Que les dieux soient bénis! Ouvrez-moi la porte, je vous en prie. »

Callias ôta la barre de la porte et vit devant lui la triste figure de Sosie.

« Quoi! dans la chambre même de la jeune fille, avec elle, Sosie? *Proh pudor!* Comme s'il n'y avait pas assez de fruits mûrs, sans aller cueillir les boutons?

— Ne parle pas de cette petite sorcière, interrompit Sosie avec impatience; elle causera ma perte; et il conta à Callias l'histoire du démon de l'air et la fuite de la Thessalienne.

— Pends-toi donc, malheureux Sosie; je viens justement de la part d'Arbacès avec un message pour t'annoncer que tu ne dois pas, pour un moment même, la laisser sortir de sa chambre.

— *Me miserum!* s'écria l'esclave. Que puis-je faire? Elle a eu le temps de visiter la moitié de Pompéi. Mais demain j'essayerai de la rattraper dans ses vieux gîtes. Garde-moi seulement le secret, mon cher Callias.

— Je ferai, par amitié pour toi, tout ce qui pourra se concilier avec ma propre sûreté. Mais es-tu sûr qu'elle ait quitté la maison? Elle peut y être encore cachée.

— Cela n'est pas possible. Elle aura gagné aisément la porte du jardin, porte ouverte, comme tu le sais.

— Peut-être pas : car, à l'heure dont tu parles, Arbacès était dans le jardin avec le prêtre Calénus. Je suis allé chercher quelques herbes pour le bain que mon maître doit prendre demain matin. J'ai vu la table que tu avais mise, mais la porte était fermée, j'en suis sûr. Calénus est entré dans le jardin; il aura fermé la porte après lui.

— Mais elle n'était pas fermée à clef.

— Elle l'était : car moi-même, contrarié d'une négligence qui pouvait exposer les bronzes du péristyle à la tentative de quelque voleur, j'ai tourné la clef et je l'ai emportée ; et, comme je n'ai pas rencontré l'esclave chargé de ce soin pour la lui remettre et le gronder comme il faut, je l'ai gardée, et la voilà à ma ceinture.

— O généreux Bacchus, je ne t'ai pas adressé une vaine prière. Ne perdons pas un moment. Parcourons le jardin sur-le-champ ; elle y doit être encore. »

Callias, d'un bon naturel, consentit à suivre l'esclave, et, après maintes recherches dans toutes les chambres voisines et dans tous les coins du péristyle, ils entrèrent dans le jardin.

C'était à peu près le moment où Nydia s'était décidée à quitter sa cachette et à chercher son chemin. Légère et tremblante, retenant sa respiration qui, de temps à autre, se révélait par de petits soupirs convulsifs, tantôt se glissant à travers les colonnes entourées de guirlandes de fleurs qui bordaient le péristyle, tantôt faisant ombre aux rayons de la lune qui tombaient sur le pavé de mosaïque, tantôt montant la terrasse du jardin, ou passant à travers les branches des arbres, elle arriva à la fatale porte pour la trouver fermée. Nous avons tous été témoins de l'impression de douleur, d'incertitude et de crainte qui se peint sur la physionomie d'un aveugle, lorsqu'en voulant toucher quelque chose sa main éprouve un désappointement, si je puis m'exprimer ainsi. Mais quelles paroles pourraient donner une idée de l'intolérable angoisse, de la douleur d'un cœur entier qui se brise, du désespoir de la Thessalienne ? Ses petites mains tremblantes parcouraient dans tous les sens la porte inexorable. Elle y revenait sans cesse. Pauvre créature !... en vain ton noble courage, ton innocente ruse, avaient espéré échapper aux chiens et aux chasseurs. A peu de distance de toi, riant de tes efforts, de ton désespoir, sachant que tu ne peux leur échapper, ils attendent avec une joie cruelle le moment de saisir leur proie ; tu n'as d'autre bonheur que celui de ne pas les voir.

« Silence, Callias ! Avançons.... voyons ce qu'elle fera lorsqu'elle sera convaincue que la porte est une honnête porte.

— Regarde : elle lève ses yeux au ciel.... elle murmure quelques mots.... elle se laisse tomber sur le sol. Non, par Pollux ! elle forme quelque nouveau plan et elle ne veut pas se résigner. Par Jupiter ! elle a de la persévérance.... Vois.

la voilà qui se relève !... Elle revient sur ses pas.... elle espère trouver quelque autre expédient.... Je te donne le conseil, Sosie, de ne pas attendre plus longtemps.... Empare-toi d'elle avant qu'elle sorte du jardin.... maintenant.

— Ah ! fugitive ! je te tiens ! » s'écria Sosie en saisissant la malheureuse Nydia.

On pourrait comparer au dernier cri *humain* d'un lièvre sous la dent du chien, ou à celui que jette le somnambule éveillé tout à coup, le cri de douleur que poussa la jeune aveugle lorsqu'elle sentit l'étreinte de son geôlier. Ce cri funeste exprimait tant de détresse et de désespoir, que, si vous l'eussiez entendu, il aurait pour toujours résonné à vos oreilles. Elle crut sentir la dernière planche de salut pour Glaucus s'échapper de sa main. Il y avait eu lutte entre la vie et la mort, et c'est la mort qui avait gagné la partie.

« Dieux ! elle va réveiller la maison. Arbacès a le sommeil si léger ! Bâillonne-la, dit Callias.

— Ah ! voici justement la serviette avec laquelle cette jeune sorcière m'a privé de la vue et de la raison. Allons, c'est juste. La voilà à présent muette aussi bien qu'aveugle. »

Et, saisissant ce léger fardeau dans ses bras, Sosie regagna la maison et la chambre d'où Nydia s'était échappée. Là, après l'avoir délivrée de son bâillon, il l'abandonna à une solitude si terrible et si douloureuse, qu'en dehors des enfers on ne peut guère imaginer pareils tourments.

CHAPITRE XVI.

**Le chagrin de nos bons camarades pendant nos afflictions.
Le cachot et ses victimes.**

La troisième et dernière journée du procès de Glaucus et d'Olynthus allait s'achever ; quelques heures après que la sentence eut été rendue, plusieurs des élégants de Pompéi étaient réunis à la table du délicat Lépidus.

« Ainsi Glaucus a nié son crime jusqu'à la fin ? dit Claudius.

— Oui ; mais le témoignage d'Arbacès était convaincant : il a vu porter le coup, répondit Lépidus.

— Mais quel peut avoir été le motif de ce meurtre?

— Le prêtre était d'un caractère morose et singulier. Il aura probablement réprimandé Glaucus sur sa vie joyeuse, sa passion sur le jeu, et enfin refusé son consentement au mariage de l'Athénien avec Ione. Une querelle aura eu lieu. Glaucus, qui avait sans doute trop sacrifié à Bacchus, dieu terrible, aura frappé le prêtre dans un moment de colère. L'excitation du vin, le désespoir du remords, lui auront donné le délire qu'il a conservé quelques jours, et je gagerais bien que le pauvre garçon, dont le délire a si fort troublé les esprits, s'imagine réellement qu'il n'a pas commis ce crime. Telle est du moins l'opinion d'Arbacès, qui paraît avoir été plein de bienveillance et de modération dans son témoignage.

— Oui, il s'est rendu populaire par sa conduite en cette affaire; mais, en considération de ces circonstances atténuantes, le sénat aurait dû se relâcher de sa sévérité.

— Il l'aurait fait aussi, s'il n'avait fallu donner satisfaction au peuple, véritablement furieux. Les prêtres n'avaient rien épargné pour l'irriter. Le peuple, cette bête féroce, s'imaginait que Glaucus échapperait à la condamnation parce qu'il est riche et de noble rang : c'est là ce qui a motivé un si dur arrêt. Il paraît aussi que, par je ne sais quel accident, il n'a jamais été naturalisé citoyen romain; le sénat s'est trouvé ainsi privé du droit de résister au peuple, quoique, après tout, il n'y ait eu contre lui qu'une majorité de trois voix. Holà! du vin de Chio!

— Il est bien changé; mais son air est intrépide et calme.

— Nous verrons si cette fermeté durera demain. Mais quel mérite y a-t-il dans le courage, lorsqu'on voit ce chien d'athée, Olynthus, manifester le même sang-froid?

— Le blasphémateur! Oui, dit Lépidus avec une pieuse colère je ne m'étonne plus que, l'autre jour, un décurion ait été frappé de la foudre, par un ciel serein. Les dieux sont irrités contre Pompéi, qui possède un pareil impie dans ses murs.

— Cependant le sénat s'est montré si accommodant que, si cet homme avait seulement montré un peu de repentir et consenti à brûler un peu d'encens sur l'autel de Cybèle, on l'aurait acquitté. Je doute fort que ces Nazaréens, s'ils venaient à établir leur religion, fussent aussi tolérants pour nous, en supposant que nous irions renverser l'image de leur dieu, blasphémer leurs cérémonies et nier leur foi.

— On laisse à Glaucus une chance, en faveur des circonstances atténuantes : on lui permettra de faire usage, pour se défendre contre le lion, du style avec lequel il a tué le prêtre.

— Avez-vous vu le lion? Avez-vous remarqué ses dents et ses griffes? Peut-on appeler une chance la faculté de se défendre contre lui avec le style? Une épée et une cuirasse ne seraient qu'un roseau et du papyrus contre une si puissante bête. Je trouve que la meilleure grâce qu'on ait faite à Glaucus, c'est de ne pas le laisser longtemps en suspens; c'est heureux pour lui que nos bénignes lois, si lentes à prononcer, soient promptes d'exécution, et que les jeux de l'amphithéâtre se trouvent, par une sorte de providence, fixés à après-demain! Celui qui attend sa mort meurt deux fois.

— Quant à l'athée, dit Claudius, il n'aura pour armes contre le tigre que ses bras nus; par malheur, ces combats ne se prêtent guère aux paris. Si quelqu'un pourtant veut tenter l'aventure?... »

Un éclat de rire général démontra le ridicule de la question.

« Pauvre Claudius! dit l'hôte; perdre un ami, c'est fâcheux; mais ne trouver personne qui veuille parier pour son salut, c'est encore pis.

— C'est contrariant; c'eût été une consolation pour lui comme pour moi de penser qu'il avait été utile jusqu'à la fin.

— Le peuple, dit le grave Pansa, est enchanté du résultat. Il avait si grand'peur que les jeux de l'amphithéâtre n'eussent lieu sans que l'on eût trouvé un criminel à livrer aux bêtes! En trouver deux, et de cette espèce, n'est-ce pas du bonheur? Le peuple travaille, il a besoin de distraction.

— Voilà un discours digne du grave Pansa, qui ne marche jamais sans une suite de clients aussi considérable que le cortége d'un triomphateur des Indes! Il ne s'occupe que du peuple. Vous verrez qu'il finira par être un Gracque!

— Certainement, on ne peut pas dire que je sois un patricien insolent, reprit Pansa d'un air noble.

— Il y aurait eu vraiment du danger, observa Lépidus, à se montrer trop généreux la veille d'un combat d'animaux. Si jamais on me fait un procès, à moi qui suis né Romain et qui ai été élevé Romain, je prie Jupiter, ou qu'il n'y ait point de bêtes dans les *vivaria*, ou qu'il y ait une quantité de criminels dans les prisons.

— Mais, dit quelqu'un de la compagnie, qu'est devenue cette pauvre fille que Glaucus devait épouser? Être veuve sans avoir été femme, c'est cela qui est dur!

— Oh! reprit Claudius, elle est en sûreté sous la protection de son tuteur Arbacès. Il était naturel qu'elle allât chez lui après avoir perdu son amant et son frère.

— Par Vénus! Glaucus était heureux auprès des femmes; on assure que la riche Julia l'aime aussi.

— Pure fable, mon ami! dit Claudius avec un air de fatuité. Je l'ai vue aujourd'hui. Si elle a jamais conçu un sentiment de ce genre, je me flatte de l'avoir consolée.

— Paix, messieurs! s'écria Pansa. Ne savez-vous pas que Claudius s'occupe à souffler la torche dans la maison de Diomède? Elle commence à s'allumer et elle ne tardera pas à briller d'un vif éclat sur l'autel de l'hymen.

— Est-ce vrai? dit Lépidus. Claudius marié!... fi!...

— Ne craignez rien, reprit Claudius; le vieux Diomède est charmé de l'idée de marier sa fille à un patricien; il ne ménagera pas les sesterces. Vous pouvez bien penser que je ne les renfermerai pas dans l'*atrium*. Le jour où Claudius épousera une héritière devra être marqué de blanc par ses amis.

— Eh bien! donc, s'écria Lépidus, buvons une coupe remplie jusqu'au bord à la santé de la belle Julia. »

Pendant cette conversation, sur le ton habituel des jeunes gens de l'époque, et qui, il y a un siècle, aurait pu trouver de l'écho dans quelque cercle parisien; pendant cette conversation, dis-je, qui pétillait dans le *triclinium* de Lépidus, il se passait une scène bien différente dans le cachot du jeune Athénien.

Après sa condamnation, Glaucus cessa d'être confié à la garde obligeante de Salluste, l'unique ami de son malheur; il fut conduit le long du Forum par des soldats qui l'arrêtèrent près d'une petite porte placée à côté du temple de Jupiter. On en voit encore l'emplacement. Cette porte s'ouvrait au centre d'une façon assez bizarre; elle tournait sur ses gonds, comme nos tourniquets modernes, de manière à ne jamais laisser ouverte que la moitié du seuil. On fit entrer le prisonnier par cette étroite ouverture; on mit devant lui un pain et une cruche d'eau; on le laissa ensuite dans les ténèbres, et, à ce qu'il croyait, dans la solitude. Si subite avait été la révolution de fortune qui l'avait précipité des hauteurs de sa jeunesse et de ses heureuses amours dans le plus profond abîme de l'ignominie et dans l'horreur d'une prochaine mort, où tout son sang devait être répandu, qu'il avait peine à se convaincre que son esprit n'était pas le jouet d'un songe pénible. Son organisation vigoureuse avait triomphé d'un breuvage, dont par bonheur, il n'avait bu qu'une faible partie. Il avait recouvré sa raison, la conscience de ses actions, mais une sorte de dépression pesait encore sur ses nerfs et sur son intelligence. Son courage naturel et l'orgueil grec lui avaient donné la force de surmonter toute appréhension indigne de son caractère, et de faire bonne contenance devant le tribunal, où l'on avait admiré son maintien noble et calme. Mais la certitude de son innocence fut à peine suffisante pour le soutenir, lorsqu'il se trouva loin des yeux humains, dans l'isolement et le silence. Les vapeurs humides du cachot glacèrent ses sens. *Lui*, le délicat, le voluptueux, le raffiné Glaucus, lui qui n'avait jusqu'alors connu ni adversité ni chagrin! Noble oiseau, pourquoi avait-il abandonné son pays lointain et aimé du soleil, les bosquets d'oliviers de ses collines natales, le murmure de ses ruisseaux divins? Pourquoi avait-il aventuré son brillant plumage au milieu de peuples inhospitaliers, éblouissant leurs yeux de ses riches couleurs, charmant leurs oreilles de ses accents délicieux? Fallait-il qu'il se vît ainsi subitement arrêté, jeté dans une sombre cage, leur victime et leur proie?... Plus de joyeux essor!... Plus d'invitations à la gaieté! Tout était fini. Le pauvre Athénien! Ses défauts n'étaient que l'exubérance d'une heureuse nature! Combien sa vie passée l'avait peu préparé à de pareilles épreuves! Cette multitude, dont les applaudissements avaient souvent retenti à son oreille, lorsqu'il guidait au milieu d'elle son char gracieux et ses coursiers bondissants, l'accablait maintenant de sinistres huées. Les visages de ses anciens amis (les convives de ses festins) s'offraient froids et glacés à ses yeux. Il n'y avait plus là personne pour consoler, soutenir l'étranger qui avait été tant admiré et adulé! Ces murs ne s'ouvraient que sur la terrible arène où il devait rencontrer une honteuse mort. Et Ione! il n'avait rien appris sur son sort. Aucun mot bienveillant, aucun message d'amitié, n'étaient venus de sa part. L'avait-elle oublié aussi? Le croyait-elle coupable?... et de quel crime?... Le meurtre de son frère! Il grinçait des dents, il gémissait à haute voix, et, de temps à autre, une crainte affreuse lui traversait le cœur. Si, dans ce délire qui s'était irrésistiblement emparé de ses esprits, qui avait porté un si grand trouble dans son cerveau, où il avait perdu toute conscience de lui-même, si le crime dont il était accusé avait été réellement commis par lui?... Cependant, il repoussait bien vite cette pensée lorsqu'elle se présentait : car, au milieu de l'obscurité du jour, il se rappelait assez distinctement le bosquet de Cybèle, la pâle figure du mort tournée de son côté, la pause qu'il avait faite auprès du corps, et le choc violent qui l'avait jeté la face contre terre. Il restait convaincu de son innocence; et pourtant, qui croirait à son innocence, qui prendrait la défense de son nom, même lorsque ses restes mutilés seraient livrés aux éléments? Lorsqu'il se rappelait son entrevue avec Arbacès, et les désirs de vengeance dont le cœur de cet homme terrible devait être rempli, il ne pouvait s'empêcher de croire qu'il était la victime de quelque mystérieux complot profondément ourdi, dont il cherchait en vain à découvrir la trace : et Ione.... Arbacès l'aimait.... Le succès de son rival pouvait être fondé sur sa perte. Cette pensée l'affligeait plus que toutes les autres. Son noble cœur était plus tourmenté par la jalousie que par la crainte. Il poussa quelques nouveaux gémissements.

Une voix s'éleva du fond de l'obscurité et répondit à l'accent de sa douleur :

« Quel est mon compagnon dans cette heure terrible? Athénien Glaucus, est-ce toi?

— C'est ainsi qu'on m'appelait aux jours de ma fortune et de mon bonheur. On m'appelle sans doute maintenant d'un autre nom. Et quel est ton nom à toi, étranger?

— Je suis chrétien : ton compagnon de captivité, comme je l'ai été de ton procès.

— Quoi! celui qu'on appelle l'athée? Est-ce l'injustice des hommes qui t'a poussé à nier la providence des dieux.

— Hélas! répondit Olynthus, c'est toi qui es le véritable athée, car tu nies le seul vrai Dieu.... ce grand inconnu auquel tes pères les Athéniens avaient érigé un autel. C'est dans cette heure solennelle que je reconnais mon Dieu : il est avec moi dans mon cachot. Un sourire pénètre mes ténèbres; à la veille de la mort, mon cœur palpite d'immortalité, et la terre ne s'éloigne de moi que pour rapprocher du ciel mon âme fatiguée.

— Réponds-moi, dit Glaucus brusquement : le nom d'Apœcides n'a-t-il pas été mêlé au tien pendant le cours du procès? Me crois-tu coupable?

— Dieu seul lit dans les cœurs. Mais mon soupçon ne s'arrête pas sur toi.

— Sur qui, alors?

— Sur ton accusateur, Arbacès.

— Ah! tu me rends heureux! Et pourquoi penses-tu ainsi?

— Parce que je connais le cœur de ce méchant homme, et qu'il avait des motifs de craindre celui qui est mort. »

Olynthus informa alors Glaucus des détails que le lecteur connaît déjà, de la conversion d'Apœcides, de leur projet de mettre au jour les impostures des prêtres égyptiens, et des séductions pratiquées par Arbacès sur la faiblesse du jeune prosélyte.

« C'est pourquoi, continua Olynthus, si Apœcides a rencontré Arbacès, s'il lui a reproché ses trahisons, s'il l'a menacé de les rendre publiques, la place, l'heure, ont paru propices à la vengeance de l'Égyptien; la colère et la ruse auront guidé le coup.

— Les choses ont dû se passer ainsi ! s'écria Glaucus avec joie. Je suis heureux.

— Cependant, ô infortuné ! à quoi te sert maintenant cette découverte? Tu es condamné; ton sort est décidé; tu périras dans ton innocence.

— Je saurai du moins que je ne suis pas coupable; dans ma mystérieuse démence, il me venait des doutes passagers, mais terribles. Mais dis-moi, homme d'une croyance étrangère, penses-tu que, pour de légères erreurs ou pour les fautes de nos ancêtres, nous soyons abandonnés à jamais et maudits par les puissances supérieures, quel que soit le nom qu'on leur donne?

— Dieu est juste et n'abandonne pas ses créatures à cause de leur fragilité. Dieu est miséricordieux, et il ne maudit que le méchant qui ne se repent pas.

— Cependant, il me semble que, dans un moment de colère divine, j'ai été frappé d'un soudain délire, d'une frénésie étrange et surnaturelle qui ne provenait point de moyens humains.

— Il y a des démons sur la terre, répondit le Nazaréen avec gravité, de même qu'il y a Dieu et son fils dans le ciel; et, puisque tu ne reconnais pas ceux-ci, les démons peuvent avoir eu prise sur toi. »

Glaucus ne répliqua pas. Ils gardèrent le silence pendant quelques minutes. Enfin l'Athénien reprit, d'un ton de voix ému et doux, avec un peu d'hésitation :

« Chrétien, crois-tu, parmi les dogmes de ta foi, que les morts vivent de nouveau, que ceux qui ont aimé ici-bas soient unis ailleurs; qu'au delà du tombeau notre âme sorte des vapeurs mortelles qui l'ont obscurcie aux yeux grossiers de ce monde; que les flots, divisés par le désert et par le rocher, se rencontrent dans le solennel Hadès, et coulent ensemble pour toujours?

— Si je crois cela, Athénien? non, non, je ne le crois pas, c'est trop peu dire ; *je le sais*, et c'est cette magnifique et heureuse assurance qui me soutient maintenant. O Cyllène! continua Olynthus d'un ton passionné, épouse de mon cœur, qui m'as été enlevée dans les premiers mois de notre mariage, ne te verrai-je pas, et dans peu de jours? Bienvenue, bienvenue est la mort, qui me conduit au ciel et vers toi! »

Le soudain élan d'une affection humaine remua toutes les fibres sympathiques du cœur de l'Athénien. Il sentit, pour la première fois, quelque chose de plus tendre que le lien qui attache des compagnons d'infortune. Il se rapprocha d'Olynthus. Car les Italiens, féroces à certains égards, n'étaient pas inutilement cruels; ils ne séparaient pas les cellules, n'accablaient pas les prisonniers de chaînes, et permettaient aux victimes de l'arène la consolation d'autant de liberté et de communauté que la prison en pouvait offrir.

« Oui, continua le chrétien dans une sainte ferveur, l'immortalité de l'âme, la résurrection, la réunion des morts, tel est le grand principe de notre foi, et c'est pour proclamer cette grande et sublime vérité qu'un Dieu lui-même a voulu mourir. Ce n'est point un fabuleux Élysée, un poétique Orcus, mais un pur et radieux héritage du ciel lui-même, qui récompense l'homme juste et bon.

— Raconte-moi donc tes doctrines et expose-moi tes espérances, » dit Glaucus avec ardeur.

Olynthus s'empressa de faire droit à cette demande ; et, comme il arrivait souvent dans ces premiers âges de la foi chrétienne, ce fut dans l'ombre d'un cachot, et devant les approches de la mort, que le radieux Évangile jeta ses rayons doux et sacrés.

CHAPITRE XVII.

Une chance pour Glaucus.

Les heures avaient passé avec la lenteur d'une cruelle torture sur la tête de la pauvre Nydia, depuis le moment où elle avait été replacée dans sa prison.

Sosie, comme s'il avait craint d'être de nouveau trompé par elle, s'était abstenu de la visiter jusqu'au matin du jour suivant, et encore assez tard; il ne fit alors que renouveler ses provisions de pain et de vin, puis referma précipitamment la porte. La journée entière s'écoula; et Nydia se sentait captive, captive sans espoir, le jour même du jugement, et lorsque son témoignage pouvait sauver la victime. Cependant, sachant quelque impossible qu'il lui parût de s'enfuir, que la seule chance de salut pour Glaucus reposait sur elle, cette jeune fille, frêle et passionnée, et d'une organisation si nerveuse, résolut de ne pas s'abandonner à un désespoir qui l'aurait rendue incapable de saisir une occasion de s'échapper. Elle garda toute sa liberté d'esprit, malgré sa douleur intolérable, et, dans le tourbillon de ses pensées, qui se succédaient avec rapidité, elle prit même un peu de pain et de vin, afin de soutenir sa force, et de se préparer à tout événement.

Après avoir formé et rejeté mille plans nouveaux de fuite, elle regarda Sosie comme sa seule espérance, le seul instrument qu'elle pût encore mettre à profit. Le désir de connaître l'époque où il pourrait être libre l'avait rendu superstitieux. Par les dieux! ne pourrait-il pas être tenté par l'appât même de la liberté? n'était-elle pas presque assez riche pour l'acheter? Ses bras délicats étaient couverts de bracelets, présents d'Ione; elle portait à son cou cette même chaîne qui, on doit se le rappeler avait occasionné sa querelle jalouse avec Glaucus, et qu'elle avait ensuite promis de porter toujours. Elle attendit donc ardemment le retour de Sosie; mais, comme les heures s'écoulaient, et qu'il ne revenait pas, son impatience fut bientôt au comble. La fièvre agitait chacun de ses nerfs; elle ne pouvait supporter la solitude plus longtemps. Elle gémit; elle cria; elle se frappa contre la porte. Ses cris retentirent dans la salle, et Sosie, plein d'humeur, se hâta de venir voir ce qui se passait, afin de la faire taire, s'il était possible.

« Oh! oh! qu'est-ce que cela? dit-il avec aigreur. Jeune esclave, si tu continues à crier ainsi, nous te bâillonnerons de nouveau. Mes épaules courraient des risques, si mon maître venait à t'entendre.

— Bon Sosie, ne me gronde pas : je ne puis demeurer seule plus longtemps; la solitude m'effraye; viens t'asseoir près de moi quelques instants; n'aie pas peur que je cherche à m'échapper. Place ton siége contre la porte. Surveille-moi avec attention. Je n'ai pas l'intention de bouger. »

Sosie, qui était considérablement bavard, fut ému de cette requête. Il eut pitié d'une créature qui n'avait personne avec qui causer. C'était aussi le cas où il se trouvait. Il eut donc pitié d'elle et se décida à se faire plaisir à lui-même. Il profita de l'observation de Nydia, plaça son siége devant la porte, près de laquelle il s'appuya le dos, et répondit :

« Je ne suis pas assez sauvage pour te refuser cela.... Je n'ai aucune objection à faire contre une innocente conversation, pourvu que cela n'aille pas plus loin.... Mais ne me joue plus de tours, en voilà assez.

— Non, non ; dis-moi, Sosie, quelle heure est-il?

— Le soir s'approche.... les troupeaux rentrent à la maison.

— O dieux! Et quelles nouvelles du procès?

— Tous les deux condamnés. »

Nydia réprima un cri.

« C'est bien : je pensais qu'il en serait ainsi. A quand l'exécution?

— Demain, aux jeux de l'amphithéâtre; sans toi, petite malheureuse, c'est un plaisir que je pourrais me donner comme les autres. »

Nydia s'affaissa un moment sur elle-même; la nature cédait malgré son courage ; mais Sosie ne s'aperçut pas de sa défaillance, car il faisait presque nuit et il songeait trop à ses ennuis personnels. Il se lamentait de la privation d'un si délicieux spectacle, et accusait d'injustice Arbacès, qui l'avait choisi parmi les autres esclaves pour le constituer geôlier. Il en était encore à exhaler ses plaintes, quand Nydia reprit connaissance.

« Tu soupires, jeune aveugle, du malheur qui m'arrive dans cette circonstance? C'est bien : cela me console un peu. Puisque tu reconnais tout ce que je te coûtes, je m'efforcerai de ne pas me plaindre. Il est dur d'être maltraité sans inspirer au moins de la pitié.

— Sosie, combien te faut-il pour acheter ta liberté?

— Combien? environ deux mille sesterces.

— Les dieux soient loués! Il ne te faut pas davantage? Vois ces bracelets et cette chaîne : ils valent deux fois cette somme! Je te les donnerai si....

— Ne me tente pas. Je ne puis te délivrer. Arbacès est un maître sévère et terrible. Qui sait si je n'irais pas nourrir les poissons du Sarnus? Hélas! tous les sesterces du monde ne me rappelleraient pas à l'existence : mieux vaut un chien vivant qu'un lion mort.

— Sosie, c'est ta liberté, penses-y bien. Si tu veux me laisser sortir une heure seulement, rien qu'une petite heure, à minuit, je reviendrai ici avant l'aurore : tu peux même venir avec moi.

— Non, dit Sosie avec force; un esclave désobéit un jour à Arbacès, et l'on n'a jamais entendu parler de lui.

— Mais la loi ne donne pas au maître pouvoir de vie et de mort sur ses esclaves.

— La loi est très-obligeante, mais plus polie qu'efficace. Je sais qu'Arbacès met souvent la loi de son côté. D'ailleurs, si je suis mort, quelle loi me ressuscitera? »

Nydia se tordit les mains.

« N'y a-t-il donc aucun espoir? dit-elle avec une agitation convulsive.

— Aucun espoir de sortir d'ici jusqu'à ce qu'Arbacès en ait donné l'ordre.

— Eh bien donc, dit Nydia, tu ne me refuseras pas du moins de porter une lettre de moi. Ton maître ne te tuera pas pour cela.

— A qui?

— Au préteur.

— A un magistrat? non pas du tout. Je serais appelé en témoignage pour dire ce que je sais, et, avec les esclaves, on procède par la torture.

— Pardon, je ne voulais pas dire le préteur.... C'est un mot qui m'a échappé, j'avais dans la pensée une autre personne... Le joyeux Salluste.

— Oh! quelle affaire as-tu avec lui?

— Glaucus était mon maître; il m'a achetée à un cruel patron; il a toujours été bon pour moi, il va mourir. Je ne serai jamais heureuse, si je ne puis, dans cette heure si terrible de sa destinée, lui faire connaître que j'ai gardé de ses bienfaits un souvenir reconnaissant. Salluste est son ami, il portera mon message.

— Je suis sûr qu'il ne le fera pas. Glaucus a assez à penser d'ici à demain pour ne pas se troubler la tête du souvenir d'une fille aveugle.

— Homme, dit Nydia en se levant, veux-tu être libre ? Tu en as les moyens en ton pouvoir ; demain il sera trop tard. Jamais liberté n'aura été achetée à meilleur marché ! tu peux aisément et sans que l'on s'en aperçoive quitter la maison. Ton absence ne durera pas une demi-heure ; et pour si peu, refuserais-tu la liberté ? »

Sosie était grandement ébranlé ; la demande en vérité, lui paraissait bien ridicule ; mais qu'est-ce que cela lui faisait ?... Tant mieux d'ailleurs ! il pouvait fermer la porte sur Nydia, et si Arbacès s'apercevait de son absence, ce ne serait pas, après tout, une faute majeure ; il ne s'attirerait qu'une réprimande ; mais si la lettre de Nydia contenait plus de choses qu'elle n'en avait dit, si elle parlait de son emprisonnement, comme elle ne manquerait probablement pas de le faire, qu'arriverait-il ?

Arbacès ne pouvait pas savoir que c'était lui qui avait porté la lettre : au pis aller, le gain était énorme, le risque léger, la tentation irrésistible ; il n'hésita plus, il consentit à la proposition.

« Donne-moi les joyaux et je me chargerai de la lettre ; mais attends donc, tu es esclave, tu n'as aucun droit sur les ornements.... ils appartiennent à ton maître.

— Ce sont des présents de Glaucus ; c'est lui qui est mon maître.... il n'est guère probable qu'il les réclame.... d'ailleurs, qui saura qu'ils sont en ta possession ?

— Cela suffit, je vais t'apporter du papyrus.

— Non, pas de papyrus ; une tablette de cire et un style. »

Nydia, comme le lecteur l'a vu, était sortie d'une famille distinguée ; ses parents avaient tout fait pour alléger son malheur, et sa vive intelligence avait secondé leurs efforts. En dépit de sa cécité, elle avait acquis dans son enfance, bien qu'imparfaitement, l'art d'écrire avec un style aigu sur des tablettes de cire ; le sens exquis du toucher qu'elle avait venait à son aide. Dès que les tablettes eurent été apportées, elle traça quelques mots en grec, la langue de son enfance, et que tout Italien de haut rang était supposé connaître. Elle entoura avec soin son épître du fil protecteur, et couvrit le nœud avec de la cire, puis avant de remettre les tablettes à Sosie, elle lui parla ainsi :

« Sosie, je suis aveugle et en prison. Tu peux songer à me tromper.... tu peux prétendre que tu as remis ma lettre à Salluste ; tu peux ne pas remplir ta promesse.... mais si tu trahis ma confiance, j'appelle solennellement la vengeance sur ta tête.... Je te somme donc de mettre ta main droite dans la mienne, comme gage de ta fidélité, et de répéter après moi ces mots : Par la terre où nous marchons, par les éléments que contiennent la vie et qui peuvent l'ôter, par Orcus, le dieu vengeur.... par Jupiter Olympien, qui voit tout.... je jure que je tiendrai ma promesse et que le message qu'on me confie sera remis dans les mains de Salluste. Si je manque à mon serment, que les malédictions du ciel et de l'enfer tombent sur moi.... C'est assez.... je me fie à toi ; prends ta récompense ; il est déjà tard, pars.

— Tu es une étrange fille, et tu m'as vraiment effrayé... mais après tout c'est naturel, et, si je puis trouver Salluste, je lui remets cette lettre comme je te l'ai promis, sur ma foi.... Je puis avoir mes petites peccadilles.... mais manquer à un serment, me permettre un parjure, je laisse *cela* à mes maîtres. »

Sosie sortit, après avoir eu soin de mettre la barre à la porte de la chambre de Nydia, en assurant bien les verrous. Puis il plaça la clef dans sa ceinture, et se mit en devoir de faire sa commission ; il s'enveloppa de la tête aux pieds dans un large manteau, et se glissa dehors sans avoir été vu ni arrêté par personne.

Les rues étaient presque vides, et il eut bientôt gagné la maison de Salluste. Le portier lui dit de laisser sa lettre et de s'en retourner, car Salluste était si chagrin de la condamnation de Glaucus, qu'il ne voulait être troublé dans sa douleur par quoi que ce fût.

« Cependant j'ai juré de remettre cette lettre dans ses propres mains, je dois le faire. »

Et Sosie, sachant bien par expérience comment on endort un cerbère, lui mit une douzaine de sesterces dans la main.

« C'est bien, c'est bien, dit le portier adouci ; entre si tu veux ; mais, pour dire la vérité, Salluste est en train de noyer son chagrin dans le vin. C'est son habitude, lorsque quelque chose le tourmente. Il commande un souper excellent, les meilleurs vins, et ne quitte la table que lorsque son chagrin est sorti de son esprit pour faire place à la liqueur....

— Bonne méthode, très-bonne! Ah! ce que c'est que d'être riche! si j'étais à la place de Salluste, je voudrais avoir quelque chagrin à chasser tous les jours. Mais dis un mot en ma faveur à l'*atriensis*. Je le vois venir. »

Salluste était trop triste pour recevoir de la compagnie.... mais trop triste aussi pour boire seul. C'est pour cela que, selon sa coutume, il admettait son affranchi à sa table; et jamais plus étrange banquet n'eut lieu que ce soir-là. De temps en temps l'épicurien au bon cœur soupirait, pleurait, sanglotait, puis mangeait quelques mets et remplissait sa coupe avec une nouvelle ardeur.

« Mon brave camarade, disait-il à son compagnon.... C'est un terrible arrêt.... bien terrible.... Ce chevreau ne vaut rien.... Pauvre cher Glaucus.... quelle gueule que celle de ce lion!... ah! ah! ah! »

Il sanglota de nouveau, et ses sanglots ne furent interrompus que par le hoquet.

« Prenez cette coupe de vin, dit l'affranchi.

— Ce vin est un peu trop froid.... Mais c'est Glaucus qui doit avoir froid.... que ma maison soit fermée demain....que pas un esclave ne sorte.... Je ne veux pas qu'un seul de mes serviteurs honore de sa présence cette maudite arène.... Non, non.

— Goûtez de ce falerne.... votre douleur vous absorbe.... Par les dieux! elle vous fera perdre la raison.... un peu de cette tarte à la crème. »

Ce fut dans ce moment favorable que Sosie se vit admis devant cet inconsolable gourmand.

« Oh! qui es-tu?

— Un simple messager pour Salluste! Je lui remets ce billet de la part d'une jeune femme : je ne crois pas qu'il y ait de réponse; puis-je sortir? »

En disant cela, le discret Sosie tenait sa figure cachée dans son manteau et déguisait sa voix, de peur d'être reconnu plus tard.

« Par les dieux! un entremetteur chez moi! Malheureux que tu es, ne vois-tu pas que j'ai du chagrin?... Va-t'en, et que la malédiction de Pandarus t'accompagne! »

Sosie ne perdit pas un moment pour se retirer.

« Ne lirez-vous pas cette lettre, Salluste? dit l'affranchi.

— Une lettre.... quelle lettre?... répondit l'épicurien courroucé et qui commençait à voir double.... Ces misérables femmes.... suis-je un homme à penser au plaisir, ajouta-t-il avec un nouveau hoquet.... lorsque mon ami est sur le point d'être dévoré?

— Mangez une autre tartelette.

— Non, non, la douleur m'étouffe.

— Qu'on le porte au lit, » dit l'affranchi.

Et la tête de Salluste s'étant inclinée sur son sein, on le porta à son *cubiculum*, pendant qu'il exhalait encore des lamentations sur le sort de Glaucus, et des imprécations contre les invitations malencontreuses des dames vouées au plaisir.

Sosie de son côté s'en retournait plein d'indignation.

« Un entremetteur! vraiment, se disait-il à lui-même.... ce Salluste est un insolent et un grossier; s'il m'avait appelé un fripon, un voleur, j'aurais pu lui pardonner : mais un entremetteur!... Fi!... Il y a dans ce mot de quoi faire soulever le cœur le moins susceptible. Un fripon n'est fripon que pour son propre plaisir; un voleur est voleur pour son propre bénéfice; et quand on agit pour son compte, on a beau être un gredin, on est jusqu'à certain point honorable; on est philosophe. C'est ce qu'on appelle agir par principes.... sur une grande échelle. Mais un entremetteur est une créature qui s'avilit dans l'intérêt d'autrui; une casserole mise sur le feu pour le potage d'un autre.... une serviette que passe un marmiton et à laquelle tous les convives s'essuient les doigts.... Un entremetteur!... J'aimerais mieux qu'il m'eût appelé un parricide.... mais il était ivre et ne savait ce qu'il disait; d'ailleurs, je n'étais pas reconnaissable. S'il avait su que c'était moi, il m'eût dit, j'en suis sûr : « Honnête Sosie! » ou bien : « Mon digne garçon! » Quoi qu'il en soit, les bijoux ont été gagnés lestement.... c'est ce qui me console. O déesse Féronia, je serai bientôt libre, et alors je verrai qui osera m'appeler entremetteur!... à moins pourtant qu'on ne me paye bien pour cela. »

Tel était le monologue du généreux et délicat Sosie, tandis qu'il suivait une étroite ruelle conduisant à l'amphithéâtre et vers les palais adjacents. Il se trouva tout à coup, au détour d'une rue, au milieu d'une foule considérable : des hommes, des femmes, des enfants, s'agitaient, riaient, gesticulaient; et, sans s'en douter le digne Sosie fut entraîné dans leur courant.

« Qu'y a-t-il donc? demanda-t-il à un jeune ouvrier, son plus proche voisin; qu'y a-t-il? Où courent ces braves gens? Est-ce que quelques riches patrons font cette nuit une distribution d'aumônes et d'aliments?

— Non, bien mieux que cela, répliqua l'ouvrier : le noble

Pansa, ami du peuple, a accordé la permission de voir les bêtes dans leurs *vivaria*. Par Hercule, je connais des gens qui ne les verront pas demain avec la même sûreté !

— Cela vaut la peine d'être vu, dit l'esclave en se laissant pousser en avant; et, puisque je ne puis assister demain aux jeux, je veux du moins jeter un coup d'œil sur les bêtes cette nuit.

— Vous ferez bien, répondit sa nouvelle connaissance; on ne voit pas tous les jours à Pompéi un lion et un tigre. »

La foule entra dans un terrain vaste et accidenté, assez mal éclairé de distance en distance, ce qui offrait quelques dangers à ceux dont les membres et les épaules pouvaient redouter la presse. Cependant, les femmes surtout, beaucoup d'entre elles avec leurs enfants sur les bras ou même au sein, se montraient les plus empressées à se faire un passage; et leurs exclamations, soit pour se plaindre, soit pour prier qu'on ne les étouffât pas, s'élevaient au-dessus des voix joyeuses des hommes. Parmi ces voix on distinguait celle d'une jeune fille, qui paraissait trop heureuse du spectacle qu'elle allait voir pour sentir les inconvénients de la foule.

« Ah ! ah ! criait la jeune fille à quelques-uns de ses compagnons, je vous l'avais toujours dit. Un homme pour le lion, un homme pour le tigre ! nous les avons. Je voudrais être à demain !

— Une joyeuse fille ! dit Sosie.

— Oui, répliqua avec un peu de jalousie le jeune ouvrier, bien fait et beau garçon; les femmes aiment les gladiateurs. Si j'avais été esclave, j'aurais pris pour maître d'école un lanista.

— L'eussiez-vous fait ? dit Sosie avec un air dédaigneux. Chacun son goût. »

La foule était arrivée au lieu de sa destination. Mais comme la cellule dans laquelle les bêtes se trouvaient renfermées était extrêmement petite et étroite, la presse des curieux était deux fois plus forte, à mesure qu'on approchait pour les voir, qu'elle n'avait été dans la route. Deux des employés de l'amphithéâtre, placés à l'entrée, diminuèrent sagement le danger en ne délivrant qu'un petit nombre de billets aux premiers venus, et en n'admettant les survenants que lorsque la curiosité des premiers était satisfaite. Sosie, qui était assez vigoureusement constitué, et qu'un scrupule exagéré de politesse et de savoir-vivre ne gênait pas beaucoup, essaya d'arriver parmi les premiers.

Séparé de son compagnon l'ouvrier, Sosie se trouva dans une étroite cellule où la chaleur de l'atmosphère était étouffante, et qu'éclairaient plusieurs torches fumeuses.

Les animaux, gardés ordinairement dans différents *vivaria*, ou différentes cellules, avaient été, pour le plus grand plaisir des spectateurs, rassemblés dans le même lieu, mais séparés les uns des autres par de fortes cages protégées de barres de fer.

On y voyait ces terribles habitants du désert, qui vont devenir les principaux personnages de notre histoire. Le lion, d'une nature plus douce que son compagnon, avait été poussé par la faim jusqu'à la férocité; il allait et venait dans sa cage d'un air inquiet et farouche, tout contre les barreaux; ses regards peignaient la rage et la faim; et, lorsqu'il s'arrêtait par moments pour regarder la foule, les spectateurs se rejetaient en arrière et respiraient deux fois plus vite. Mais le tigre était étendu tranquillement tout de son long dans sa cage, et le mouvement de sa queue, avec laquelle il semblait jouer, ou un sourd bâillement, témoignaient seulement de l'ennui qu'il éprouvait de la prison ou de la vue de la foule qui se pressait devant lui.

« Je n'ai jamais vu de bête plus sauvage que ce lion, même dans l'amphithéâtre de Rome, dit un gigantesque et musculeux garçon qui se trouvait à la droite de Sosie.

— Je me sens humilié quand je regarde ses membres, » ajouta, à la gauche de Sosie, un personnage moins fort en apparence, et dont les bras étaient croisés sur sa poitrine.

L'esclave les regarda l'un après l'autre, et se dit à lui-même : *Virtus in medio*. Un joli voisinage pour toi, Sosie ! te voilà entre deux gladiateurs.

« Tu as raison, Lydon, reprit le plus grand des gladiateurs; j'éprouve la même honte.

— Et penser, observa Lydon avec un ton de compassion, penser que ce noble Grec, que nous avons vu, il y a un jour ou deux, si plein de jeunesse, de santé, de bonheur, sera la proie de ce monstre !

— Pourquoi pas ? reprit Niger d'un ton sauvage; plus d'un honnête gladiateur a été forcé à un pareil combat par l'empereur : pourquoi la loi n'y condamnerait-elle pas un meurtrier ? »

Lydon soupira, haussa les épaules et garda le silence. Pendant ce temps-là, bon nombre de spectateurs écoutaient leur conversation, les yeux fixes, la bouche béante. Les gladiateurs étaient des objets de curiosité aussi bien que les bêtes : n'étaient-ce pas des animaux de la même espèce ? Aussi la foule portait tour à tour ses regards des hommes aux bêtes, des bêtes aux hommes, en murmurant ses commentaires, et en savourant par anticipation ses plaisirs du lendemain.

« Eh bien, dit Lydon en se détournant, je remercie les dieux de n'avoir pas à combattre le lion ou le tigre ; j'aimerais mieux, en vérité, combattre avec toi, Niger.

— Je suis aussi dangereux qu'eux, répondit l'autre avec un rire féroce ; et les assistants, qui admiraient ses membres vigoureux et son air sauvage, se mirent à rire aussi.

— Cela peut être, répondit Lydon avec insouciance en se frayant un chemin au milieu de la foule, et en s'éloignant de la cellule.

— Je ne ferais pas mal de profiter de ses épaules, se dit Sosie en se hâtant de le suivre ; la foule livre toujours passage aux gladiateurs, et, en me tenant très-près derrière celui-là, j'aurai plus de facilité à me tirer de là. »

Le fils de Médon passa légèrement à travers la foule ; beaucoup de personnes connaissaient son nom et sa profession.

— C'est le jeune Lydon, un bon gladiateur ; il combat demain, dit quelqu'un.

— Et j'ai parié pour lui, répondit un autre ; regardez comme il marche d'un pas ferme.

— Bonne chance, Lydon ! dit un troisième.

— Lydon, mes souhaits pour toi ! murmura une quatrième personne (une femme agréable de la moyenne classe) ; et si tu triomphes, tu entendras parler de moi.

— Voilà un bel homme, par Vénus ! s'écria une cinquième, une jeune fille qui sortait à peine de l'enfance.

« Merci, » répondit Sosie, qui prit le compliment pour lui.

Quelque purs que fussent les motifs de Lydon, et quoiqu'il fût certain que jamais il n'aurait embrassé cette sanglante profession sans l'espoir d'obtenir la liberté de son père, il ne laissait pas que d'être flatté de l'effet qu'il produisait : il oubliait que ces voix, qui lui adressaient des vœux en ce moment, s'élèveraient peut-être le lendemain pour réclamer sa mort. Fier et hardi de sa nature, aussi bien que généreux et plein de cœur, il était déjà pénétré de l'orgueil de ce métier qu'il croyait dédaigner ; il avait subi l'influence de son habituelle société tout en la méprisant ; il se voyait un homme d'importance ; son pas en était plus léger, son maintien plus assuré.

« Niger, dit-il en se retournant tout à coup, après avoir traversé la foule, nous nous sommes souvent querellés; nous ne combattrons pas l'un contre l'autre; mais, selon toute apparence, l'un de nous deux succombera; donne-moi ta main.

— Bien volontiers, dit Sosie en tendant la sienne.

— Ah! quel est cet imbécile? Je croyais que c'était Niger qui me suivait.

— Je pardonne ta méprise, dit Sosie d'un ton protecteur, n'en parlons plus; l'erreur est naturelle : Niger et moi nous sommes à peu près bâtis de la même façon.

— Ha! ha! c'est excellent. Niger t'aurait étranglé, s'il t'avait entendu.

— Vous autres, messieurs de l'arène, vous avez une manière de parler très-désagréable, dit Sosie. Changeons de conversation.

— C'est bon, c'est bon, dit Lydon, je ne suis pas en humeur de causer avec toi.

— Vraiment! répondit l'esclave; vous avez de quoi penser, sans aucun doute. Demain, c'est votre début dans l'arène. Je suis sûr que vous mourrez bravement.

— Que tes paroles retombent sur ta tête! dit Lydon, qui était superstitieux, car la prédiction de Sosie ne lui convenait nullement. *Mourir*, non; je ne pense pas que mon heure soit encore venue.

— Celui qui joue aux dés avec la mort doit s'attendre au coup du chien, reprit Sosie avec malice; mais vous êtes un vigoureux gaillard, et je vous souhaite toute la chance possible; et là-dessus, *vale.* »

L'esclave tourna les talons et prit le chemin de sa maison.

« J'espère que les paroles de ce coquin ne sont pas un présage, dit Lydon. Dans mon zèle pour la liberté de mon père, et dans la confiance que j'ai en mes nerfs et en mes muscles, je n'avais pas songé à la possibilité de la mort. Mon pauvre père! je suis son fils unique.... Si j'allais périr!... »

Agité par cette pensée, le gladiateur marcha plus rapidement et d'un pas inégal, lorsque tout à coup, dans une rue opposée, il vit l'objet même qui causait son souci. Appuyé sur son bâton, le dos voûté par l'âge, les yeux baissés, les pas tremblants, le vieux Médon, dont les cheveux étaient tout blancs, s'approcha lentement du gladiateur. Lydon s'arrêta un moment.... Il devina tout de suite le motif qui avait fait sortir le vieillard à cette heure tardive.

« C'est moi qu'il cherche certainement, dit-il ; la condamnation d'Olynthus l'a frappé d'horreur ; plus que jamais il trouve l'arène haïssable et criminelle.... il vient encore pour me détourner de combattre.... Évitons-le ; je ne puis supporter ses prières ni ses larmes.... »

Ces sentiments si longs à décrire traversèrent comme un éclair l'esprit du jeune homme. Il se détourna soudainement de son chemin et prit une autre direction ; il ne s'arrêta, presque hors d'haleine, que lorsqu'il fut parvenu à une petite éminence qui dominait la partie la plus riche et la plus gaie de cette cité en miniature ; de là il contempla les rues tranquilles, éclairées par les rayons de la lune (qui venait de se lever et qui donnait un aspect tout à fait pittoresque à la foule pressée et murmurante autour de l'amphithéâtre) ; l'influence de ce spectacle l'émut, malgré la rudesse de sa nature, peu propre aux entraînements de l'imagination. Il s'assit pour se reposer sur les degrés d'un portique, et sentit que le calme de cette heure passait dans son âme.

Comme cette belle cité dormait tranquillement devant ses pas, sous la nuit étoilée !... comme les colonnades de ses rues reposaient en pleine sécurité ! comme les vagues de la mer venaient la baigner doucement ! comme les cieux sans nuages de la Campanie étendaient avec complaisance leur azur foncé !... Cependant c'était la dernière nuit de cette joyeuse ville de Pompéi, de cette colonie du Chaldéen à cheveux blancs ! de cette cité fabuleuse d'Hercule ! de ces débris des voluptueux Romains ! Les siècles avaient roulé sur sa tête sans y toucher, sans lui ôter une grâce, et maintenant le dernier rayon avait lui sur le cadran de sa destinée. Le gladiateur entendit quelques pas derrière lui ; un groupe de femmes s'en revenait de la visite à l'amphithéâtre ; comme il se retournait, son œil s'arrêta sur une étrange et soudaine apparition. Du sommet du Vésuve, à peine visible à cette distance, s'élevait une lumière pâle, météorique, livide.... elle trembla un instant dans l'air et s'évanouit.

LIVRE V.

CHAPITRE PREMIER.

Le songe d'Arbacès. — Une visite et un avertissement pour l'Égyptien.

La nuit redoutable qui précédait les jeux féroces de l'amphithéâtre s'écoula lentement, et l'on vit luire enfin le premier rayon du *Dernier jour de Pompéi*. L'air était prodigieusement calme et pesant; un brouillard transparent et lourd s'étendait sur les vallées et dans les ravins des vastes champs de la Campanie. Le pêcheur matinal remarqua avec surprise qu'en dépit de l'excessive tranquillité de l'atmosphère, les vagues de la mer étaient agitées, et qu'elles paraissaient s'éloigner du rivage d'une façon désordonnée; tandis que le bleu et majestueux Sarnus, dont le voyageur cherche en vain à découvrir maintenant l'ancien lit large et profond, faisait entendre un sourd et triste murmure en baignant les plaines riantes et les belles maisons de plaisance des citoyens opulents. Au-dessus du brouillard descendu très-bas, on voyait s'élever les tours de la ville antique, usées par le temps, les toits en tuiles rouges des rues, les colonnes solennelles de plusieurs temples, les portes couronnées de statues du Forum, et l'Arc de triomphe. Dans le lointain, les contours des montagnes se dégageaient des vapeurs qui les entouraient, et se mêlaient aux changeantes couleurs que les cieux revêtent le matin. Le nuage qui s'était si longtemps appesanti sur la crête du Vésuve se dissipa soudain, et le sommet élevé et nu du mont sourcilleux sembla sourire aux belles campagnes qu'il dominait.

Les portes de la cité avaient été ouvertes de très-bonne heure; des cavaliers et des équipages de toute espèce passaient rapidement : les voix des nombreux groupes de piétons en habits de fête se faisaient joyeusement entendre ; l'attente du plaisir animait tous les regards ; les rues se remplissaient d'habitants et d'étrangers accourus des environs populeux de Pompéi ; des flots de personnes se hâtaient de venir confusément, à grand bruit, dans ce fatal amphithéâtre.

Quoiqu'il fût d'une grandeur disproportionnée avec l'étendue de la ville, et disposé en quelque sorte pour en contenir toute la population, il y avait dans les circonstances extraordinaires un si grand concours d'étrangers affluant de toutes les parties de la Campanie, que l'espace situé devant l'arène demeura, pendant quelques heures avant le commencement des jeux, rempli d'une foule d'individus qui n'avaient pas droit par leur rang à ces places privilégiées. L'extrême curiosité que le procès et la sentence de deux criminels si remarquables avaient occasionnée augmentait ce jour-là la foule d'une façon vraiment prodigieuse.

Pendant que le commun peuple, avec la véhémente gaieté du caractère campanien, se poussait, s'agitait, se démenait, et gardait néanmoins, au milieu de ces empressements, comme cela se voit encore dans les réunions des Italiens, un ordre parfait et une bonne humeur ennemie de toute querelle, Arbacès recevait une étrange visite dans sa maison solitaire. A la vue de son costume primitif et bizarre, de sa démarche et de ses gestes sauvages, les passants qui avaient rencontré cette créature singulière s'étaient fait des signes les uns aux autres, et avaient souri ; mais, dès que son regard était tombé sur eux, toute gaieté avait passé, car sa face ressemblait à celle de la mort ; son air sombre, son costume, qui n'avait rien du monde habituel, lui donnaient l'air d'une personne longtemps ensevelie, et qui s'est relevée du tombeau pour rentrer parmi les vivants. Chaque groupe, bientôt saisi d'effroi, s'écartait pour la laisser passer, et elle arriva promptement à la large porte du palais de l'Égyptien.

Le noir portier, comme les autres, réveillé de grand matin, était à sa porte ; il tressaillit en la voyant.

Le sommeil de l'Égyptien avait été cette nuit plus profond que d'habitude ; mais, aux approches de l'aurore, il avait été troublé par des songes bizarres et inquiétants, qui lui causèrent d'autant plus d'impression qu'ils semblaient colorés du reflet de sa philosophie particulière.

Il rêva qu'il était transporté dans les entrailles de la terre, qu'il se trouvait seul dans une vaste caverne soutenue par d'énormes colonnes taillées dans le roc brut et primitif, lesquelles en s'élevant se perdaient dans l'obscurité où les rayons du jour n'avaient jamais pénétré ; que, dans les intervalles de ces colonnes, des roues ne cessaient de tourner avec un bruit pareil aux flots de la mer. A droite et à gauche seulement cet espace était vide, et là se présentaient de vastes galeries faiblement éclairées par des feux errants, semblables à des météores qui tantôt rampaient à l'instar de serpents le long du sol humide, et tantôt dansaient dans les airs d'une manière folle, disparaissant tout à coup et se rencontrant ensuite avec un éclat beaucoup plus vif. Tandis qu'Arbacès contemplait avec étonnement la galerie placée à sa gauche, des formes légères et aériennes y passèrent lentement, et, quand elles eurent atteint la grande salle, se dissipèrent en montant comme la fumée.

Il se retourna, saisi de crainte, vers le côté opposé ; il y vit venir doucement, du fond des ténèbres, des ombres pareilles qui descendaient dans la galerie à sa droite, comme entraînées par le flux d'un invisible courant : la figure de ces spectres était plus distincte que celles qu'il avait vues auparavant ; les unes avaient un air de joie, les autres un air de douleur ; quelques-unes exprimaient l'attente et l'espérance ; d'autres l'effroi et l'horreur : elles passaient rapidement et sans cesse devant ses yeux éblouis par cette succession d'êtres divers qu'une force supérieure paraissait pousser en avant.

Arbacès se détourna ; au fond de la salle, il aperçut alors la forme puissante d'une géante assise sur un monceau de crânes, et dont les mains étaient occupées à un métier placé dans l'ombre, qui communiquait avec les nombreuses roues dont nous avons parlé, et semblait diriger tout son mécanisme ; il sentit ses pieds s'avancer par une force secrète vers cette femme, et se trouva bientôt face à face avec elle. La physionomie de la géante était calme, solennelle et d'une sérénité imposante : on eût dit la figure de quelque colossale sculpture des sphinx de son pays. Aucune passion, aucune émotion humaine ne troublaient son large front sans rides ; on n'y découvrait ni tristesse, ni joie, ni souvenir, ni espérance ; il était dépourvu de tout ce qui peut sympathiser avec le cœur humain. Le mystère des mystères reposait sur sa beauté ; il inspirait le respect plutôt que l'effroi : c'était l'incarnation du sublime. Arbacès, sans avoir envie de parler, entendit sa propre voix demander à cette femme :

« Qui es-tu ? et que fais-tu ?

— Je suis, répondit le grand fantôme sans se déranger de

son travail, je suis celle que ta science a reconnue ; mon nom est la *Nature :* tu vois ici les rouages du monde, et ma main les guide pour entretenir la vie de toutes choses.

— Et quelles sont, dit la voix d'Arbacès, ces galeries qui, illuminées d'une manière si étrange et si incertaine, se perdent de chaque côté dans les abîmes des ténèbres?

— Celle que tu vois à gauche, répondit la mère-géante, est la galerie des êtres qui ne sont pas encore nés; les âmes qui voltigent les premières et qui montent sont celles qui sortent du sein éternel de la création pour accomplir leur pèlerinage sur la terre : la galerie que tu vois à droite, où ces ombres descendent d'en haut se dirigeant vers des régions obscures et inconnues, est la galerie de la mort.

— Et pourquoi, reprit la voix d'Arbacès, ces lumières errantes qui traversent l'obscurité, mais qui la traversent seulement sans la dissiper?

— Sombre artisan de la science humaine, contemplateur d'étoiles, toi qui veux déchiffrer l'énigme des cœurs et l'origine des choses, ces lueurs, ce sont les faibles lumières de la science accordée à la Nature, afin qu'elle puisse accomplir son œuvre, et distinguer assez le passé et l'avenir pour mettre quelque prévoyance dans ses desseins. Juge donc, pauvre marionnette que tu es, de la lumière qui peut être réservée pour toi ! »

Arbacès se sentit trembler en demandant de nouveau :

« Pourquoi suis-je ici?

— Pour obéir au pressentiment de ton âme, à la prescience de ton sort qui s'accomplit; pour voir l'ombre de ta destinée qui va s'élancer de la terre dans l'éternité. »

Avant de pouvoir répondre, Arbacès sentit s'élever dans la caverne un *vent* semblable à celui que produiraient les ailes d'un dieu gigantesque. Soulevé de terre et emporté par un tourbillon comme une feuille par un ouragan d'automne, il se vit au milieu des spectres de la mort, et poussé avec eux dans l'obscurité! Dans son vain et impuissant désespoir, il essayait de lutter contre l'impulsion ; il lui sembla alors que le *vent*, prenant un corps, devenait une espèce de fantôme avec les ailes et les serres d'un aigle, dont les membres flottaient au loin et vaguement dans l'air, et dont les yeux, qu'il distinguait plus clairement, se fixaient sur lui avec une impitoyable immobilité.

« Qui es-tu? demanda de nouveau involontairement la voix de l'Égyptien.

— Je suis celui que ta science a reconnu (et le spectre se mit à rire) : mon nom est la *Nécessité*.

— Où me conduis-tu ?

— A l'inconnu.

— Au bonheur, ou à l'affliction ?

— Ce que tu as semé, tu le moissonneras.

— Sombre créature ! Il n'en doit pas être ainsi. Si tu es le guide de la vie, mes crimes sont les *tiens*, non les miens.

— Je ne suis que le souffle de Dieu, répondit le *vent* redoutable.

— Alors ma science est vaine, murmura le dormeur.

— Le laboureur accuse-t-il la destinée, lorsqu'après avoir semé des chardons il ne récolte point de blé ? Tu as semé le crime, n'accuse pas le destin si tu ne recueilles pas la moisson de la vertu. »

La scène changea soudain. Arbacès se trouva dans un cimetière rempli d'ossements humains, au milieu desquels on distinguait un crâne qui, conservant toujours les cavités décharnées de ses yeux, prit peu à peu, dans la mystérieuse confusion du songe, la figure d'Apœcides ; de ses mâchoires entr'ouvertes sortit un petit ver qui se mit à ramper jusqu'aux pieds d'Arbacès. L'Égyptien essaya de mettre le pied dessus et de l'écraser ; mais le ver devenait plus large et plus long à chaque effort tenté pour le détruire : il s'agrandit et s'enfla si bien qu'il prit la forme d'un gros serpent qui se serra autour des membres d'Arbacès ; il lui broyait les os ; il élevait jusqu'à son visage ses yeux étincelants et ses dents empoisonnées ; Arbacès luttait en vain contre lui ; il se flétrissait, il s'épuisait sous l'influence de la dégoûtante haleine du serpent ; il se sentait mourir. Alors, le reptile, qui continuait à porter la figure d'Apœcides, fit résonner ces mots à son oreille ivre de crainte :

« Ta victime est ton juge. Le ver que tu as voulu écraser est devenu le serpent qui te dévore. »

Arbacès se releva en poussant un cri de colère, de douleur et de résistance désespérée ; ses cheveux s'étaient dressés sur sa tête, son front était baigné de sueur, ses yeux étaient fixes et égarés, tout son corps frissonnait, comme celui d'un enfant, sous la pénible impression de ce songe. Il s'éveilla donc, il se recueillit, il remercia les dieux, dans lesquels il ne croyait pas, de ce que ce n'était qu'un songe. Il jeta les yeux autour de lui, il vit les rayons du jour naissant pénétrer à travers sa haute et étroite croisée : c'était le jour où il devait triompher.... Il se réjouit, il sourit; mais, en baissant les yeux, il aperçut à côté de lui la figure sépulcrale, les regards mornes, les lèvres livides de la sorcière du Vésuve.

« Ah! cria-t-il en posant ses mains sur ses yeux comme pour fuir cette sombre vision, est-ce que je dors encore?... et suis-je toujours avec les morts?

— Non, non, puissant Hermès, tu es avec l'image de la mort, mais non avec la mort. Reconnais ton amie et ton esclave. »

Il y eut un long silence. Les frissons qui avaient passé sur les membres de l'Égyptien diminuèrent peu à peu : il reprit son calme à la fin.

« C'était bien un songe, dit-il. Allons, n'y songeons plus, sans quoi les plaisirs du jour ne compenseraient pas les angoisses de la nuit. Femme, comment es-tu venue ici et pourquoi?

— Je suis venue pour t'avertir, répondit la voix sépulcrale de la saga.

— M'avertir!... Le songe ne mentait donc pas?... Et de quel péril?

— Écoute-moi. Quelque grand danger menace la cité. Fuis pendant qu'il en est temps. Tu sais que j'habite cette montagne sur laquelle la vieille tradition a placé les feux du Phlégéthon. Il y a dans ma caverne un vaste abîme, et j'y ai remarqué depuis peu un ruisseau rouge et sombre qui monte avec lenteur. J'ai entendu souvent des sons terribles sifflant et mugissant dans les ténèbres. La dernière nuit j'ai voulu voir, et j'ai vu que le ruisseau n'avait plus rien de sombre, qu'il était flamboyant, lumineux; et pendant que je regardais, l'animal qui vit avec moi et qui tremblait à mon côté, poussait de sourds gémissements, s'étendait sur le sol et mourait[1]. Sa gueule était toute couverte d'écume. Je remontai dans ma tanière; mais j'entendis distinctement toute la nuit le roc craquer et s'entr'ouvrir; et, quoique l'air fût lourd et tranquille, le vent sifflait et il s'y mêlait comme un bruit de roues sous la terre. Lorsque je me suis levée ce matin à la naissance du jour, j'ai regardé de nouveau dans l'abîme, et j'ai vu de nombreux fragments de pierres noires qui flottaient sur le courant, plus large, plus terrible, plus rouge encore que pendant la nuit. Alors je suis sortie, j'ai monté sur le sommet du rocher, et sur ce sommet j'ai aperçu une vaste cre-

---

1. On peut supposer que les exhalaisons produisent le même effet que la *grotte du chien*.

vasse que je n'avais pas encore remarquée, d'où s'élevait une obscure et légère fumée. Cette vapeur était mortelle. Je sentis une défaillance, comme si j'allais mourir. Je suis revenue chez moi, j'ai pris mon or et mes drogues; j'ai quitté cette demeure où j'ai passé tant d'années : car je me suis souvenue de cette prédiction étrusque, qui dit : « Lorsque la montagne s'ouvrira, la cité tombera; lorsque la fumée couronnera les sommets des champs brûlés, les enfants de la mer connaîtront le malheur et les larmes. » Maître suprême! avant de quitter ces murs pour quelque asile éloigné, je viens à toi; je suis assurée comme de mon existence, que le tremblement de terre qui a remué la cité, il y a soixante ans, jusque dans ses bases, n'était que le précurseur d'une catastrophe plus terrible. Les murs de Pompéi ont été bâtis sur le domaine de la mort et sur les rives de l'enfer, qui ne connaît point de repos. Te voilà averti! fuis!

— Sorcière, je te remercie de l'intérêt que tu prends à un homme qui n'est pas ingrat. Sur cette table se trouve une coupe d'or : prends-la, elle est à toi. Je ne croyais pas que, les prêtres d'Isis exceptés, il y eût une personne vivante qui songeât à sauver Arbacès de la destruction. Les signes que tu as vus dans le lit du volcan éteint, continua l'Égyptien pensif, indiquent assurément quelque imminent danger pour la cité, peut-être un tremblement de terre plus considérable que le premier. Quoi qu'il en puisse être, c'est une nouvelle raison pour moi de quitter ces murs. Demain je partirai. Fille d'Étrurie, de quel côté te diriges-tu?

— Je me rendrai aujourd'hui à Herculanum, et le long de la côte je chercherai une nouvelle demeure. Je reste sans amis, sans compagnons; le renard et le serpent ne sont plus. Grand Hermès! tu m'as promis vingt années additionnelles d'existence

— Oui, dit l'Égyptien, je te les ai promises. Mais, femme, ajouta-t-il en s'appuyant sur son bras et regardant sa figure avec curiosité, dis-moi, je t'en prie, pourquoi désires-tu vivre? quelle douceur espères-tu découvrir dans la vie?

— Ce n'est pas la vie qui est douce, c'est la mort qui est terrible, » répliqua la sorcière d'un ton brusque et pénétrant qui impressionna vivement le cœur de l'orgueilleux astrologue; il frémit de la vérité de cette réponse, et ne souhaitant pas retenir davantage son étrange visiteuse :

« Le temps passe, dit-il; je dois me préparer pour le solennel spectacle de ce jour. Adieu, ma sœur; amuse-toi tant que tu pourras avec les cendres de cette vie.... »

La sorcière, qui avait déjà caché le précieux cadeau d'Arbacès dans les longs plis de ses vêtements, se leva pour partir. Lorsqu'elle eut atteint la porte elle se retourna et dit :

« C'est peut-être le dernier instant que nous nous voyons sur la terre. Mais où s'en va la flamme lorsqu'elle quitte les cendres? Errante de côté et d'autre, en haut, en bas, comme une exhalaison des marais, la flamme peut se retrouver sur les bords du lac inférieur : et la sorcière et le mage, le disciple et le maître, celui qui est grand, celui qui est maudit, se rencontreront de nouveau. Adieu donc !

— Hors d'ici, vieille corneille! » murmura Arbacès pendant que la porte se refermait sur les haillons de la sorcière ; et dans l'impatience de ses pensées, sans être encore tout à fait remis des frayeurs de son rêve, il appela ses esclaves.

C'était la coutume d'assister aux solennités de l'amphithéâtre en habits de fête : Arbacès s'habilla ce jour-là avec plus de soin que d'habitude. Sa tunique était d'une éblouissante blancheur : ses agrafes étaient composées des pierres les plus précieuses; sur sa tunique flottait une large robe orientale, qui servait en même temps de manteau et qui brillait des plus riches nuances de la pourpre tyrienne ; ses sandales, montant jusqu'à mi-jambe, étaient garnies de diamants et incrustées d'or. Un charlatanisme digne d'un vrai prêtre d'Isis l'engageait à ne négliger, dans aucune grande occasion, les artifices capables d'éblouir les yeux et d'imposer au vulgaire. Ce jour-là qui, par le sacrifice de Glaucus, devait le délivrer d'un rival et de la crainte d'être découvert, il lui sembla qu'il devait s'habiller pour un triomphe ou pour une fête nuptiale.

Les personnages d'un certain rang ne manquaient pas de se faire accompagner aux jeux de l'amphithéâtre par tout un cortége d'esclaves, d'affranchis, et la longue suite *familiale* d'Arbacès était déjà rangée en ordre autour de la litière.

Seulement, à leur grand chagrin, les esclaves chargés de veiller sur Ione, et le digne Sosie, comme geôlier de Nydia, se voyaient condamnés à demeurer à la maison.

« Callias, dit Arbacès à part à son affranchi, pendant que celui-ci bouclait sa ceinture, je suis las de Pompéi; je me propose de quitter cette ville dans trois jours, si le vent nous est propice. Tu connais le vaisseau amarré dans le port, et qui appartenait à Narsès d'Alexandrie; je l'ai acheté: après-demain nous commencerons à y porter tout ce que je possède ici.

— Sitôt? C'est bien : Arbacès sera obéi. Et sa pupille Ione?

— Elle m'accompagne. Assez.... La matinée est-elle belle?

— Lourde et accablante. Il fera probablement très-chaud dans l'après-midi.

— Les pauvres gladiateurs et les pauvres criminels! Descends et vois si les esclaves sont prêts »

Arbacès, resté seul, passa dans son cabinet d'étude, et de là sous le portique dehors. Il vit les longues files de gens qui se dirigeaient vers l'amphithéâtre. Il entendit leurs clameurs et le bruit des cordes au moyen desquelles on élevait la vaste toile dont l'abri devait empêcher les citoyens d'être incommodés par les rayons du soleil, et leur permettrait de jouir à leur aise de l'agonie de leurs semblables. Un son étrange traversa tout à coup les airs et se tut presque aussitôt: c'était le rugissement du lion. Il se fit un grand silence dans la foule; mais ce silence fut suivi d'un immense éclat de rire. La foule était heureuse de l'impatience affamée du royal animal.

« Bêtes féroces! murmura Arbacès avec dédain; après cela, sont-ils moins homicides que moi? mais moi, j'ai tué pour ma défense personnelle: eux ils font du meurtre un passe-temps....»

Il détourna alors un regard inquiet et curieux vers le Vésuve; les vignes qui entouraient ses flancs brillaient au soleil, et le front de la haute montagne paraissait, dans le repos des nues, tranquille comme l'éternité.

« Nous avons encore du temps si le tremblement de terre se dorlote doucement comme cela, pensa Arbacès; et il quitta ce lieu. Il passa près de la table où étaient posés ses papiers mystiques et ses calculs d'astrologie chaldéenne. « Art auguste, se dit-il, je n'ai pas consulté tes décrets depuis que j'ai surmonté le danger et la crise que tu m'avais prédits. A quoi bon? Je sais *désormais* que tout dans ma route doit être brillant et aplani; les événements passés ne l'ont-ils pas prouvé? Arrière, doutes! arrière, pitié! Ne réfléchis, ô mon cœur, ne réfléchis dans l'avenir que deux images : un empire et Ione! »

CHAPITRE II.

L'amphithéâtre.

Nydia, rassurée par le récit de Sosie à son retour, et satisfaite que sa lettre eût été remise dans les mains de Salluste conçut encore une espérance. Salluste ne perdrait probablement pas de temps; il courrait chez le préteur; on visiterait la maison de l'Égyptien; on la délivrerait; on ouvrirait le cachot de Calénus; Glaucus serait libre cette nuit-là.... Hélas! la nuit passa.... l'aurore vint.... elle n'entendit rien que les pas empressés des esclaves, le long de la salle et du péristyle, et le bruit des apprêts pour aller voir le spectacle dont ils s'entretenaient. De temps à autre la voix d'Arbacès donnant des ordres arrivait à son oreille.... Une fanfare joyeuse se fit entendre.... Le cortége se mettait en marche pour l'amphithéâtre; tous étaient avides de repaître leurs yeux des dernières tortures de l'Athénien.

Le cortége d'Arbacès s'avança lentement et avec solennité, jusqu'à ce qu'il arriva à l'endroit où il fallait que ceux qui venaient sur un char ou en litière descendissent pour marcher à pied. Arbacès sortit de sa litière et se dirigea vers l'endroit réservé aux personnes de distinction. Ses esclaves, se mêlant avec le reste de la multitude, furent placés par des employés qui reçurent leurs billets (comme cela se pratique à notre moderne Opéra), dans la partie de l'amphithéâtre nommée le *popularium*, disposée pour le vulgaire. Arbacès de son siège dominait la foule impatiente qui remplissait cet énorme théâtre.

Les femmes étaient assises sur les gradins les plus hauts, et séparées des hommes; leurs brillantes toilettes les faisaient ressembler à un parterre de fleurs. Il est superflu d'ajouter qu'elles formaient la partie la plus bruyante de l'assemblée. Beaucoup de regards se dirigeaient de leur côté, surtout des rangs des spectateurs jeunes et non mariés, qui avaient aussi leurs places à part. Les siéges les plus bas et qui environnaient immédiatement l'arène étaient occupés par les personnes les plus riches et de la naissance la plus illustre, les magistrats, les sénateurs, et les membres du corps équestre[1]. Les passages qui, par des corridors à gauche et à droite, donnaient accès à ces siéges, aux deux extrémités de l'arène dessinée en ovale, étaient aussi l'entrée des combattants. De fortes palissades, le long de ces passages, empêchaient toute irrégularité excentrique dans les fantaisies des bêtes, et les forçaient de se contenter de la proie qui leur était assignée. Autour du parapet qui se dressait au-dessus de l'arène, à l'endroit où les gradins commençaient, on voyait des inscriptions et des scènes gladiatoriales peintes à fresque, d'accord avec le genre de divertissement du lieu. Dans tout l'édifice serpentaient d'invisibles conduits, au moyen desquels, à mesure que le jour avançait, des ondées rafraîchissantes et odoriférantes étaient lancées dans l'air pour retomber en pluie sur les spectateurs. Les employés de l'amphithéâtre s'occupaient encore à tendre les *velaria*, vastes rideaux qui recouvraient tous les assistants, et que les Campaniens regardaient comme une invention de leur génie. Cette tenture était formée de la plus fine laine d'Apulie, et ornée de larges raies cramoisies; mais, soit que ce fût la faute des travailleurs, soit que les machines fussent en mauvais état, les toiles n'étaient pas arrangées ce jour-là aussi bien que d'habitude. Il est vrai qu'à cause de l'étendue de la circonférence, c'était toujours une tâche difficile; de sorte qu'on n'essayait pas même d'y parvenir lorsqu'il faisait un grand vent. Mais ce jour-là le temps était si calme, que les spectateurs ne trouvaient pas d'excuse à la maladresse des employés, et lorsqu'ils virent une large ouverture, provenant d'une partie des *velaria* qui s'obstinait à ne pas se réunir à l'autre, ils exprimèrent hautement leurs murmures; le mécontentement était général.

L'édile Pansa, qui donnait les jeux à ses frais, se montra particulièrement contrarié de cet accident; il appela toutes les malédictions du ciel sur la tête du principal employé, qui, courant, soufflant, suant à grosses gouttes, s'épuisait en ordres et en menaces parfaitement inutiles.

Le tumulte cessa tout à coup.... les ouvriers abandonnèrent leur travail.... la foule s'apaisa.... la malencontreuse ouverture fut oubliée.... car une fanfare guerrière avait annoncé l'entrée des gladiateurs. Ils s'avancèrent dans l'arène en pompeux cortége. Ils firent lentement et avec fierté le tour de l'ovale, afin de procurer aux spectateurs le loisir d'admirer leur fermeté et

---

1. Les chevaliers étaient assis immédiatement après les sénateurs.

de reconnaître leurs traits, leurs membres et leurs diverses armes, et pour leur donner le temps d'établir leurs paris selon l'inspiration du moment.

« Oh! dit la veuve Fulvie à la femme de Pansa, pendant qu'elles s'inclinaient sur leurs bancs élevés, voyez-vous ce gigantesque gladiateur? Comme il est bizarrement habillé!

— Oui, répondit la femme de l'édile avec une complaisante importance, car elle connaissait les noms et les qualités de chaque combattant: c'est un *retiarius*, un gladiateur au filet; il n'est armé, comme vous le voyez, que d'une lance à trois pointes, une espèce de trident avec un filet; pas d'armure, rien que le filet et la tunique. C'est un homme vigoureux; il doit combattre contre Sporus, cet épais gladiateur qui porte un bouclier rond et une épée, mais qui est aussi sans armure. Il n'a pas son casque maintenant, afin que vous puissiez distinguer ses traits. N'a-t-il pas un air terrible?... Il se battra tout à l'heure avec sa visière baissée.

— Mais un filet et une lance sont de faibles armes contre un bouclier et une épée.

— Ce que vous dites là montre votre innocence, ma chère Fulvie. Le *retiarius* est ordinairement le mieux partagé.

— Mais quel est ce beau gladiateur, presque nu?... Cela n'est guère convenable.... Par Vénus! mais que ses membres sont bien faits!

— C'est Lydon, un débutant. Il a la témérité de combattre cet autre gladiateur, aussi peu vêtu que lui, Tétraidès. Ils combattront d'abord selon la mode grecque, avec le ceste, puis avec l'armure, l'épée et le bouclier.

— C'est un charmant garçon que ce Lydon, et les femmes feront à coup sûr des vœux pour lui.

— Les parieurs expérimentés ne pensent pas comme elles. Claudius offre à son désavantage trois contre un.

— Par Jupiter! que c'est beau! » s'écria la veuve, en admirant deux gladiateurs, armés *de pied en cap*, qui faisaient le tour de l'arène sur des coursiers légers et bondissants. Comme les combattants dans les tournois du moyen âge, ils portaient des lances et des boucliers ronds, ornés de belles incrustations. Leur armure était artistement faite de bandes de fer, mais elle ne couvrait que leurs cuisses et leur bras droit. De courts manteaux, descendant jusqu'à leurs selles, donnaient à leur costume un air pittoresque et gracieux; leurs jambes étaient nues, à l'exception des sandales, attachées un peu au-dessous de la cheville.

« Oh ! que c'est beau ! Qui sont-ils ? demanda la veuve.

— L'un d'eux a nom Berbix. Il a vaincu douze fois. L'autre se donne le nom arrogant de Nobilior. Ce sont deux Gaulois. »

Pendant cette conversation, les premières formalités des jeux s'accomplirent ; alors eut lieu un combat simulé avec des épées de bois entre divers gladiateurs, engagés deux à deux. L'adresse de deux gladiateurs romains qu'on avait fait venir pour cette fête fut particulièrement admirée ; et après eux, le plus gracieux combattant fut Lydon. Cette petite guerre ne dura pas plus d'une heure, et n'excita pas un très-grand intérêt, excepté parmi les connaisseurs d'escrime, qui se plaisaient par-dessus tout à rendre justice à l'art. La masse des spectateurs en vit la fin avec plaisir. Les combattants se mirent en ordre par paires, ainsi qu'il était convenu d'avance ; les armes furent examinées, et les terribles amusements de la journée commencèrent au milieu du plus profond silence, interrompu seulement par les éclats préliminaires et excitants d'une musique guerrière.

On commençait ordinairement les jeux par le plus cruel de tous ; quelque *bestiarus*, ou gladiateur condamné aux bêtes, était sacrifié comme initiation. Mais dans cette occasion, l'édile Pansa montra bien son expérience. Il jugea à propos de conduire ce drame sanguinaire selon toutes les conditions de l'intérêt scénique ; il réserva l'exécution de Glaucus et d'Olynthus pour le dénoûment.... Il fut arrêté que les gladiateurs à cheval parcourraient d'abord l'arène, que les gladiateurs à pied leur succéderaient ensuite, indistinctement ; qu'on verrait paraître ensuite Glaucus et le lion, et qu'enfin le tigre et le Nazaréen termineraient le sanglant spectacle. Quant à ces jeux de l'amphithéâtre de Pompéi, le lecteur de l'histoire romaine doit modérer son imagination et ne pas s'attendre à trouver ici une de ces vastes et magnifiques exhibitions, un de ces grands carnages, dont un Néron, un Caligula, régalaient les habitants de la cité impériale. Les jeux romains, qui dévoraient les plus célèbres gladiateurs et un nombre si considérable de bêtes féroces, faisaient justement que, dans les villes moins importantes de l'empire, les amusements de l'amphithéâtre étaient rares et relativement humains ; en cela, comme en beaucoup d'autres points, Pompéi n'était que la miniature, le microcosme de Rome. Cependant c'était un terrible et imposant spectacle, auquel les temps modernes n'ont rien heureusement à comparer, que ce vaste théâtre, s'élevant gradins par gradins, peuplé d'êtres vivants, au nombre de quinze à dix-huit mille, qui ne contemplaient pas les flotions tragiques de la scène, mais la victoire ou la défaite, la vie triomphante ou la mort ensanglantée de quiconque entrait dans l'arène.

Les deux cavaliers se trouvaient alors à chacune des extrémités de la lice (si nous pouvons nous exprimer ainsi), et à un signal donné par Pansa, ils se précipitèrent simultanément l'un vers l'autre, comme s'ils allaient se briser du premier choc, chacun portant en avant son bouclier rond, chacun apprêtant sa haute et légère, mais inflexible javeline ; à trois pas de son adversaire, Berbix arrêta brusquement son cheval, se jeta de côté, et comme Nobilior, emporté dans sa course, continuait sa carrière, il dirigea contre lui sa javeline ; le bouclier de Nobilior, soudainement présenté avec beaucoup d'adresse, reçut le coup, qui sans cela aurait été mortel.

« Très-bien ! Nobilior, s'écria le préteur, donnant au peuple le premier signal des applaudissements.

— Bien frappé ! » mon Berbix, répondit Claudius de son siége.

Un murmure, accompagné d'applaudissements, parcourut tous les rangs de l'assemblée.

Les visières des deux cavaliers étaient complétement baissées (comme plus tard celles des chevaliers) ; mais la tête était néanmoins le but principal des attaques ; et Nobilior, chargeant à son tour son adversaire, dirigea avec non moins d'adresse que lui la pointe de son épée sur le casque de Berbix, qui leva son bouclier pour se couvrir ; mais son clairvoyant antagoniste changea promptement la direction de sa javeline, et la baissant soudain, l'atteignit à la poitrine. Berbix chancela et tomba.

« Nobilior ! Nobilior ! s'écria la populace.

— J'ai perdu dix sesterces, murmura Claudius entre ses dents.

— *Habet....* Il a son affaire, » dit Pansa froidement.

La populace qui n'était pas endurcie fit le signal de grâce ; mais les employés de l'arène, en s'approchant, virent que c'était de la pitié perdue. Le cœur du Gaulois avait été percé, et ses yeux étaient fermés pour toujours. C'était le sang de sa vie qui teignait de noir le sable et la sciure de bois de l'arène.

« C'est dommage que le combat n'ait pas duré plus longtemps, dit Fulvie, ce n'est guère la peine de déranger les gens.

— C'est vrai.... Je n'éprouve aucune pitié pour Berbix.... Pourquoi n'a-t-il pas vu, comme tout le monde, la feinte de Nobilior ? Tenez ! voici qu'on attache le fatal crochet au corps. On va le conduire au *spoliarium*. On remet d'autre sable sur l'arène. Pansa ne regrette rien tant que de n'être pas assez riche pour couvrir l'arène de borax et de cinabre, ainsi que le faisait Néron.

— Du moins si le combat a été court, un autre le remplace promptement. Voyez mon beau Lydon dans l'arène et l'homme au filet également, et les autres avec leurs épées : oh ! c'est charmant ! »

Il y avait maintenant six combattants dans l'arène : Niger et son filet en présence de Sporus avec son bouclier et son petit sabre, Lydon et Tétraidès, nus, sauf une ceinture qui entourait leurs reins, chacun armé d'un lourd ceste grec, et deux gladiateurs de Rome revêtus d'acier avec d'énormes boucliers et des épées pointues.

La lutte au ceste entre Lydon et Tétraidès étant moins redoutable que celle des autres combattants, ceux-ci, dès que les premiers se furent avancés dans l'arène, reculèrent un instant comme par un consentement commun, afin de voir comment se terminerait ce premier assaut, et d'attendre qu'il fit place à des armes plus terribles, avant de commencer eux-mêmes les hostilités. Ils s'appuyèrent sur leurs armes, séparés les uns des autres, les yeux fixés sur le jeu, qui n'était pas assez sanglant pour satisfaire la populace, mais qui ne laissait pas néanmoins de l'intéresser, parce qu'il venait de la Grèce, le pays des ancêtres.

Au premier coup d'œil, les deux antagonistes ne semblaient pas faits l'un pour l'autre. Tétraidès, quoiqu'il ne fût pas plus grand que Lydon, était beaucoup plus gros. La force naturelle de ses muscles s'augmentait, aux yeux du vulgaire, de l'épaisseur de sa chair ; car on croyait généralement que l'embonpoint ne pouvait qu'être favorable au combat du ceste, et Tétraidès avait encouragé, autant qu'il avait pu, ses dispositions à engraisser : ses épaules étaient fortes, ses membres inférieurs épais et légèrement arqués en dehors, son corps trapu, de cette constitution enfin qui paraît donner en force tout ce qu'elle enlève en grâce. Mais Lydon, quoique élancé jusqu'à friser la maigreur, était admirablement proportionné dans sa délicatesse ; les connaisseurs pouvaient s'apercevoir que ses muscles, moins gros que ceux de son adversaire, étaient plus compactes, et pour ainsi dire de fer. En proportion aussi, il avait d'autant plus d'activité qu'il était moins chargé d'embonpoint, et un hautain sourire sur sa figure résolue, qui contrastait avec l'expression pesante et stupide de son adversaire, donnait confiance à ceux qui le regardaient, et inspirait à la fois l'espérance et un sentiment de bienveillance; en sorte que, malgré la différence apparente de leur force, les souhaits de la multitude se rangeaient du côté de Lydon aussi bien que du côté de Tétraidès.

Quiconque a assisté à une lutte de nos jours, quiconque a pu apprécier les coups terribles que le poing d'un homme est capable de porter, lorsqu'il est dirigé par l'art, peut se faire une idée de la facilité qu'y ajoutait une bande de cuir s'enlaçant autour du bras jusqu'au coude et renforcée aux jointures des doigts par une plaque de fer, quelquefois même par un morceau de plomb. Mais, au lieu d'augmenter, comme on croyait le faire par là, l'intérêt du combat, cette précaution le diminuait peut-être ; car c'était en abréger la durée : un petit nombre de coups savamment portés suffisaient pour terminer le combat, de sorte que les adversaires n'avaient presque jamais le temps de déployer cette énergie, ce courage et cette persévérance enragée, que nous autres Anglais nous appelons *pluck* en termes techniques, qui souvent ôte la victoire à la science, et donne à un jeu l'intérêt d'une bataille, et appelle sur le brave toutes nos sympathies.

« En garde! » s'écria Tétraidès en s'approchant de plus en plus près de son adversaire, qui tournait autour de lui beaucoup plus qu'il ne reculait.

Lydon ne répondit que par un regard où son œil prompt et vigilant avait mis tout son dédain; Tétraidès frappa comme un forgeron sur un étau : Lydon posa un genou à terre : le coup passa sur sa tête; sa revanche ne fut pas si inoffensive; il se releva sur-le-champ et lança son ceste en pleine poitrine à son adversaire; Tétraidès fut étourdi; la populace fit éclater ses applaudissements.

« Vous n'êtes pas heureux aujourd'hui, dit Lépidus à Claudius; vous avez perdu un pari, vous allez en perdre un autre.

— Par les dieux! si cela est, mes bronzes iront chez l'huissier priseur. Je n'ai pas engagé moins de cent sesterces sur Tétraidès. Ah! ah! voyez comme il se remet. Voilà un maître coup. Il vient de fendre l'épaule de Lydon.... Bravo, Tétraidès!... Bravo, Tétraidès!

— Mais Lydon ne s'émeut pas. Par Pollux! il conserve son sang-froid. Voyez comme il évite avec adresse ces mains pareilles à des marteaux en se penchant tantôt d'un côté, tantôt de l'autre.... et tournant avec agilité.... Ah! le pauvre Lydon.... il est atteint de nouveau.

— Trois pour un en faveur de Tétraidès ! s'écria Claudius. Qu'en dites-vous, Lépidus ?

— C'est entendu ; neuf sesterces contre trois ! Quoi ! Lydon reprend de nouveau.... Il respire.... Par les dieux ! il est à terre.... Mais non, le voilà sur ses jambes.... Bravo Lydon.... Tétraidès est encouragé.... Il rit tout haut.... il se précipite sur lui....

— Le fou ! le succès l'aveugle.... il devrait être plus prudent.... L'œil de Lydon est comme celui d'un lynx, dit Claudius entre ses dents.

— Ah ! Claudius, voyez-vous ? votre homme chancelle.... encore un coup.... il tombe.... il est tombé....

— La terre le ranime, alors.... Car le voilà encore debout ; mais le sang coule sur son visage.

— Par le maître de la foudre ! Lydon triomphe.... Voyez comme il presse son adversaire.... Ce coup sur la tempe aurait renversé un bœuf ; il a écrasé Tétraidès, qui tombe de nouveau.... il ne peut plus se remuer.... *Habet, habet !*...

— *Habet !* répéta Pansa ; qu'on les emmène et qu'on leur donne les armures et les épées.

— Noble *editor*, disent les employés, nous craignons que Tétraidès ne soit pas remis à temps. Du reste, nous essayerons.

— Faites. »

Quelques minutes après, les employés qui avaient emporté le gladiateur tombé et insensible, reviennent avec un air déconcerté. Ils craignaient pour la vie de Tétraidès ; il lui était impossible de reparaître dans l'arène.

« En ce cas, dit Pansa, gardez Lydon pour un *subdititius* ; il remplacera le premier gladiateur vaincu contre le vainqueur.

Le peuple applaudit à cette sentence. Le silence recommença ; les fanfares éclatèrent de nouveau ; les quatre combattants se préparèrent fièrement à se mesurer en se regardant en face.

« Reconnaissez-vous les Romains, cher Claudius ? sont-ce des gladiateurs célèbres ou des gladiateurs ordinaires ?

— Eumolpus est une lame de seconde classe, Lépidus ; pour Nepimus, le plus petit des deux, je ne l'ai jamais vu ; mais il est fils d'un des *fiscales*[1] impériaux, et il a été élevé à bonne école. Mais je n'ai plus de cœur au jeu ; je ne regagnerai jamais l'argent que j'ai perdu ; je suis ruiné. Maudit soit ce Lydon ! Qui aurait pu lui supposer tant d'adresse et tant de bonheur ?

---

[1] Gladiateurs entretenus par l'empereur

— Voyons, Claudius, j'aurai compassion de vous, et j'accepte votre pari pour ces deux Romains.

— Alors, dix sesterces sur Eumolpus !

— Quoi ! lorsque Nepimus est un débutant, le marché n'est pas tenable.

— Huit, alors !

— C'est convenu. »

Pendant que ces luttes étaient ainsi commencées, il y avait, sur les gradins les plus élevés, un spectateur qui avait pris à ces jeux un douloureux intérêt. Le vieux père de Lydon, en dépit de son horreur chrétienne pour ce genre de spectacle, dans son anxiété pour son fils, n'avait pu résister au désir d'être spectateur de sa destinée. Caché dans une foule d'étrangers de la plus basse classe de la populace, le vieillard ne sentait, ne voyait rien que la présence de son brave fils. Pas un mot ne s'était échappé de ses lèvres lorsqu'il l'avait vu deux fois tomber à terre : il était seulement devenu plus pâle, et ses lèvres avaient tremblé. Mais il avait jeté un cri de joie, lorsque la victoire s'était déclarée pour son fils, sans prévoir, hélas ! que cette victoire n'était que le prélude d'une bataille plus terrible.

« Mon brave fils ! dit-il, et il essuya ses yeux.

— Est-ce ton fils ? demanda un homme placé à la droite du Nazaréen ; il a bien combattu ; nous allons voir comment il se comportera tout à l'heure. N'as-tu pas entendu ? il combattra le premier vainqueur. Maintenant, pauvre vieillard, prie les dieux que le vainqueur ne soit aucun des deux Romains, ni, après eux, le géant Niger ! »

Le vieillard se rassit et se couvrit le visage ; il resta indifférent au nouveau combat ; Lydon n'y figurait pas. Cependant, une pensée traversa son esprit…. Ce combat avait pour lui un grand intérêt…. Le premier qui succomberait ne serait-il pas remplacé par Lydon ? Il tressaillit, et le corps penché, les yeux tout grands ouverts, et les mains jointes, il suivit les mouvements des gladiateurs.

Niger et Sporus occupèrent particulièrement l'attention publique ; car cette espèce de combat, à cause de son résultat ordinairement fatal et de la grande science qu'il exigeait de la part des deux adversaires, était fort estimée des spectateurs.

Les deux gladiateurs se tenaient à une distance considérable l'un de l'autre. Le singulier casque que portait Sporus avait sa visière baissée et lui cachait le visage ; mais les traits de Niger, à découvert, attiraient tous les regards ; leur férocité vigilante et contenue possédait une terrible puissance d'attraction. Après être demeurés quelque temps à se surveiller, Sporus commença à s'avancer lentement et avec une précaution extrême, tenant la pointe de son épée dirigée contre la poitrine de son ennemi, comme dans l'escrime moderne.... Niger reculait à mesure que son adversaire avançait, rassemblant son filet dans sa main droite, et sans détacher un instant son œil petit et étincelant des mouvements de son adversaire; tout à coup, dès que Sporus se fut approché à la portée de son bras, le *retiarius* se jeta en avant et lança son filet : une prompte inflexion du corps sauva le gladiateur du piège redouté; il poussa un cri aigu de joie et de rage et se précipita sur Niger; mais Niger avait déjà retiré son filet, qu'il avait jeté sur ses épaules, et il courait autour de l'arène avec une rapidité que le *secutor*[1] essayait vainement d'égaler. Le peuple rit et applaudit beaucoup en voyant les impuissants efforts du gladiateur aux larges épaules pour rejoindre le géant qui fuyait devant lui; mais dans ce moment l'attention se tourna du côté des deux combattants romains.

Ils s'étaient placés d'abord face à face, à la distance où l'on se met de nos jours pour un assaut d'armes; mais la prudente lenteur qu'ils mettaient à commencer un sérieux engagement avait laissé aux spectateurs le temps de s'intéresser à Sporus et à Niger. Les deux Romains en étaient venus aux mains avec toute l'ardeur désirable; leur fureur était portée au plus haut degré; ils s'attaquaient, se défendaient, avançaient, reculaient avec ces précautions scrupuleuses et presque imperceptibles qui caractérisent deux hommes expérimentés et d'une force égale. Eumolpus, le plus vieux des gladiateurs, par un habile coup de seconde qu'on regardait dans l'arène comme très-difficile à éviter, venait de blesser Nepimus au côté : le peuple applaudit; Lépidus devint pâle.

« Oh! dit Claudius, c'est une affaire finie. Eumolpus n'a plus maintenant qu'à ferrailler tout doucement et à laisser l'autre perdre peu à peu tout son sang.

— Oui; mais, grâce aux dieux, il ne se modère pas; voyez comme il presse Nepimus. Par Mars! Nepimus l'a touché, le casque a résonné de nouveau. Claudius, je gagnerai.

— C'est une faute, je ne devrais parier qu'au jeu de dés, se dit Claudius à lui-même; pourquoi ne peut-on pas *piper* un gladiateur?

---

[1]. Celui qui suivait son ennemi en fuite.

— Bravo, Sporus, bravo Sporus! cria la populace en s'apercevant que Niger, qui s'était arrêté, avait une seconde fois lancé son filet en vain; il ne s'était pas enfui cette fois avec assez d'agilité, et l'épée de Sporus lui avait entaillé la jambe droite d'une façon assez grave; ne pouvant plus fuir, il était pressé par son féroce adversaire. Sa grande taille et la longueur de son bras continuaient néanmoins à lui donner d'assez grands avantages; et présentant son trident au front de son ennemi, il le força à reculer plusieurs fois. Sporus essaya alors de le surprendre en tournant avec une grande agilité autour de lui; Niger, blessé, ne pouvait lui faire face qu'avec une certaine lenteur; mais Sporus se laissa emporter et s'avança trop près du géant; il leva son bras pour le frapper et les trois pointes du trident lui entrèrent au même instant dans la poitrine. Sporus tomba sur un genou; le fatal filet l'enveloppa sur-le-champ. Il essaya en vain de se débarrasser de ses mailles; les coups répétés du trident l'accablèrent; son sang coula à flots à travers le filet et rougit le sable; il croisa les bras en signe de défaite.

Le *retiarius* triomphant retira le filet, et, s'appuyant sur son trident, consulta l'assemblée du regard pour savoir son jugement. Le gladiateur vaincu roula aussi, lui, ses yeux à demi voilés et pleins d'angoisse autour du théâtre, de rang en rang, de banc en banc; on le contemplait sans témoigner la moindre pitié, la moindre émotion.

Les murmures, les clameurs avaient cessé. Le silence était terrible, car il n'indiquait aucune sympathie. Pas une main, pas même une main de femme, ne donna le signal de la miséricorde et de la vie. Sporus n'avait jamais été populaire dans l'arène; un moment auparavant la blessure de Niger avait même excité l'intérêt. Le peuple était échauffé par la vue du sang: les combats simulés ne lui suffisaient plus. L'intérêt s'était élevé jusqu'au désir de l'immolation, à la soif de la mort.

Le gladiateur comprit que sa destinée était décidée: il ne proféra aucun soupir, aucune prière. Le peuple donna le signal de la mort. Sporus, avec une soumission où la souffrance le disputait au courage, inclina la tête pour recevoir le coup fatal. Mais comme le trident du *retiarius* n'était pas une arme convenable pour infliger une mort certaine et instantanée, une forme effrayante et sinistre brandissant une épée courte à la lame effilée, entra dans l'arène, les traits entièrement cachés sous sa visière baissée. D'un pas mesuré et solennel, ce funèbre exécuteur s'approcha du gladiateur à genoux, plaça la main gauche sur sa tête humiliée, posa le tranchant du glaive en travers de son cou, et interrogea des yeux l'assemblée, afin de s'assurer qu'aucun remords ne l'avait saisie en ce dernier moment. Le terrible signal ne fut pas changé, et le glaive brillant dans l'air tomba, et le gladiateur roula sur le sable; ses membres s'agitèrent convulsivement, puis rien ne bougea plus dans tout son être.... Ce n'était plus qu'un cadavre[1].

Son corps fut entraîné hors de l'arène, par la porte de la Mort, et jeté dans l'obscure cellule qu'on appelait le *spoliarium*. Avant qu'il eût atteint sa destination, la lutte entre les deux autres combattants était aussi terminée. L'épée d'Eumolpus avait porté une blessure mortelle à son adversaire moins expérimenté que lui : une nouvelle victime s'ajouta au réceptacle du carnage.

Un mouvement universel agita la nombreuse assemblée; le peuple respirait plus à l'aise, et chacun se replaçait commodément sur son siège. Une pluie agréable fut lancée par les conduits pour rafraîchir les spectateurs; chacun disait son mot, pendant cette bienfaisante rosée, sur le spectacle sanglant qui venait d'avoir lieu. Eumolpus ôta son casque et essuya son front. Ses cheveux bouclés, sa courte barbe, ses nobles traits romains, et son œil brillant et noir, conquirent l'admiration générale; il était dispos, sans blessure, il ne paraissait pas fatigué.

L'*editor* s'arrêta et proclama tout haut que la blessure de Niger l'empêchait de rentrer dans l'arène. Lydon devait succéder à Nepimus qui venait d'être tué, et combattre à son tour Eumolpus.

« Cependant Lydon, ajouta-t-il, si tu veux décliner le combat avec un homme si brave et si éprouvé, tu en as le droit. Eumolpus n'est pas l'adversaire qui t'était destiné dans l'origine, tu sais mieux que personne si tu es en état de te mesurer avec lui. Si tu succombes, ce ne sera pas sans gloire; si tu triomphes, je doublerai de ma propre bourse le prix stipulé pour toi. »

Le peuple fit éclater de grands applaudissements. Lydon se tenait dans la lice : il jeta les yeux autour de lui, il aperçut au loin sur ces hauts gradins la figure pâle, les yeux fixes de son vieux père; il demeura irrésolu un moment. Non, la victoire du reste n'était pas suffisante.... il n'avait pas encore remporté le prix qu'il voulait.... son père était encore esclave.

1. Voyez la gravure empruntée aux frises de Pompéi, dans l'ouvrage qu'a publié sur cette ville la *Bibliothèque des connaissances amusantes*.

« Noble édile, dit-il d'un ton ferme, je ne recule pas devant ce combat.... pour l'honneur de Pompéi je demande qu'un homme instruit par son célèbre *lanista* combatte le Romain. »

Les applaudissements du peuple devinrent plus vifs.

« Quatre contre un pour l'autre, dit Claudius à Lépidus.

— Je n'accepterais pas vingt contre un. Eumolpus est un véritable Achille, et ce pauvre garçon n'est qu'un *tiro*. »

Eumolpus regarda attentivement Lydon et sourit. Cependant ce sourire fut suivi d'un léger soupir à peine entendu ; mouvement de compassion étouffé dans le cœur au moment où il s'y faisait sentir.

Tous deux alors, revêtus d'armures, l'épée tirée, la visière baissée, derniers combattants de l'arène (avant que les hommes fussent livrés aux bêtes), se mirent en face l'un de l'autre.

Dans ce moment un des employés de l'arène remit une lettre au préteur, qui en retira l'enveloppe et parcourut l'écrit des yeux ; ses traits exprimèrent la surprise et l'embarras. Il lut de nouveau la lettre, et murmura : « Allons, c'est impossible ; il fallait que cet homme fût ivre dès le matin pour écrire de pareilles folies.... » Il mit la lettre de côté, et se replaça lui-même dans l'attitude convenable pour suivre le nouveau combat.

L'intérêt du public était vivement excité. Eumolpus s'était d'abord concilié la faveur générale, mais l'intrépidité de Lydon et son heureuse allusion à l'honneur du *lanista* de Pompéi avaient bien disposé pour lui tous les cœurs.

« Eh bien, vieux camarade, dit le voisin de Médon au pauvre père, voilà votre fils bravement engagé de nouveau ; mais ne craignez rien : l'*editor* ne permettra pas qu'on le tue, ni le peuple non plus ; il s'est comporté noblement. Ah! voilà un fameux coup.... bien paré, par Pollux ! La riposte, Lydon !... ils s'arrêtent pour respirer.... qu'est-ce que vous murmurez donc, vieux père.

— Des prières, répondit Médon avec plus de calme et un maintien qui indiquait plus d'assurance.

— Des prières.... bagatelles! les temps ne sont plus où les dieux dérobaient les hommes dans un nuage. Ah! Jupiter! quel coup.... ton côté.... ton côté.... prends garde à ton côté, Lydon ! »

Une crainte convulsive avait fait frémir l'assemblée. Un terrible coup d'Eumolpus, porté sur la tête de Lydon, l'avait fait tomber sur le genou.

« *Habet!* cria une petite voix de femme, il l'a! »

C'était la voix de la jeune fille qui avait désiré si vivement qu'on trouvât des criminels pour les bêtes.

« Silence ! dit la femme de Pansa avec autorité, *non habet !..* il n'est pas blessé.

— Je voudrais qu'il le fût, s'écria la jeune fille, quand ce ne serait que pour causer de la peine à ce vieux grognon de Médon.

Pendant ce temps-là, Lydon, qui s'était défendu jusqu'alors avec autant d'habileté que de valeur, commença à reculer devant les vigoureuses attaques du Romain expérimenté ; son bras était fatigué, ses yeux étaient obscurcis, il respirait avec peine. Les combattants s'arrêtèrent pour reprendre haleine.

« Jeune homme, dit Eumolpus à voix basse, cède.... je te blesserai légèrement, tu baisseras les bras.... tu as acquis la sympathie de l'*editor* et du peuple, tu seras honorablement sauvé.

— Et mon père restera esclave ? murmura Lydon. Non, la mort ou sa liberté ! »

A cette pensée, et voyant que ses forces n'égaleraient pas la persévérance du Romain, et que la victoire dépendait pour lui d'un effort soudain et désespéré, il s'élança sur Eumolpus. Le Romain rompit aussitôt. Lydon essaya une nouvelle attaque. Eumolpus se jeta de côté.... l'épée n'atteignit que la cuirasse.... la poitrine de Lydon se trouva exposée. Le Romain plongea dans le défaut de la cuirasse, sans avoir néanmoins le dessein de porter une blessure mortelle. Lydon, faible et épuisé, tomba en avant, sur la pointe même de son adversaire, et fut percé d'outre en outre. Eumolpus retira la lame ; Lydon tâcha de regagner son équilibre. Son épée tomba de sa main, qui, désarmée, alla frapper seule son adversaire, et il roula sur l'arène. L'*editor* et l'assemblée, d'un commun accord, firent le signal de grâce ; les employés de l'amphithéâtre s'approchèrent ; ils ôtèrent le casque du vaincu, il respirait encore ; ses yeux étaient fixés d'un air farouche sur son ennemi ; la férocité qu'il avait puisée dans sa profession était empreinte sur son front déjà obscurci par les ombres de la mort. Alors, avec un soupir convulsif et en essayant de se relever, il tourna les yeux vers les hauts gradins ; ils ne s'arrêtèrent pas sur l'*editor* ni sur les juges bienveillants, il ne les voyait pas. Tout cet immense amphithéâtre semblait vide pour lui. Il ne reconnut qu'une figure pâle et pleine de douleur. Le cri d'un cœur brisé, au milieu des applaudissements de la populace, fut tout ce qu'on entendit. L'expression féroce de sa physionomie s'effaça ; une expression plus douce de tendresse filiale et désespérée se peignit sur ses beaux traits, puis s'évanouit. Sa figure reprit un air farouche, ses membres se roidirent ; il retomba à terre.

« Qu'on prenne soin de lui, dit l'édile ; il a fait son devoir. »
Les employés le portèrent au spoliarium.

« Un vrai type de la gloire et de ce qu'elle vaut, » murmura Arbacès en lui-même, et son œil, parcourant l'amphithéâtre, révélait tant de dédain et de mépris, que toutes les personnes qui rencontraient ses regards éprouvaient une étrange émotion ; leur respiration se suspendait ; leur sang se glaçait d'effroi et de respect.

Des parfums délicieux furent répandus dans l'arène ; les employés renouvelèrent le sable.

« Qu'on introduise le lion et Glaucus l'Athénien, » dit l'*editor*.

Un silence profond, indiquant la puissance où l'intérêt était parvenu, une terreur intense (et cela est étrange à dire, mais elle n'était pas dépourvue de charmes), régnèrent dans l'assemblée, qui semblait sous l'empire d'un rêve terrible.

CHAPITRE III.

Salluste et la lettre de Nydia.

Salluste s'était réveillé trois fois dans son sommeil du matin, et trois fois, en se rappelant que son ami devait mourir ce jour-là, il avait soupiré profondément, et s'était retourné sur son lit pour tâcher de retrouver un court oubli. Son seul but dans la vie était d'éviter le chagrin et, lorsqu'il ne pouvait pas l'éviter, de l'oublier au moins.

Enfin, ne pouvant plus endormir sa peine, il se souleva sur sa couche et aperçut son affranchi favori, assis à côté de lui, comme d'habitude ; car Salluste, qui, comme je l'ai dit, avait le goût des belles-lettres, ainsi que les personnes distinguées, se faisait faire des lectures le matin avant de se lever.

« Pas de livres aujourd'hui, dit-il, pas même Tibulle ! pas de Pindare pour moi. Pindare ! hélas ! hélas ! son nom me rappelle ces jeux qu'il a chantés, et dont notre amphithéâtre a stupidement accepté l'héritage..... L'amphithéâtre est-il ouvert, les jeux ont-ils commencé ?

— Depuis longtemps, Salluste. N'avez-vous pas entendu les trompettes et le bruit de la foule qui se rendait au Cirque ?

— Si, si; mais, grâce aux dieux, j'étais assoupi et je n'ai eu besoin que de me retourner pour me rendormir.

— Les gladiateurs combattent sans doute depuis longtemps?

— Les malheureux! Pas un de mes gens n'est allé à ce spectacle?

— Non assurément, vos ordres étaient trop sévères.

— C'est bien; que ce jour n'est-il passé! Quelle lettre est sur cette table?

— Cette lettre.... oh! celle qu'on vous a apportée hier, lorsque vous étiez trop.... trop....

— Trop ivre pour la lire, je suppose. N'importe, elle ne doit pas être d'une grande importance.

— L'ouvrirai-je, Salluste?

— Ouvre! ne fût-ce que pour détourner le cours de mes pensées.... Pauvre Glaucus! »

L'affranchi ouvrit la lettre.

« Quoi! du grec! dit-il.... c'est une dame instruite.... je suppose. »

Il parcourut la lettre, et pendant quelques instants ne déchiffra pas aisément les lignes irrégulières tracées par la jeune aveugle; tout à coup sa physionomie prit une expression d'émotion et de surprise.

« Grands dieux, noble Salluste! Qu'avons-nous fait en ne donnant pas tout de suite notre attention à cette lettre! Écoutez ce qu'elle vous apprend.

« Nydia l'esclave, à Salluste, l'ami de Glaucus :

« Je suis prisonnière dans la maison d'Arbacès. Hâte-toi d'aller trouver le préteur, fais-moi délivrer et nous sauverons Glaucus du lion.... Il y a dans ces murs un autre prisonnier dont le témoignage peut décharger l'Athénien de l'accusation portée contre lui. Quelqu'un qui a vu le crime.... qui peut prouver que le criminel est un misérable qu'on n'a pas soupçonné jusqu'à ce jour. Va, hâte-toi, hâte-toi.... de la promptitude.... Amenez avec vous des hommes armés, de crainte qu'on ne fasse résistance.... ainsi qu'un serrurier habile et vigoureux, car le cachot de mon compagnon d'infortune est fort et difficile à enfoncer.... Oh! par ma main droite et par les cendres de mon père, qu'il n'y ait pas un moment de perdu! »

« Grand Jupiter! s'écria Salluste en sautant en bas de sa

couche, en ce jour-ci, à cette heure peut-être Glaucus meurt.... Que faire? Courons chez le préteur!

— Non, ce n'est pas cela. Le préteur, aussi bien que Pansa, *editor* lui-même, sont les créatures de la populace; et la populace ne voudra pas entendre *parler de délai*, elle ne voudra pas que son attente soit suspendue sur une vague dénonciation. D'ailleurs, la publicité de cette déclaration mettrait l'Égyptien sur ses gardes. Il a évidemment quelque intérêt dans ce mystère. Non, nous avons autre chose à faire : par bonheur, tes esclaves sont tous à la maison.

— Je comprends ta pensée, interrompit Salluste; que mes esclaves s'arment sur-le-champ. Les rues sont vides. Nous allons nous rendre nous-mêmes à la maison d'Arbacès et délivrer les prisonniers. Vite! vite! holà! Dave! ma robe, mes sandales.... Du papyrus, un roseau [1], je veux écrire au préteur pour le prier de suspendre, pendant une heure seulement, l'exécution de Glaucus; que je me fais fort de prouver son innocence. Oui, oui; c'est cela. Oui, Dave, cours trouver le préteur à l'amphithéâtre.... Que ce billet soit remis dans ses propres mains.... Maintenant, ô dieux! vous que la providence épicurienne renie, secourez-moi, et j'appellerai Épicure un menteur! »

CHAPITRE IV.

Encore l'amphithéâtre.

Glaucus et Olynthus avaient été placés ensemble dans cette étroite et obscure cellule où les criminels de l'arène attendaient leur dernière et terrible lutte. Leurs yeux accoutumés déjà à l'obscurité, pouvaient distinguer leurs traits dans cette heure terrible et à cette faible lueur : car la pâleur, qui avait remplacé les couleurs naturelles de leurs joues, prenait de plus en plus une teinte livide et sépulcrale. Leurs têtes étaient hautes

1. On se servait du roseau (*calamus*) pour écrire sur le papyrus ou sur le parchemin, et du style pour écrire sur des tablettes de cire ou des plaques de métal. Les lettres étaient écrites quelquefois sur le papyrus, quelquefois sur des tablettes.

et fières, leurs membres ne tremblaient pas. Leurs lèvres étaient serrées et insensibles. La religion de l'un, l'orgueil de l'autre, le sentiment de leur commune innocence, enfin la consolation provenant de cette association de leur destinée, transformaient ces victimes en héros.

« Écoutez, entendez-vous leurs applaudissements ? Ils hurlent en voyant couler le sang humain, dit Olynthus.

— Je les entends, mon cœur en souffre ; mais les dieux me soutiennent.

— Les dieux ! O jeune homme insensé ! à cette heure, ne reconnais qu'un seul Dieu ! Ne t'ai-je pas donné mes enseignements dans le cachot ? N'ai-je pas pleuré pour toi, prié pour toi ? Dans mon zèle et dans mon agonie, ne me suis-je pas plus occupé de ton salut que du mien ?

— Brave ami, répondit Glaucus solennellement, je t'ai écouté avec respect, avec surprise, avec une secrète sympathie pour tes convictions. Si nos existences avaient été épargnées, j'aurais peut-être, par degrés, renoncé à mes anciennes croyances pour me rapprocher des tiennes ; mais, à cette dernière heure, ce serait de ma part une sorte de bassesse et de lâcheté, d'accorder à la terreur ce qui doit être le résultat de longues méditations. Si j'embrassais ta foi, et si je renversais les dieux de mes pères, n'aurais-je pas été séduit par les promesses du ciel ou effrayé par les menaces de l'enfer ? Non, Olynthus, ayons l'un pour l'autre une égale charité ! J'honore ta franchise ; aie pitié de mon aveuglement et de mon courage endurci ! Telles qu'ont été mes actions, telle sera ma récompense ; et l'Être des êtres ne saurait juger sévèrement les erreurs de l'âme humaine, lorsqu'elles ont été unies à l'humilité des intentions, à la sincérité du cœur. Ne parlons plus de cela. Paix ! Ne les entends-tu pas traîner quelque corps pesant dans le passage ? Nos corps aussi tout à l'heure ne seront que des cadavres.

— O ciel ! ô Christ ! déjà je vous vois, s'écria le fervent Olynthus en levant les mains. Je ne tremble pas. Je me réjouis de ce que la porte de ma prison sera bientôt ouverte. »

Glaucus baissa la tête en silence. Il comprenait la différence qui existait entre son courage et celui de son compagnon d'infortune. Le païen ne tremblait pas ; le chrétien se réjouissait.

La porte grinça et s'ouvrit. Les lances brillaient le long des murs.

« Glaucus, l'Athénien, c'est à toi, dit une voix claire, le lion t'attend.

— Je suis prêt, dit l'Athénien. Mon frère, mon compagnon, un dernier embrassement.... Bénis-moi et adieu ! »

Le chrétien ouvrit ses bras. Il serra le jeune païen sur son cœur; il lui baisa le front et les joues.... Il sanglota.... Ses larmes coulèrent à flots brûlants sur le visage de son nouvel ami.

« Oh ! si j'avais eu le bonheur de te convertir, je ne pleurerais pas. Oh ! que ne puis-je te dire : « Nous souperons cette nuit dans le paradis ! »

— Cela peut encore être ainsi, dit Glaucus : ceux que la mort ne sépare pas se rencontreront sans doute au delà de la tombe. Mais, sur cette terre, sur cette terre si belle et si aimée, adieu pour toujours. Digne geôlier, je vous suis. »

Glaucus s'éloigna avec peine d'Olynthus. Lorsqu'il se retrouva au grand air, le souffle des cieux, aride et chaud, quoiqu'il n'y eût pas de soleil, lui parut avoir quelque chose de desséchant. Son corps, à peine rétabli encore des effets du fatal breuvage, frissonna et chancela. Les gardes de l'arène le soutinrent.

« Courage, dit l'un d'eux : tu es jeune, adroit, bien proportionné. On te donnera une arme ; ne désespère pas, et tu peux triompher. »

Glaucus ne répondit pas; mais, honteux de cette faiblesse, il fit un violent et convulsif effort sur lui-même et retrouva la fermeté de ses nerfs. On oignit son corps complétement nu, sauf une ceinture des reins, on lui mit un style (vaine arme) dans la main, et on le conduisit dans l'arène.

Alors, lorsque le Grec vit les yeux de mille et mille personnes fixés sur lui, il ne sentit plus qu'il était mortel. Toute apparence de crainte, toute crainte elle-même avait disparu. Une vive et fière rougeur couvrit la pâleur de ses traits. Il se redressa de toute la hauteur de sa noble taille. L'élasticité de ses membres, la grâce de sa personne, la sérénité de son front attentif, son air dédaigneux, l'âme indomptable qui respirait dans son attitude et dans le mouvement de ses lèvres, et les éclairs de ses yeux, attestaient la puissance de son courage ; tout se réunissait pour offrir en lui une incarnation vivante et corporelle de la valeur et du culte de ses aïeux : c'était à la fois un héros et un dieu !

Le murmure de haine et d'horreur pour son crime, qui s'était élevé à son entrée, expira dans un silence d'admiration involontaire et de compassion respectueuse ; avec un soupir prompt et convulsif, qui sortit comme d'un seul corps de cette masse animée, les spectateurs détournèrent leurs regards de l'Athénien pour les diriger sur un objet sombre et informe apporté dans le centre de l'arène. C'était la cage du lion.

« Par Vénus, qu'il fait chaud ! dit Fulvie: cependant il n'y a pas de soleil. Pourquoi ces imbéciles de *matelots* n'ont-ils pas pu fermer la tenture [1] ? »

Le lion avait été privé de nourriture pendant vingt-deux heures, et l'animal avait toute la matinée témoigné un singulier malaise, une vague inquiétude, que son gardien attribuait aux angoisses de la faim. Mais son air annonçait plutôt la crainte que la rage. Ses rugissements étaient sinistres et plaintifs. Il penchait la tête, respirait à travers les barreaux, puis se couchait, se relevait, et poussait de nouveau des gémissements sauvages qui s'entendaient au loin. En ce moment, il demeurait au fond de sa cage, immobile et silencieux, les naseaux ouverts appuyés contre la grille, et, par sa pesante respiration, faisait voler çà et là le sable de l'arène.

Les lèvres de l'*editor* frissonnèrent et ses joues pâlirent. Il jetait les yeux autour de lui avec anxiété. Il hésitait; il attendait. Enfin, la foule se montra impatiente. Il se décida à donner le signal. Le gardien qui était devant la cage en ouvrit la porte avec précaution, et le lion sortit en poussant un rugissement qui indiquait sa joie de reconquérir sa liberté ! Le gardien se retira promptement à travers le passage grillé qui formait une des issues de l'arène, et laissa le roi des forêts avec sa proie.

Glaucus avait ployé ses membres de manière à s'affermir de son mieux afin de soutenir le premier choc de l'animal, en tenant levée son arme, petite et brillante, dans la faible espérance qu'un coup bien appliqué (car il savait qu'il n'avait le temps que d'en donner un seul), pourrait pénétrer par l'œil dans le cerveau de son redoutable ennemi.

Mais, à la surprise inexprimable de tous, l'animal ne parut même pas se douter de la présence de son adversaire.

Au premier moment de sa délivrance, il s'arrêta brusquement dans l'arène, se souleva sur les pattes de derrière, aspira l'air avec des marques d'impatience, puis s'élança en avant, mais non pas sur l'Athénien. Il fit plusieurs fois en courant le tour de l'arène, secouant sa large tête de côté et d'autre, avec un regard inquiet et troublé, comme s'il eût cherché quelque issue pour s'échapper; une ou deux fois il essaya de franchir

---

[1] C'était ordinairement les matelots qui tendaient les *velaria*.

le parapet qui le séparait de l'assemblée, et fit entendre en retombant, plutôt un hurlement de mauvaise humeur que son rugissement profond et royal. Il ne donnait aucun signe de faim ni de colère : sa queue balayait le sable, au lieu de s'ébattre le long de ses flancs, et son œil, quoiqu'il roulât quelquefois du côté de Glaucus, se détournait de lui aussitôt. Enfin, comme s'il était ennuyé de chercher vainement à s'échapper, il rentra avec un grognement plaintif dans sa cage et se recoucha.

La première surprise de l'assemblée avide, en voyant l'apathie du lion, se changea bientôt en ressentiment contre sa lâcheté; et la pitié qui s'était déclarée un moment pour Glaucus devint un véritable dépit. Quel désappointement!

L'editor appela le gardien.

« Que veut dire ceci? Prenez l'aiguillon, forcez-le de sortir, et puis fermez la porte de la cage. »

Alors que le gardien, avec quelque frayeur et plus d'étonnement encore, se disposait à obéir, on entendit un cri à l'une des entrées de l'arène; il y eut une confusion, un trouble.... quelques remontrances semblèrent éclater, mais la réplique les fit taire. Tous les yeux se tournèrent du côté d'où venait cette interruption : la foule en cet endroit s'ouvrait, et Salluste apparut soudain sur le banc sénatorial, les cheveux en désordre, haletant, suant, à moitié épuisé ! Il regarda autour de lui. « Faites sortir l'Athénien de l'arène, s'écria-t-il; dépêchez-vous, il est innocent ! Arrêtez Arbacès l'Égyptien; c'est lui qui est le meurtrier d'Apœcides !

— Êtes-vous fou, Salluste? dit le préteur en se levant de son siége. D'où vient ce délire?

— Éloignez l'Athénien, éloignez-le vite, ou son sang retombera sur vos têtes. Préteur, suspends l'exécution, ou ta vie en répondra à l'empereur. J'amène avec moi un témoin de l'assassinat du prêtre Apœcides.... Faites place !... Reculez-vous !... Livrez passage! Peuple de Pompéi !... leve tes yeux sur Arbacès.... Il est assis en ce lieu.... Faites place au prêtre Calénus. »

Pâle, hagard, comme un homme qui vient de sortir des dents de la famine et de la mort, la face abattue, les yeux ternes comme ceux d'un vautour, son corps puissant passé à l'état de squelette, Calénus se vit porté sur le banc même où Arbacès était assis. Ses libérateurs lui avaient ménagé les aliments; mais ce qui le soutenait le mieux, c'était le désir de se venger.

« Le prêtre Calénus!... Calénus! cria la foule.... Est-ce bien lui? non, c'est son spectre....

— C'est bien le prêtre Calénus! dit le préteur gravement. Qu'as-tu à dire?

— Arbacès l'Égyptien est le meurtrier d'Apœcides, le prêtre d'Isis. Mes yeux l'ont vu porter le coup. C'est du cachot où il m'a plongé, c'est de l'obscurité et de l'horreur de la mort, de la mort par la famine, que les dieux m'ont retiré pour dénoncer son crime. Éloignez l'Athénien de l'arène.... Il est innocent.

— C'est donc pour cela que le lion l'a épargné lui-même.... Un miracle! un miracle! s'écria Pansa.

— Un miracle! un miracle! répéta le peuple.... Délivrez l'Athénien. *Arbacès au lion!* »

Et ce cri retentit de la colline à la vallée, du rivage à la mer.... *Arbacès au lion!*

« Gardes, ramenez l'accusé Glaucus; ramenez-le-moi, mais veillez sur lui, dit le préteur. Les dieux prodiguent aujourd'hui leurs merveilles. »

Quand le préteur donna cet ordre de délivrance, il y eut un cri de joie, un cri de femme, un cri d'enfant qui remua les cœurs avec une force électrique, tant était touchante et pure la voix de la jeune fille qui l'avait proféré! La populace entière y répondit par un puissant écho, avec une vive et flatteuse sympathie.

« Silence, dit le préteur, qui est là?

— La jeune fille aveugle, Nydia, répliqua Salluste; c'est sa main qui a ravi Calénus à la tombe et délivré Glaucus du lion.

— Nous nous occuperons d'elle après, dit le préteur. Calénus, prêtre d'Isis, tu accuses Arbacès du meurtre d'Apœcides?

— Je l'accuse.

— Tu as vu le fait?

— Préteur, de mes propres yeux.

— C'est assez pour le moment. Les détails doivent être réservés pour un autre lieu et pour un autre temps. Arbacès d'Égypte, tu entends l'accusation qu'on porte contre toi. Qu'as-tu à dire? »

Les regards de la foule avaient été longtemps attachés sur Arbacès; il avait montré quelque embarras à l'entrée de Salluste et à celle de Calénus; aux cris d'*Arbacès au lion!* il avait tremblé, et le bronze de ses joues avait pris une couleur plus pâle; mais il avait bientôt recouvré sa hardiesse et son sang-froid; il rendit un regard plein d'arrogance aux mille regards de la foule ; en répondant à la question du préteur, il dit avec cet accent de tranquillité et le ton imposant qui lui étaient naturels :

« Préteur, cette accusation est si insensée, qu'elle mérite à peine une réponse. Mon premier accusateur est le noble Salluste.... un intime ami de Glaucus.... Le second est un prêtre. Je révère sa robe et sa profession.... mais, habitants de Pompéi.... vous connaissez un peu le caractère de Calénus... Il est avide.... son amour pour l'argent est proverbial.... le témoignage de pareils hommes peut s'acheter.... Préteur, je suis innocent.

— Salluste, dit le magistrat, où avez-vous trouvé Calénus ?
— Dans le cachot d'Arbacès.
— Égyptien, dit le préteur en fronçant le sourcil, tu as osé emprisonner un prêtre des dieux ! et pourquoi ?
— Écoute-moi, répondit Arbacès en se levant avec calme, mais avec une agitation visible sur ses traits. Cet homme est venu me menacer de porter contre moi l'accusation qu'il vient de faire, si je n'achetais pas son silence de la moitié de ma fortune. Je lui ai fait des reproches inutiles.... Paix donc.... que le prêtre ne m'interrompe pas.... Noble préteur, et toi, peuple.... je suis étranger dans votre pays.... Je sais que je suis innocent du crime.... mais le témoignage d'un prêtre contre moi aurait pu me perdre. Dans ma perplexité, j'ai enfermé Calénus en cette cellule où il a été trouvé, sous prétexte que c'était le lieu où je cachais mes trésors. J'avais l'intention de le délivrer aussitôt que le destin du vrai criminel serait accompli, et que ses menaces n'auraient plus été capables de me nuire. J'ai eu tort, sans doute ; mais quel est celui parmi vous qui ne reconnaîtra pas le droit qu'on a de se défendre ? Si j'étais coupable, pourquoi le témoignage du prêtre ne s'est-il pas produit au tribunal ? *Alors* je ne l'avais pas emprisonné, recélé. Pourquoi n'a-t-il pas proclamé mon crime, lorsque je proclamais celui de Glaucus ? Préteur.... que répondre à cela ? Pour le reste, je m'abandonne à vos lois : je demande leur protection. Éloignez d'ici l'accusé et l'accusateur. Je consens volontiers à me soumettre au jugement du tribunal légitime. Cette place n'est pas faite pour la discussion.

— Il a raison, dit le préteur. Holà, gardes ! qu'on éloigne Arbacès, qu'on mette Calénus en lieu sûr. Salluste, vous répondrez de votre accusation. Que les jeux continuent.

— Quoi ! s'écria Calénus en se retournant vers le peuple.

Isis sera-t-elle ainsi méprisée? Le sang d'Apæcides criera-t-il en vain vengeance? Retardera-t-on la justice pour qu'elle soit frustrée plus tard? Le lion sera-t-il privé de sa proie légitime? Un dieu! un dieu! je sens qu'un dieu vous parle par ma bouche.... *Au lion!... Arbacès au lion!* »

Le corps du prêtre, que la faim avait ruiné, ne put supporter l'excès de ses sentiments rancuneux; Calénus tomba à terre dans d'étranges convulsions.... l'écume inondait ses lèvres.... il ressemblait à un homme agité par un pouvoir surnaturel.... Le peuple le vit tomber et frissonna.

« C'est un dieu qui inspire ce saint homme! *Au lion l'Égyptien!* »

Mille et mille personnes se levèrent et s'émurent en poussant ce cri.... descendirent des hauteurs de l'amphithéâtre.... et se précipitèrent dans la direction de l'Égyptien. En vain l'édile commandait, en vain le préteur élevait la voix et proclamait la loi, le peuple avait été rendu féroce par la vue du sang; il en voulait davantage; la superstition se mêlait à cette soif ardente. Excités, enflammés par le spectacle de leur victime, les habitants de Pompéi oubliaient l'autorité de leurs magistrats. C'était une de ces terribles émotions populaires fréquentes parmi les multitudes ignorantes, moitié libres, moitié serviles, et que la constitution particulière des provinces romaines produisait fréquemment. Le pouvoir du préteur était un roseau au milieu du tourbillon. Cependant, à son ordre, les gardes s'étaient rangés le long des bancs inférieurs, sur lesquels les spectateurs des classes distinguées étaient assis, séparés du vulgaire : ce ne fut qu'une faible barrière; les vagues de cette mer humaine s'arrêtèrent tout au plus pour laisser à Arbacès le temps de calculer l'instant précis de sa mort. Désespéré, et plein d'une terreur qui abaissait même son orgueil, il fixa ses yeux sur la foule qui s'avançait grossissant toujours, lorsque, au-dessus d'elle, il aperçut, par l'ouverture des *velaria*, un étrange et terrible phénomène, et soudain son adresse vint en aide à son courage.

Il étendit la main vers le ciel, et son front majestueux, ses traits empreints d'une autorité royale, prirent une expression des plus solennelles et des plus imposantes.

« Regardez, s'écria-t-il d'une voix de tonnerre qui domina les clameurs de la foule, regardez comme les dieux protégent l'innocent! Les feux vengeurs d'Orcus protestent contre le faux témoignage de mon accusateur. »

Les yeux de la foule suivirent le geste de l'Égyptien, et chacun vit avec un indicible effroi une immense vapeur qui s'élevait des sommets du Vésuve sous la forme d'un pin gigantesque[1] au tronc noir, aux branches en feu, et la teinte de ce feu variant à tout moment; tantôt lumineux à l'excès, tantôt d'un rouge sombre et mourant, qui se ravivait un instant après avec un éclat que l'œil ne pouvait supporter.

Il se fit un silence de mort, un silence effrayant, interrompu tout à coup par le rugissement du lion, auquel répondit derrière l'amphithéâtre le rugissement plus aigu et plus féroce de son compagnon de captivité ! C'étaient deux sinistres interprètes de la pesanteur de l'atmosphère; le tigre et le lion semblaient les prophètes de la colère du ciel.

Alors on entendit sur le haut des gradins les cris des femmes: les hommes se regardaient les uns les autres, muets. En ce moment ils sentirent trembler la terre sous leurs pieds. Les murs du théâtre vacillèrent; et à quelque distance, les toits des maisons se heurtèrent et s'écroulèrent avec fracas; le nuage de la montagne, sombre et rapide comme un torrent, parut rouler vers eux, et lança de son sein une pluie de cendres mêlée de fragments de pierres brûlantes. Sur les vignes abattues, sur les rues désolées, sur l'amphithéâtre lui-même, au loin et au large, et jusque dans les flots de la mer qu'elle agita, s'étendit cette pluie terrible !...

L'assemblée ne s'occupa pas davantage de la justice ni d'Arbacès.... la seule pensée de chacun était sa propre sûreté.... ils voulurent fuir, se pressant, se poussant, s'écrasant les uns les autres, marchant sans pitié sur celui qui était tombé; au milieu des plaintes, des juremonts, des prières, des cris soudains, cette foule énorme se précipita dans les nombreux vomitoires de l'amphithéâtre : mais où fuir? Quelques-uns, prévoyant un second tremblement de terre, se hâtaient de reprendre le chemin de leurs maisons, afin de se charger de leurs objets les plus précieux, et de chercher leur salut dans la fuite, pendant qu'il en était encore temps; d'autres, craignant cette pluie de cendres qui tombait par torrents dans les rues, cherchaient un abri sous le toit des maisons prochaines, dans les temples, dans tous les lieux qui pouvaient les protéger contre les airs; mais les nuages succédaient aux nuages, et l'obscurité devenait de plus en plus sombre. C'était une nuit soudaine, une nuit effrayante qui s'emparait du milieu du jour.

1. Pline.

CHAPITRE V.

La cellule du prisonnier et la cellule des morts. — La douleur reste insensible à l'horreur.

Encore étonné du délai qu'on lui avait accordé, doutant s'il était éveillé, Glaucus avait été conduit par les gardes de l'arène dans une petite cellule intérieure du théâtre. Ils jetèrent une large robe sur son corps, et le félicitèrent de ce merveilleux sursis. Un cri d'empressement et d'impatience retentit au dehors de la cellule; la foule livra passage à une jeune fille, qui, conduite par une main charitable, entra et se jeta aux pieds de Glaucus.

« C'est moi qui l'ai sauvé, s'écria-t-elle d'une voix oppressée; maintenant je peux mourir.

— Nydia, mon enfant, ma protectrice.

— Oh laisse-moi toucher ta main.... sentir ton haleine.... oui, oui, tu vis.... nous ne sommes pas arrivés trop tard.... cette porte fatale, j'ai cru qu'elle ne céderait jamais.... Calénus.... ah! sa voix était celle du vent qui expire sur des tombes.... il a fallu attendre.... ô dieux!... il me semblait que des heures s'écoulaient avant que le vin et la nourriture lui eussent rendu quelque force.... Mais tu vis, tu vis, et moi je t'ai sauvé.... »

Cette scène touchante fut interrompue par l'événement que nous venons de décrire.

La montagne, le tremblement de terre.... tels étaient les cris qui résonnaient de tous les côtés.... les gardes s'enfuirent comme les autres.... ils laissèrent Glaucus et Nydia pour se sauver comme ils purent.

Quand l'Athénien comprit le danger qui les menaçait, son cœur généreux songea à Olynthus. Lui aussi, il était délivré du tigre par la main des dieux; devait-il être abandonné à une mort aussi fatale que l'autre, dans sa cellule voisine? Prenant Nydia par la main, Glaucus traversa les passages; il arriva à la prison du chrétien; il trouva Olynthus à genoux en prières.

« Lève-toi, mon ami, s'écria-t-il, sauve-toi et fuis. Vois, la nature elle-même te délivre. »

Il conduisit dehors le chrétien étonné et lui montra un nuage qui s'avançait de plus en plus sombre, vomissant des pluies de cendres et de lave, et lui fit prêter l'oreille aux cris et aux piétinements de la foule qui se répandait de toutes parts.

« Ceci est la main de Dieu; que Dieu soit loué ! dit Olynthus.

— Fuis, cherche tes frères, concerte-toi avec eux pour te sauver. Adieu. »

Olynthus ne répondit pas; il ne parut même pas s'apercevoir du départ de son ami. De hautes et solennelles pensées absorbaient son âme; et, dans l'enthousiasme de son cœur reconnaissant, il célébrait la miséricorde de Dieu plutôt qu'il ne tremblait devant ce témoignage de sa puissance.

A la fin, il sortit de ses réflexions et courut lui-même sans savoir où il allait.

Les portes ouvertes d'une cellule sombre et désolée apparurent soudain à ses yeux; une seule lampe en éclairait faiblement l'obscurité. A sa lueur il aperçut des corps nus et inanimés étendus sur la terre. Ses pas s'arrêtèrent, car au milieu des horreurs de ce sombre lieu, le spoliarium de l'arène, il entendit une voix prononcer tout bas le nom du Christ.

Il ne put s'empêcher de s'arrêter à ce nom; il entra dans la cellule, et ses pieds se baignèrent dans des flots de sang que plusieurs cadavres répandaient sur le sable.

« Qui donc, dit le Nazaréen, invoque ici le nom de Dieu ? »

On ne répondit pas. Olynthus, en se retournant, aperçut à la lueur de la lampe un vieillard à cheveux blancs assis sur le sol, et soutenant sur son sein la tête d'un des morts. Les traits du cadavre étaient immobiles et rigides comme ceux d'un homme qui vient d'entrer dans son dernier sommeil. Sur ses lèvres errait encore un fier sourire, non pas le tranquille sourire du chrétien plein d'immortalité, mais l'amer sourire de la haine et du défi. Cependant la beauté de la première jeunesse régnait encore sur les contours de ce visage; les cheveux épais et lustrés ombrageaient de leurs boucles un front uni, et le duvet de l'âge viril rendait plus blême encore le marbre de ses joues pâlies. Sur ce visage, s'en penchait un autre où se peignait une inexprimable tristesse, un amour profond, un désespoir extrême; les larmes du vieillard coulaient brûlantes et pressées, mais il ne les sentait pas; et quand ses lèvres s'ouvraient pour donner passage à la prière que lui avait enseignée la foi nouvelle, foi de résignation et d'espérance, ni son cœur ni sa raison ne répondaient à ses paroles; ce n'était qu'une émotion involontaire qui venait rompre la léthargie de l'âme; son enfant était mort; il était mort pour lui, et le cœur du vieillard était brisé.

« Médon, dit Olynthus avec pitié, lève-toi et fuis, Dieu s'est avancé sur les ailes des éléments. La nouvelle Gomorrhe subit sa destinée; fuis, avant que le feu te consume.

— Il était si plein de vie, il ne peut être mort.... venez ici.... placez votre main sur son cœur.... son cœur doit battre encore.

— Frère.... l'âme a fui.... nous nous souviendrons de lui dans nos prières.... tu ne peux ranimer cette muette argile.... Viens, viens.... écoute.... pendant que je parle.... le bruit de ces murs qui s'écroulent.... écoute, ces cris d'agonie.... pas un moment à perdre.... viens.

— Je n'entends rien, dit Médon, secouant ses cheveux blancs; le pauvre enfant, c'est son amour pour moi qui l'a tué.

— Viens, viens, pardonne à la violence d'un ami.

— Qui, qui donc voudrait séparer le père du fils? »

Et Médon serrait étroitement le corps dans ses bras, et le couvrait de ses baisers avec ardeur.

« Va, dit-il à Olynthus en le regardant un moment, va, laisse-nous seuls.

— Hélas! répondit le Nazaréen compatissant, la mort vous déjà séparés. »

Le vieillard sourit avec calme. « Non, non, murmura-t-il, et sa voix s'affaiblissait à chaque mot; la mort a été plus généreuse. »

Sa tête alors s'inclina sur sa poitrine.... ses bras laissèrent tomber leur fardeau.... Olynthus le prit par la main.... Le pouls avait cessé de battre.... les dernières paroles du père étaient vraies: *La mort avait été plus généreuse.*

Cependant Glaucus et Nydia traversaient rapidement les rues, les périlleuses et terribles rues. L'Athénien avait appris de sa libératrice qu'Ione était encore dans la maison d'Arbacès; il courut pour la délivrer, pour la sauver.... Les quelques esclaves que l'Égyptien avait laissés dans sa demeure, lorsqu'il était sorti avec son long cortège pour se rendre à l'amphithéâtre, n'avaient pu offrir de résistance à la bande armée de Sallusto, et dès qu'ils avaient vu ensuite le volcan en éruption, ils s'étaient retirés pleins d'effroi et pêle-mêle dans les coins et recoins les plus abrités. Le gigantesque Éthiopien lui-même avait quitté son poste à la porte; et Glaucus (qui avait laissé Nydia en dehors, la pauvre Nydia, jalouse encore, même en cette heure épouvantable), traversa les salles sans rencontrer personne qui pût lui indiquer où était la chambre d'Ione.

L'obscurité qui couvrait le ciel s'épaississait si rapidement pendant ce temps, qu'il voyait à peine assez pour guider ses pas; les colonnes entourées de guirlandes semblaient frémir et vaciller; à tout instant il entendait les cendres tomber avec fracas dans le péristyle découvert; il monta aux chambres supérieures, haletant et répétant à grands cris le nom d'Ione; enfin il entendit à l'extrémité de la galerie une voix, sa voix, qui répondait à son appel. S'élancer, briser la porte, saisir Ione dans ses bras, fuir de cette demeure, ce fut l'affaire d'un instant. A peine avait-il regagné le lieu où l'attendait Nydia, qu'il entendit des pas s'avancer vers la maison, et reconnut la voix d'Arbacès, qui revenait chercher ses trésors et Ione, avant de quitter la cité destinée à périr. Mais la nuit qui régnait dans l'atmosphère était si profonde, que les deux ennemis ne se virent pas, quoique si près l'un de l'autre; Glaucus distingua seulement les contours flottants de la robe blanche de l'Égyptien.

Ils s'empressèrent de fuir... tous les trois... Hélas! où allaient-ils?... Ils ne voyaient rien à un pas devant eux, tant les ténèbres devenaient de plus en plus épaisses. Ils étaient remplis d'incertitude et de terreur, et la mort à laquelle Glaucus venait d'échapper lui semblait seulement avoir changé de forme pour augmenter ses victimes.

CHAPITRE VI.

Calénus et Burbo. — Dioméde et Claudius. — La jeune fille de l'amphithéâtre et Julia.

La catastrophe soudaine qui avait rompu tous les liens de la société, et rendu la liberté aux prisonniers, comme aux geôliers, avait promptement délivré Calénus des gardes auxquels le soin du préteur venait de le confier. Et, lorsque l'obscurité et la foule séparèrent le prêtre de ses surveillants, il dirigea ses pas tremblants vers le temple de la déesse. Comme il s'y rendait en tâtonnant, et avant que la nuit fût complète, il se sentit tiré par sa robe, et une voix murmura à son oreille :

« Ah! Calénus, quelle heure terrible!

— Par la barbe de mon père! qui es-tu? Je ne distingue pas tes traits; ta voix m'est étrangère.

— Ne reconnais-tu pas ton Burbo? Fi!

— Dieux! comme les ténèbres grossissent!... Oh! quels éclairs[1] s'élancent de cette terrible montagne! ce sont des flèches aiguës, Pluton est déchaîné sur la terre.

— Paix.... tu ne crois pas à tout cela.... Calénus, voici le moment de faire notre fortune.... Ah! écoute; ton temple est plein d'or et d'objets précieux consacrés au culte. Chargeons-nous en, courons à la mer, embarquons-nous, personne ne vous demandera jamais compte des actions de ce jour.

— Burbo, tu as raison; silence; suis-moi dans le temple. Qui prend garde à nous? Qui peut voir maintenant si tu es prêtre ou non?... Camarade, nous partagerons. »

Dans l'enceinte du temple, il y avait plusieurs prêtres rassemblés autour de l'autel, priant, pleurant, se prosternant la face contre la terre. Imposteurs lorsqu'ils n'avaient rien à craindre, ils redevenaient superstitieux au moment du danger. Calénus passa au milieu d'eux, et entra dans la chambre qu'on voit encore au côté méridional de la cour. Burbo le suivit. Le prêtre alluma une lampe, et aperçut du vin et des viandes sur une table, c'étaient les restes d'un sacrifice.

« Un homme affamé depuis quarante-huit heures, murmura Calénus, a de l'appétit, même en un pareil moment. »

Il se jeta sur la nourriture, et mangea avec voracité. Rien n'était peut-être plus horrible et moins naturel que le bas égoïsme de ces scélérats; car l'avarice est la chose la plus hideuse de ce monde. Le pillage et le sacrilége pendant que les piliers du temple s'écroulaient sur leurs têtes! Combien les vices de l'homme peuvent ajouter aux terreurs de la nature!

« N'auras-tu jamais fini? s'écria Burbo impatienté; ta figure est de pourpre, et tes yeux flamboyants.

— On n'a pas tous les jours une faim comme la mienne.... Oh! par Jupiter! quel bruit est celui-ci? quelle pluie siffle et tombe sur nous? Les nuages vomissent à la fois l'eau et le feu. Ah! quels cris perçants!... Burbo, tout est redevenu silencieux; regarde au dehors. »

Parmi les autres horreurs de cette heure terrible, la montagne

---

1. Éclairs volcaniques. Ces phénomènes caractérisèrent surtout la longue éruption de 1779, et l'éruption beaucoup plus terrible que nous décrivons si imparfaitement on a laissé des traces encore visibles.

venait de lancer des colonnes d'eau bouillante, mêlée et pétrie avec les cendres chaudes ; ces torrents tombaient par fréquents intervalles dans les rues, comme une boue enflammée. A l'endroit même où les prêtres d'Isis s'étaient rassemblés autour des autels, où ils avaient vainement essayé d'allumer les feux sacrés et de brûler leur encens, le plus impétueux de ces torrents, accru d'énormes masses de scories, venait de précipiter son cours furieux. Il avait passé sur les prêtres agenouillés ; leurs cris avaient été les cris de la mort.... Le silence qui leur avait succédé était le silence de l'éternité ! Les cendres, le noir torrent, avaient envahi les autels, couvert le pavé de l'enceinte, et enseveli à moitié les corps frémissants des prêtres.

« Ils sont morts, dit Burbo, terrifié pour la première fois, et se rejetant au fond de la chambre.... Je ne pensais pas que le danger fût si grand et si fatal. »

Les deux misérables se regardèrent l'un et l'autre.... On aurait entendu battre leurs cœurs. Calénus, le moins courageux de sa nature, mais le plus avare, se remit le premier. « Agissons sur-le-champ et fuyons, » dit-il à demi-voix, effrayé lui-même du son de ses paroles. Il mit le pied sur le seuil, s'arrêta, passa sur le pavé brûlant et sur le corps de ses frères, et se dirigea vers la chapelle sacrée, en disant à Burbo de le suivre. Mais le gladiateur frissonna et recula.

« Tant mieux ! pensa Calénus, ma part sera double. » Il se chargea aussi promptement qu'il le put des trésors du temple, les plus faciles à emporter ; et, sans songer davantage à son compagnon, s'élança hors de l'enceinte sacrée. Un grand éclair, lancé soudain par la montagne, montra à Burbo, resté immobile sur le seuil, le prêtre qui s'enfuyait avec son fardeau. Il prit courage ; il s'avança pour le rejoindre, lorsqu'une pluie épouvantable de cendres tomba à ses pieds. Le gladiateur se sentit défaillir encore. L'obscurité l'environna, mais la pluie continuait à tomber avec violence.... amoncelant des amas de cendres et exhalant des vapeurs suffocantes et mortelles.... Le malheureux ne pouvait plus respirer. Désespéré, il essaya de fuir.... Les cendres le bloquaient sur le seuil.... Il poussait des cris en sentant la lave bouillante monter sur ses pieds. Comment se sauver ? Il ne pouvait pas gravir jusqu'à l'espace découvert. Cela eût-il été possible, il n'était plus maître de sa terreur. Mieux valait demeurer dans la cellule, à l'abri au moins des accidents de l'air. Il s'assit et serra les dents. Par degrés, l'atmosphère du dehors, étouffante et pestilentielle, pénétrait jusque dans la chambre; il n'y pouvait plus résister. Ses yeux qu'il roulait autour de lui aperçurent une hache de sacrifice, que quelque prêtre avait laissée dans la chambre; il s'en empara; avec la force désespérée de son bras gigantesque, il essaya de se faire un passage à travers les murs.

Pendant ce temps-là, les rues étaient devenues solitaires; chacun avait cherché un asile, un abri; les cendres commençaient à remplir les plus basses parties de la cité. Çà et là pourtant on entendait les pas de quelques fugitifs, se hâtant avec précaution; on voyait leurs figures pâles et hagardes, à la lueur bleue des éclairs, ou bien à celle des torches, au moyen desquelles ils s'efforçaient d'assurer leur marche. Mais de moment en moment, l'eau bouillante ou les cendres qui descendaient, ou quelque vent orageux et mystérieux s'élevait et mourait tout à coup, éteignant ces lumières errantes, et avec elles l'espérance de ceux qui les portaient.

Dans la rue qui conduit à la porte d'Herculanum, Claudius cherchait avec perplexité son chemin.

« Si je puis gagner les champs, se disait-il, je trouverai sans doute quelque voiture, et Herculanum n'est pas loin. Grâce à Mercure! j'ai peu de chose à perdre, et ce peu, je le porte avec moi.

— Holà!... à l'aide!... à l'aide!.. cria une voix effrayée et plaintive; je suis tombé!... Ma torche est éteinte.... Mes esclaves m'ont abandonné.... Je suis Diomède.... le riche Diomède! Mille sesterces pour celui qui viendra à mon secours! »

Au même moment Claudius se sentit saisir par le pied.

« Ah! secourez-moi!... donnez-moi votre main!

— La voici.... Levez-vous.

— C'est Claudius... Je reconnais sa voix.... Où allez-vous?

— A Herculanum.

— Les dieux soient loués! notre chemin est le même jusqu'à la porte de la ville. Pourquoi ne pas vous réfugier à ma maison de campagne? Vous connaissez la longue rangée de mes celliers souterrains, sous les fondations de ma maison; c'est un asile où cette pluie ne peut pénétrer.

— Vous avez raison, dit Claudius pensif; et pour peu qu'on remplisse les celliers de provisions de bouche, nous pourrons y rester quelques jours, dans le cas où cette étrange tempête se prolongerait.

— O béni soit celui qui a inventé les portes des cités! s'écria Diomède. Voyez, on a placé là-bas une torche sous l'arche.... elle va guider nos pas. »

L'air était devenu un peu plus calme depuis quelques minutes ; la lampe placée à la porte de la ville jetait au loin un vif éclat.... Les fugitifs se pressèrent.... arrivèrent.... passèrent devant le factionnaire romain. Ils purent voir sa face livide et son casque poli ; ses traits exprimaient la terreur, mais en même temps une certaine fermeté.... Il demeurait droit et immobile à son poste. Cette heure même n'avait pu changer en un homme indépendant et agissant pour lui-même, cette machine de l'inébranlable majesté de Rome. Il restait debout au milieu des désordres de la nature ; il n'avait pas reçu la permission de quitter son poste et de s'enfuir[1].

Diomède et son compagnon se pressaient, lorsque tout à coup une femme traversa leur chemin. C'était la jeune fille dont la voix mal inspirée avait si souvent et si gaiement célébré par anticipation le joyeux spectacle de l'amphithéâtre.

« O Diomède! s'écria-t-elle, un abri! un abri!... Voyez, dit-elle en montrant un enfant suspendu à son cou.... Voyez ce pauvre petit.... C'est mon enfant.... l'enfant de la honte.... Je ne l'ai jamais avoué jusqu'à ce jour.... Mais maintenant je me rappelle que je suis mère!... Je suis allée le chercher au berceau de sa nourrice.... *Elle* avait fui!... Qui peut penser à un enfant dans un pareil moment, excepté sa mère?.. Sauvez-le!... sauvez-le!...

— Malédiction sur tes criailleries! dit Claudius ; laisse-nous, prostituée, murmura-t-il entre ses dents.

— Non, dit Diomède, plus humain ; suis-nous. Ce chemin.... ce chemin.... Aux voûtes!... »

Ils pressèrent de nouveau le pas ; ils arrivèrent à la maison de Diomède. Ils se mirent à rire hautement en posant le pied sur le seuil, car ils crurent que le danger était passé pour eux.

Diomède ordonna à ses esclaves de porter dans les caveaux souterrains que nous avons décrits, une grande quantité de provisions de toute sorte et de l'huile pour les lampes, et ce fut là que Julia, Claudius, la mère et son enfant, la plus grande partie des esclaves, quelques visiteurs effrayés et des clients du voisinage, cherchèrent un abri.

1. On a trouvé à leurs postes les squelettes de plusieurs sentinelles.

CHAPITRE VII.

Les progrès de la destruction.

Le nuage qui avait répandu une si profonde obscurité sur le jour s'était condensé en une masse solide et impénétrable. Il ressemblait moins aux ténèbres de la nuit en plein air qu'à celles d'une chambre étroite où la lumière ne pénètre pas [1]; mais à mesure que ces ténèbres augmentaient, les éclairs qui partaient du Vésuve étaient plus formidables et plus lumineux. Leur horrible beauté ne se bornait pas aux couleurs habituelles du feu; jamais arc-en-ciel n'égala leurs teintes changeantes et variées. Tantôt elles paraissaient bleues comme l'azur le plus profond de la mer du Sud, tantôt vertes et tantôt livides comme la peau d'un serpent. Les éclairs affectaient parfois la forme et les replis de ces énormes reptiles; d'autres fois c'était un rouge ardent et intolérable, qui, éclatant à travers des colonnes de fumée, illuminait la ville entière, puis expirait tout à coup, devenant sombre et pâle comme un fantôme de lumière.

Dans l'intervalle des pluies on entendait le bruit qui se faisait sous terre, et les vagues grondantes de la mer tourmentée; ou plus bas encore, et perceptible seulement pour une oreille attentive et pleine de craintes, le murmure sifflant des gaz qui s'échappaient des crevasses de la montagne lointaine. Par moments le nuage paraissait briser sa masse solide et offrir, à la lueur des éclairs, des formes d'hommes ou de monstres se poursuivant, se heurtant et s'évanouissant, après ces combats moqueurs, dans le turbulent abîme de l'ombre : de sorte que, aux yeux et à l'esprit des voyageurs effrayés, ces vapeurs sans substance paraissaient, de gigantesques ennemis, ministres de la terreur et de la mort [2].

Les cendres en beaucoup d'endroits s'élevaient à la hauteur des genoux, et la bouillante pluie qui sortait de la bouche

---

1. Pline.
2. Dion Cassius.

enflammée du volcan entrait violemment dans les maisons, apportant avec elle une forte et suffocante vapeur. En certaines places, d'immenses fragments de rochers étaient précipités sur les toits des maisons et couvraient les rues de masses confuses de ruines qui obstruaient de plus en plus les chemins. Plus le jour s'avançait, plus l'agitation de la terre était sensible : le piéton chancelait sur le sol; ni char ni litière ne pouvaient se tenir en équilibre, même sur le terrain le plus uni.

On voyait les plus larges pierres se choquer les unes contre les autres en tombant, se rompre en mille morceaux et lancer d'immenses étincelles qui embrasaient tout ce qui se trouvait de combustible à leur portée : le long des plaines, hors de la ville, l'obscurité fut dissipée un moment d'une façon terrible ; plusieurs maisons et des vignobles entiers étaient la proie des flammes. Ces incendies éclataient tout à coup au milieu des ténèbres. Pour ajouter à cette clarté intermittente, les citoyens avaient çà et là, sur les places publiques, particulièrement sous les portiques des temples et aux entrées du Forum, essayé de placer des rangées de torches; mais les pluies de feu et les vents les éteignaient, et l'obscurité n'en paraissait ensuite que plus redoutable; on sentait l'impuissance des espérances humaines : c'était comme une leçon de désespoir.

Fréquemment, à la lumière momentanée de ces torches, des groupes de fugitifs se rencontraient, les uns fuyant vers la mer, les autres fuyant de la mer vers les campagnes : car l'Océan s'était retiré rapidement du rivage; de profondes ténèbres le recouvraient en entier. Sur ses vagues agitées et grondantes tombaient les cendres et les pierres, sans que l'on pût échapper à leur fureur, comme sur la terre, qui offrait du moins la protection des édifices. Désordonnés, éperdus, remplis de craintes surnaturelles, ces groupes passaient à côté les uns des autres sans avoir le loisir de se parler, de se concerter, de se conseiller : car les pluies tombaient alors, non pas continuellement, mais à des intervalles si rapprochés, qu'elles éteignaient leurs torches et les forçaient à se disperser pour chercher un abri. Ils n'avaient que le temps de voir leurs faces semblables à celles des ombres. Tous les éléments de la civilisation étaient détruits; le voleur chargé de butin et riant, à gorge déployée, du profit que lui promettaient ces dépouilles, passait sans crainte à côté du solennel magistrat. Si dans l'ombre une femme était séparée de son mari, un père de son enfant, toute espérance de se retrouver était vaine. On se pressait, on s'enfuyait au hasard. De toutes les combinaisons variées de la vie sociale il ne restait plus rien ; il n'y avait plus qu'un sentiment, celui de sa propre conservation.

L'Athénien, accompagné d'Ione et de la jeune fille aveugle, poursuivait son chemin au milieu de ces scènes de désordre : tout à coup des centaines de personnes, qui se rendaient aussi à la mer, débordèrent sur eux. Nydia fut arrachée du côté de Glaucus, emporté en avant avec Ione ; et lorsque la foule, qu'ils n'avaient pu même entrevoir, tant l'obscurité était forte, eut passé, Nydia n'était plus auprès de son protecteur. Glaucus l'appela; pas de réponse. Ils revinrent sur leurs pas; ce fut en vain, ils ne purent la découvrir : il était évident qu'elle avait été entraînée dans quelque direction opposée par ce torrent humain. Leur amie, leur libératrice était perdue, que dis-je? leur guide même. *Sa cécité rendait la route familière pour elle seule....* Accoutumée dans sa nuit perpétuelle à traverser les détours de la cité, elle les avait conduits, sans se tromper, vers les rivages de la mer, où ils avaient placé l'espérance de leur salut. Maintenant, de quel côté se dirigeraient-ils? tout était pour eux sans lumière et sans issue dans ce labyrinthe. Fatigués, désespérés, égarés, ils continuèrent néanmoins leur chemin, malgré les cendres qui tombaient sur leurs têtes, et les pierres, dont les fragments faisaient jaillir, en tombant, des étincelles à leurs pieds.

« Hélas! hélas! murmura Ione, je ne puis plus marcher, mes pieds s'enfoncent dans les cendres brûlantes. Fuis, mon ami.... mon bien-aimé; laisse-moi à mon destin malheureux.

— Tais-toi, ma fiancée, mon épouse.... la mort m'est plus douce avec toi que la vie sans toi. Mais, hélas! où nous diriger dans cette obscurité?... Il me semble que nous avons tourné dans un cercle, et que nous sommes revenus au lieu où nous étions il y a une heure.

— O dieux! ce rocher.... vois.... il a brisé ce toit devant nous. La mort est dans les rues à présent....

— Béni soit cet éclair!... Regarde, Ione, le portique du temple de la Fortune est devant nos yeux : entrons-y, nous y trouverons un abri contre ces pluies terribles. »

Il la prit dans ses bras, et, après beaucoup de peine et de difficulté, atteignit le temple. Il la porta à l'endroit le plus reculé et le plus couvert du portique, et se pencha sur elle afin que son corps lui servît d'abri suprême contre les cendres et les pierres. La grandeur et le désintéressement peuvent encore sanctifier des moments si affreux.

« Qui est là? dit d'une voix basse et tremblante quelqu'un qui les avait précédés dans ce refuge; mais qu'importe? la chute du monde fait qu'il n'existe plus d'amis ni d'ennemis. »

Ione se retourna au son de cette voix, et, avec un faible cri, se pressa dans les bras de Glaucus, qui, jetant les yeux dans la direction de la voix, reconnut la cause de ses alarmes. Deux yeux étranges brillaient dans l'obscurité; un éclair passa et illumina le temple, et Glaucus, en frémissant, aperçut le lion, dont il avait dû être la proie, couché sous un des piliers, et à côté de lui, sans se douter de ce voisinage, était étendu le corps gigantesque de celui qui venait de leur parler….le gladiateur blessé, Nigor.

L'éclair avait montré l'homme à l'animal, et l'animal à l'homme, mais l'instinct de l'un et de l'autre était assoupi. Bien plus, le lion s'approcha en rampant vers le gladiateur, comme pour avoir un compagnon, et le gladiateur ne recula ni ne trembla : la révolution de la nature avait dissous les terreurs et les sympathies ordinaires.

Pendant qu'ils étaient abrités d'une façon si terrible, un groupe d'hommes et de femmes, portant des torches, passa près du temple. Ils étaient de la congrégation des Nazaréens. Une émotion sublime et céleste leur avait enlevé ce qu'il y a de terrestre dans la frayeur. Ils avaient vécu dans la croyance, erreur des premiers chrétiens, que la fin du monde était proche. Ils croyaient ce jour venu.

« Malheur! malheur! cria d'une voix aiguë et perçante le vieillard qui les conduisait. Voyez! Dieu s'avance pour le jugement; il fait descendre le feu du ciel à la vue des hommes. Malheur! malheur à vous, les forts, les puissants! Malheur à vous, porteurs de faisceaux et de pourpre! Malheur à l'idolâtre et à l'adorateur de la bête! Malheur à vous qui répandez le sang des saints, et qui vous réjouissez de l'agonie du fils de Dieu! Malheur à votre Vénus, à la prostituée de la mer! Malheur! malheur! »

Et, d'une voix sinistre et élevée, toute la troupe répéta en chœur :

« Malheur! malheur à la prostituée de la mer! Malheur! malheur! »

Les Nazaréens passèrent lentement; leurs torches vacillaient dans la tempête; leurs voix jetaient des menaces et des avertissements solennels. Ils disparurent enfin dans les détours des rues : la nuit et le silence reprirent possession du temple

Pendant une des interruptions assez fréquentes de l'éruption, Glaucus encouragea Ione à continuer leur chemin. Comme ils se tenaient, en hésitant, sur la dernière marche du portique, un vieillard, portant un sac à sa main droite et s'appuyant sur un jeune homme, passa devant eux. Le jeune homme portait une torche. Glaucus les reconnut tous les deux : c'étaient un père avare et un fils prodigue.

« Mon père, dit le jeune homme, si vous ne marchez pas plus vite, je serai forcé de vous quitter, ou nous périrons tous les deux.

— Fuis donc, mon fils, et laisse là ton père.

— Mais je ne puis pas fuir pour mourir de faim : donnez-moi votre sac plein d'or. »

Et le jeune homme essaya de le lui arracher. Misérable ! voudrais-tu voler ton père ?

— Oui ! qui me dénoncera dans un tel jour ? Avare, péris ! »

Le jeune homme renversa le vieillard sur le sol, s'empara du sac, que lui disputait mal une main sans vigueur, et s'enfuit poussant une espèce de rugissement sauvage.

« Grands dieux ! s'écria Glaucus, êtes-vous donc aussi aveuglés par ces ténèbres ? De tels crimes peuvent faire confondre l'innocent et le coupable dans une commune ruine. Ione, partons, partons. »

CHAPITRE VIII.

Arbacès rencontre Ione et Glaucus.

S'avançant comme des prisonniers qui s'échappent d'un cachot, Ione et son amant continuèrent leur route incertaine. Ce n'était que lorsque les éclairs volcaniques jetaient leur long sillon sur les rues, qu'il leur était possible de diriger leurs pas à cette effrayante clarté ; le spectacle qui les entourait n'était guère propre à les encourager. Partout où les cendres étaient sèches, et sans mélange des bouillants torrents que la montagne lançait à de capricieux intervalles, la surface de la terre présentait une horrible et lépreuse blancheur. En d'autres lieux, les charbons et les pierres s'entassaient sur le corps de quelque malheureux fugitif, dont on apercevait les membres écrasés et mutilés. Les soupirs des mourants étaient interrompus par les cris plaintifs des femmes, qu'on entendait tantôt de près, tantôt de loin; cris rendus plus terribles encore par la pensée que, dans cette obscurité périlleuse, il était impossible de porter secours aux victimes. Au-dessus de tous ces bruits dominaient ceux qui partaient de la montagne fatale, plus puissants et plus variés que les autres; ses tempêtes, ses torrents, ses épouvantables explosions ne cessaient pas. Les vents apportaient dans les rues, toutes les fois qu'ils y soufflaient, des courants de poussière brûlante, et des vapeurs desséchantes et empoisonnées, telles qu'on perdait tout à coup la respiration et le sentiment; un instant après, le sang refoulé dans les veines s'arrêtait violemment. Chaque nerf, chaque fibre éprouvaient toutes les sensations de l'agonie.

« O Glaucus! mon bien-aimé; mon époux, soutiens-moi, prends-moi, serre-moi sur ton cœur.... Que je sente tes bras autour de mon corps et que je meure dans ces embrassements.... Je n'ai plus de force!

— Pour mon salut, pour ma vie, courage encore, douce Ione.... Mon existence est liée à la tienne.... Tiens, vois.... des torches.... de ce côté! Ah! comme elles bravent le vent!... Comme elles vivent dans la tempête.... Ce sont des fugitifs qui se rendent à la mer.... Nous nous joindrons à eux. »

Comme si le ciel eût voulu ranimer les amants, les vents et les pluies s'arrêtèrent un moment.... L'atmosphère était profondément tranquille.... La montagne semblait au repos, se recueillant, peut-être, pour recommencer ses explosions avec plus d'énergie; les porteurs de torches s'avançaient lentement. « Nous sommes près de la mer, dit, d'une voix calme, la personne qui les conduisait. Liberté et richesse à chaque esclave qui survivra à ce jour! Courage, je vous répète que les dieux m'ont assuré que nous serions sauvés.... Allons! »

Les torches répandirent une lueur rougeâtre et effrayante sous les yeux de Glaucus et d'Ione, qui, tremblante et épuisée, s'appuyait sur la poitrine de son amant. Quelques esclaves portaient des paniers et des coffres pesamment chargés; Arbacès une épée nue à la main, les dirigeait avec fermeté.

« Par mes pères, s'écria l'Égyptien, le destin me sourit au milieu de ces horreurs; il m'offre, parmi ces horribles scènes de douleur et de mort, des espérances de bonheur et d'amour. Arrière, Grec, je réclame ma pupille Ione.

— Traître et assassin, s'écria Glaucus avec un regard foudroyant, Némésis t'a conduit ici pour ma vengeance; juste sacrifice aux ombres de Hadès, qui semble maintenant déchaîné sur la terre.... Approche.... touche seulement la main d'Ione et ton arme sera comme un roseau.... Je te déchirerai membre par membre. »

Soudain, pendant qu'il parlait, le lieu où ils étaient fut éclairé d'une lumière rouge et vive. La montagne, brillante et gigantesque à travers les ténèbres qui l'entouraient comme les murs de l'enfer, n'était plus qu'une pyramide de feu. Son sommet parut séparé en deux. Ou plutôt au-dessus de sa surface semblaient s'élever deux figures monstrueuses, se menaçant l'une l'autre comme des démons qui se disputent un morde. Elles étaient d'une couleur de sang et elles illuminaient au loin toute l'atmosphère; mais au-dessous, au pied de la montagne, tout était sombre encore, excepté en trois endroits, où serpentaient des rivières irrégulières de lave fondue. D'un rouge vif au milieu de leurs sombres bords, elles coulaient lentement du côté de la cité condamnée. Au-dessus de la plus large de ces rivières surgissait, en quelque sorte, une arche énorme et bizarre, d'où, comme de la bouche de l'enfer, se débordaient les sources de ce Phlégéthon subit. Et, à travers les airs tranquilles, on entendait le bruit des fragments de rochers roulant les uns sur les autres, à mesure qu'ils étaient emportés par ces cataractes de feu, obscurcissant pour un instant le lieu où ils tombaient, et se teignant, l'instant d'après, des couleurs enflammées du courant sur lequel ils flottaient.

Les esclaves poussèrent un grand cri et se couvrirent le visage tremblant; l'Égyptien lui-même demeura immobile pendant que l'atmosphère enflammée éclairait ses traits imposants et les pierres précieuses de sa robe. Derrière lui s'élevait une haute colonne qui supportait la statue de bronze d'Auguste; et l'on eût dit que l'image impériale était changée en une image de feu.

Glaucus, la main gauche passée autour de la taille d'Ione, avait le bras droit levé en signe de défi, et tenait le style qui devait lui servir dans l'arène et qu'il portait encore heureusement sur lui; les sourcils froncés, la bouche entr'ouverte, toute sa physionomie exprimait autant de menace et de colère que les passions humaines en peuvent comporter. Glaucus attendait l'Égyptien.

Arbacès détourna ses yeux de la montagne; ils retombè

sur l'Athénien. Il hésita un moment. « Pourquoi donc hésiter? se dit-il; les étoiles ne m'ont-elles pas prédit que la seule catastrophe que j'avais à redouter était passée? L'âme, cria-t-il tout haut, peut braver le naufrage des mondes et le courroux des dieux imaginaires! oh bien! au nom de cette âme, je serai vainqueur jusqu'au bout. Esclaves, avancez! Athénien, si tu me résistes, que ton sang retombe sur ta tête. Je reprends Ione.... »

Il fit un pas. Ce fut son dernier sur la terre. Le sol trembla sous lui avec une convulsion qui renversa tout à sa surface. Un fracas simultané retentit à travers la cité. C'étaient les toits et les colonnes qui tombaient de toutes parts. L'éclair, comme attiré par le métal, s'arrêta un instant sur la statue impériale, qui se brisa ensuite, bronze et marbre; le bruit de sa chute s'entendit au loin; le pavé se fendit sous ses éclats: la prophétie des étoiles était accomplie.

Ce bruit, ce choc, étourdirent quelque temps l'Athénien. Quand il reprit ses sens, la même lumière éclairait la scène; la terre vacillait et s'agitait encore. Ione était étendue sans connaissance sur le sol; mais il ne la voyait pas. Ses regards se fixèrent sur une figure effrayante qui paraissait sortir, sans membres et sans corps, des larges fragments de la colonne rompue, une figure où se peignaient l'agonie et le désespoir. Les yeux du fantôme se fermaient et s'ouvraient encore rapidement, comme si toute vie n'était pas encore disparue; ses lèvres frémissaient et se contractaient; puis ses traits assombris devinrent soudain immobiles, en gardant une expression d'horreur impossible à oublier.

Ainsi périt le sage magicien, le grand Arbacès, l'Hermès à la Ceinture de feu, le dernier des rois d'Égypte.

CHAPITRE IX.

Désespoir des amants. — Situation de la multitude.

Glaucus se retourna avec un sentiment de joie et de terreur à la fois; il prit de nouveau Ione dans ses bras, et courut le long de la rue, qui était encore lumineuse; mais une ombre épaisse revint envahir les airs. Il reporta instinctivement ses regards vers la montagne, et vit l'une des deux gigantesques crêtes de son sommet divisé se briser et se balancer; et puis, avec un bruit dont aucune langue au monde ne pourrait donner une idée, elle roula de sa brûlante base, en avalanche de feu, sur les versants de la montagne; au même instant, un volume considérable de fumée se répandit dans l'air, sur la terre et sur la mer.

Une autre, une autre encore, et puis encore une autre pluie de cendres, toutes plus abondantes qu'auparavant, vinrent renouveler la désolation dans les rues. L'obscurité les enveloppait de nouveau comme un voile; et Glaucus, dont le courage commençait à s'abattre, le désespoir dans le cœur, se réfugia sous une arche, et serrant dans ses bras Ione, son épouse, sur un lit de ruines, se résigna à mourir.

Pendant ce temps-là, Nydia, séparée de Glaucus et d'Ione, comme nous l'avons vu, cherchait en vain à les rejoindre. En vain poussait-elle le cri plaintif et familier aux aveugles; il se perdait parmi les mille cris des terreurs égoïstes. Elle retourna plusieurs fois à l'endroit où elle les avait perdus; elle ne retrouva pas ses compagnons; elle s'attachait à chaque fugitif; elle s'informait de Glaucus; elle était repoussée par l'impatience de gens occupés d'eux-mêmes et non des autres. Qui donc, à cette heure, donnait une pensée à son voisin? Dans ces scènes de désastre universel, rien n'est plus horrible peut-être que l'égoïsme dénaturé qu'elles engendrent. Enfin, il vint à l'esprit de Nydia que, puisqu'il avait été résolu de chercher le salut en s'embarquant, la chance la plus favorable qu'elle avait de retrouver ses compagnons était de prendre la direction de la mer. Guidant sa marche à l'aide du bâton qu'elle portait toujours, elle continua d'éviter, avec une incroyable dextérité, les amas de ruines qui encombraient ses pas, de traverser les rues, sans dévier de son chemin (tant cette cécité, si effrayante dans le cours ordinaire de la vie, était propice alors) elle arriva au rivage.

Pauvre fille, son courage était superbe à voir! et le sort semblait sourire à son malheur; les torrents enflammés ne la touchaient pas, si ce n'est par la pluie générale qui les accompagnait; les larges fragments de scories couraient devant et derrière elle, brisaient le pavé et épargnaient sa forme fragile; quand les ondées de cendres légères tombaient sur elle, effrayée un moment elle les secouait [1] et se hâtait de reprendre bravement son chemin.

1. Une épaisse pluie de cendres tombait sur nous, et nous étions

Faible, exposée et pourtant sans crainte, soutenue par un seul désir, elle était l'emblème de Psyché dans ses pérégrinations, de l'Espérance marchant à travers la vallée du Chagrin, de l'âme elle-même égarée, mais indomptable au milieu des dangers et des piéges de la vie.

Ses pas étaient pourtant constamment arrêtés par la foule, qui tantôt se heurtait dans l'obscurité, tantôt se précipitait en désordre, lorsque les éclairs venaient lui montrer sa route ; enfin, un groupe de personnes qui portaient les torches, la renversa à terre avec violence.

« Quoi ! dit une voix qui partait du groupe, c'est la courageuse aveugle. Par Bacchus ! il ne faut pas la laisser mourir ici.... Lève-toi, ma Thessalienne ! Viens, viens.... es-tu blessée ? non ! C'est bien ! viens avec nous, nous allons au rivage.

— O Salluste, est-ce votre voix ? Les dieux soient loués ! Et Glaucus, Glaucus, l'avez-vous vu ?

— Non ; il est sans doute hors de la cité. Les dieux qui l'ont sauvé du lion le sauveront bien aussi du volcan. »

L'aimable Épicurien, en encourageant ainsi Nydia, l'entraîna avec lui vers la mer, sans prendre garde aux supplications passionnées qu'elle lui adressait pour qu'il se mît à la recherche de Glaucus; elle ne cessait de répéter avec l'accent du désespoir le nom chéri qui, au milieu du bruit furieux des éléments déchaînés, était comme une douce musique pour son cœur.

L'illumination soudaine, l'explosion des torrents de lave et le tremblement que nous avons déjà décrits, eurent lieu lorsque Salluste et sa troupe venaient d'atteindre l'entrée du sentier direct qui conduisait de la cité au port; ils furent arrêtés là par une immense foule; plus de la moitié de la population s'y trouvait rassemblée; des milliers d'êtres couraient à travers la campagne, autour des murs, sans savoir de quel côté fuir. La mer s'était retirée du rivage, et ceux qui y étaient accourus les premiers avaient été si épouvantés de l'agitation et du mouvement surnaturel des flots, de la forme bizarre des objets déposés par les vagues sur le sable, du bruit que les larges pierres lancées par la montagne rendaient en tombant dans les eaux, qu'ils étaient revenus, la terre leur offrant encore un aspect moins terrible que la mer. Ainsi les deux courants humains, composés de ceux qui allaient à la mer et de ceux qui en re-

obligés de nous en débarrasser d'instant en instant, sans quoi nous eussions été écrasés, engloutis sous leur amas (*Pline*) venaient, se rencontraient et ne trouvaient qu'une faible consolation dans leur nombre ; ils s'arrêtaient là dans l'incertitude et le désespoir.

« Le monde doit être détruit par le feu, dit un vieillard en longue robe, un philosophe de l'école stoïque. La sagesse stoïque et la sagesse épicurienne s'accordent dans cette prédiction, et l'heure est arrivée.

— Oui, l'heure est arrivée. » cria une voix haute, solennelle et sans émotion.

On se tourna avec effroi du côté élevé d'où la voix était venue : c'était la voix d'Olynthus, qui, entouré de ses frères chrétiens, se tenait sur une abrupte éminence, où l'ancienne colonie grecque avait élevé un temple à Apollon, temple dégradé par le temps et à moitié tombé en ruines.

Pendant qu'il parlait eut lieu la soudaine illumination qui précéda la mort d'Arbacès ; elle éclaira cette multitude effrayée, rampante, oppressée, et jamais il n'y eut sur la terre de faces humaines plus bouleversées ; jamais une assemblée de mortels n'avait présenté une expression si terrible de l'horreur et de la sublimité de la mort ; jamais, jusqu'au jour où sonnera la trompette du jugement dernier, on ne verra une pareille réunion. Olynthus dominait cette foule, les bras étendus et le front ceint de flammes, semblable à celui d'un prophète. La foule reconnaissait celui qu'elle avait condamné à être dévoré par les bêtes, alors sa victime, maintenant son prophète. Sa voix fatale répéta à travers le silence :

« L'heure est arrivée ! »

Les chrétiens répétèrent ce cri.... la multitude le répéta elle-même.... il y eut un écho de toutes parts.... femmes et hommes, enfants et vieillards se mirent à murmurer d'une voix sourde et lamentable :

« L'heure est arrivée ! »

En ce moment un rugissement sauvage traversa l'air, et soudain, espérant fuir sans savoir où, le terrible tigre des déserts s'élança au milieu de la foule et courut entre ses flots divisés.

Le tremblement de terre eut lieu, les ténèbres le suivirent comme nous l'avons dit déjà. Alors de nouveaux fugitifs arrivèrent, emportant les trésors qui n'étaient plus destinés à leur maître ; les esclaves d'Arbacès se joignirent à la foule. Une seule de leurs torches brûlait encore ; elle était portée par Sosie, et sa lumière, tombant sur la face de Nydia, il reconnut la Thessalienne.

« A quoi te sert ta liberté, maintenant, jeune aveugle? dit l'esclave.

— Qui es-tu? Peux-tu me donner des nouvelles de Glaucus?
— Oui, je l'ai vu, il n'y a que quelques minutes.
— Que ta tête soit bénie! Où cela?
— Couché sous l'arche du forum, mort ou mourant.... allan rejoindre Arbacès qui n'est plus. »

Nydia ne prononça pas un mot; elle se glissa, à l'insu de Salluste, au milieu des personnes qui étaient derrière elle et retourna vers la cité. Elle gagna le forum, l'arche; elle se baissa; elle chercha avec la main autour d'elle.... elle appela Glaucus. Une voix faible répondit :

« Qui m'appelle? est-ce la voix des ombres? je suis préparé.
— Lève-toi, suis-moi, prends ma main, Glaucus, tu seras sauvé. »

Étonné, mais rendu à l'espoir, Glaucus se leva.

« Nydia toujours! Ah! il ne t'est pas arrivé malheur! »

La tendresse de sa voix, dans laquelle se révéla toute la joie qu'il éprouvait, toucha le cœur de la pauvre Thessalienne, et elle le bénit pour la pensée qu'il avait eue.

Moitié conduisant, moitié portant Ione, Glaucus suivit son guide. Avec quelle admirable prudence elle évita le sentier qui conduisait vers la foule qu'elle venait de quitter, et, par une autre route, atteignit le rivage!

Après beaucoup de pauses et une incroyable persévérance, ils gagnèrent la mer et joignirent un groupe qui, plus courageux que les autres, était résolu à se hasarder dans quelque nouveau péril plutôt que de rester témoin de cette scène de désolation. Ils s'embarquèrent par la plus profonde obscurité; mais, à mesure qu'ils s'éloignaient du rivage et qu'ils virent la montagne sous de nouveaux aspects, ses torrents de lave jetèrent une teinte rougeâtre sur les flots.

Tout à fait épuisée et abattue, Ione dormait sur le sein de Glaucus, et Nydia était à ses pieds pendant ce temps-là; les pluies de poussière et de cendres continuaient à tomber dans les eaux et répandaient leur neige sombre sur la barque. Portées aux loin et au large par les vents, les ondées descendirent jusque dans les pays les plus lointains, étonnèrent même jusqu'au noir Africain, et roulèrent leurs tourbillons sur l'antique sol de la Syrie et de l'Égypte.

CHAPITRE X.

Le lendemain matin. — Le sort de Nydia.

Et la lumière se leva enfin douce, brillante, bien-aimée, sur la surface tremblante des flots. Les vents étaient en repos.... l'écume expirait sur l'azur éclatant de cette délicieuse mer. A l'orient, de légères vapeurs revêtaient graduellement les couleurs de rose qui annonçaient le matin ; oui, la lumière allait reprendre son empire. Cependant on voyait au loin, sombres et massifs, mais tranquilles, les fragments brisés du nuage destructeur, bordés de bandes rougeâtres qui, tout en s'affaiblissant de plus en plus, indiquaient les flammes encore roulantes de la montagne des *Champs brûlés*. Les murs blancs et les colonnes éclatantes qui avaient décoré ces gracieux bords n'étaient plus. Morne et triste était le rivage, couronné hier encore par les cités d'Herculanum et de Pompéi, enfants chéris de la mer, désormais arrachés à ses embrassements. Durant des siècles l'onde, comme une mère, étendra ses bras azurés, ne les trouvera plus et pleurera sur les sépulcres de ses deux filles !

Les matelots ne saluèrent pas l'aurore de leurs acclamations ; elle était venue à pas lents et ils étaient trop fatigués pour s'abandonner à ces vifs éclats de joie ; mais il y eut un long et profond murmure de reconnaissance parmi les veilleurs de cette longue nuit. Ils se regardèrent et sourirent : ils prirent courage ; ils sentirent une fois encore qu'il existait un monde autour d'eux, un Dieu au-dessus. Persuadés que le moment du péril était passé, les plus fatigués se reposèrent et s'endormirent doucement. A mesure que le jour se faisait, on jouissait d'un silence qui avait manqué à la nuit ; et la barque suivait tranquillement sa route. Quelques autres, portant aussi des fugitifs, apparaissaient çà et là. On eût cru qu'elles étaient sans mouvement sur les flots, mais elles glissaient d'une course rapide. Il y avait un sentiment de sécurité, de bienveillance commune et d'espérance dans l'aspect de leurs légers mâts et de leurs blanches voiles. Combien d'amis, perdus et oubliés dans l'obscurité, pouvaient avoir trouvé sur ces barques un abri et leur salut!

Dans le silence du sommeil général, Nydia se leva sans ~~bruit~~ : elle se pencha sur la tête de Glaucus; elle respira le souffle profond qui s'exhalait de son sein endormi; elle baisa timidement et tristement son front, ses lèvres; elle chercha sa main; sa main était unie à celle d'Ione; Nydia soupira profondément, et son visage devint pâle. Elle baisa de nouveau son front et essuya avec ses cheveux la rosée nocturne dont il était couvert.

« Puissent les dieux te bénir, Athénien, murmura-t-elle. Puisses-tu être heureux avec celle que tu aimes!... Puisses-tu te souvenir parfois de Nydia!... Elle ne peut plus être pour toi d'aucune utilité sur la terre. »

En disant ces mots elle s'éloigna un peu; elle se glissa le long du tillac et des bancs de rameurs, jusqu'à l'extrémité opposée de la barque, puis, s'arrêtant, s'inclina sur les flots. L'écume vint baigner son front que la fièvre brûlait. « C'est le baiser de la mort, dit-elle; qu'il soit le bienvenu! » L'air embaumé se jouait dans ses cheveux dénoués; elle les écarta de sa figure, et leva ses yeux, si tendres quoique sans lumière, vers le ciel, dont elle n'avait jamais vu le doux aspect.

« Non, non, dit-elle à demi-voix et d'un air rêveur, je ne puis supporter ce supplice : je sens que cet amour jaloux, exigeant, me rend folle. Je pourrais lui faire du mal encore.... Malheureuse que j'étais!... je l'ai sauvé.... je l'ai sauvé deux fois.... Heureuse pensée! Pourquoi donc ne pas mourir heureuse?... C'est la dernière pensée consolante que je puisse connaître.... O mer sacrée! j'entends ta voix qui m'invite; c'est un frais et joyeux appel. Ils disent qu'il y a un déshonneur dans ton embrassement.... que tes victimes ne traversent pas le Styx fatal.... qu'il en soit ainsi! Je ne voudrais pas le rencontrer chez les ombres, car je le rencontrerais avec elle....; Le repos, le repos, le repos, il n'est pas d'autre Élysée pour un cœur comme le mien. »

Un matelot, assoupi sur le pont, entendit un léger bruit dans les eaux. Il ouvrit à moitié les yeux, et derrière la barque, pendant qu'elle bondissait joyeusement, il crut voir quelque chose de blanc flotter sur les vagues; mais la vision s'évanouit aussitôt. Il se retourna, s'endormit, et rêva de sa maison et de ses enfants.

Lorsque les amants se réveillèrent, leur première pensée fut pour eux-mêmes, et la seconde pour Nydia. On ne la trouvait pas. Personne ne l'avait vue depuis la nuit. On la chercha dans tous les recoins de la barque; aucune trace de la jeune aveugle! Mystérieuse depuis sa naissance jusqu'à sa mort, la Thessalienne avait disparu du monde des vivants. On pressentit en silence son sort; et Glaucus et Ione, plus étroitement serrés (en sentant qu'ils étaient l'un pour l'autre tout dans le monde) oublièrent leur délivrance, et pleurèrent Nydia comme on pleure une sœur.

CHAPITRE XI.

Dans lequel tout finit.

LETTRE DE GLAUCUS A SALLUSTE, DIX ANS APRÈS LA DESTRUCTION DE POMPÉI.

« Athènes.

« Glaucus à son cher Salluste, salut et santé.

« Vous me demandez d'aller vous faire visite à Rome. Non, Salluste, venez plutôt me voir à Athènes. J'ai quitté pour toujours la cité impériale, son immense tumulte et ses profanes plaisirs. J'habite à jamais mon propre pays. Le souvenir de notre grandeur déchue m'est plus cher que toutes les joies bruyantes de votre prospérité! Il y a pour moi un charme que rien ne peut surpasser dans nos portiques peuplés et ombragés encore d'ombres sacrées et vénérables. J'entends toujours la voix de la poésie sous les bosquets d'oliviers de l'Ilissus; les vapeurs du crépuscule sur les hauteurs de Phylé me semblent les linceuls de notre liberté ensevelie, et en même temps les hérauts d'une liberté qui va naître, d'un matin qui va surgir... Vous souriez de mon enthousiasme, Salluste? il vaut mieux espérer de voir briser ses fers que de se résigner à les porter dorés. Vous croyez que je ne puis jouir de la vie dans ces mélancoliques retraites d'une majesté tombée! Vous insistez sur les splendeurs romaines et sur le luxe de la cour impériale; mon cher Salluste, *Non sum qualis eram* « je ne suis plus ce que j'étais. » Les événements de ma vie ont assoupi le sang bouillant de ma jeunesse; ma santé n'a jamais recouvré la vigueur qu'elle possédait avant qu'elle eût connu les angoisses de la maladie, et qu'elle eût langui dans l'obscurité d'un cachot réservé aux criminels.... Mon esprit n'a jamais pu écarter entièrement les ténèbres des derniers jours de Pompéi.... l'horreur et la désolation de cette terrible ruine.... le souvenir de notre bien aimée, de Nydia, toujours regrettée. J'ai élevé une tombe à son ombre, et je vois ce monument chaque jour de la fenêtre de mon cabinet d'étude; il conserve en moi une tendre mémoire, une douce tristesse, témoignage bien mérité par sa fidélité et les mystérieuses circonstances de sa mort. Ione cueille les fleurs, et ma main les tresse en guirlandes autour de sa tombe. Elle était digne d'avoir une tombe à Athènes.

Vous me parlez de la secte croissante des chrétiens à Rome. Salluste, je veux vous confier un secret. J'ai beaucoup réfléchi sur leur croyance. Je l'ai adoptée. Après la destruction de Pompéi, je me suis rencontré de nouveau avec Olynthus, sauvé pour un jour, hélas! et devenu depuis le martyr de son indomptable énergie et de son zèle. Dans la manière miraculeuse dont j'avais été préservé du lion, et dans ce tremblement de terre, il me fit voir la main d'un dieu inconnu. Je l'écoutai, je crus, j'adorai. Ione, mon Ione, que j'aime plus que jamais, a embrassé aussi cette foi!... Une foi, Salluste, qui, répandant sa lumière sur ce monde, fait de ce glorieux coucher du soleil terrestre l'aube éclatante d'un monde nouveau promis à notre espoir. Nous savons que nous sommes frères, en âme aussi bien qu'en chair, pour toujours, toujours. Les siècles peuvent rouler, notre poussière peut se dissoudre, la terre peut se dessécher; mais la roue de la vie continuera de tourner dans le cercle de l'éternité! La vie est impérissable; la vie est sans fin. La vertu, comme le soleil à la terre, prodigue à l'âme ses bienfaits; elle lui procure une sécurité immortelle, qui est le sourire de la face de Dieu. Venez me voir, Salluste; apportez avec vous les savants écrits d'Épicure, de Pythagore, de Diogène; armez-vous pour être vaincu; nous discuterons, dans les bosquets d'Académus, avec un guide plus sûr qu'aucun de ceux qui aient été accordés à nos pères, sur les grands problèmes des vraies destinations de la vie et de la nature de l'âme.

Ione!... à ce nom, mon cœur palpite; toujours Ione est à

côté de moi. Pendant que j'écris, je lève les yeux et je rencontre son sourire ; les rayons du soleil tremblent sur l'Hymette, et j'entends dans mon jardin le bourdonnement des abeilles frémissantes. Vous me demandez si je suis heureux. Oh! qu'est-ce que Rome peut me donner d'égal à ce que je possède dans Athènes? Ici, toute chose éveille l'âme et inspire l'affection ; les arbres, les eaux, les montagnes, les nues, ce sont les biens d'Athènes, d'Athènes belle, quoique expirante, mère de la sagesse et de la poésie du monde. Dans ma salle, je vois les figures de marbre de mes ancêtres; dans le Céramique, je contemple leurs tombes ; dans chaque rue je reconnais la main de Phidias et l'âme de Périclès. Harmodius, Aristogiton, ils sont partout, excepté dans nos cœurs; mais dans le *mien* du moins ils ne périssent pas. Si quelque chose peut me faire oublier que je suis Athénien, que je ne suis pas libre, c'est la tendresse, c'est l'amour attentif, empressé, incessant d'Ione.... un amour qui a pris une nouvelle force dans notre nouvelle foi ; un amour qu'aucun de nos poëtes, quel que soit leu génie, n'a pu décrire : car mêlé avec la religion, il participe d sa sainteté, il se confond avec les pensées les plus pures, les moins terrestres ; il est tel que nous gardons l'espoir de l'emporter avec nous dans l'éternité. Nous le conserverons sans souillure, afin de ne pas avoir à en rougir devant notre Dieu. C'est le type véritable de la fable mystérieuse d'Éros et de Psyché, fable si chère aux Grecs; c'est, pour mieux dire, l'âme endormie dans les bras de l'amour ; et si cet amour me console en partie de la fièvre de liberté qui me brûle, ma religion me console encore davantage : car toutes les fois que je veux prendre l'épée, et sonner la trompette, pour courir à un nouveau Marathon (hélas ! un Marathon sans victoire), je me sens désespéré à la pensée de l'impuissance de mon pays : ce poids écrasant des chaînes romaines est compensé du moins par l'idée que la terre n'est que le commencement de la vie; que la gloire d'un petit nombre d'années compte peu dans la vaste étendue de l'éternité; qu'il n'y a point de parfaite liberté jusqu'à ce que l'âme sorte de sa prison mortelle, et qu'elle a pour héritage et pour domaine l'espace et le temps. Cependant, Salluste, quelques douces réminiscences des mœurs grecques se mêlent encore à ma foi. Je ne puis partager le zèle de ceux qui ne voient que des criminels dévoués au courroux céleste dans ceux qui ne pensent pas comme eux. Je ne frémis pas en présence de la religion des autres ; je n'ose les *maudire*. Je demande au Père de toutes choses leur conversion, et cette tiédeur m'expose à quelques soupçons de la part des chrétiens ; mais je leur pardonne ; et, sans offenser ouvertement les préjugés de la foule, je me trouve à même par là de protéger mes frères contre les rigueurs de la loi et contre les conséquences de leur propre zèle. Si la modération me semble la conséquence naturelle de la bienveillance, elle ouvre aussi le champ le plus noble à la bienfaisance.

Voilà ma vie, Salluste, et voilà mes opinions ! Voilà de quelle façon je passe l'existence en attendant la mort. Et vous, homme de plaisir, aimable disciple d'Épicure, vous.... mais encore une fois, venez ici, venez voir quelles sont nos joies, quelles sont nos espérances ; et ni les splendeurs des banquets impériaux, ni les applaudissements de la foule au cirque, ni les bruits du forum, ni les séductions du théâtre, ni la magnificence des jardins, ni les voluptés des bains de Rome, ne vous peuvent promettre une vie plus douce et plus heureuse que la vie actuelle de l'Athénien Glaucus, prise en pitié par vous avec si peu de raison. Adieu. »

....

....

Dix-sept siècles environ avaient passé sur la cité de Pompéi avant qu'elle sortît, toute brillante encore des couleurs de la vie, du fond de sa tombe silencieuse[1], avec ses murs frais comme s'ils étaient peints de la veille ; la riche mosaïque de ses pavés dont aucune teinte ne s'était effacée ; dans son forum des colonnes à moitié achevées, telles qu'elles avaient été laissées par la main de l'ouvrier ; dans ses jardins les trépieds des sacrifices ; dans ses salles le coffret où s'enfermaient les trésors ; dans ses bains le *strigil* ; dans ses théâtres les billets d'admission ; dans ses salons les meubles et les lampes ; dans ses *triclinia* les restes des derniers festins ; dans ses *cubicula* les parfums et le fard de ses beautés disparues ; enfin partout avec les ossements et les squelettes de ceux qui faisaient mouvoir les ressorts de cette voluptueuse et splendide civilisation en miniature.

Dans la maison de Diomède, sous les voûtes souterraines, on découvrit vingt squelettes (entre autres celui d'un enfant) au même endroit, près de la porte, recouverts d'une fine cendre

---

1. Détruite en 79, découverte en 1750.

dont la poussière avait évidemment pénétré d'une façon lente par les ouvertures, jusqu'à ce qu'elle eût rempli tout l'espace. Là, se trouvaient des bijoux, des pièces de monnaie, des candélabres pour faire briller une lumière inutile et du vin durci dans les amphores, pour la prolongation d'une vie agonisante. Le sable, devenu solide par l'humidité, avait pris la forme des squelettes comme dans un moule; et le voyageur peut encore voir l'impression du corps et du buste bien proportionné d'une jeune femme aux gracieux contours : c'est tout ce qui reste de la belle Julia. Il sembla à l'étranger qui visite ces lieux que l'air se changea par degrés en vapeur sulfureuse; que les habitants des caveaux se précipitèrent vers la porte; qu'ils la trouvèrent fermée et bloquée par des scories du dehors, et qu'en s'efforçant de l'ouvrir, ils ont été suffoqués par la chaleur de l'atmosphère.

On rencontra dans le jardin un squelette dont la main décharnée tenait encore une clef, et à côté de lui se trouvait un sac d'argent. On présume que c'était le maître de la maison, l'infortuné Diomède, qui avait probablement essayé de fuir par le jardin, et avait été asphyxié par les vapeurs, ou atteint par quelque fragment de pierre. Des vases d'argent reposaient à côté d'un autre squelette, probablement celui d'un esclave.

Les maisons de Salluste et de Pansa, le temple d'Isis avec ses cachettes derrière les statues menteuses d'où partaient les oracles sacrés, sont maintenant exposés au regard des curieux. On trouva dans une des chambres de ce temple un grand squelette avec une hache à côté de lui; deux murs avaient été percés avec la hache; la victime ne put pénétrer plus loin. Au milieu de la cité, on découvrit un autre squelette près duquel étaient plusieurs pièces de monnaie, et quelques ornements mystiques du temple d'Isis. La mort avait surpris le prêtre impie dans son avarice, et Calénus avait péri en même temps que Burbo. Les fouilles amenèrent, au milieu d'une masse de ruines, la découverte du squelette d'un homme littéralement coupé en deux par une colonne tombée; le crâne offrait une conformation remarquable, on y reconnaissait tous les signes de l'intelligence et toutes les protubérances qui indiquent des instincts voluptueux et pervers; ce crâne a excité la constante curiosité des adeptes de la science de Spurzheim, qui ont contemplé les ruines de ce palais de l'esprit; après le laps des âges, le voyageur peut y admirer, si nous pouvons nous exprimer ainsi, cette voûte élevée avec ses galeries bien ordonnées, ses cellules élégamment formées, où méditait, raisonnait, rêvait l'âme d'Arbacès l'Égyptien, souvent livrée à de coupables pensées.

A la vue de ces témoins divers d'un système social disparu du monde à jamais, un étranger venu de cette île barbare et lointaine, que le Romain de l'Empire ne nommait pas sans frissonner de froid, s'est arrêté au milieu des délices de la douce Campanie, pour y composer cette histoire.

FIN.

TABLE DES MATIÈRES.

LIVRE PREMIER.

Chapitres.		Pages.
I.	Les deux élégants de Pompéi....................	1
II.	La bouquetière aveugle, et la beauté à la mode. — La confession de l'Athénien. — Présentation au lecteur d'Arbacès d'Égypte....................	3
III.	La parenté de Glaucus. — Description des maisons de Pompéi. — Une fête classique....................	12
IV.	Le temple d'Isis. — Le prêtre. — Le caractère d'Arbacès se développe lui-même....................	20
V.	Encore la bouquetière. — Progrès de l'amour..............	26
VI.	L'oiseleur reprend dans ses rets l'oiseau qui voulait s'échapper, et essaye d'y prendre une autre victime..............	33
VII.	La vie oisive à Pompéi. — Tableau en miniature des bains de Rome....................	42
VIII.	Arbacès pipe ses dés avec le plaisir et gagne la partie......	50

LIVRE II.

I.	Une maison mal famée à Pompéi, et les héros de l'arène classique....................	61
II.	Deux illustres personnages....................	69
III.	Glaucus fait un marché qui plus tard lui coûte cher.......	73
IV.	Nouveau changement pour Nydia....................	79
V.	L'heureuse beauté et l'esclave aveugle....................	82
VI.	Ione est prise dans le filet. — La souris essaye de ronger les mailles....................	88
VII.	Ce que devient Ione dans la maison d'Arbacès. — Premier signe de la rage du terrible Ennemi....................	93

LIVRE III.

| I. | Le forum des Pompéiens. — Ébauche du premier mécanisme au moyen duquel la nouvelle ère du monde fut préparée. | 103 |
| II. | La réunion religieuse.................... | 108 |

TABLE DES MATIÈRES.

Chapitres.   Pages.

III. Le courant de l'amour poursuit sa route : où va-t-il...... 116
IV. Nydia rencontre Julia. — Cabinet de toilette d'une Pompéienne.. 124
V. Julia visite Arbacès. — Le résultat de cette entrevue....... 132
VI. Un orage dans les pays chauds. — La caverne de la magicienne... 137
III. Le seigneur de la Ceinture flamboyante, et sa confidente. — Le destin écrit sa prophétie en lettres rouges, mais qui pourra la lire ?... 148
VIII. Marche des événements. — L'intrigue se noue. — La trame s'ourdit, mais le filet change de main.................... 156

LIVRE IV.

I. Réflexions sur le zèle des premiers chrétiens. — Deux hommes prennent une périlleuse résolution. — Les murs ont des oreilles, surtout les murs sacrés........................... 163
II. L'amphitryon, le cuisinier, la cuisine classique. — Apæcides cherche Ione. — Leur conversation..................... 166
III. Réunion élégante et dîner à la mode de Pompéi............ 170
IV. L'histoire s'arrête un moment à un épisode................ 182
V. Le philtre. — Ses effets..................................... 186
VI. Réunion de différents personnages. — Des fleuves qui, en apparence, coulaient séparément, unissent leurs eaux dans le même golfe... 191
VII. Dans lequel le lecteur apprend la position de Glaucus. — L'amitié mise à l'épreuve. — L'inimitié adoucie. — L'amour toujours le même, parce que l'amour est aveugle....... 202
VIII. Funérailles classiques....................................... 212
IX. Dans lequel une aventure arrive à Ione.................... 219
X. Ce que devient Nydia dans la maison d'Arbacès. — L'Égyptien éprouve de la compassion pour Glaucus. — La compassion est souvent une visiteuse bien inutile au coupable.. 221
XI. Nydia joue le personnage de sorcière....................... 226
XII. Une guêpe s'aventure dans la toile de l'araignée.......... 230
XIII. L'esclave consulte l'oracle. — Un aveugle peut tromper ceux qui s'aveuglent eux-mêmes. — Deux nouveaux prisonniers faits dans la même nuit................................ 234
XIV. Nydia et Calénus.. 241
XV. Arbacès et Ione. — Nydia dans le jardin. — Échappera-t-elle et sauvera-t-elle l'Athénien.......................... 243
XVI. Le chagrin de nos bons camarades pendant nos afflictions. — Le cachot et ses victimes................................ 254
XVII. Une chance pour Glaucus..................................... 258

LIVRE V.

Chapitres.		Pages.
	Le songe d'Arbacès. — Une visite et un avertissement pour l'Égyptien..	270
II.	L'amphithéâtre...	279
III.	Salluste et la lettre de Nydia...............................	293
IV.	Encore l'amphithéâtre..	295
V.	La cellule du prisonnier et la cellule des morts. — La douleur reste insensible à l'horreur............................	304
VI.	Calénus et Burbo. — Diomède et Claudius. — La jeune fille de l'amphithéâtre et Julia....................................	307
VII.	Les progrès de la destruction................................	312
VIII.	Arbacès rencontre Ione et Glaucus..........................	316
IX.	Désespoir des amants. — Situation de la multitude.......	319
X.	Le lendemain matin. — Le sort de Nydia...................	324
XI.	Dans lequel tout finit..	326

FIN DE LA TABLE.

Coulommiers. — Imp. Paul BRODARD.

www.ingramcontent.com/pod-product-compliance
Lightning Source LLC
Chambersburg PA
CBHW060511170426
43199CB00011B/1410